U0853275

法律硕士精品系列教材

行政法与行政诉讼法实务

XINGZHENGFA YU XINGZHENG SUSONGFA SHIWU

主　编　王学辉

副主编　陆伟明

撰稿人　王学辉　陆伟明　王　志　杨尚东　张向东
汝思思　刘　建　郭海蓝　曾海若　马立群
岳　丽　唐向东　邓　蔚　尹　磊　徐庭祥
孙　兵　杨天翼　刘海宇

中国人民大学出版社

·北京·

法律硕士精品系列教材编审委员会

主编简介

王学辉（1965 年 1 月—　），男，四川南充人，西南政法大学二级教授，行政法专业和监察法专业博士研究生导师。兼任中国法学会行政法学研究会常务理事，中国行为法学会常务理事，重庆市行政法学研究会副会长，重庆市人民政府立法咨询委员。研究方向为行政法与行政诉讼法、法制政府建设、监察法。主持国家社会科学基金项目 2 项，主持司法部项目 1 项，主持重庆市社会科学规划重大应用项目 1 项，主持最高人民法院执行重大项目 1 项，主持重庆市科委重大项目 1 项。曾获国家级优秀教学成果奖二等奖 1 项、重庆市人民政府优秀教学成果奖一等奖 2 项、中国法学会优秀论文二等奖 2 项。出版学术专著 8 部，发表学术论文 80 多篇。

总 序

2022年10月16日，习近平在中国共产党第二十次全国代表大会上的报告中强调："深化教育领域综合改革，加强教材建设和管理"。同时，党的二十大报告第七部分"坚持全面依法治国，推进法治中国建设"专门部署法治建设，要求发挥法治固根本、稳预期、利长远的保障作用，在法治轨道上全面建设社会主义现代化国家。习近平总书记指出，全面推进依法治国，建设一支德才兼备的高素质法治队伍至关重要。[①] 高校是法治人才培养的第一阵地，高校法学教育在法治人才培养中发挥着基础性、先导性作用。

在法治轨道上全面建设社会主义现代化国家，迫切需要法律专业学位研究生教育开辟一条加快培养高层次应用型法治人才的新渠道。法律硕士是具有特定法律职业背景的专业性学位，在培养目标上强调实务特点，主要培养立法、司法、行政执法和法律服务以及各行业领域德才兼备的高层次的复合型（专门型）、应用型法治人才。根据新时代法治人才培养的要求"立德树人、德法兼修、明法笃行"，要将法律硕士培养成具有坚定政治立场和崇高法律职业道德的法治人才，培养成具有宽基础、复合型、跨学科知识结构的法治人才，培养成能够综合运用法律、经济、管理、科技、外语、计算机以及其他方面专业知识，独立从事法律实务和管理工作的法治人才。

近年来，各高校、科研院所及法律实务部门在应用型高级法律实务人才培养方面不断探索。西南政法大学作为新中国最早建立的高等政法学府，是国家首批卓越法律人才教育培养基地。自1979年开展研究生教育以来，西南政法大学坚持科学的研究生教育质量观，把研究生教育作为提升学校品牌的重要支点，坚定不移地推进改革，凝心聚力，攻坚克难，不断增强研究生教育的竞争力、吸引力和培养能力，以实施科教兴国战略和满足经济发展对高层次、高素质、创新型人才的需求为出发点，努力发展研究生教育。2010年，西南政法大学被确定为教育部法律专业学位研究生教育综合改革试点高校；2013年，西南政法大学被评为全国法律硕士优秀培养院校。西南政法大学紧紧围绕党中央的要求和国家经济、社会发展的需要，明确目标和功能定位，充分发挥培养复合型、实践型法律人才的作用，以培养德才兼备、

① 中共中央文献研究室．十八大以来重要文献选编：中．北京：中央文献出版社，2016：190.

系统掌握法学理论知识、具备实践能力、具有社会主义法治理念、能够独立从事法律实务或理论研究工作的高层次专门人才为目标，不断进行探索和创新：

——实施责任教授制度，创新课程管理模式。针对法律硕士专业必修课程实施责任教授制度，实行团队教学。课程所属学科确定一名课程责任教授，由其负责组建教学团队、主持课程建设的各项工作，包括课程规划、教学内容安排、课程进度控制、教学方法使用、考核评价方式等。课程责任教授制度的确立，改变了任课教师单打独斗的授课局面，形成了课程教学合力。

——推进课程教学改革，创新课程教学方法。自 2013 年大力推进研究生课程教学改革以来，制定并实施了《西南政法大学研究生课程教学改革办法（试点）》，推行基于问题、基于项目、基于案例的教学方法和学习方法，探索建立以学生为主体、以培养学生创新能力为主要特征的研究型教学方式，促进课程教学与科研训练、实习实践相结合。已立项建设 4 批次共 37 门改革课程，培育重庆市优质研究生课程 12 门。

——强化教学案例建设，注重实践能力培养。重视案例编写，积极开展案例教学，已组织编写校级法律硕士教学案例 21 个，其中 4 个教学案例入选首批全国法律硕士教学案例库，使本校成为首批入库案例最多的院校。在积极开展案例库建设的同时，大力推进案例教学，在法律硕士专业课程教学过程中，引用案例进行讲解的教学内容占比达到 30%以上。

——开设实践训练课程，强化职业能力培养。为适应职业型与复合型的人才培养定位，法律硕士人才培养要把学习理论知识与开展实务的能力加以复合，要开展更加注重实务与应用的实践性教学。本校专门开设了法律实践训练课程，占法律硕士课程的四分之一，任课教师大都为校外行业专家，由此大大提升了学生的法律逻辑分析能力与知识运用能力。

法律硕士的招生院校及招生规模不断扩大，对专业法律人才的培养提出了新的挑战，对法律硕士教学规范化也提出了比较高的要求。党的二十大报告指出：要“深化教育领域综合改革，加强教材建设和管理，完善学校管理和教育评价体系，健全学校家庭社会育人机制”。这说明深化教育领域综合改革，扎实推进法律硕士教育、加强相关教材建设非常关键。在 2012 年前后，西南政法大学与中国人民大学出版社共同推出针对法律硕士的“应用型高级法律人才系列教材”，该套教材内容设计贴近教学需要，编写质量优良，打下了较好的教材基础。为遵循法律硕士的教学特点和更加贴近司法实务的教学要求，西南政法大学根据全国专业学位研究生教育指导委员会《专业学位研究生核心课程指南（试行）》，更新编写了这套“法律硕士精品系列教材”。该系列教材体系的构建主要有几点考虑：

第一，提升教材的普适性，按照全国专业学位研究生教育指导委员会《专业学位研究生核心课程指南（试行）》的目录搭建对应的系统性教材。

第二，立足教材的应用性，结合实务训练课程需要编写案例丰富、实践性强、以案说法的实务性教材。

第三，侧重特色交叉教材，以满足学校新兴学科发展需要和法律硕士教育特色发展为目标，编写特色教材。

该系列教材得以面世，首先要感谢校内外多位主编、编委和作者的精诚合作和辛勤笔耕；还要感谢中国人民大学出版社的大力支持，感谢郭虹社长对教材编写和出版的精心策划与宝贵建议。西南政法大学副校长唐力教授及校党委常委、研究生院院长李燕教授在教材设计和编写方面做了大量的开创性工作；还有很多工作人员在教材编写和出版过程中默默付出辛劳，我代表编审委员会对他们一并表示诚挚的敬意和谢忱。

付子堂

2022 年 10 月 29 日

于西南政法大学

前　言

教材对于任何学科的学习、教学乃至学术研究都具有不可替代的基础性作用，因为教材是一个学科的“骨架”和“血肉”在体系完整性上最为集中的体现，而知识体系的建立乃是现代社会学科高度分化背景下所有学科的学习、科研所要完成的基础性工作。

在最基本的目标群体上，本教材为法律硕士所准备，其首要目的自然是希望能够为全国各院校法律硕士阶段的教学和学习提供一个选择，也正因如此，对法律实务的重视构成本教材的基本底色。具体来说，本教材对实务的重视主要体现在制度现状分析、案例/事例导入阐释以及制度改革策略等三个方面。首先，除了个别纯理论的专题，绝大部分专题都针对制度现状进行阐述，目的在于让学生了解行政法治的现实状态，而不只是知晓其理论形态。其次，每一专题都在正文中融入案例或事例进行阐释。如此处理的意义在于让学生真切体会到理论与实践的相互交融，透过实践理解理论，也学会通过理论解释实践或发现理论解释中的不足并进行进一步的理论思考。不过，由于行政法的部分实践事例并不构成严格意义上的法学案例（司法案例），所以部分专题选取的是行政或社会事例。这是由行政法学不仅关注司法面向，同时也关注行政面向这种学科特质所决定的。最后，绝大部分专题都会在最后部分提出制度改革或发展的方向，这种制度展望可以为本教材的使用者提供一个思考方向。总之，本教材力图做到理论与实践的有效交融、相互诠释。

然而，在法律硕士阶段的学习毕竟不同于在本科阶段的学习，因此专题式的框架选择与学术性的适当深入是非常必要的。这是本教材的最大特色。在专题式的框架选择上，本教材根据行政法与行政诉讼法的基本理论框架，结合理论研究现状与实践发展状况，针对性地确定了十八个专题；相较于以往教材偏重实体法而轻视诉讼法的倾向，本教材还适当增加了行政诉讼法的比重（共八个专题）。在这个意义上讲，本教材并不寻求行政法与行政诉讼法知识“无所不包”式的体系完整，而是探寻一种有“问题针对性”的体系完整。在学术性的适当深入上，一方面，每一专题都努力以一篇学术论文的思维展开，虽然相较于严格的学术论文而言，并非所有专题都做到了程度相当高的学术创新，但我们努力使每一专题都有所突破；另一方面，每一专题的内容展开争取做到学术性阐释的深入，不局限在知识介绍层面，而以培养和启发学生的学术志趣和学术思考为目的。所以，我们也希望本教材能够为法律硕士以外的行政法与行政诉讼法学习者和研究者，提供一些有益参考。

本教材的撰写还特别强调行政法的本土化发展与理论体系的本土化建构，这也是我国行政法未来的发展方向。行政法不同于刑事法与民事法：刑事法与民事法不仅实定法的体系较为完善，理论体系也相对成熟，行政法在实定法和理论体系两个层面均存在不少尚待进一步完善的地方，我们须客观承认这一点。例如，作为完善的行政程序制度基础作业的“行政程序法”尚未制定，《行政诉讼法》的基本框架也没有定型，关于行政行为的概念在理论上和实务中同样没有达成共识，这些问题在实定法制定和理论体系建构层面均有待进一步解决和研究。而且，相比于刑事法与民事法而言，行政法的实务与理论发展更加受到一国国家法治和政府法治建设水平、司法权在权力体系中的地位和功能定位等体制性因素的影响。例如，如果司法权的地位较低，那么通过行政诉讼实现对行政权的有效监督之目的便很难彻底实现。如果我们认可行政法的这种特性，那么，无论是制度建设还是理论体系建构，基于中国实际的本土化都是唯一可选的发展道路。本教材在专题选择和内容阐述上，也在作这种本土化的努力。例如，第三讲“2018 年机构改革后对行政主体理论的影响”问题，第十三讲“行政机关负责人出庭应诉制度”问题，第十八讲中行政裁判“执行难”及其制度改革等问题，都属于中国实践引发的理论问题。这种尝试对于建构中国化的行政法治体系与行政法学理论体系均具有重要意义。

当然，必须说明的是，强调本土化建构，绝非排斥对域外理论和制度的参考与借鉴，只是强调制度建设、理论体系建构过程中的中国主体性。中国作为法治后发国家，在过去、现在和未来，对域外理论和制度的借鉴都是必要的，只是，这种借鉴必须建立在对域外和我国相关理论、制度及背景的深入、系统研究的基础之上，仔细比较和甄别，慎重参考、审慎选择、妥适改造，而非抱持简单的“拿来主义”。

最后，或许也是最想强调的一点，行政法学必须加强对内部行政法的研究。这是行政法最具中国特色的部分，也是法治政府建设的重要组成部分。这一点在以往被学界严重忽视，如今需要引起反思和重视。其实，近些年来关于法治政府建设的诸多改革举措，从理论层面来看，绝大多数都是内部行政法的内容。例如，系列法治政府建设实施纲要的颁布与相关改革举措的推进，近些年来开展的法治政府建设示范创建活动、法治政府建设评估活动，内容都集中在行政系统的内部制度之上。再如，针对行政执法的“三项制度”——行政执法公示制度、行政执法全过程记录制度、重大执法决定法制审核制度改革，更是纯粹从内部行政角度展开的。甚至，行政诉讼制度的一些改革，也具有内部行政法的精神特质。最典型的便是行政机关负责人出庭应诉制度，其主要目的便在于以行政机关负责人出庭应诉制度为制度桥梁，通过行政负责人在行政机关内部的特殊地位，来更好地化解行政争议，同时促使行政机关更好地做到依法行政，促进法治政府建设。总而言之，加强对内部行政法的制度阐释和理论研究，不仅有利于促进法治政府建设，也能够为建构中国化的行政法学体系提供理论供给。

本教材能顺利完成，得助于我的同事和朋友，他们是：陆伟明、唐向东、张向东、马立群、邓蔚、孙兵、曾海若、岳丽、杨天翼、徐庭祥、杨尚东、王志、汝思思、郭海蓝、尹磊、刘海宇、刘建。感谢他们！

王学辉

2023 年 6 月 1 日

目　录

导 论

一、为什么要学习行政法

行政法作为法学的主干课程，与民法、刑法等部门法不同，它并非某一部法典的名称，而是基于学术分类研究的需要，对某一具有特定性质的法律规范的总结性概括。行政法这个学科主要是研究公共行政问题的。

在现代国家，随着社会公共管理和公共服务的需要，行政权与公民权的关系越来越密切。一般来说，现代行政的目的是实现对国家事务和公共事务的组织与管理，建立和维护美好的社会秩序。其具体内容包括：制定行政法规、行政规章、规范性文件，加强行政执法活动；对国家事务和公共事务的设置、控制、调节；对社会组织和成员是否守法进行监督，对违反行政法律规范的行为给予法律制裁；对各种社会关系予以协调；对行政纠纷作出裁判；为公民、法人和其他组织提供各种公共服务。必须强调的是，现代行政重要的还在于为整个社会提供管理和服务。基于这一认识，现代行政应当是公共行政，公共行政包括国家行政和社会行政。国家行政其实就是传统意义上的高权行政这一块内容，比如行政处罚、行政强制、行政征收等。而社会行政这块内容主要是指在改革开放以后政府为社会提供公共服务，比如行政给付、行政救助等。现代人多出生于政府资助的医院，在公立的小学、中学、大学中接受教育，在公共交通设施上度过旅行时间，通过邮局或半公共性质的电话、互联网系统与外界联系，喝的是公共自来水，读的是公共图书馆的书，用公共排污系统处理垃圾，在公园中游玩，受公共治安、消防、卫生部门的保护，又在公立医院里离开人世，最后，被埋葬在公共墓地。总之，不管现代人在意识形态上多么保守，或者多么开放，现代人的日常生活总是同政府提供上述和许多其他方面服务的决策等联系在一起，这种联系是挣不脱、割不断的。可见，人的一生都离不开行政法，从生到死，非常深远。

我们的日常生活也与行政法密不可分。例如，一早起床，开灯用电，用水洗脸，收听广播，看电视，清倒垃圾、废弃物，开车上公路，碰上红绿灯，送孩子上学，上班时使用电话、网络、微信，投递邮件，使用经政府检验合格的电梯和办公用品，到公园散步等，都与行政法有密切关系[1]，也都受到行政法律规范的规制。有一个非常形象的比喻：行政法是“上管天、下管地、中间管空气”。又如，毕业，就业，参加职业培训，从事生产、经营活动，提供信用、劳务，担任公职，也与学位管理条例、劳动就业条例、职业培训条例、反不正当竞争法、银行法、劳动法、公务员法等有密切关系。再如，生病就医、车祸残疾、年老退休、死亡埋葬等，也与保健法、残疾人保障法、劳动法以及殡葬管理条例等法律、法规、规章及其他规范性文件等有密切关系，并受到这些法律、法规、规章及其他规范性文件的规制。

总之，行政法包罗万象，对我们的衣、食、住、行、育、业、生、老、病、死都有很大的影响。因此，学习、研究行政法成为我们拥有美好人生，做好一生规划，就业、创业及为人类社会服务的必要条件。至于行政法是法学院校学生必修的法学主干课程，是国家统一法律职业资格考试和公务员考试的必考科目，则是学习行政法的次要目的。

以上的认知让我们非常实在地感受到学习行政法是多么的重要。

其实，从法学的角度来看，为什么需要一门行政法学科的这个命题，也涉及对行政法特殊性质的认识。行政法是国家法律体系中的一个重要部门法，调整基于公共行政权力行使而产生的各种社会关系，即行政主体与行政相对方的权利义务关系。其功能在于创设、规范和监控公共行政权力以维护社会公共利益和公民的合法权益。行政法其实就是指如何设置、控制行政权的运行，以及如何让行政权能服务于社会、服务于民的法，“控权”与“服务”是构建行政法的两个基本价值观念。从性质上看，行政法是一部控权法和服务法，是控制行政权的法，是让行政权服务于社会、服务于民的法。在“控权—服务论”的视域里，控权和服务并非简单的并列相加：控权是行政法的先天基因，服务是行政法的后天品格；“控权”要求行政权必须在法律设定的范围内并按法定的程序行使，“服务”要求政府不应仅仅以管理者的身份自居，更应当以服务者的身份去为民众提供各种服务；控权是基础和手段，服务是目的，二者存在良性互动关系。[2]“控权—服务论”从公共行政的规律入手，通过“控权”和“服务”两个支撑性概念，将行政法的四要素——行政主体、行政权、行政行为和行政法律责任合理、有序地组织在一起，调和行政与法、科学与规范的基本矛盾，从而科学地回答了行政法学基础理论的三个元命题：我们为什么需要行政法？需要一部什么样的行政法？如何通过行政法达到行政目的？正如伯纳德·施瓦茨所说：“它规定行政机关可以行使的权力，确定行使这些权力的原则，对受到行政行为损害的给予法律补偿。”[3] 也就是说，行政法的存在，一是为了控制行政权的肆意运行；二是为了让行政权更好地服务于社会、服务于民。这两个方面同等重要，不可偏废。当以“控权—服务论”导控行政权时，公共行政之“善治”路径当可了然。其追求的是“政府有界、服务为魂、

① 这些日常生活事项与我们的环境保护法、卫生管理法规、广播电视法规、废弃物处理条例、交通法规、义务教育法、高等教育法、网络安全法、邮电法、公园管理条例等发生密切关系。

② 王学辉. 对行政法学基础理论的思考. 西南政法大学学报，2002（3）；王学辉. 控权—服务论：当代行政法的一种认知模式//应松年. 当代行政法的源流. 北京：中国法制出版社，2006.

③ 伯纳德·施瓦茨. 行政法. 徐炳，译. 北京：群众出版社，1986：1.

政府有责、过程可控”，塑造的是一部“合作行政法”①。

二、如何学习行政法与行政诉讼法

行政法的发展史表明，行政法是一门相对年轻的学科。行政法产生于西方发达国家，法国是行政法的发源地。行政法的产生与发展是近两百年来的事，这与民法、刑法有数千年的发展历史不可同日而语。我们认为，行政法是调整围绕行政活动而形成的各种权利义务关系，控制行政权，确认和保障公民合法权益的各种法律规范的总称。具体来说，行政法是有关行政主体、行政职权、行政行为及行政程序、行政违法及责任和救济关系等相应法律规范的总称。虽然目前国内有不少学者在呼吁制定一部统一的行政法法典，但世界上至今没有一部统一的行政法典，它以散见于各种法律、法规、规章中的大量规范为存在形式，涉及的领域十分广泛，内容丰富多彩，且具有很强的变动性，常常是实体性规范与程序性规范相互交织，权利规范与义务规范集于一身。②

在大学中讲授和学习行政法，常常出现的情况是，老师说行政法很难讲，学生说行政法很难学，感到行政法涉及面太广，行政法律规范种类繁多，不知如何下手。学习民法、刑法时因为有成文法典在手，感觉比较容易把握些。而行政法与民法、刑法不同，行政法不是制定法名称，而只是一个法学领域名称，这导致学生很难捉摸。尤其是我们没有一部称为“行政法”的法典存在，使学生们不能像学习民法、刑法那样有目的、有体系地学习行政法。

对于法本法硕的学生来说，由于在本科时已经学过行政法这门课程，有一定的行政法知识基础，因此本教材主要是以专题讲授的方式来展开的，没有强调知识的系统性，重在两个方面：知识的深度和知识的具体应用。本教材每讲后都附有“拓展阅读”，尤其重视具体案例在本教材中的体现，为同学们深入学习行政法提供线索，进而为学好行政法提供帮助。

典型案例

夫妻观看“黄碟”被查案③

1. 案情简介

2002 年 8 月 18 日，陕西省延安市万花山派出所接到报案，称其辖区内一居民

---

① 当代中国社会正处于转型过程之中，在市场经济条件下，政府职能的转变、政府机构的改革以及对行政法基本理论的研究深入已经引起行政法学的基本概念和理论体系的革命性变革。现代行政是一种“民主行政、法治行政、服务行政、科学行政、责任行政”，这是市场经济条件下“行政”的基本内涵。它决定了今后我们需要一部什么样的行政法，也决定了行政法的发展方向。以前构架行政法学的平台基本上是以对立和管制为前提的，今后我们必须将合作与善治作为构架行政法学的平台，避免将对行政法学的研究放在公民与政府对立的层面上。因此，我们所追求的行政法应当是一部“合作行政法”。

② 王连昌. 行政法学. 修订本. 北京：中国政法大学出版社，1999：1-5.

③ 徐文星. 行政机关典型败诉案例评析. 北京：法律出版社，2009.

家中正在播放黄色录像，即派四名民警前去调查。民警来到张某诊所（张某夫妇的卧室在诊所内）门外，见大门紧锁，便绕到诊所侧面，从窗户缝里看到房间内的电视机的确正在播放淫秽录像。于是，民警以看病为借口进入张某家中，并径直来到放录像的房间。房间内有张某夫妻二人，此时电视机已经关闭。四人虽着警服，却未佩戴警号和警帽。其中两人去取碟，要抱走电视机和影碟机。张某阻止，警察将其反剪着手抓住头发按在床上。挣扎中，张某抄起窗户旁一根约一米长的棍子打中了民警尚某的左手。警察以妨碍警方执行公务为由将张某带回派出所。作为播放淫秽录像的证据，警方将三张淫秽光碟连同电视机、影碟机也一并带回派出所。

2002 年 8 月 19 日，张某的家人托亲戚给派出所写下“保单”并交了 1 000 元，把张某“保”了出来。但派出所只开了一张“延安市公安局宝塔分局暂扣款收据”，也没有加盖公章，只让张某捺了指印，扣款理由是“阻碍公务问题”。同日，万花山派出所以“传播淫秽物品”为由，给张某出具了“现场扣押物品清单”。经延安大学医学院附属医院诊断，张某多处软组织（头、颈、两肩、胸壁、双膝）挫伤。当初借给张某光碟的邻居马某作为传播者，被派出所关了一夜，并处罚款 2 500 元。

2002 年 8 月 22 日，宝塔区公安分局决定对张某打伤民警的行为以妨碍公务罪立案，并由分局治安大队进行调查。2002 年 10 月 21 日下午 2 时，宝塔区公安分局治安大队的两名警察以“调查案子”为由将张某从诊所带走，随后以“涉嫌妨碍公务”为由将其刑事拘留。2002 年 11 月 4 日，延安市宝塔区人民检察院以证据不足为由，决定不批准逮捕张某，并将决定送达公安机关。2002 年 11 月 5 日，被刑拘 16 天的张某被宝塔区公安分局以取保候审的名义放回家。

2002 年 12 月 5 日，宝塔区公安分局解除对张某的取保候审，并宣布撤销该案，同时返还暂扣当事人的 1 000 元钱。2002 年 12 月 25 日，张某向宝塔区公安分局提出国家赔偿申请，并要求公安机关对其恢复名誉、赔礼道歉以及处理相关责任人。2002 年 12 月 31 日，官方的专门协调小组同张某的代理律师在四个方面达成了协议：由宝塔区公安分局向当事人赔礼道歉；一次性补偿当事人医疗费及误工费人民币 29 137 元；对办理本案的有关责任人按照有关规定作出相应处理；本协议为一次性处理协议，一经调解各方签字即生效，任何一方不得反悔。当天下午，宝塔区公安分局纪检委书记孙某代表公安分局向张某正式赔礼道歉。

2. 案例评析

夫妻观看“黄碟”被查案发生后在社会上引起了强烈的反响，引发了公众对警察权、警察任务、公民权利等重要内容的广泛讨论。从行政法的角度而言，此案存在以下问题：

第一，警察针对夫妻在家中看“黄碟”而启动调查权缺乏明确的法律依据。关于观看“黄碟”的行为，《治安管理处罚法》并没有将其列入禁止范畴，唯一涉及的是 1985 年国务院《关于严禁淫秽物品的规定》，现这一规定已经被废止。既然这一规定已经被废止，而在其他所有关于查禁淫秽物品的法律法规和其他规范性文件中，都没有关于“观看”淫秽物品的规定，那么警察启动调查权查处此行为显然已经没有法律依据，“法无授权皆禁止”是行政权行使的基本规则，因此该调查行为是违法的。

第二，该具体行政行为违反法定程序。行政程序是指行政主体实施行政行为时，在时间上和空间上所遵循的步骤、顺序、方式、时限。行政程序合法是指行政主体所遵循的行政程序应该有法律依据，应当严格按照法律规定的方式、次序、顺序进行。其基本功能是限制公权力的行使，同时为公权力本身提供合法性。借助于法定程序，公权力转化为一种特殊的权力，即一种公职人员的职权。行政权力的复杂性和自由裁量权的增加，使法律对行政行为的具体内容条分缕析地予以规定越来越困难。对程序的强调，可以在一定程度上把实体性的问题转化为程序性的问题，即通过具体的程序来体现和展示实体性的内容。在涉及公民基本权利的保护时，应当为行政公权力的介入设计更为严格的程序。为了保护公民私生活的安宁和不受侵扰，就应当对警察进入私人住宅作出更严格的程序限制。

在本案中，首先，警察未佩戴警号和警帽，更未出示其证件以表明其身份。1996 年《刑事诉讼法》第 111 条规定“进行搜查，必须向被搜查人出示搜查证”，而且其行为也不属于可以不用搜查证的例外。但是，本案中，警察明显未能遵行此规定。其次，对于两人去取碟，要抱走电视机和影碟机的行为，张某进行阻止是正当的，因为在执法人员身份不明的情况下，张某的行为只是为了保护自己的正当权利，充其量也只是正当防卫。执法者以妨碍警方执行公务为由将张某带回派出所有滥用权力的嫌疑，其行为违反程序规定。此外，张某的家人托亲戚给派出所写下“保单”并交了 1 000 元，把张某“保”了出来，但派出所只开了一张“延安市公安局宝塔分局暂扣款收据”，且没有加盖公章。也就是说，这样的一份收据是不具有法律效力的，因为手续不完备，程序不合法。案中所谓的执行公务不符合法定的程序要求，即指其不是在合法地行使公共权力。

通过本案，我们不难发现，彼时我国行政公权力与私权利的界限模糊，法制观念还有待进一步提高。现代政治文明确认了公权力运作的基本原则，即以法律约束公权力，公权力的行使必须有明确的法律根据，逾越法律的授权就是违法。公权力必须借助宪法和法律来建立其政治合法性。借助法律把人民主权原则具体化和现实化。法律之外的道德理由、政治理由尽管可以赋予政府权力合理性或权威性，但并不构成法治社会中政府行动的法律依据。私生活的不道德并不是它要受到法律惩罚的理由，何况本案中的行为也未必违反私生活的道德准则。在现代社会中，公权力对私生活的侵入大致有两方面：一是公权力的异化，即它成为少数人牟取私利的工具。公权力行使中经常遇到的两种情形是，要么为牟取私利而扩张、滥用权力，要么在无私利可图时以不作为懈怠职责。二是对公权力之性质和功能的误解。过去我们更为关心政府的服务宗旨和控制能力，公权力几乎在社会生活的所有方面介入个人的私生活，使个人私生活的某些方面完全受控于政府，似乎只要公权力是为人民的，它便可以支配个人的思想和行为。这种全能政府的政治理念表现之一，就是在“人民警察为人民”的名义之下，扩展和巩固警察权力，似乎警察在为人民谋福利或维护社会公益的名义之下，便可以不受限制地干涉个人的私生活。在全能政府理念支配下，警察为维护社会秩序和所谓的国家利益，往往会超越法律的界限而基于道德的目的、伦理的理由而运用和扩张其权力，如此案中的“扫黄打非”，其本身是一个具有道德正当性的行为。由此导致的是，对警察权力的更少限制和个人对政府权力的更多依赖。国家对社会的高度控制导致社会自主生活空间的萎缩，个人的基本权利因为政府的高度控制而无法得到伸张。从根本上说，这与我国建设法治国家和依法行政的目标是相悖的。

3. 思考

（1）如何理解我国行政公权力与私权利的界限？

（2）公安机关的行政调查行为是否违法？

（3）公安机关作出的具体行政行为是否违反法定程序？

第一讲　行政法学的基础概念分析

内容提要

以往关于行政、行政权与行政法概念的研究，在很大程度上忽略了对一些前提问题的梳理，这些前提问题主要包括：首先，对法学概念可以在不同意义上或基于不同出发点进行界定，相互之间并不矛盾；其次，行政法概念中的价值表达应当基于我国的宪治秩序；最后，对基础概念的界定应当服务于行政法学的体系化。在这些前提下，行政指的是公共行政，可以分为组织意义上的行政与行为意义上的行政，后者可进一步分为形式意义上的行政与实质意义上的行政；行政权可在权力形态与权力体系两个层面展开，前者对应实质意义上的行政，后者对应形式意义上的行政；从价值表达看，行政法是“控权—服务法”，从调整对象来看，行政法是调整公共行政权行使主体之组织与行为的法律规范的总称。

第一节　行政、行政权与行政法概念研究综述

行政、行政权与行政法是行政法学的基础概念，其界定问题是所有行政法教科书都不可回避、需要首先予以解决的问题。由于这些基础概念既难以被准确界定，又较少成为一个专门予以探讨的“学术问题”，因此对这一问题的研究基本上集中在教材或专著之中，专门以其为对象展开研究的学术论文数量较少。① 这些学术论文中的研究观点，一些已经转化为教材中的内容，另一些则与教材中的观点没有多少差异。从国内资料来看，大陆法系国家或地区的著作倾向于在行政法学教材的开篇

① 在行政法学领域专门针对行政（权）与行政法的概念进行研究的文章主要包括：罗豪才，姜明安. 我国行政法的概念调整对象和法源. 法学研究，1987（4）：1-7；张弘. 行政权概念冲突与重新认识和确定. 辽宁大学学报（哲学社会科学版），2004（3）：102-108；刘志坚. 对行政与行政法概念的重新阐释. 科学·经济·社会，2005（1）：89-92 等。

即深入、系统地分析行政与行政法的概念[①]，而作为英美法系代表性国家的英国和美国的著作对此问题似乎没有那么执着。[②] 虽然我国行政法学发展时间较短且速度缓慢，但也积累了海量的行政法学著作，就此问题而言，总体上大同小异。因此，下面选取这些海量著作中常见且具有代表性的著作中对行政、行政权与行政法概念的研究进行综述。

一、关于行政概念界定研究的综述

大陆法系国家和地区的著作中对行政概念的讨论方式基本上是一致的，一般以如下两个步骤展开：其一，介绍对行政概念界定的不同方式；其二，如果认为行政这一概念可以被定义，则进一步论述自己的主张，但如果主张“行政无法加以定义，仅能描述”（德国行政法学者福斯特霍夫语），则会避开定义，而对行政的特征加以描述。

首先，对行政概念界定的不同方式。[③] 对行政的概念主要有以下几种界定方式：组织意义上的行政、形式意义上的行政与实质意义上的行政。对实质意义上的行政则有两种定义角度：一种是正面界定（也称为消极说、扣除说等），另一种是反面排除（也称为积极说）。组织意义上的行政，指在构造上、功能上及法律上自成体系，可以和其他国家作用领域有所区隔的组织整体。[④] 有学者批评这种定义方式“仅呈现出行政组织的态样，至于行政作用（行为）的层面，则未触及”[⑤]。这种批评有失公允，对行政概念可以在不同层面进行界定，不能用“缺乏行为层面的界定”来批评本身从“组织层面界定”的行政概念。形式意义上的行政指的是，凡是组织意义上的行政所作的行为，皆是行政，而无论其内容为何。就实质意义上的行政而言，以反面排除方式界定行政的观点，是“三权分立”理论的产物，这种观点认为行政即除立法和司法以外的所有国家活动。如奥托·迈耶即认为，行政是国家在其法律制度范围内，为实现国家目的而进行的除司法以外的活动。[⑥] 不过，这种观点由于存在诸多问题而被抛弃，这些问题主要包括：一是欠缺实质内容；二是需要先行界定立法与司法的概念，而这两个概念本身也难以被界定；三是除行政、立法与司法

---

① 代表性著作有：姜明安. 行政法与行政诉讼法. 7 版. 北京：北京大学出版社，高等教育出版社，2019：1－47；翁岳生. 行政法：上. 增订 4 版. 台北：元照出版有限公司，2020：1－42；毛雷尔. 行政法学总论. 高家伟，译. 北京：法律出版社，2000：1－12，33－35；南博方. 行政法：第 6 版. 杨建顺，译. 北京：商务印书馆，2020：7－11 等。我国的法律体系是否属于大陆法系，理论上存在争议。官方一般认为我国的法律体系是“中国特色社会主义法律体系”。不过，如果仅从法律形式以及法学研究的主要方法和路径来看，我国可以归为大陆法系。

② 代表性著作参见威廉·韦德，克里斯托弗·福赛. 行政法：第 10 版. 骆梅英，苏苗罕，等译. 北京：中国人民大学出版社，2018：4－5；理查德·J. 皮尔斯. 行政法：第 1 卷：第 5 版. 苏苗罕，译. 北京：中国人民大学出版社，2016：3－4。

③ 这里介绍的几种界定方式，并不存在学术上的争议，只是不同学者在定义时内容上有所差别。因此，这里选取具有代表性的著作中的观点进行介绍。

④ 李建良. 行政法基本十讲. 修订 10 版. 台北：元照出版有限公司，2020：52.

⑤ 李建良. 行政法基本十讲. 修订 10 版. 台北：元照出版有限公司，2020：52.

⑥ 奥托·迈耶. 德国行政法. 刘飞，译. 北京：商务印书馆，2013：14.

外，尚且存在如统治行为等无法被前述三个概念包括的国家行为等。从正面界定行政的观点差异较大，最具代表性的尝试当属汉斯·J. 沃尔夫、奥托·巴霍夫、罗尔夫·施托贝尔的定义，他们认为：实质意义上的行政是指特定的组织按照特定的目的和计划，对外自负其责地、独立地、创造性地处理事件的各种活动，特别是作出相应决定的活动。[①]

其次，认为行政可以被定义的学者，一般都会综合前述方式中的几种进行界定。在我国，一种代表性的观点是综合采用实质行政与形式行政的定义，并分别将实质行政与形式行政中的部分内容排除在外。如有研究认为：行政法上的行政，宜在实质行政中采用主体标准，将人民代表大会、人民法院和人民检察院以及军事机关的“行政行为”划出行政的范围，而在形式行政中采用内容标准，将行政机关以民事主体的身份从事的不具有公益性的“行政行为”以及“统治行为”划出行政的范围，保留它具有立法性的“立法性行政”和居中裁决的“司法性行政”[②]。另一种代表性观点则是以组织意义上的行政为主体，对于组织意义上的行政之外的其他国家机关或公权力主体的行为，具体讨论哪些属于行政的范围。具体而言，第一层次界定：行政的概念，可以先从组织意义的行政与形式意义的行政出发，并搭配消极说，作第一层次的界定，即行政，指组织意义的行政所为的各类行为或活动。[③] 第二层次界定：经由上述第一层界定之后，在国家机关中，人民检察院及人民法院等机关的行为或作用，是否属于行政的范畴，须着眼于各该权力的本质。[④]

最后，主张对行政的特征加以描述的观点，被称为“特征描述说”。不同学者对行政特征的描述差异不大，综合来看，一般认为行政有以下几点特征：“第一，行政是社会塑造活动；第二，行政的出发点是公共利益；第三，行政主要是积极的、针对将来的塑造活动；第四，行政是为处理事件而采取具体措施或者执行特定的计划的活动”[⑤]；“第五，由公法组织之法律主体而行为；第六，受指示监督及具有行动自由；第七，以不同之方式而行为”[⑥] 等。

二、关于行政权概念界定研究的综述

行政权，若仅从形式逻辑来看，似乎是在行政的基础上加上公权力要素便是行政权。这是部分学者对行政权的界定方式。然而，由于法治国家强调行政权应当由宪法和法律授予，因此，一些学者在行政权的概念界定中加入了宪法和法律授予的要求。另外，学者在对行政权的概念进行研究时，一般均会同时对其特征进行说明。

---

① 汉斯·J. 沃尔夫，奥托·巴霍夫，等. 行政法：第1卷. 高家伟，译. 北京：商务印书馆，2002：22.

② 章剑生. 现代行政法总论. 2版. 北京：法律出版社，2019：3.

③ 李建良. 行政法基本十讲. 修订10版. 台北：元照出版有限公司，2020：60.

④ 李建良. 行政法基本十讲. 修订10版. 台北：元照出版有限公司，2020：61.

⑤ 毛雷尔. 行政法学总论. 高家伟，译. 北京：法律出版社，2000：6－7.

⑥ 陈敏. 行政法总论. 10版. 台北：新学林出版有限公司，2019：9－10. 关于行政的特征描述，还可参见翁岳生. 行政法：上. 增订4版. 台北：元照出版有限公司，2020：10－22。

第一，一些研究在行政概念的基础上加上公权力的要素对行政权进行界定。如有研究认为，“行政是组织的执行、管理职能，作为行政法学研究对象的行政主要是指国家行政机关执行国家法律、管理国家内政外交事务的职能。那么，行政权即是指执行、管理权，主要是指国家行政机关执行国家法律、管理国家内政外交事务的权力”①。

第二，有观点特别强调行政权中的法律要素。如有观点认为，“行政权是由国家宪法、法律赋予或认可的、国家行政机关或其他公共行政组织执行法律规范、对国家公共事务实施行政管理活动的权力，是国家政权和社会治理权的组成部分”②。行政权与其他国家权力和社会组织、公民个人的权利不同：相对于其他国家权力而言，它具有裁量性、主动性和广泛性等特点；相对于社会组织、公民个人的权利而言，它则具有强制性、单方性和优益性等特点。③ 不过，随着行政职能的转变，行政权的特点也发生了变化：首先，行政权的强制性有所弱化；其次，行政权的单方性也相对受到限制；最后，行政权的优益性受到更多的限制。

第三，有研究指出：传统行政权理论具有单方性、强制性、执行性的局限，行政权概念的内涵与行政实践的冲突已屡见不鲜，有时用传统行政权理论解释行政合同、行政指导等行政现象显得力不从心或者大相径庭。④ 该研究进而在行政权概念中加入了服务要素，认为，“行政权是国家行政机关或法定组织依宪法和法律享有的，以实现国家和社会公共利益为目的，对国家事务和社会事务进行各种管理、服务的权力，是国家政权的组成部分”⑤。

三、关于行政法概念界定的研究综述

关于行政法的概念界定，与对行政的认识之间的联系似乎并不紧密。对行政法的概念界定的观点，可以分为两种类型：一是作为英美法系代表性国家的英国与美国关于行政法的界定，二是大陆法系国家和地区关于行政法的界定。一般来说，前者并不寻求一个严格的概念界定，而后者更倾向于对行政法作严格的界定；另外，前者一般会将其“控权”的行政法理念融入其中，后者则在表达行政法的理念之外，更重要的方法是从行政法调整对象角度进行界定。

我们首先来观察英国与美国的行政法著作中对这一问题的认识。有研究从两个层面对行政法进行界定：第一个层面，“行政法是有关控制政府权力的法……行政法的主要目的，就是保证政府权力始终在法律的边界内行使，从而保护公民权利，防止权力滥用”⑥。第二个层面，“行政法是一系列支配公共机构的权力行使与义务履

---

① 姜明安. 行政法与行政诉讼法. 7版. 北京：北京大学出版社，高等教育出版社，2019：7.

② 罗豪才，湛中乐. 行政法学. 4版. 北京：北京大学出版社，2016：3.

③ 罗豪才，湛中乐. 行政法学. 4版. 北京：北京大学出版社，2016：4.

④ 张弘. 行政权概念冲突与重新认识和确定. 辽宁大学学报（哲学社会科学版），2004（3）：102.

⑤ 张弘. 行政权概念冲突与重新认识和确定. 辽宁大学学报（哲学社会科学版），2004（3）：107.

⑥ 威廉·韦德，克里斯托弗·福赛. 行政法：第10版. 骆梅英，苏苗罕，等译. 北京：中国人民大学出版社，2018：4.

行的一般性原则"[①]。还有研究从行政法的调整范畴进行界定，认为"行政法包括政府所作出的与公民相关的各种行为，也包括公民所作出的与政府相关的各种行为，但是不包括刑法适用相关的事项（检察官和警察有一部分属于行政法调整的范畴），或者政府只是为了提供拥有执法权的公正裁判机构而参与其中的私人民事诉讼"[②]。需要说明的是，我国行政法学的发展主要建立在对域外学理的借鉴上，因此，我国也有学者借鉴前述界定方式，认为，行政法现象的错综复杂、多样变换决定了不管从何种角度、基于何种理论，给出的定义都大致是描述性的[③]，进而采取比较简略的界定方式，即行政法"是关于公共行政的法，是控制行政权的法"[④]。

大陆法系国家和地区对行政法的界定可以大体分为以下几种：一是宽泛地认为行政法是"关于行政的法"，二是认为行政法是"规范行政权的法规范的总称"，三是认为行政法是"调整行政关系的法"，四是综合各种层面的定义进行界定。

其一，行政法是"关于行政的法"。有研究认为，"为了尽可能广泛地扩展行政法的范围，只要立足于形式意义上的行政观，将'关于行政的法'全部视为行政法就可以了……所谓行政法，是指关于行政机关等行政主体的组织和活动的法规范……无论是否存在权力行使，无论是否构成'行政主体行使行政职能'，只要是关于行政机关等行政主体的组织和活动的法，全部都属于行政法的范畴"[⑤]。这种观点以形式行政为基础，将所有其他国家机关中可能存在的实质行政排除在外，但同时将行政机关可能以机关法人的民事主体身份进行活动的"部分阶段"包括在内。正如该研究进一步指出的，行政主体购买办公用品所引起的买卖关系"主要是民事关系，由于牵涉到公共资金的指出，才使其具有了一定的行政关系的属性。因而，它首先应由民事法规范调整，进而才是适用《会计法》等行政法规范"[⑥]。

其二，行政法是"规范行政权的法规范的总称"。这种观点认为，"行政法的全部内容都是围绕着控制行政权，保护行政相对人合法权利这一基本核心展开其法律体系的，所以，行政机关行使行政权只要与行政相对人有关系，就都需要行政法的介入。另外，与行政权相关的其他行政法律关系也属于行政法调整的范围，如行政机关与其所属的公务员之间的关系、行政机关之间的关系等，学理上称为'内部行政法'"[⑦]。这种观点以行政权为基点，将所有与行政权行使相关的法律关系均纳入行政法的范围。

其三，行政法是"调整行政关系的法"。这种观点"深受法理学关于'部门法必

---

① 威廉·韦德，克里斯托弗·福赛. 行政法：第10版. 骆梅英，苏苗罕，等译. 北京：中国人民大学出版社，2018：5.

② 理查德·J. 皮尔斯. 行政法：第1卷：第5版. 苏苗罕，译. 北京：中国人民大学出版社，2016：3. 这一定义是皮尔斯教授在弗兰德里法官的定义基础上作出调整之后的定义，主要调整的地方是皮尔斯教授将一部分检察官和警察的行为包括在其中。关于弗兰德里法官的定义，see Henry J. Friendly. *New Trends in Administrative Law*. 6 MD. Bar J.，1974（3）：9.

③ 余凌云. 行政法讲义. 3版. 北京：清华大学出版社，2020：6.

④ 余凌云. 行政法讲义. 3版. 北京：清华大学出版社，2020：6-7.

⑤ 杨建顺. 行政规制与权利保障. 北京：中国人民大学出版社，2007：50.

⑥ 杨建顺. 行政规制与权利保障. 北京：中国人民大学出版社，2007：70.

⑦ 章剑生. 现代行政法总论. 2版. 北京：法律出版社，2019：22.

须有其独立调整对象'之论断的影响，多从行政法调整的特殊关系入手，以示与其他部门法的区别"[①]。在这种观点内部，不同学者之间的界定存在一定区别。有学者认为，行政法"是指调整行政关系的、规范和控制行政权的法律规范系统"[②]。这一概念分别从行政法的内容、实质和形式三个层面进行了界定。其中，在内容上，行政法是调整行政关系的法；在实质上，行政法是规范和控制行政权的法；在形式上，行政法是没有一部而且难于制定一部统一法典的法。[③] 这一概念在以调整对象为主体内容的同时，融入了行政法的价值理念和法律形式。还有学者认为，行政法"是调整行政关系以及在此基础上产生的监督行政关系的法律规范和原则的总称，或者说是调整因行政主体行使其职权而发生的各种社会关系的法律规范和原则的总称"[④]。与前面的观点相比，这一观点主要强调应当将行政法的概念行政法中的原则单列出来，但主要还是从调整对象方面来进行界定。

其四，综合各种层面的定义进行多维度界定。有学者对仅从法律规范层面对行政法进行界定的做法提出批评，主张对行政法进行多维度的综合界定，具体而言，从规范层面、现实层面以及观念层面展开界定："这三种意义上的行政法概念并不是相互排斥的，相反，它们并行不悖且相互补充每一视角的不足，从而使对行政法概念的认识更加富有包容性、彻底性和全面性"[⑤]。分别来看，"在规范意义上，简言之行政法就是有关行政或者说行政权行使及其后果的法律规范的总称；现实意义上的行政法即'活'的行政法，是指行政法律规范在现实社会生活中的实际表现，或者说行政法律规范在社会生活中的实际运作状态；观念意义上的行政法，是指通过人们的精神、意识、价值评判等为媒介的行政法观念形态，它包括有关行政权、行政机关与公民的关系及救济等的思想、价值观和评价等内容"[⑥]。这种多维度的界定具有非常重要的启发意义。然而，现实意义上的行政法不过是规范意义上的行政法的实施状态，而观念意义上的行政法，已经脱离了"法"的范畴，很难说是对行政法的一种"界定"，不过是一种"理论、观念或想法"，故不能将"行政法观念""行政法理论""关于行政法的想法"全部视为"行政法"。

第二节 行政、行政权与行政法概念界定的前提梳理

理论上对行政、行政权与行政法的概念已有长时期的探讨，从不同角度进行了分析，带来了诸多启发。不过，这些概念界定仍然存在很多缺陷：首先，对于行政法与行政法学而言，这些概念界定的功能与目的何在？很多界定似乎是"为了界定

① 余凌云. 行政法讲义. 3 版. 北京：清华大学出版社，2020：5.
② 姜明安. 行政法与行政诉讼法. 7 版. 北京：北京大学出版社，高等教育出版社，2019：19.
③ 姜明安. 行政法与行政诉讼法. 7 版. 北京：北京大学出版社，高等教育出版社，2019：19.
④ 罗豪才，湛中乐. 行政法学. 4 版. 北京：北京大学出版社，2016：7.
⑤ 杨解君. 论行政法概念的哲学视野. 东南大学学报（哲学社会科学版），2001（2）：30.
⑥ 杨解君. 论行政法概念的哲学视野. 东南大学学报（哲学社会科学版），2001（2）：30.

而界定”，并没有明确界定这一概念以及如此界定在法律或法学上的目的与功能。正如有学者所言，法律概念不是毫不为正当目的而诞生，也不是毫无目的地被凑合在一起……在法律概念的建构上，必须考虑到拟借助该法律概念达到之目的，或实现的价值。[①] 其次，很多界定似乎在追求一个并不恰当的目的，即寻求一个适用于行政法所有领域的“行政”概念。殊不知，同一个词语可以在不同意义上适用，相互之间并不一定存在冲突，行政法与行政法学并不一定必须以一个“统一的行政”概念为前提。最后，不少教材中的行政、行政权与行政法概念界定，存在逻辑上的错误，如将行政概念的界定作为行政法研究范围的前提、将宪法和法律授予作为行政权的概念要素等，需要予以厘清。前述问题可谓对行政、行政权与行政法进行概念界定的前提性问题，只有明了这些前提性问题，才能对前述概念作出适当的说明。

一、法学概念界定的不同视角及其关系

在前述对行政法概念研究的综述中提到，有学者已经认识到行政法的概念可以在不同维度展开，而且相互之间并不存在矛盾。这种多维度认识行政法的观点，具有合理性，因为不同维度或者不同出发点，对同一语词的概念界定是不同的，这种不同甚至具有必然性。如有学者曾对“规范说”（法律规范的总称）提出批评，认为“‘规范说’只是从法律规范或者说本本上的法律这一角度来界定行政法，它脱离了对法律规范在社会生活中实际运作状况的考察，没有与人们的价值观念相结合”[②]。然而，我们也可以以同样的逻辑对任何其他界定方式提出批评，如批评认为“行政法是控制行政权的法”的观点，只是关注行政法的价值，未能准确描述静态的行政法体系的状况。这种站在此种视角批评彼种视角缺乏某种视角的做法，是不合理且毫无意义的，因为某种观点既然是从此种或者彼种视角出发，自然会缺少他种视角。其实，不只是行政法的概念，行政与行政权的概念以及其他任何法学概念均是如此。

“行政”本就在不同层面使用，因此不存在一个能够包罗一切情形的“行政”概念。因此，前述提到的组织意义上的行政、形式意义上的行政、实质意义上的行政之间并不存在冲突，只是视角和出发点不同而已。而且，行政法学也不需要一个能够包括所有情况下的行政的“行政”概念。与此相同，对行政权的概念也可以基于不同的视角和出发点而作出不同的界定。即便是行政法这一概念，从“调整对象”出发作出的阐释与从“法律价值”出发作出的阐释之间也不存在任何矛盾。行政法的体系甚至决定了行政的概念应当从不同层面展开。依据对行政法体系的一般认识，行政法可以分为行政组织法、行政行为法与行政救济法，而行政组织法中的“行政”与行政行为法中的“行政”自然不可能是同义的，也没有必要将其强扭在一起。

对于不同视角之间的关系而言，它们彼此之间并没有绝对的优劣，因为只有在同一视角之下才存在认识之间的差异，故对概念界定的批评也应当基于同一视角展

① 黄茂荣. 法学方法与现代民法. 增订7版. 台北：植根出版社，2020：165-166.

② 杨解君. 论行政法概念的哲学视野. 东南大学学报（哲学社会科学版），2001（2）：28.

开。概念界定的视角或者说出发点，只是一种“方法”，因此，只有在同一“方法”之下，才真正地存在对某一概念的认识差异。如同样是从“调整对象”这一视角出发，有人认为行政法是“规范行政权的法规范的总称”，而有人认为行政法是“调整行政关系的法律规范的总称”。那么，行政法究竟是“规范行政权”的法律规范的总称，还是“调整行政关系”的法律规范的总称，抑或是兼而有之？更进一步，在“法律规范的总称”这一问题内部，法律原则是不是此处的法律规范？软法是不是这里的法律规范？这些才是在同一视角之下的认识差异，只有在同一视角之下展开这一概念，相应的批评才是有意义的、合理的。

二、行政法概念中的价值表达

法学绝不是一门价值中立的学科，行政法学也不例外。立法者想通过规范来调整特定的生活领域，通常会受立基于特定价值判断之上的调整意图、正义考量或者合目的性考量的引导。① 行政法的概念界定同样深受法律价值的影响，无论在实定法上还是在学理上。这种影响具体表现在对行政法基础理论的不同认识，以及基于不同的行政法基础理论认识产生的对行政法概念的不同认识。

在我国，关于行政法的基础理论众说纷纭，其中最重要的几种理论为“控权论”“服务论”“平衡论”“控权—服务论”，对基础理论的不同认识根本上源于对行政法价值的不同选择。“控权论”认为，“行政法的学科旨趣，在于检讨行政应如何受到法的拘束，以确保人民的基本权利”②，因此行政法是控制行政权的法。“服务论”认为，行政法实质上是服务行政法，要求行政机关在法律授权的范围内为全体人民和全社会提供最好的服务和最大的福利，并且服务行政为现代行政法的发展趋势。③“平衡论”则认为，“行政法作为一种社会关系的调解器，其核心功能是规范和调整行政权与公民权关系”④，行政法是“保证行政权与公民权处于平衡状态的平衡法”⑤。“控权—服务论”则以“控权”和“服务”作为行政法的两个支撑点，认为行政法是一部控权法和服务法，是控制行政权的法，是让行政权服务于社会、服务于民的法。⑥ 这里需要说明的是，对行政法基础理论的认识，会影响学者对行政法概念的认识，但并不是所有学者都会将基础理论中的价值选择带入对行政法的概念分析中。这种种理论争论有利于对行政法进行深入思考，然而，更多的是站在行政法的内部视角，而且不同学者之间对行政法价值的不同表达和追求缺乏必要的法律基础。

行政法是最重要的宪法实施法，行政法中的价值选择，应当以宪法为基础，通过行政法与宪法的关联进行阐释和建构。在任何宪制体制中，如果宪法得到实施，

---

① 卡尔·拉伦茨. 法学方法论：全本·第6版. 黄家镇，译，北京：商务印书馆，2020：276.
② 翁岳生. 行政法：上. 增订4版. 台北：元照出版有限公司，2020：8.
③ 杨海坤，关保英. 行政法服务论的逻辑结构. 北京：中国政法大学出版社，2002.
④ 罗豪才，等. 行政法平衡理论讲演录. 北京：北京大学出版社，2011：24.
⑤ 罗豪才. 现代行政法的平衡理论. 北京：北京大学出版社，1997：79.
⑥ 王学辉. 迈向和谐行政法. 北京：中国政法大学出版社，2012：119.

任何部门法都会受宪法的影响，尤其是受价值导向的影响。作为私法的民法也不例外。行政法作为公法，受宪法的影响更甚，德国行政法在《基本法》施行之后的发展变迁便是明证，如特别权力关系理论由于《基本法》中对基本权利的保障以及基本权利对国家权力的直接效力的影响，逐步在司法裁判的影响下消逝。同样，英国与美国的行政法也深受其法律价值的型塑，正是权力分立制衡原则以及有限政府理念塑造了英国和美国行政法中的"控权论"。可以说，英国与美国的整个行政法都是在"控权论"这一基石上搭建起来的。行政法的概念应当表达其本身的理念，反映一国行政法治的现实，从这个意义讲，行政法的概念不是空灵之物，而是社会背景，尤其是宪制背景下的景观。[①] 因此，学者在分析行政法概念时，要么不进行价值表达，仅从调整对象角度进行说明；如果要进行价值表达，其间的价值抉择不应当是学者主观的个性式的选择，而应当基于宪法进行选择。

三、行政、行政权与行政法概念界定的功能

对行政与行政权的概念界定，需要站在行政法学的视野下进行，而不能脱离这一视角。行政与行政权均非行政法所独有的概念，因此，在行政法学中讨论行政与行政权的界定问题，必须将视角集中在行政法学之中，即便是对其他学科中的相关知识进行借鉴，也需要完成行政法学的视角转换。这并不是说行政法学要"闭门造车"，而是必须承认，不同学科视野之下，对同一概念的界定可能完全是不同的，甚至，宪法学与行政法学中对行政、行政权的概念界定都会存在巨大差别：宪法学中对行政、行政权概念的讨论，主要是在分权的视角下讨论行政权与其他国家权力之间、中央行政权与地方行政权之间的关系，而行政法学中的讨论主要是明晰行政法的规范对象；而且，宪法学一般仅关注国家行政权而不关注社会行政权，但后者可能是行政法的重要内容。

界定行政、行政权与行政法的概念，最重要的功能在于明晰行政法学的研究对象。然而，必须强调的是，行政法学的研究对象并不取决于对行政与行政权的概念界定，相反，行政法学研究对象的扩展会影响行政与行政权的概念界定。正如有学者所描述的那样，"行政并非一种'先验'的概念，而是既存于现实的国家作用，也就是说，并不是先有行政概念，才有行政现实；相反地，行政作用早已存在于国家政治现实中，运作有年，故行政概念的提出与建构，旨在从法治国的角度，析绎出法律规范的对象与客体。因此，行政概念的探讨，并不是要找到或建立一个完美无瑕的定义，其目的毋宁是要确定行政法的规范对象及研究课题"[②]。

对行政、行政权与行政法的概念界定，主要功能还在于为行政法学的体系化提供概念工具。对行政、行政权与行政法的概念界定，既不是要实现这些概念的实定法化，也不是为了实现某种法律效果。行政法发展至今，"虽然尚未能明确界定实质意义之行政概念，但现行法律并未就行政概念设定法律效果，因此亦不致有如何之

---

① 朱维究，梁凤云. 西方宪政背景下行政法概念的比较研究. 比较法研究，2000 (1)：71.

② 李建良. 行政法基本十讲. 修订10版. 台北：元照出版有限公司，2020：59.

法律问题发生”[①]。行政权是行政法的“知识核心”，它构成了行政法体系的内核[②]，而对行政权的认识在很大程度上取决于对行政的认识。虽然对行政与行政权的概念界定功能在于为行政法提供一个大致的范围，但这一范围绝对不是固定的，甚至也不是稳定的。因此，对前述三个基础概念的界定，其目的在于合理划定行政法的边界，然后在这一边界内尽可能地实现行政法学的体系化建构。

第三节　行政、行政权与行政法的概念分析

在行政法学的视野中，无论是行政与行政权的概念，还是行政法的概念，都是对行政法学中的行政、行政权与行政法的法律现象观察、总结和提炼的结果，而不是先有前述几个概念，而后基于这几个概念有行政法学的体系。换言之，在逻辑上，概念是法律现象和法学体系发展的结果，而非其前提。作为一种学术传统，或者说出于学习便利的需要，行政法学教材往往开篇便对行政、行政权与行政法等基础概念进行界定或说明。国内资料之所及，无论是大陆法系国家还是英美两国，皆是如此。当然，这并不是说逻辑上便应该把这些基础概念放在行政法学教材的最后。行政法学虽然是比较年轻的部门法学，其体系化程度较民法、刑法等学科的体系化程度依然较弱，但毕竟经过了一百多年的发展，即便在我国也有了四十多年的积淀，学者们对行政、行政权与行政法等基础概念已经形成了初步的共识性内容，而且这些基础概念放在开篇介绍的确有利于展开对行政法学其他问题的论述。

一、行政的概念分析

行政的内涵有一个随着时代发展变化的过程。为了能够准确认识行政的内涵，我们可将行政分为传统行政和现代行政，尤其是在现代社会，作这种认识具有重要意义。在我国，传统行政主要是指计划经济体制之下的行政。以前的行政法学基本理论、学科体系及一些具体制度基本上是建立在传统行政的支撑点上，最典型的表现就是对行政内涵的认识：行政就是管理，是国家意志的执行。在全面推进国家治理体系和治理能力现代化，全面推进法治政府建设的当下，行政的内涵也应发生变化。这里涉及“理念转变”“社会转型”“行政发展”等相关论题。法治政府以及市场经济建设，要求政府转变职能、放权，强调政府尽量少地用强制的方式干预社会生活，给“行政”恢复其在市场经济条件下应有的另一个内涵——“服务”，确定“行政既是管理，同时也是服务，并且管理就是服务”的新理念。因此，现代行政应当是一种“法治行政、民主行政、责任行政、高效行政和服务行政”。一个法治的政府应尽可能采取非强制性的手段来实现行政管理的目的。近几年行政协议、行政指导、行政奖励、行政给付等行政行为的发展，以及“非强制性措施”“柔性执法”等

---

① 陈敏. 行政法总论. 10版. 台北：新学林出版有限公司，2019：6.

② 章剑生. 现代行政法总论. 2版. 北京：法律出版社，2019：18.

理念和方法的发展和进步，也正顺应了“行政”内涵变化的需要。

我国的社会转型带来了社会行政的发展，故行政的概念在国家行政以外，尚需要将社会行政适当纳入其中，二者共同构成公共行政。有学者研究指出：公共行政是行政法的土壤，作为行政权存在的理由构成了包括行政主体在内的行政法学理论的时空场域。[①] 同样，对行政的概念界定也必须回应公共行政的发展变迁。在我国，社会行政从两个方面发展而来：一是以“政社分离”的方式从行政中分离出来，曾经的国家行政演变为社会行政。如在中国足球协会的改革中，根据国务院办公厅《关于印发中国足球改革发展总体方案的通知》（国办发〔2015〕11号）第5条，将“按照政社分开、权责明确、依法自治的原则调整组建中国足球协会，改变中国足球协会与体育总局足球运动管理中心两块牌子、一套人马的组织构架。中国足球协会与体育总局脱钩，在内部机构设置、工作计划制定、财务和薪酬管理、人事管理、国际专业交流等方面拥有自主权”。虽然此类社会组织的行政从国家行政一变而为社会行政，然而，其中的许多内容依然没有脱离公共行政的范畴。二是因应时代发展需要而生发出来的社会行政。如企业家协会、商业协会等，便是顺应改革开放后商品经济和市场经济的发展而产生的。“伴随着社会多元化发展和国家现代化进程的推进，权力不断从国家延伸至社会。国家权力已不是治理社会的唯一权力，政府不再是行使公权力的唯一主体，一些社会组织也在从事着社会公共事务的管理，社会治理正从政府作为唯一权力中心向政府—社会的双中心过渡”[②]。在这样的背景下，行政法必须将部分社会行政纳入规范的范畴。之所以是“部分”纳入而不是如国家行政那样“全部”纳入，原因在于，国家行政与社会行政虽然均为公共行政，但依然存在很大差别：从公共性来看，国家组织天然具有公共性质，但是社会组织并非天然具有公共性质，只有在其管理“公共事务”的时候才具有公共性质。而且，社会组织以自治作为其根基，行政法不能过多地介入这种自治，否则社会组织的存在将失去意义。

在行政法学的视野下，行政指的是公共行政，包括国家行政与社会行政。二者均可以进一步分为组织意义上的行政与行为意义上的行政，后者可进一步分为形式意义上的行政与实质意义上的行政。但是，二者之间存在差异：对于国家行政而言，组织意义上的行政均为形式意义上的行政；但是对于社会行政来说，组织意义上的行政只有在管理“公共事务”的情形下才构成形式意义上的行政。行为意义上的行政应当以实质意义上的行政为基础，辅之以形式意义上的行政进行综合判断：首先以实质意义上的行政为基础进行判断，将行政机关的行政、党的机关的行政、社会组织的行政，乃至于将来可能包括的立法机关与司法机关的行政等全部包括在内，但是将行政机关的纯粹私法行为以及政治性的统治行为排除在外；然后辅之以形式意义上的行政进行补充判断，排除立法机关、监察机关、司法机关以及社会组织的行为中不具有行政性质的行为。这种方法可能招致“过于宏观和模糊”的批评，但是，基于我国的复杂现实，这种方法提供了一种可行的思路。

---

① 王敬波. 面向整体政府的改革与行政主体理论的重塑. 中国社会科学，2020（7）：113.

② 王敬波. 面向整体政府的改革与行政主体理论的重塑. 中国社会科学，2020（7）：113.

二、行政权的概念分析

对于行政权的概念，我们可以从权力形态与权力体系两个层面进行理解。权力形态，即权力行使的表现。在此意义上，行政权，即国家机关对有关公共事务进行管理的权力。而在权力体系层面，体系是事物之间相互联系、相互制约而形成的一个整体，体系总是由构成体系的各个部分组成，各组成部分之间呈现相互联系和相互制约的状态。① 在此意义上，权力体系指的是由各种子权力构成的一个有机联系的权力整体。在现代国家，任何一个权力体系都不可能是纯粹的，均是以权力形态意义上的立法权、行政权和司法权为主体性权力，同时结合其他权力形态的权力所共同构成的。② 比较来看，权力体系意义上的行政权是在权力形态意义上的行政权的基础上增加了体系性和分权性因素。但是，在现代社会，这种体系性和分权性因素仅存在于国家公共行政意义上，在社会公共行政意义上则不具有这种因素，而是增加了社会公共权力这一因素。结合前述形式意义上的行政与实质意义上的行政来看，权力形态意义上的行政权对应实质意义上的行政，而权力体系意义上的行政权对应形式意义上的行政。

行政权包括国家行政权与社会行政权。“行政权是公权力的一部分。公权力包括国家公权力、社会公权力以及国际公权力”③，故行政权既存在于国家公权力中，也存在于社会公权力中，还存在于国际公权力中。不过，行政法为“国内公法”，行政法学一般不将国际行政权作为自己的研究对象。以行政权为基点展开对行政法的分析，所有属于行政法的法律规范都可以被归结为三个方面：行政的组织、行政权的分配与行政权的授予。在此意义上，行政组织法的主要功能即是完成行政的组织和行政权的分配（包括横向分配与纵向分配）；行政行为法（行政程序法本质上是行政行为的程序法）则是行政权的授予，被具体授予的行政权则构成通常所说的行政职权，即行政主体依法拥有的对某一类或某一项行政事务以特定行为方式进行管理的资格及权能。这一点对社会组织同样适用，所不同者在于，对于国家行政机关来说，行政权的授予必须要有法律、法规和规章的规定，而社会组织可以基于自治权获得社会行政权，但同样需要通过某种形式的授予。

社会组织既可能基于法律授权或行政机关委托而行使国家行政权，也可能基于其社会组织的自治权行使社会行政权。依据《村民委员会组织法》的规定，村民委员会在两种情形下履行公共管理职权：当村民委员会协助乡、民族乡、镇的人民政府开展工作或者执行法律、法规的特别授权时，执行的是国家行政权；当其作为村民自我管理、自我教育、自我服务的基层群众性自治组织，对本村开展公共管理活动的时候，行使的是公共行政职权。组织实施村民自治章程、村规民约，召集并执

---

① 付子堂. 法理学初阶. 5版. 北京：法律出版社，2015：52.

② 王学辉，刘海宇. 强制执行权在国家权力体系中的定位：一个跨部门法的视角. 四川师范大学学报（社会科学版），2022（9）：60－61.

③ 姜明安. 行政法与行政诉讼法. 7版. 北京：北京大学出版社，高等教育出版社，2019：7.

行村民会议、村民代表会议的决定、决议的时候，属于社会公共行政。[①] 从被告资格的角度观察，社会组织在基于独立法律地位行使国家行政权时，当然具有行政诉讼被告资格，而其在行使其社会行政权时，因涉及司法监督与社会组织自治权之间的权衡，其并不当然具有行政诉讼被告资格。对此，一个可行的路径是逐步以立法、行政法规或司法实践发展的方式明确其判断标准，而不是直接一次性确定哪些属于公共行政。采用后者既不可行，也可能导致公共行政的僵化；采用前一种路径，可以在动态的社会发展变迁中，确定哪些社会行政权属于行政法应当规范的范畴。

最后要说明的是，不能将宪法与法律授权作为行政权的概念要素，否则无法解释那些并没有得到授权的行政权行使现象。非常多的观点在界定行政权时，将"宪法、法律赋予或认可"作为其条件之一。[②] 我们认为：虽然"没有宪法、法律的确认或设定，行政权就失去了存在和行使的合理基础，这是法治正义对行政权的必然要求"[③]，然而，这只是一种对法治行政的期望，对于拥有行政权的主体来说，即便其超越宪法和法律的授权行使权力，其所行使的权力依然是行政权。从语言逻辑上看，如果只有那些宪法和法律赋予的权力才是行政权，那么就不存在"越权"这一说法了，"越权"正是对宪法和法律赋予的权力的超越。因此，无论从逻辑上看，还是从实践来说，行政权的概念均不应当包括"宪法、法律赋予或认可"这一条件。

三、行政法的概念分析

前已述及，行政法的概念是行政法法律实践和理论发展的结果，而非其原因或前提。之所以对行政法的概念争议较大，并不是因为行政本身的复杂，而是因为行政法范围的不确定。与民法和刑法经过长期发展后已经基本确定其范围不同，行政法由于发展较晚，无论在理论上还是在实践中，其范围都未被确定。另外，行政法作为一种社会现象，本身就是一种复杂的综合体，如果仅在一维的意义上定义行政法，则这种界定方法只能揭示行政法的部分特征和状态，这决定了对行政法的认识不可能彻底、深入和全面。[④] 因此，应当从价值和规范两个角度分别分析行政法的概念。

从价值的角度来看，行政法是"控权—服务法"。行政法学的价值定位在很大程度上取决于行政法在国家法律体系中的功能定位，进一步来看，仍然需要回到公共行政自身的功能定位。在一个比较完善的法治国家，甚至可以说，"有公共行政的地方，就有行政法"[⑤]。在我国，"服务"是公共行政的本性。对于国家行政来说，其首先服务于宪法中国家根本任务的实现。在我国宪法中，"由宪法序言中的国家根本任务与宪法总纲中的诸条款共同组构的公共利益规范……表达了制宪者对国家未来

---

① 王敬波. 面向整体政府的改革与行政主体理论的重塑. 中国社会科学，2020 (7)：116-117.

② 罗豪才，湛中乐. 行政法学. 4版. 北京：北京大学出版社，2016：3；张弘. 行政权概念冲突与重新认识和确定. 辽宁大学学报（哲学社会科学版），2004 (3)：107.

③ 张弘. 行政权概念冲突与重新认识和确定. 辽宁大学学报（哲学社会科学版），2004 (3)：107.

④ 杨解君. 论行政法概念的哲学视野. 东南大学学报（哲学社会科学版），2001 (2)：29.

⑤ 余凌云. 行政法讲义. 3版. 北京：清华大学出版社，2020：7.

状况的期待，它是国家发展的方向性执政，由宪法所规范的国家权力负有义务去实践这些重要的宪法决定”①。而对于社会行政而言，其同样需要服务于宪法中确定的国家根本任务以及其自身建立的公共服务任务。正是为了实现“服务”功能，国家才需要赋予行政机关具体的行政权，才需要为行政机关保留足够的裁量权。与此同时，“实行依法治国，建设社会主义法治国家”（《宪法》第5条第1款）不仅要求所有国家权力都在法治的轨道上运行，尤其是行政权应当依法运行，还要求社会公权力也需要法治化。这便要求以行政法控制行政权的行使，即行政法应当具有“控权”功能。“控权是基础和手段，服务是目的，二者构成良性互动关系”②。“‘控权论’要求政府的行政行为必须在法律设定的范围内活动，任何行政行为的运行都必须要有法律依据，任何行政行为都必须在法律的范围内活动，超越职权的行政行为是违法的行政行为。‘服务论’要求政府不应仅仅以管理者的身份自居，更应当以服务者的身份去为人民提供各种服务”③，并最终服务于国家根本任务的完成。在这个意义上说，行政法是“控权—服务法”。

从调整对象来看，行政法是调整公共行政权行使主体之组织与行为的法律规范的总称。在规范意义上，我们尽可能客观地描述行政法，而不渗入价值评判等因素，从而将属于行政法的法律规范从其他部门法的法律规范中分离出来。④ 首先，行政法的调整对象应当宽泛地涵括所有公共行政权，既包括国家行政权，也包括社会行政权。关于这一点在前面已经论及。其次，公共行政权中的行政权要素，将行政机关、社会组织以及部分党的机关等行为主体并非行使公共行政权的行为如行政机关的纯粹私法行为、社会组织的私法行为以及党的机关的政务行为等，排除在外。最后，行政法调整的是这些主体的组织与行为，前者对应行政组织法，后者对应行政行为法。这里排除了行政诉讼法，原因在于：在本质上看，行政诉讼法的调整对象主要是司法机关的审判行为（司法权的行使）以及当事人的诉讼行为（诉讼权的行使），与行政组织法和行政行为法以行政权为调整对象存在根本区别，不应混在一起。在此意义上，与民事法、刑事法相对应的行政法，应当分为与民法、刑法相对应的行政法与行政诉讼法两个部分。另外需要说明的是，行政复议法本质上属于行政行为法的范畴，虽然其制度设计参照行政诉讼法更多，但是其在本质上依然是以行政权为调整对象，与行政诉讼法存在本质区别。

知识拓展

一、拓展阅读

1. 陈敏. 行政法总论. 10版. 台北：新学林出版有限公司，2019.
2. 章剑生. 现代行政法总论. 2版. 北京：法律出版社，2019.

---

① 陈玉山. 中国宪法序言研究. 北京：清华大学出版社，2016：130.
② 王学辉. 迈向和谐行政法. 北京：中国政法大学出版社，2012：119.
③ 王学辉. 对行政法学基础理论的思考. 西南政法大学学报，2002（3）：30.
④ 杨解君. 论行政法概念的哲学视野. 东南大学学报（哲学社会科学版），2001（2）：30.

3. 斯密特·阿斯曼. 秩序理念下的行政法体系建构. 林明锵，等译. 北京：北京大学出版社，2012.

4. 王学辉，张治宇. 国家治理价值体系现代化与行政法学理论基础的重构：以“诸神之争”为背景的分析. 行政法学研究，2014（4）.

5. 王敬波. 面向整体政府的改革与行政主体理论的重塑. 中国社会科学，2020（7）.

二、类案练习

夏某诉湖北省保密局案[①]

案情

原告夏某报名参加湖北省2016年度省市县乡录用公务员考试，报考职位为省保密局宣传法规处科员。“湖北省部分省直单位2016年度录用公务员考试成绩折算汇总表”显示：原告位列第一名，总分为79.112 5分；潘某某位列第二名，总分为78.895 0分。2016年9月7日原告进行了体检。2016年12月9日，中共湖北省委组织部对省保密局拟录用人员进行了公示，拟录用人员为潘某某。2017年2月7日中共湖北省委组织部作出《关于同意录用潘某某同志为公务员的函》（鄂组干函〔2017〕14号）。2018年4月3日，中共湖北省委组织部作出《关于录用潘某某同志为公务员的通知》（鄂组干〔2018〕198号）。2018年1月15日湖北省保密局向原告作出“信访问题回复”。原告不服，诉至法院。

对于被告资格问题，一审法院认为：根据《中华人民共和国行政诉讼法》第26条的规定，湖北省保密局是中共湖北省委办公厅的内设机构，不是国家行政机关；且相关行为均系中共湖北省委组织部作出，湖北省保密局没有作出录用潘某某为公务员的决定，因此原告将湖北省保密局列为被告错误。又因中共湖北省委组织部是党委组织部门，故上述行为无论是中共湖北省委组织部的行为还是经中共湖北省委组织部批准的行为，均不属于行政诉讼的受案范围。二审法院则认为：湖北省保密办与省保密局虽系同一办事部门，但两者具有不同的身份，承担不同的职能，对内、对外具有不同的意义，即俗称的“两块牌子，一套人马”。湖北省保密办属于内设机构，具体承担中共湖北省委保密委员会的日常工作，是党的机构。而湖北省保密局的职责是依法履行全省保密行政管理职能。湖北省保密局作为湖北省保密工作的行政管理部门，其身份具有对外性；从其2015年领取的“组织机构代码证”上载明的机构类型为“机关法人”也可知，湖北省保密局在对外履职时，是能以自己的名义独立作出行政行为，具有独立承担责任能力的行政机关。本案中，在公务员招录过程中，湖北省保密局是以自己的名义面向社会开展招录工作，其应对自己的招录行为承担相应的法律责任。

思考

（1）公务员招录行为由谁作出？对其法律性质如何判断？

---

① 湖北省武汉市武昌区人民法院（2018）鄂0106行初157号行政裁定书，湖北省武汉市中级人民法院（2018）鄂01行终811号行政裁定书.

（2）保密局与党的组织部门在行政组织法上的法律性质和地位如何判断？

三、毕业论文选题指导

1. 行政、行政权与行政法概念的功能定位
2. 对社会组织行政行为的司法审查范围与边界

第二讲　行政法治的构成原则及其司法适用

内容提要

中国行政法治演进，逐渐形成了合法/合理逻辑框架、实体/程序分类列举、法律/行政包容张力等范式，近年来学者仍为行政法治的原则或理念属性定位、形式法治还是实质法治的发展方向聚讼不已。本讲通过确立行政法治介于政治哲学与审查要件之间的构成原则性质，以简明的可回溯检验的量化数据为基础，选定并聚焦于行政法治最重要的四大构成原则的司法适用。一是在合法性上，职权法定原则的适用重点在法的认定、权的判断与法律优先和法律保留的补充适用。二是在合理性上，比例原则不纳入目的正当性，重点在必要性与均衡性审查，难点在与情势判断相结合，在均衡性审查中可引入成本—收益分析。三是在公平性上，正当程序原则坚持程序正义的底线门槛，核心审查告知—听取要素，适当引入说明理由要素，保障相对人的程序参与权。四是在托底性上，诚信原则日渐整合独立，但信赖保护原则仍是司法适用中的主导，只有在其覆盖不到的领域，才需引入诚实信用新要素或习惯法新工具。

第一节　行政法治的构成原则

一、演进历程

中国的行政法治伴随着法律和社会的发展进程不断演进深化。党的十一届三中全会提出了“有法可依、有法必依、执法必严、违法必究”的16字箴言，随之而来的“人治”与“法治”之争、“法制”与“法治”之辩也在理论界得到广泛热议。乘着1980年代的改革春风，一些学者不断为行政法制鼓与呼。①

---

① 何海波，晏翀，严驰恒. 法治的脚步声：中国行政法大事记（1978—2014）. 北京：中国政法大学出版社，2015：1-6.

龚祥瑞先生最早在《比较宪法与行政法》一书（1985 年版）中讨论了行政法治概念。先生借鉴了英国行政法中的 Rule of Law，认为行政法治包括合法性与法律面前平等两项内容，并指出合法性主要是狭义的依法办事与广义的裁量权不被滥用，进而通过比较研究将行政行为的司法控制概括为行政合法性原则、行政正直性（公正性）原则、行政合理性原则。可见，他已然注意到行政法治不能仅仅是合法性原则。[①] 这一思想引介和思维方式影响到罗豪才教授，他在全国统编教材《行政法学》中将行政法治明确等同于“行政法基本原则”，认为行政法基本原则是法治“在行政领域的具体运用”，并将基本原则确定为“行政合法性原则”和“行政合理性原则”的**合法/合理逻辑框架**，后来在教材修订时又增加了“行政应急性原则”[②]。尤为称道的是，他并不仅仅停留在借鉴，而是将各基本原则的规范内容注入行政法治的有机体中，为行政法治从缥缈理念转化为实际的适用迈出了关键一步。这一合法/合理逻辑框架是成功的，“自此，我国行政法著作几乎都采用此说”[③]。

在 1990 年代以后，随着社会主义市场经济确立，行政诉讼法、行政行为法次第展开，特别是宪法修正案（1999 年）确立了“实行依法治国，建设社会主义法治国家”基本方略。与此同时，大陆法系国家和地区（主要受德国 Rechtsstaat 影响）的法治国家理论和原则纷纷舶来、备受青睐[④]，依法行政原理获得前所未有的理论品质提升，一般原则（如比例原则、信赖保护原则）也迅速风靡学界，行政法治概念反而隐晦模糊起来。但值得注意的是，国务院《全面推进依法行政实施纲要》（国发〔2004〕10 号，以下简称“纲要”）确立了广义“依法行政”的“基本要求”：合法行政，合理行政，程序正当，高效便民，诚实守信，权责统一。这一框架内容既吸取了合法/合理逻辑框架，又包容了实体/程序分类列举，还增加了**法律/行政包容张力**，无疑更加面向实务、海纳百川。纲要的权威整合，确立了行政法治的新里程碑，但同时又给行政法治的理解运用带来了新概念新难题。但从那以后，无论是《国家统一法律职业资格考试辅导用书》还是“马工程”教材《行政法与行政诉讼法学》，都以上述六项基本原则为基准，或沿袭，或微调。

如今，行政法治在学理上似乎逐渐被行政法基本原则取代，在实践中似乎逐渐被“依法行政”“法治政府”替换。[⑤] 检索近年来研究成果，更显示出行政法治虽未退场，但界定不明、使用泛化，难怪莫衷一是。大致来看，**第一类**是传统的将行政法治类似于统领基本原则的概念，如应松年教授提出新时代行政法治建设的内容。[⑥] **第二类**是将行政法治作为基本理念（或理念集），如关保英教授提出应将法治政府与

---

① 龚祥瑞. 比较宪法与行政法. 北京：法律出版社，2003：305－306，442－453. 他的这一思想明显受到英国行政法权威韦德爵士的影响。

② 罗豪才. 行政法学. 修订本. 北京：中国政法大学出版社，1999：55.

③ 周佑勇. 行政法原论. 3 版. 北京：北京大学出版社，2018：52.

④ 特别是日本盐野宏的《行政法》（1999 年初版，杨建顺译）、德国毛雷尔的《行政法学总论》（2000 年初版，高家伟译）、德国“行政法学之父”奥托·迈耶的《德国行政法》（2002 年初版，刘飞译）等名著被相继翻译引进。

⑤ 刘国乾. 法治政府建设：一种内部行政法的制度实践探索. 治理研究，2021（3）：121－128.

⑥ 应松年. 新时代行政法治建设的内容、经验与展望. 中国司法，2022（2）：25－27.

法治国家、法治社会建设一体化，法定职责必须为、法无授权不可为，给付行政，行政协商治理，行政治理数据化，行政紧急处置科学化等行政法治理念入典。① 这种观点凸显了行政法治的存在价值，但行政法治若只成为基本理念，在立法上体现为总则中的宣示条款而不是原则条款，则其在司法适用的生命力将大打折扣。**第三类**是将行政法治作为行政法整体内容、目标秩序的代名词。② 这基本上等同于行政法本身的情境化用语，在综述类文章中如此使用自无问题，但行政法治作为独立的学科术语应有规范内容。

二、性质争辩

行政法治难以捉摸，无法定论。或许它根本不是一个原则，而是如同一个信封，里面装着一套可适用的基本原则。行政法治充满魅力，令人向往，大多数人都认同其为正确良善、目标指向，却对它的含义产生了严重分歧。为了更好界定行政法治，我们不能孤立考虑，除了进行上述历时性回顾，还需进行共时性比照，以便在理论上反思，在模式上重构。

行政法治是何性质？假设行政法治在一端被定位为一种**政治哲学**，即一套关于行政法应该具有什么特征的观点，那么这个角度的行政法治是一种政治宣示，即有人可能会说某个行政行为或某项行政立法符合或不符合行政法治，以此来增强对该行为或该规范的支持或批评的合法性与正当性。当行政法治的作用被以这种方式理解时，它本身的规范内容相对不重要。虽然这种理解在法哲学上可能有趣，但在法律适用和解释上可能无足轻重。而在另一端，行政法治决定行政行为的有效性，即与行政法治的**构成原则**相冲突的行政行为可撤销或无效。如此，则行政法治就非常重要，因为它切实拓展了限制公权的法源依据和解释工具。

习近平法治思想为行政法治的中国道路指明了方向、确立了底色，如：权力必须被关进制度的笼子，要用法治给行政权力定规矩、划界线；抓住关键环节，完善执法权力运行机制和管理监督制约体系，努力让人民群众在每一起案件办理、每一件事情处理中都能感受到公平正义；任何人都不得凌驾于国家法律之上、徇私枉法，任何人都不得把司法权力作为私器牟取私利、满足私欲③……这些重要论述是对行政法治深刻的政治哲学解释，为行政法治构成原则提供了政治实施保障。本讲集中讨论后者，特别聚焦于法院应根据行政法治构成原则进行适用和解释，从而决定行政行为和行政政策的法律效力。

理论上常讨论的形式法治和实质法治的分歧焦点是：前者认为法治应该规定法律规则必须具有某些一般特征，而对规则内容持不可知论，因此，法治在道德上中立。相反，后者认为法治应该对规则内容有所要求，因此法治相当于良法之治。

---

① 关保英.《行政法典总则》对行政法治理念的整合. 法学，2021（9）：40－54.

② 马怀德，孔祥稳. 中国行政法治四十年：成就、经验与展望. 法学，2018（9）：36－54.

③ 中共中央宣传部，中央全面依法治国委员会办公室. 习近平法治思想学习纲要. 北京：人民出版社，学习出版社，2021：101，108－109，141.

党全面领导下的治理体系决定了中国行政法治只能走实质法治之路。《中共中央关于全面推进依法治国若干重大问题的决定》提出“法律是治国之重器，良法是善治之前提”。《中共中央关于坚持和完善中国特色社会主义制度 推进国家治理体系和治理能力现代化若干重大问题的决定》进一步提出“以良法保障善治”。这些重要论述中的“良法”证明了实质法治的立场方向。值得注意的是，行政法治的构成原则既不能同于法院对行政行为的合法性审查要件（无须过细），又不能仅作为政治哲学宣示（不宜过粗），最好执两用中、取其中道，既坚持形式法治（合法性原则）的基础，又将实质法治的良法标准限定在行之有效的一般原则，从而避免将行政法治等同于无限扩充的一整套政治和社会哲学。

三、行政法治的构成原则之选取

如何选取较具共识的行政法治构成原则？结合中国实际，沿着上述“形式法治（合法性原则）＋实质法治（法的一般原则）”思路，关键在实质结论上应当把握以下标准：第一，行政法治除应突出合理性原则，还应突出程序正当和诚信政府的独立价值；第二，行政法治构成原则作为法律原则，应与法治政府建设实践的诸种行政原则相区分[①]；第三，行政法治作为常态应与作为非常态的行政应急区别，后者仅是前者的例外和补充，并应符合行政法治的底线要求，从而与行政法治的构成原则不在同一位阶上。[②] 值得注意的是，2022 年修订的《地方各级人民代表大会和地方各级人民政府组织法》中规定了地方政府建设的原则，为行政法治构成原则提供了参考和依据。[③]

较具共识的原则依据上述标准如何选取？我们将目前教材中出现的原则作为检索条目，依托“中国裁判文书网”数据库，分别检索各原则在各级法院行政案件裁判文书中的出现数量，在此基础上随机读取、分析最近最高人民法院对相关原则的引用情况，并结合学理上的一些认知，框定出中国行政法治的构成原则。表 2－1 是检索条目及数据结果。

表 2－1　检索条目及数据结果[④]

职权法定原则 2 259（依法行政原则 1 152、行政法定原则 21、合法性原则 1 496），越权无效原则 19，明确原则 24，法律优先原则 79，法律优位原则 2，法律保留原则 81
平等原则 2 296（平等保护原则 25、平等对待原则 45），公平原则 7 853，公正原则 4 127[⑤]

---

① 本讲不列入行政责任或权责统一原则，因为权责本就是一体两面的，其完全可以被纳入形式法治的范畴内。又如对行政效能原则是否被纳入行政法治颇有争议，参见沈岿. 论行政法上的效能原则. 清华法学，2019（4）：6－26。

② 彭錞. 再论行政应急性原则：内涵、证立与展开. 中国法学，2021（6）：61－79.

③ 《地方各级人民代表大会和地方各级人民政府组织法》明确了地方政府建设的七个原则要求：法治政府、服务型政府、廉洁政府、诚信政府、透明度、决策质量、依法接受监督。

④ 该检索开展于 2022 年 4 月 7 日，复核于 5 月 4 日。

⑤ 为何不用公平、公正原则？主要是考虑到公平、公正不仅包括实体公平、公正，还包括程序公平、公正，且用语泛化，因此我们选用实体法规范中更成熟的平等原则。

续表

比例原则 3 874（合理性原则 2 316，成本收益分析 4，禁止不当联结原则 3）
诚信原则 3 305（诚实信用原则 13 429，诚实守信原则 572），信赖保护原则 2 045（信赖利益保护原则 2 257[①]、合法预期原则 1、禁止反言原则 184），公序良俗原则 1 132
正当程序原则 4 530（程序正当原则 3 931、正当法律程序原则 104、公开原则 1 309、听证原则 394、公众参与原则 346、回避原则 170、避免偏私原则 2）
应急性原则 12（应急原则 4）
效率原则[②] 1 234（效能原则 39、高效便民原则 279）
公益原则 5（公共利益原则 165）
责任原则 761（问责原则 1）

通过对以上抽样检索结果的反复比读、分析，行政法治构成原则“是什么”的问题基本解决，“有什么用”的问题亦迎刃而解：一是为未来行政法总则乃至行政法典的制定提供行政法治的体系规范依据[③]；二是为最重要的司法适用提供确定的不成文法源及其解释基准。由于本教材是专门为法律硕士这种应用型人才服务的，加之篇幅有限，故下文将选择职权法定原则、比例原则、正当程序原则、诚信原则[④]，讨论其在司法适用方面的重点和难点问题。

本讲至此，已兼顾合法/合理逻辑、实体/程序分类、形式/实质法治、法律/行政属性以及立法/司法/理论效用。我们将行政法治的体系内容重构如表 2－2 所示。

表 2－2　行政法治的体系内容之重构

	逻辑范畴	构成原则
行政法治（对应法治政府建设“依法行政”中的法治部分）	形式法治之基本要求	1. 职权法定原则
		补充：法律优先＋法律保留
	实质法治之一般原则	2. 比例原则
		3. 正当程序原则
		4. 信赖保护原则
		补充：民法上的诚信、公序良俗

① 关于信赖保护原则与信赖利益保护原则，前者学界用得较多，后者法院使用较多，二者内容一样，可将前者视为后者的简称。真正问题是诚信原则（诚实信用原则的简称，亦是《地方各级人民代表大会和地方各级人民政府组织法》的法定用语）列不列入行政法治的构成原则？我们抽样读取最高人民法院最近的裁判内容时，发现信赖保护原则的引用量似乎高于诚实信用原则的引用量。诚实信用原则多被当事人经常引用，类似于公平、公正等泛化术语。出于衡平考虑，把信赖保护原则与诚实信用原则都暂选进。

② 为何不选效率原则？主要是考虑效率原则作为行政原则，应与法律原则区分，且出现频率较低。

③ 姜明安. 行政法基本原则法定化研究. 湖湘法律评论，2021（1）：53－63.

④ 本讲暂不讨论平等原则，是因为篇幅有限，且用语相对含混。平等原则也是宪法原则，考虑到科学分析估计检索的复杂情况，这里主要凸显行政法治最重要构成原则的司法适用问题。

第二节 职权法定原则的司法适用

中国行政法治的逻辑起点，即中国行政法治面临的首要问题是行政权从哪里来。行政合法性需求主要指向的是职权法定原则，即“法定职责必须为、法无授权不可为”。这也体现了“权责一致”的要求。

一、职权法定之“法”的认定

职权法定，顾名思义，行政权必须来自法，这里的“法”正是指纲要中的法律、法规、规章[①]，这里的“职权”是行政机关的职责。因此权责一致也蕴含其中。在杨某里诉××市东城区政府不履行法定职责案中，法院认为，公民、法人或者其他组织起诉要求行政机关履行法定职责，应以被诉行政机关负有相应的法定职责为前提。[②] 可见，职权法定原则实质上是要解决行政权（责）行使有无依据的首要问题。

在土地、房屋征收等多形式多阶段的复杂行政行为中，鉴于职权法定原则的适用比较棘手，法院应聚焦于如何精准适用不同的法律、法规。在梁某云等诉沈阳市沈河区政府违法强拆并赔偿案中，法院认为：根据 2014 年《土地管理法实施条例》第 35 条，在临时使用的土地上修建永久性建筑物、构筑物的，由县级以上政府土地行政主管部门责令限期拆除，逾期不拆除的，由作出处罚决定的机关依法申请法院强制执行。沈河区政府作为县级以上政府，在集体土地上依据《城乡规划法》实施强制拆除行为，属于适用法律错误，故其不具职权依据。[③] 在另一案——张某才诉吉林省磐石市征收办履行给付征地补偿款职责案中，法院认为：根据《土地管理法》第 46 条第 1 款、2014 年《土地管理法实施条例》第 25 条第 1 款及《国土资源部关于进一步做好征地管理工作的通知》（已失效）第 12 条等，征收集体土地及补偿安置的主体为市、县政府，且无论是集体土地征收，还是国有土地上房屋征收，征收管理部门仅具有签订行政协议的法定职权。张某才的诉讼请求是要求磐石市征收办立即给付其占地补偿款，而磐石市征收办明显不具有给付土地补偿款的职权。[④]

二、职权法定之“权”的判断

职权法定原则中的“权”范围较广。现实中适用职权法定原则一般发生在履行法定职责之诉中，法院对权的认定多集中于对管辖权的法定解释。在金某诉湖北省政府计划生育行政奖励案中，法院认为：一个行政机关对某一事项是否具有管辖权

---

① 《立法法》第 2 条与《行政诉讼法》第 63 条也作出了相同规定。

② 最高人民法院（2017）最高法行申 3816 号行政裁定书.

③ 最高人民法院（2019）最高法行申 8534 号行政裁定书.

④ 吉林省高级人民法院（2019）吉行再 2 号行政裁定书.

的判断方法，就是找到所依据法律、法规或者规章的具体规定。[①] 具体规定往往不那么具象、明确，因为组织法或授权法的规定多较笼统，需要结合授权法的规定，对级别管辖权、地域管辖权、事务管辖权的归属作出综合判断或解释。在宋某龙诉长治县政府不履行法定职责案中，法院认为：长治县政府虽有《地方各级人民代表大会和地方各级人民政府组织法》规定的笼统职权，但作为地方一级政府的长治县政府，不能代替下属工作部门对该部门职权范围内的事项直接作出行政决定或命令。宋某龙的具体诉讼请求是要求长治县政府履行保护人身权、财产权的法定职责。对此，按照事务管辖权，如果本案属于征地纠纷，本案应当由国土行政部门负责处理；如果本案属于治安案件或刑事案件，则应当由公安机关管辖；如果本案属于民事侵权，则应当通过自行协商或者提起民事诉讼予以解决。然而这些职权都不是长治县政府应当具体、直接行使的职权。[②]

对法律规范中的明示授权一般没有争议，但在一些涉及先行先试改革的特别领域，在法律规范未予明示的情况下，法院倾向于推导出符合政府施策目的的具有必要性的默示授权。在卜某萍诉郑州市金水区政府、丰庆路街道办事处确认行政协议无效案中，法院认为：涉及的“城中村”改造是介于集体土地征收和国有土地上房屋征收之间的行政行为，更多侧重于事实行为，实质上是政府在法律规定不完善情况下对城市建成区范围内集体土地进行改造、建设的一种探索和改革行为。这种行为在总体上有利于原住居民的财产增长，有利于推进城市建设，有利于提高行政效率。可见，对于此类缺乏法律、法规依据的行为，法院更多的是进行合理性审查，而不是合法性审查，只要其不违反法律、法规的禁止性规定，不侵犯公民的重要财产权，就可以不受法律优先及法律保留原则的限制。[③] 但应注意，这种径直合理性审查得以开展的前提仍是“不违反法律、法规的禁止性规定，不侵犯公民的重要财产权”，职权法定的底线仍不可破，故法院只能根据不同案件情境予以不同解释。

职权法定原则可派生出中国式“越权无效”（ultra vires）[④]。在俞某诉南通市海门区包场镇政府责令限期拆除案中，法院对越权无效作出了类似于职权法定原则的解释，并详解了越权无效/职权法定原则在适用上的首要顺序逻辑：首先必须要有法律、法规的授权，即行政行为是否具有职权依据是评价其是否合法的首要条件。超越职权的行政行为，即便从形式上看具有事实依据、适用法律正确、符合程序要求，也仍然是无源之水、无本之木。因为一个无权作出某一行政行为的行政机关，自然无权对行政相对人实施的行为作出事实认定，更谈不上可以适用某种程序、依照某一法律对该行为作出处理。因此，对于行政机关在超越职权情况下作出的行政行为，法院便无须也不应再对事实依据、法律适用和程序进行评判，否则不仅不符合行政

---

① 最高人民法院（2018）最高法行申 2971 号行政裁定书.

② 最高人民法院（2018）最高法行申 4077 号行政裁定书.

③ 河南省高级人民法院（2019）豫行终 1104 号行政判决书.

④ 越权无效作为英国行政法的核心原则，参见韦德. 行政法：第 10 版. 骆梅英，苏苗罕，周华兰，卢超，王瑞雪，译. 北京：中国人民大学出版社，2018：25－29。

法治体系的逻辑顺序，更可能越俎代庖，事先替代有权行政机关对行政相对人的行为予以认定。[①]

越权无效相比职权法定原则，更强调法律后果。但越权并不总是无效。在梁某启诉徐州市云龙区民政局离婚登记行政确认案中，法院认为：行政越权不仅可能超越管辖权，还可能超越法定权力范围或权力限度。虽然中国式越权无效包含了可撤销行为，但是仍要依据相关具体法律规定。对于绝大多数越权行为，可通过行政机关自纠、层级监督及法院裁判等途径以确认无效或撤销方式予以纠正。但对于极少数特定的行政越权行为，若以确认无效或撤销的形式予以纠正，会给国家利益、社会公共利益及相关法律秩序带来重大损害，且该损害客观上难以得到有效恢复与补救，则将该类越权行为作为越权无效的例外情形，即不确认为无效或予以撤销。[②]

三、法律优先原则与法律保留原则的补充适用

1. 法律优先原则

在中国语境下，法律优先原则和法律保留原则是对职权法定原则的补充。法律优先原则的规范要求包括：一是在法律已经对某事项作出规定时，法规、规章只能细化，不能与之抵触；二是法律、法规、规章对同一事项都有规定时，优先适用法律；三是法规、规章与法律相抵触时，执法机关应当适用法律而不能适用法规、规章。[③] 也就是说，对现行有效的法律，行政必须予以适用，并正确适用，不得偏离。在实务中，法律优先原则主要解决行政权（责）行使位阶问题。

现实中不少行政行为是行政机关依据下位法作出的，并未援引和适用上位法，故法院需要判断下位法是否符合上位法。如果下位法与上位法相抵触，则法院应当依据上位法认定被诉行政行为的合法性。[④] 在第 5 号指导案例鲁潍（福建）盐业进出口有限公司苏州分公司诉江苏省苏州市盐务管理局盐业行政处罚案中，法院认为：盐业管理的法律、行政法规没有设定工业盐准运证的行政许可的，地方性法规或者地方政府规章不能设定工业盐准运证这一新的行政许可。盐业管理的法律、行政法规对盐业公司之外的其他企业经营盐的批发业务没有设定行政处罚的，地方政府规章不能对该行为设定行政处罚。地方政府规章违反法律规定设定许可、处罚的，人民法院在行政审判中不予适用。

法律优先原则派生出法律规范优先适用的复杂问题，如行政协议兼具行政性和协议性，对行政协议纠纷是优先适用行政法律规范还是民事法律规范？在苏某涛诉保定市唐县政府、仁厚镇政府土地征收行政协议案中，法院明确：审理行政协议案

---

① 江苏省南通市中级人民法院（2021）苏 06 行终 263 号行政判决书.

② 江苏省高级人民法院（2018）苏行终 1715 号行政判决书. 该案例入选《最高人民法院公报》2022 年第 1 期。

③ 何海波. 行政诉讼法. 3 版. 北京：法律出版社，2022：287.

④ 关于审判实践中下位法不符合上位法的若干常见情形，以及法律、行政法规或者地方性法规修改后其实施性规定未被明文废止的法律适用情形，参见最高人民法院《关于审理行政案件适用法律规范问题的座谈会纪要》（法〔2004〕96 号）。

件要优先适用行政法律规范，行政法律规范没有规定时，在不与行政法、行政诉讼法的基本原则相抵触的情况下，可以适用民事法律规范。苏某涛的诉讼请求是确认补偿协议无效，实质是对订立行政协议行为不服而提起行政诉讼，故应当依照行政诉讼法而不是合同法规定的法定起诉条件进行审查、判断。[①] 关于信访处理过程中形成的信息能否通过申请政府信息公开的途径获取，在罗某英、北京德生缘益才文化传播公司诉湖北省政府政府信息公开案中，法院认为：依据2007年《政府信息公开条例》第17条，在法律、法规对政府信息公开权限作出特别规定的情况下，应当优先适用特别法的规定。《信访条例》（已失效）第12条明确规定了信访人对信访事项处理过程中相关信息的查询方式，因此行政相对人申请获取行政机关在信访处理过程中的相关信息的，行政机关应当按照调整信访领域公开行为的特别法——《信访条例》的相关规定办理。[②]

2. 法律保留原则

自清末民初此原则被从日本引入之后，理论上虽逐渐取得共识，但在保留的法规范、保留范围和强度上仍然存在分歧。有学者认为目前仍应坚持侵害保留的立场，并适时扩充侵害的内涵，以贯彻法治国家保障公民自由权的基本要求。[③] 中国的法律保留是指有些事项只能由全国人民代表大会及其常务委员会以法律来规定，其他机关、其他形式的立法文件无权创设。[④] 法律保留原则实质上是中国版的禁止授权原则。

最著名的立法例为：《立法法》第11条规定了必须由全国人民代表大会及其常务委员会制定法律的事项；第12条更明确了犯罪和刑罚、对公民政治权利的剥夺限制人身自由的强制措施和处罚、司法制度等事项为绝对保留，第11条规定的其余事项则为相对保留。单行法往往也规定了各自的法律保留事项：《行政处罚法》第10条第2款规定，限制人身自由的行政处罚，只能由法律设定。《行政强制法》第10条第1款、第13条第1款也分别明确行政强制措施和行政强制执行都由法律设定。《行政强制法》第29条第1款规定，冻结存款、汇款应当由法律规定的行政机关实施，不得委托给其他行政机关或者组织，其他任何行政机关或者组织不得冻结存款、汇款。

在司法适用上，需特别注意法律优先原则与法律保留原则的区隔、法律保留原则在侵害行政领域与授益行政领域的不同。在吉姆西公司诉财政部处理决定案中，法院明确：仅有侵害行政行为需要同时具有组织法依据和行为法依据，而授益行政行为只要求有组织法依据，并不要求有行为法依据。新能源汽车补贴行为属于行政允诺，系授益行政行为，其应当遵循法律优先原则，但在法律保留原则方面，不必具有行为法依据，否则就会因为法律滞后而导致行政行为丧失应有的灵活性。考虑到目前尚无相关法律对新能源汽车补贴事项作出规定，新能源汽车的相关行业主管

---

① 最高人民法院（2020）最高法行申9651号行政判决书.

② 最高人民法院（2018）最高法行申3684号行政裁定书.

③ 王贵松. 行政活动法律保留原则的结构变迁. 中国法学，2021（1）：125－145.

④ 何海波. 行政诉讼法. 3版. 北京：法律出版社，2022：287.

部门基于产业发展、环境保护等行政管理目标制定的规范性文件，经过严格论证程序并经国务院同意，其内容具有合理性，并未与法律原则、法治精神相抵触，就不违反法律优先原则，也具有法律保留原则所要求的组织法依据，故应当认定为合法有效。①

第三节 比例原则的司法适用

比例原则可谓合理性原则中的王牌，有学者甚至认为应以比例原则代替合理性原则，充分发挥比例原则能更好推动法治建设和人权保障的优势。② 早期的合理性原则被提炼为行政行为的动因应符合行政目的，行政行为应建立在正当考虑的基础上，行政行为的内容应合乎情理（情理在中国通常指客观规律、道德准则、党和国家的政策等），即目的适当、考虑相关、内容合理。③ 这比英国著名的“温斯伯里不合理”模糊测试含义更广。④ 但随着德国的比例原则席卷风靡，在司法适用中渐以比例原则为主导，更有成本—收益分析被引入。可以说，如今的合理性原则既包括宪法上引申出来的平等原则，又包括愈加精细化适用的比例原则。

一、比例原则的内容：“三阶”还是“四阶”

比例原则主要针对行政裁量，要求手段与目的相称，禁止过度。纲要虽未明言比例原则，但大体阐述了内容：“行使自由裁量权应当符合法律目的，排除不相关因素的干扰；所采取的措施和手段应当必要、适当；行政机关实施行政管理可以采用多种方式实现行政目的的，应当避免采用损害当事人权益的方式。”学者们从中提炼出“三阶”内容，虽理解、归纳各有差异，但大同小异。

直到有学者参考德国最新学说，提出：随着时代环境的变化，传统的三阶原则应在规范结构上纳入目的正当性，从而确立“四阶”内容；法官在个案中首先应当查明立法者、行政者的真实目的，否定明显不正当目的，然后以适度的司法克制与尊让综合评判目的的正当性。⑤ 争论遂起。有学者注意到目的正当性已为合理原则和诚信原则所包含，并基于滥用职权与明显不当审查功能分化的需要以及目的正当性判断的功能属性认为，将行政目的正当性归入比例原则并不妥当，在中国背景下，

---

① 北京市第一中级人民法院（2016）京01行初1321号行政判决书.

② 杨登峰. 从合理原则走向统一的比例原则. 中国法学，2016（3）：89－106.

③ 罗豪才. 行政法学. 修订本. 北京：中国政法大学出版社，1999：57－58.

④ Associated Provincial Picture Houses Ltd. v. Wednesbury Corporation［1948］1 KB 223（CA）. 格林勋爵认为：如果一个主管事项的决定是如此不合理，以至于任何合理权威机构都不可能得出这样的决定，那么法院可以干预。乍一看，“温斯伯里不合理”的测试似乎令人困惑。它的意思是，如果一个合理权威机构能够（could 而不是愿意 would）作出这个决定，那么根据定义，它就是“合理的”。这是相当宽泛的范畴，因此这个决定更有可能被认为是合理的。然而，个人情况有所不同，同样的决定仍有可能被认为不合理。

⑤ 刘权. 目的正当性与比例原则的重构. 中国法学，2014（4）：134－151.

让目的正当性要求固守在诚信原则中最为妥当。[①]

比例原则的内容究竟由“三阶”发展为“四阶”为好，还是固守“三阶”为好？

首先，从源头来看，在此原则的原产地德国现今的通说确实是“四阶”[②]，但在有些司法管辖区，第一步被视为门槛调查，不算比例原则本身的一部分，因此“三阶”内容也可以说是比例原则最无争议的重要部分。

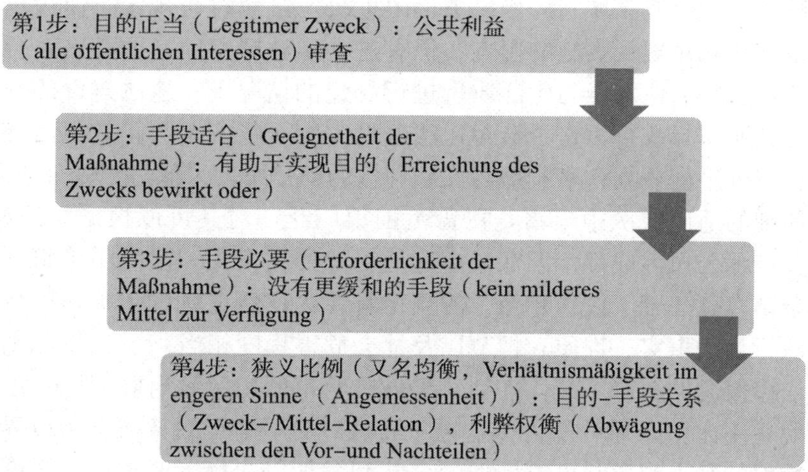

图 2－1　德国比例原则通说的四阶适用

其次，从实际适用来看，假设一案例——交通部颁布一项规定，禁止大多数重型货车在周末白天行驶。对该措施的比例原则审查第一步可能是，进行审查的法院将调查受到质疑行为的正当性，或者更确切地说，调查交通部作出这一行为的目的正当性。这其实是很低的门槛，毕竟交通部采取的措施没有任何正当目的是不常见的现象，故在这个阶段很少有措施被否决。该部门应该能够证明这一措施是实现其职责目标的一种手段，如为了缓解道路拥堵和保障公共安全。

最后，从审查技术来看，法院从合法性审查中对法的认定、对权的判断等客观性、规范性较强的领域，陡然过渡到合理性审查中对行政机关的目的正当性这种主观性、随意性较高的领域，恐怕并不适应，且行政人员实施行政行为的公私动机夹杂，不易考察。因此，比例原则的“三阶”内容更适合由法院作为外部机关进行审查，而目的正当性也许更适宜被放在诚信原则中予以考虑。

二、比例原则的适用重点与延展

比例原则虽适用较广、颇具活力，但很少以严格精准的三阶模式被适用。[③] 实务中，必要性和均衡性往往是重点。在马某棣等 26 人诉徐州市鼓楼区住建局设置围挡行为违法并要求拆除案中，法院认为：房屋拆除现场设置围挡本是保障施工安全

① 杨登峰. 合理、诚信抑或比例原则：目的正当性归属之辩. 中外法学，2021（4）：104－123.

② MAURER H. *Allgemeines Verwaltungsrecht*. 18th ed.. Münich：C. H. Beck，2011：260.

③ 王静. 比例原则在中国行政判决中的适用. 交大法学，2017（4）：22－33.

和保护环境的必要举措，但是围挡范围应当根据房屋拆除的需要设置，不得擅自扩大，否则将不具备拆除条件的房屋予以围挡，影响其合法使用，构成行政裁量权的滥用，违反比例原则。① 这是典型的以审查必要性的客观方式来推论目的正当性，这个审查顺序不能颠倒。审查均衡性通常发生在行政裁量案件中，法院应充分考虑手段与后果的关系以及该后果背后的法益。在刘某艳诉海淀区城管局限期拆除决定案中，法院认为：海淀区城管局作出被诉限拆决定虽然符合规定，但规定中"尚可采取改正措施消除对规划实施的影响"仍有进一步解释空间，尤其是在行政相对人因原房屋严重影响居住安全与生活质量进行翻建的情况下，违法建设的查处机关应当充分考虑其所作行政行为是否会对违法建设人的居住安全与正常生活产生过度侵害，即应在充分平衡规划秩序利益与安居利益的前提下，采取适当处理措施。②

比例原则的适用层次很丰富，覆盖范围很广泛，对其可以根据立法原则延伸、拓展。在艾传承公司诉成都市温江区市监局行政处罚案中，法院明确将《行政处罚法》第 4 条第 2 款关于"过罚相当"的规定解释为比例原则的依据，即行政处罚应当"与违法行为的事实、性质、情节以及社会危害程度相当"③。比例原则还可以作为不确定法律概念的解释工具，在刘某洪诉昆明市西山区政府收回国有土地使用权案中，法院适用比例原则对公共利益这个最典型的不确定法律概念予以界定，通过对可能受减损的私人利益与可能增加的公共利益加以权衡，要求最大限度避免因小失大，同时对受减损的私人利益给予必要的公平、合理的补偿或赔偿。比例原则的适用延展性很强，在某种意义上确实可以作为合理性原则的代名词。④ 在郭某军诉诸暨市国土资源局土地行政处罚案中⑤，法院甚至把比例原则适用到羁束行政行为上，认为行政相对人在农村村民宅基地上原拆原建，不改变土地利用性质，不扩大土地利用面积，不违反城市规划、村庄和集镇规划，虽未经审批，但其违法行为的事实、性质、情节以及社会危害程度相比于其他未经审批非法占地行为相对轻微。因此，行政机关应首先考虑违法行为的事实、性质、情节以及社会危害程度，从更有利于行政相对人的利益保护角度选择处置方式。在李某仙、张某君诉吉林省政府行政复议案中，法院甚至直接援引陆某霞案等有关诉权滥用的裁判案例，将比例原则的适用范围拓展到行使诉权的问题，要求原告起诉目的适当、手段适当、起诉有必要、诉讼手段在个人利益与公共利益之间相对均衡。⑥

值得注意的是，比例原则的适用往往与法院对行政执法者的情势判断密切相关，在常某旺、刘某爱、常某然诉临沂市公安局交通警察支队平邑大队道路交通管理行政纠纷案中，公安部关于"除机动车驾驶人驾车逃跑后可能对公共安全和他人生命安全有严重威胁以外，交通警察不得驾驶机动车追缉"的执法规范体现了比例原则

---

① 江苏省高级人民法院（2017）苏行终 637 号行政判决书.

② 北京市第一中级人民法院（2018）京 01 行终 367 号行政判决书.

③ 四川省成都市中级人民法院（2020）川 01 行终 217 号行政判决书.

④ 最高人民法院（2017）最高法行申 8518 号行政裁定书.

⑤ 浙江省绍兴市中级人民法院（2008）绍中行终字第 37 号行政判决书.

⑥ 吉林省长春市中级人民法院（2020）吉 01 行初 51 号行政判决书.

的要求。本案出现驾驶人突然驾驶机动车逃跑的情况，于是，交警面对驾驶人是否涉嫌“酒驾”等违法甚至犯罪，放任逃逸是否可能对公共安全和他人生命安全有严重威胁，驱车跟随是否能查明真相、惩罚违法，追缉是否会避免潜在威胁、造成更大危害等种种问题。面对多数可能选择之处置，交警作出的情势判断往往具有突发性和紧迫性。从事后来看，这种判断有时或许欠妥，但法律不能强人所难，不能以事后审慎的综合分析来苛责交警在事中作出的即时判断。在本案中，法院认为：如果对情势判断等处置措施动辄得咎，那么潜在违法行为人面临惩罚时会“望风而逃”，更多交警面临选择时会“按兵不动”，从可能的乱作为到必然的不作为，这显然背离了道路交通安全管理的制度初衷和立法宗旨。①

三、成本—收益分析的引入

比例原则适用的最后一步是均衡分析，也称为“严格意义上的比例原则”（狭义比例原则）。法院根据受保护的权利或利益，权衡受到质疑的措施带来的收益（已发现该措施是为其服务目的而适当制定）和成本。只有当它的利益超过它强加的负担时，受到质疑的措施才能继续存在。德国式狭义比例原则由此引入了美国式成本—收益分析。在这最后阶段，法院不可避免地要作出政策评估和价值判断，而成本—收益分析的优势是全面考虑各种成本、收益因素，而且作为法经济学工具可以引入的数据、模型予以量化。无怪乎一些学者主张以成本收益分析取代或部分取代比例原则，由此引发争论。②

其实，成本—收益分析并不简单，涉及比较棘手、颇不确定的计算问题以及主观价值设定和判断问题。比例原则的均衡性要求防范的是“杀鸡用牛刀”“大炮打小鸟”现象，即行政活动让行政相对人付出巨大代价，但因此所得到的公共利益却显著轻微。从成本—收益分析角度看，若不存在其他变量，这种现象当然也是效能原则所明显反对的。③ 虽然如此，本讲依然不认为效能原则是行政法治的构成原则，因为它的作用在于通过成本—收益分析对比例原则的适用进行弥补而已。

因此，法院在行政案件中采用成本—收益分析时，往往将它作为对比例原则之解释的附属：不仅算当事各方的经济利益账，还算公共利益账；不仅考虑数字量化的加减乘除，还考虑社会主流价值和一般人的日常经验。在李某红诉临沂市兰山区义堂镇人民政府行政赔偿案中，法院认为：法律不能强人所难，基于比例原则和成本—收益分析，不能苛求行政机关在没有任何损耗的情况下强制拆除违法建筑，即使违法行为人自行拆除，亦难以实现建筑材料的零损耗。或许违法行为人自行拆除时会更谨慎，以减少损耗，但选择更谨慎的策略往往意味着更高昂的拆除成本，譬

---

① 山东省临沂市中级人民法院（2019）鲁13行终535号行政判决书.

② 戴昕，张永健. 比例原则还是成本收益分析法学方法的批判性重构. 中外法学，2018（6）：121-147；郑雅方. 论我国行政法上的成本收益分析原则：理论证成与适用展开. 中国法学，2020（2）：202-220；刘权. 比例原则的精确化及其限度：以成本收益分析的引入为视角. 法商研究，2021（4）：103-117.

③ 沈岿. 论行政法上的效能原则. 清华法学，2019（4）：6-26.

如需要更多的人员、更好的工具、更长的时间等。故建筑材料损耗减少的部分是否足以折抵违法行为人所可能付出的额外的拆除成本仍有待商榷。①

第四节 正当程序原则及其司法适用

如果说职权法定原则、比例原则是行政法治中合法/合理的主要构成原则，那么正当（法律）程序原则就是异军突起、独当一面。从前文检索结果就能看出，正当程序原则已从二十多年前的“晨光初现”，发展到今天的“日正当中”。

一、正当程序原则的内容辨析

正当程序原则来源于英国的自然正义（Natural Justice），其内容包括：(1) 任何人都不能在自己的案件中担任法官；(2) 必须听取两造意见，任何人都不应该在未听其意见的情况下被定罪。总之，自然正义提供了正当程序原则的最低标准，但随着公民和行政机关的程序意识逐渐增强，正当程序原则究竟应包含哪些规范要素，理论上和实务中迄无定论。

公开应不应该被纳入正当程序原则？新修订的《地方各级人民代表大会和地方各级人民政府组织法》第 66 条规定：地方各级人民政府应当坚持政务公开，全面推进决策、执行、管理、服务、结果公开，依法、及时、准确公开政府信息，推进政务数据有序共享，提高政府工作的透明度。随着《政府信息公开条例》等政务公开法律制度日益成熟、完善，公开作为程序制度已经基本做到有法可依，而正当程序原则作为不成文法源的适用依据，应坚持仅仅提供程序正义的最低门槛，即为程序制度尚未覆盖的情形提供不成文法源依据。这恰是行政法治的构成原则作为司法适用依据的精髓所在，亦即法定程序与正当程序、程序制度与程序原则加以区分的必要所在。

因此，没有法定程序时，法院应遵循正当程序；法定程序与正当程序有明显抵触时，法院应将法定程序比照正当程序予以解释。在夏某新诉抚顺市政府与高某清撤销林权证认定意见行政复议决定案中，法院认为：尽管《行政复议法》第 10 条第 3 款规定利害关系人“可以”作为第三人参加行政复议，但是复议机关应当听取利害关系人的意见，未将利害关系人列为行政复议第三人听取其意见的，违反正当程序原则。这体现了法院适用正当程序原则时的能动和自信。②

这种能动和自信来源于正当程序原则在中国司法适用的光辉历程。③ 首先搅动这池“春水”、激活原则效力的是第 38 号指导案例田某诉北京科技大学拒绝颁发毕

---

① 山东省临沂市中级人民法院（2019）鲁 13 行终 24 号行政判决书.

② 最高人民法院（2017）最高法行申 24 号行政判决书. 可对比第 6 号指导案例黄某富、何某琼、何某诉四川省成都市金堂工商行政管理局行政处罚案。

③ 周佑勇. 司法判决对正当程序原则的发展. 中国法学，2019（3）：27-46.

业证、学位证案。[1] 法院在这个行政法里程碑案例中，“一笔带过”但毫不含糊地确立了行政主体应将行政决定向行政相对人送达、宣布，允许行政相对人提出申辩意见的正当程序原则。在随后的刘某文诉北京大学拒绝颁发学位证案中，刘某文正是在看到田某案后，才鼓足勇气向海淀区人民法院提起诉讼。他没想到一石激起千层浪，该案引发了对法院能否依据正当程序原则（而不是法律条文）裁判的激烈争辩。在张某银诉徐州市人民政府房屋登记行政复议决定案[2]中，法院破天荒地直接将“正当程序原则”写入判决书。[3]

最典型的案例当属于某茹诉北京大学撤销博士学位决定案。该案的判决再次表明正当程序原则作为“最低的公正标准”，在一般情况下都有直接适用的独立性，不必依附于法定程序。此外，该案判决详细解析了听取行政相对人陈述申辩的过程，以及为保证此过程能够实质保障行政“相对人的程序参与权”，听取之前的告知程序“不应流于形式”，从而进一步织密了告知—听取程序作为正当程序原则核心的适用之网。[4]

当前的新趋势是把说明理由也纳入正当程序原则，前述于某茹诉北京大学撤销博士学位决定案就已经对说明理由的审查提出了要求。在福建伟杰公司诉保监会撤销行政许可案中，法院指出：正当程序原则的要义之一在于，行政机关作出任何对行政相对人或利害关系人不利的行政行为，都必须说明理由，并听取行政相对人或利害关系人的意见。[5]

综上，正当程序原则的适用要点可归纳为如图 2－2 所示。

图 2－2　正当程序原则的适用要点

---

① 最高人民法院公报，1999（4）.

② 该案例入选《最高人民法院公报》2005 年第 3 期。

③ 何海波．实质法治：寻求行政判决的合法性．2 版．北京：法律出版社，2020：104－116.

④ 北京市第一中级人民法院（2017）京 01 行终 277 号行政判决书.

⑤ 北京市第一中级人民法院（2018）京 01 行初 1165 号行政判决书.

二、核心要素：告知（说明）—听取

陈述权、申辩权等程序参与权是否局限于公平听证的权利？中国的正当程序原则其实为行政机关作了拓展。在谭某日诉衡阳市政府、湖南省政府批准注销国有土地使用权证及行政复议决定案中，法院认为：一方面，虽然现行法律对于行政注销行为相关程序的规定中没有必须举行听证的具体要求，但行政机关实施具体行政行为时仍应遵循正当程序原则，充分保障行政相对人的知情权、申辩权。所以，衡阳市国土局在已经向谭某日送达听证通知书、决定举行听证会的情况下，未实际进行听证即将谭某日所持国有土地使用证公告废止，程序失当。① 另一方面，听证不必以开听证会的形式，而是要以行政相对人程序参与权的实现为判断标准。

告知—听取的重心是判断行政相对人是否实质有效参与了行政过程。在安宁庄超市诉海淀区市场监督管理局行政处罚案中，行政相对人“有效参与”的是行政决定的制作过程，并对决定结果发挥积极作用。法院认为，本案中，被诉行政处罚决定系认定林源春蓝莓果汁饮料标签配料表中标注的成分涉嫌非法添加或者没有使用食品添加剂通用名称的违法行为，林源春公司虽然不是被诉行政处罚决定的行政相对人，但其作为生产涉案产品及标注预包装标签的生产厂家，可能会受到被诉行政处罚决定的不利影响，故海淀区市场监督管理局在查处案件时有必要保障其对调查程序的参与权，就案件事实情况向其进行调查核实。②

如今，对行政而言机关行使裁量权时的告知有了更高要求，就是在行政决定中说明理由。对于行政机关，说明理由表明已经全面客观查清了事实，综合衡量了与案情相关的全部因素，而非轻率或者武断作出决定；对于法院而言，只有借助说明理由（最好是书面的），才能知晓行政机关考虑了哪些相关因素以及是否考虑了不相关因素，才能有效审查和评价涉诉行政决定是否符合行政法治；对于行政相对人而言，说明裁量过程和充分理由，既能被有效说服，又能控制裁量，即便嗣后出现纠纷，也会便利司法审查。

在王某珍诉滨海新区政府政府信息公开案中，王某珍质疑区政府交替使用“不属于本机关公开”和“政府信息不存在”这两个答复理由。在面对行政机关不说明理由、说明理由错误等等瑕疵时，法院应当作何抉择？这是一个见仁见智的难题。在政府信息公开诉讼中，一般认为行政机关在保持与基本事实同一性的范围之内追加和变更理由可以允许。本案中行政机关在信息公开答复中称不公开是因为“不属于本行政机关公开”范围，这一理由并没有涉及政府信息是否存在的问题；当其在诉讼中将理由替换为“政府信息不存在”，而实际情况确实如此时，就具备与基本事实的同一性。从实际效果来讲，如果法院判决行政机关重新作出答复，仍然无法改变政府信息不存在的客观事实，则程序的纠正并不能有助于王某珍获得政府信息的

---

① 最高人民法院（2018）最高法行再 97 号行政判决书.

② 北京市高级人民法院（2019）京行申 1194 号行政裁定书.

愿望实现。[①] 在熊某强诉宜昌市伍家岗区政府不履行政府信息公开法定职责案中，行政程序中的说明理由瑕疵并非不能补救，如果行政机关在嗣后的行政程序当中，或者在行政诉讼过程中对说明理由进行了弥补，达到了令行政相对人知悉的效果，则仅以说明理由瑕疵为由撤销行政行为并责令重作，没有实际价值。法院认为，区政府在一审期间提交了区政法委的回复，应当视为对说明理由的瑕疵进行了治愈。[②] 值得商榷的是，说明理由的程序是应被理解为包含于告知程序，还是作为正当程序中独立的子程序？法院的判决似乎证明了说明理由在解释上的独立适用，但要注意其在个案中的实际价值评估。

目前最完整的关于正当程序原则的要素的表述体现在中石化盐城公司诉射阳县国土局撤销行政许可案中。行政机关作出影响当事人权益的行政行为时，应当履行事先告知、说明根据和理由、听取行政相对人的陈述和申辩、事后为行政相对人提供相应的救济途径等正当程序，核心还是听取行政相对人的陈述和申辩。[③]

三、正当程序原则的其他要素若存若亡

回避日益条文化、制度化，使其作为正当程序的要素已经无必要了。现在的问题是正当程序原则的要素是否还包括期限？在第 88 号指导案例张某文、陶某等诉四川省简阳市人民政府侵犯客运人力三轮车经营权案中，法院认为：人力客运三轮车是涉及公共利益的公共资源配置方式，设定一定的期限是必要的。简阳市政府没有告知许可期限，存在程序瑕疵，但申请人仅依此认为行政许可没有期限限制，法院不予支持，因为“行政许可行为没有告知许可期限，违反了正当程序原则，是一般的共识和观念”[④]。

值得注意的是，程序瑕疵与违反正当程序的认定标准并不明晰，实践中对正当程序原则的解释往往需要与政策考量相协调。在东风砖厂诉永兴县政府行政强制及行政赔偿案中，法院认为：关闭取缔不符合国家产业政策的黏土砖企业，是事关安全生产、生态保护和环境资源有效利用的专项工作，有利于促进国民经济和社会的发展，但也应当依法开展并注重砖厂产权人的权益保护。虽然现行立法未对不符合国家产业政策的黏土砖企业的关闭退出工作及程序作出具体、明确的规定，但实践中仍应遵守正当程序原则。故法院首先审查了永兴县政府的关闭取缔及“两断三清”行为，认为总体上符合国务院和湖南省人民政府相关文件政策的规定。东风砖厂主张永兴县政府在整个关闭取缔过程中未履行催告、公告、充分听取其陈述和申辩等法定程序，径行关闭砖厂，造成其财产损失。但法院认为：东风砖厂因政策原因被关闭，是涉及多环节的综合过程，涉及不同主体不同行为，历经不同程序不同阶段，

---

① 最高人民法院（2016）最高法行申 1842 号行政裁定书.

② 最高人民法院（2017）最高法行申 9280 号行政裁定书.

③ 该案例入选《最高人民法院公报》2021 年第 11 期。

④ 梁凤云，石磊.《张道文、陶仁等诉四川省简阳市人民政府侵犯客运人力三轮车经营权案》的理解与参照：行政许可应当遵循正当程序告知行政许可期限. 人民司法，2021（17）：47－48.

不同于通常意义的生效行政许可的撤回，而是永兴县政府贯彻落实产业结构调整政策、满足社会公共利益的现实需要。因此，不应将个别程序瑕疵作为认定整个关闭退出退出行为违法的依据，应当对整个关闭退出行为的合法性予以肯定。[①] 该案如更精细地梳理出“不同主体不同行为”“不同程序不同阶段”有违正当程序的情形、占比以及其效果评估，会更有说服力。

第五节　诚信原则的司法适用

一、诚信原则的适用层次

我们正在见证诚信原则在行政法中的崛起。其实，诚信原则本系民法的最高指导原则、帝王条款[②]，要求权利人顾及他人利益、以正直的方式行使权利。由于此原则含义开放，难以概括构成要件，故民法学说，判例多以类型化方式界定其适用场合，如补充契约的履行方式、限制权利行使的准则、调整既定法律关系、接引宪法基本权的间接第三方效力。[③]

但从迄今为止的行政法案件来看，信赖（利益）保护原则在行政法上的适用密度上仍然远大于诚信原则，只是诚信原则更易作为日常用语而在法庭上被泛化使用（参见表 2－1）。因此，行政法上仍主要适用信赖保护原则，在此基础上如有信赖保护原则覆盖不到的需求，才借鉴（民法）诚信原则以及公序良俗原则中蕴含的要素予以补充。行政法上的诚信原则的适用顺序及区分见图 2－3。

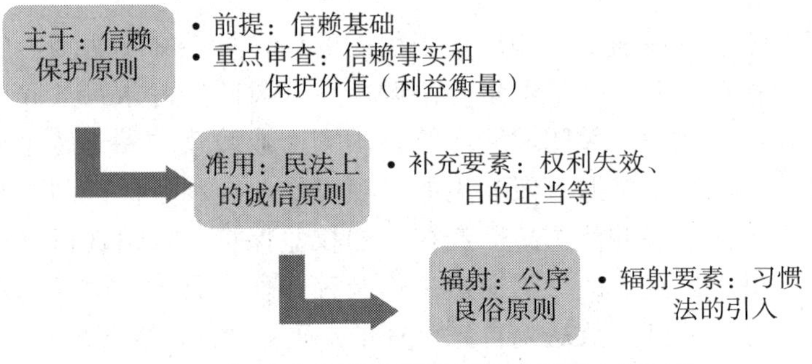

图 2－3　行政法上的诚信原则的适用顺序及区分

二、信赖保护原则仍是适用主干

信赖保护原则最典型的立法例是《行政许可法》第 8 条——规定了存续保护和财产保护两种方式，对维护法律安定、优化营商环境、提升政府公信助益良多。在

① 最高人民法院（2020）最高法行申 7018 号行政裁定书.

② 《民法典》第 7 条规定了民法上的诚信原则。

③ 朱庆育. 民法总论. 2 版. 北京：北京大学出版社，2016：524.

广和规划公司诉滨州市无棣县政府土地开发整理行政补偿案中[①]，行政相对人基于对公权力的信任而作出一定的行为，此种行为所产生的正当利益应当予以保护。这正是“民无信不立”的规范精髓。关于信赖保护的适用条件，在宣城曼图林业有限公司诉宣城市宣州区政府林业行政登记案中，法院认为：一是行政行为一经作出，即具有确定力和公定力；二是非因行政相对人过错造成行政行为错误，不得撤销或者改变原行政行为；三是因客观情势发生重大变更，为了国家及公共利益需要，方可撤销、改变已作出的行政行为；四是因上述第三种情形或因行政机关自身过错而撤销、改变原行政行为导致行政相对人的损失，要予以合理补偿或依法赔偿。[②]

信赖保护原则的适用中，关键在于把握信赖基础（具体或抽象行政行为）是否明确、信赖事实（行政相对人因信赖行政机关而作出特定行为）是否发生，以及信赖利益是否具有保护价值（是否属于正当信赖），其中信赖基础是前提。在陈某琳诉烟台市莱山区政府等行政赔偿案中，法院认为，案涉建筑物系陈某琳租赁村集体土地建设的，且位于省级自然保护区内，自始并未办理建设用地使用、规划等审批手续，其关于项目建设符合土地利用总体规划且已获莱山区民政局批准的主张使用，均系相关职能部门针对村养老院筹办项目所作，并非针对案涉建筑物所作，因此不存在明确的信赖基础，不能适用信赖保护原则。[③] 此外，明确原则要求信赖基础必须真实[④]，在代某华诉商丘市睢阳区政府不履行征收补偿法定职责案中，最高人民法院认为：在案涉房屋被拆除前，睢阳区政府还组织人员对代某华的房屋进行了信息采集，对房屋结构、面积等进行了确认。一审法院在审理期间向当时负责征迁工作的睢阳区古城街道办事处工作人员进行了调查核实，了解到案涉房屋原为招商引资项目，后因征收被拆除，案涉房屋信息采集表载明的情况是真实的。据此，代某华的房屋虽然没有相关产权手续，但代某华对该房屋仍具有一定信赖利益。[⑤]

要对信赖事实充分考察，对保护价值方能作出正确判断和解释。在孙某龙诉平谷区南独乐河镇政府限期拆除决定案中，法院认为，虽然在案证据无法证明涉案建筑取得了审批或备案手续，但孙某龙在涉案土地上建设养殖场，经村委会研究同意，镇政府曾在养殖专业合作社的经营场所证明上盖章确认，农业农村部门亦曾作出农业结构调整项目的认定，孙某龙作为行政相对人实施了该项目建设，并一直将涉案建筑实际用于养殖，符合农用地的用途管制要求，亦满足了养殖产业发展的需求，其对涉案建筑及利用涉案建筑进行养殖的合法性产生了合理信赖，该信赖利益应受法律保护。[⑥]

在信赖事实中，信赖利益认定是聚焦要素。在曾某波诉长沙市岳麓区交通运输局行政处罚案中，法院认为：根据《长沙市私人小客车合乘管理规定》第 11 条的规

---

① 最高人民法院（2018）最高法行申 8435 号行政判决书.

② 安徽省高级人民法院（2015）皖行终字第 00070 号行政判决书.

③ 山东省高级人民法院（2021）鲁行赔终 37 号行政判决书.

④ 田思源. 行政法与行政诉讼法学. 北京：清华大学出版社，2011：31－33.

⑤ 最高人民法院（2020）最高法行申 8593 号行政裁定书.

⑥ 北京市第三中级人民法院（2021）京 03 行终 1300 号行政判决书.

定，合乘平台在本市开展合乘信息服务的，应向市道路运输管理机构备案，并将服务平台数据接入市道路运输管理机构监管平台，按要求实时、完整提供合乘数据。可见，“滴滴”平台提供的合乘数据受到政府部门监管，车主按平台发布的信息（包括行程、收费）实施载客行为是基于平台的该行为是受政府监管的行为，无须车主质疑和查证的认识。曾某波对平台发布的信息不予以质疑正是基于对政府监管行为的信赖，产生了信赖利益。[①] 在王某诉平谷区夏各庄镇政府强制拆除行为案[②]中，法院直接援引最高人民法院在兴旺达农牧场、顺达生猪合作社诉柯城区政府行政复议案中的裁判意旨[③]，认定王某对部分涉案建筑及利用其进行养殖的合法性产生了信赖利益。在李某诉顺义区南彩镇政府行政赔偿案中，法院认为：多年来乡（镇）政府等政府职能部门并未以涉案建筑物未办理相关审批或备案手续为由，强制行政相对人停止养殖，表明了政府对行政相对人在此进行养殖的认可。虽然自 2007 年以来关于规模化养殖的相关政策文件相继出台，但相关政府职能部门并未针对行政相对人未补办涉案建筑物相应审批或备案手续的行为予以处罚。行政相对人基于对政府的信赖，在此继续进行养殖、种植并无不当，乡（镇）政府不能仅以行政相对人未取得规划许可手续为由，认定涉案建筑物中用于养殖和种植的建筑物为违法建设。[④]

信赖保护原则的适用往往需要利益衡量，从而与比例原则等其他构成原则的适用之间存在适用顺序交叉乃至竞合问题。在饭垄堆公司诉国土部国土资源行政复议决定案中，法院认为：颁发采矿许可证属于典型的许可类授益行政行为，撤销采矿许可必须考虑被许可人的信赖利益保护，衡量撤销许可对国家、他人和权利人造成的利益损失大小情况；确需撤销的，应当坚持比例原则，衡量全部撤销与部分撤销的关系。[⑤] 在游某喜诉莆田市秀屿区政府未按约定履行行政协议案中，法院认为：由于行政协议兼具行政性与合同性，对行政协议效力的审查，必然涉及依法行政原则与保护相对人信赖利益原则之间的冲突与衡量；一般在行政协议存在重大明显违法——违反法律法规的强制性规定，损害国家利益、公共利益时，才确认行政协议无效。[⑥]

三、诚信原则可作托底

当前，政府诚信问题仍然存在[⑦]，信赖保护原则的适用或存在不周延问题，故需要借鉴诚信原则中的权利失效原则，即权利长期不使用者，虽消灭时效期间或除

---

① 湖南省高级人民法院（2020）湘行再 8 号行政判决书.

② 北京市高级人民法院（2020）京行申 41 号行政裁定书.

③ 最高人民法院（2019）最高法行申 4750 号行政裁定书. 该案中对养殖场是否属于违法建筑的认定，不仅看养殖户是否办理了建设养殖场的相关用地手续，也看政府行为是否让养殖户对建设养殖场、发展养殖业产生了一定的信赖——该案明确将信赖保护纳入合理性审查范围。

④ 北京市第三中级人民法院（2021）京 03 行赔终 74 号行政判决书.

⑤ 最高人民法院（2018）最高法行再 6 号行政判决书.

⑥ 最高人民法院（2019）最高法行申 2322 号行政裁定书.

⑦ 《法治政府建设实施纲要（2021—2025 年）》提出，加快推进政务诚信建设，将违约毁约、拖欠账款、拒不履行司法裁判等失信信息纳入全国信用信息共享平台并向社会公开，重点治理债务融资、政府采购、招标投标、招商引资等领域的政府失信行为。

斥期间尚未届满，亦不得再行使。在海口农村商业银行诉海口市政府无偿收回国有用地使用权案中，法院认为：若土地使用权人怠于履行开发建设职责导致建设用地闲置的，县级以上政府及其国土资源主管部门可依法启动闲置土地查处程序，对使用权人的闲置违法行为予以行政处罚；但是在启动查处程序前，土地使用权人仍可依法向地方政府及其职能部门报规报建，办理建设工程规划许可证、施工许可证等行政许可证，并依法动工开发建设，主动作为以消除或减轻闲置违法行为所造成的危害后果，从而使行政处罚从轻或减轻。但仅有报规报建行为不能产生信赖利益，也不能阻却对闲置土地的查处。①

前述目的正当性，归入诚信原则更好，只是审查主观要件较难，或许作为滥用职权合法性审查要件更为恰当。在第113号指导案例迈克尔·乔丹与国家工商行政管理总局商标评审委员会、乔丹体育股份有限公司“乔丹”商标争议行政纠纷案中，法院援引当时的《民法通则》，通过大量事实和证据推断该公司的行为有违当时《民法通则》规定的诚信原则，存在明显的主观恶意。但也要注意，该案中诚信原则不是针对行政行为。

诚信原则可辐射到习惯法领域。在指导案例89号“北雁云依”诉济南市公安局历下区分局燕山派出所公安行政登记案中，法院根据公序良俗原则，推论如果任由公民仅凭个人意愿喜好，随意选取姓氏，甚至自创姓氏，则会造成对文化传统和伦理观念的冲击，违背社会善良风俗和一般道德要求。这可以看作是对“中华传统文化和伦理观念”的传承信赖，而且将中华优秀传统文化与社会主义核心价值观融入行政法的诚信原则，可以为该原则的司法适用提供新的解释工具和发展空间，为该原则的托底保障增加文化内涵和时代生命。②

知识拓展

一、拓展阅读

1. 何海波. 实质法治：寻求行政判决的合法性. 2版. 北京：法律出版社，2020.
2. 周佑勇. 行政法基本原则研究. 2版. 北京：法律出版社，2019.
3. 杨登峰. 行政法基本原则及其适用研究. 北京：北京大学出版社，2022.
4. 刘权. 比例原则. 北京：清华大学出版社，2022.
5. 王学辉，张治宇. 迈向可接受的中国行政法. 国家检察官学院学报，2014 (3).

二、类案练习

案情

原告田某于1994年9月考取被告北京科技大学，取得本科生的学籍。1996年2月29日，原告在电磁学课程的补考过程中，随身携带写有电磁学公式的纸条。考试

① 最高人民法院（2020）最高法行申8165号行政裁定书.
② 蔡小雪. 审判业务专家是怎样炼成的. 北京：法律出版社，2018：167－168.

中，其去上厕所时纸条掉出，被监考教师发现。监考教师虽未发现其有偷看纸条的行为，但还是按照考场纪律，当即停止了原告的考试。被告根据国家教委关于严肃考场纪律的指示精神，于1994年制定了《关于严格考试管理的紧急通知》（校发〔94〕第068号）。该通知规定，凡考试作弊的学生一律按退学处理，取消学籍。被告据此于1996年3月5日认定原告的行为属作弊行为，并作出退学处理决定。同年4月10日，被告填发了学籍变动通知，但退学处理决定和变更学籍的通知未直接向原告宣布、送达，也未给原告办理退学手续。原告继续以该校大学生的身份参加正常学习及学校组织的活动。1996年9月，被告为原告补办了学生证；之后每学年均收取原告交纳的教育费，并为原告进行注册、发放大学生补助津贴；安排原告参加了大学生毕业实习设计，由其论文指导教师领取了学校发放的毕业设计结业费。原告还以该校大学生的名义参加考试，先后取得了大学英语四级、计算机应用水平测试BASIC语言成绩合格证书。被告对原告在该校的四年学习中成绩全部合格，通过毕业实习、毕业设计及论文答辩，获得优秀毕业论文及毕业总成绩为全班第九名的事实无争议。

1998年6月，原告所在院系向被告报送原告所在班级授予学士学位表时，被告有关部门以原告已按退学处理、不具备北京科技大学学籍为由，拒绝为其颁发毕业证书，进而未向教育行政部门呈报原告的毕业派遣资格表。原告所在院系认为原告符合大学毕业和授予学士学位的条件，但由于当时原告因毕业问题正在与被告交涉，故暂时未在授予学位表中签字，待学籍问题解决后再签。被告因此未将原告列入授予学士学位资格的名单，交该校学位评定委员会审核。因被告的部分教师为原告一事向国家教委申诉，国家教委高校学生司于1998年5月18日致函被告，认为被告对原告违反考场纪律一事处理过重，建议复查。同年6月10日，被告复查后，仍然坚持原结论。原告认为自己符合大学毕业生的法定条件，被告拒绝给其颁发毕业证、学位证是违法的，遂向北京市海淀区人民法院提起行政诉讼。

思考

（1）剖析本案可能违反了行政法治的哪些构成原则。

（2）确定本案中行政法治的构成原则的适用顺序。

（3）结合本案分析适用原则的内容要点。

三、毕业论文选题指导

1. 职权法定原则与依法行政原则的适用关系
2. 比例原则与合理性原则的适用关系
3. 正当程序原则与程序瑕疵、违反法定程序审查要件的适用衔接
4. 信赖保护原则与诚信原则的适用关系

第三讲　2018年机构改革后对行政主体理论的影响

内容提要

2018年党的十九届三中全会通过了《中共中央关于深化党和国家机构改革的决定》，新一轮的党和国家机构改革拉开了序幕。此次机构改革在党政机关内外全方位展开，尤其突出党政机关融合、坚持大部制改革方向和重视综合行政执法机构。在大力推进机构改革的情况下，我国现有行政主体理论为适应现实要求，在很多方面有必要作进一步发展、完善：在基本内涵方面，未来有必要界定为依法有权行使行政权力的组织；一些目前没有行政主体资格或者行政主体资格不明确的组织，如受委托组织、综合行政执法机构、党的职能部门，可以承认其行政主体资格；行政主体的行政权力来源除了宪法、行政组织法的规定和法律、法规、规章的授权，党和政府的规范性文件在法律上也可以承认其赋予行政权力的能力；行政法律责任不一定只能由行政主体承担，可以考虑采用由行使行政权力的主体承担行政法律责任的原则。

1981年至2018年机构改革前，党中央部门先后于1982年、1988年、1993年、1999年集中进行了4次改革，国务院行政机构于1982年、1988年、1993年、1998年、2003年、2008年、2013年进行了7次改革。这一系列机构改革明确方向，抓住重点领域，解决突出问题，为发展和完善我国社会主义制度提供了重要的体制和机制保障。[①] 2018年，党的十九届三中全会通过了《中共中央关于深化党和国家机构改革的决定》和《深化党和国家机构改革方案》，十三届全国人大一次会议通过了《国务院机构改革方案》，自此新一轮机构改革的序幕正式拉开。在这次机构改革中，在中央层面组建和重新组建25个部级机构；共有39个部门制定了新的“三定”规定；解决了60多项一直以来存在的部门职责交叉、关系不顺的事项；在地方层面减少了党政机构6 800多个、减少了行政编制4 800多名。[②] 有学者认为，

---

① 薛习. 改革开放以来历次党和国家机构改革盘点. 党史文苑，2018（12）：43.

② 新华社评论员. 不断推进国家治理体系和治理能力现代化：论学习贯彻习近平总书记在深化党和国家机构改革总结会议重要讲话. 新华每日电讯，2019－07－08（1）.

中国之所以能够进行如此大规模的机构改革，得益于中国的政治体制，正是由于中国政治体制的强大能力，国家治理才能够不断发展。[①]

从行政法的视角来看，2018 年的机构改革与以往存在重大区别，突出表现在以下几方面：第一，加强党政机关融合。通过归口管理、职责划入、合并设立、合署办公等形式，一些行政部门被融入了党的职能部门，在党的直接领导下行使行政权力，如：国家公务员局并入中央组织部；国家新闻出版广电总局的新闻出版管理职责、电影管理职责被划入中央宣传部；国家宗教事务局并入中央统战部。如何厘清党的职能部门与这些行政部门之间的多种关系模式，是未来行政法，尤其是行政组织法必须解决的具体问题。[②] 第二，推进大部制改革。一些行政部门被进一步整合，形成功能更加全面的大部门，如：国土资源部、国家发展和改革委员会、住房和城乡建设部、水利部、农业部、国家林业局、国家海洋局、国家测绘地理信息局的一些行政职责相互整合，组建自然资源部；环境保护部、国家发展和改革委员会、国土资源部、水利部、农业部、国家海洋局、国务院南水北调工程建设委员会办公室的一些行政职责相互整合，组建生态环境部。第三，重视综合行政执法。一方面，多部门的执法功能被析出，组建统一的综合行政执法部门，如：整合工商、质检、食品、药品、物价、商标、专利等方面的执法职责，组建市场监管综合执法队伍；整合环境保护和国土、农业、水利、海洋等部门相关污染防治和生态保护的执法职责，组建生态环境保护综合执法队伍。另一方面，探索实行跨领域跨部门综合执法。《深化党和国家机构改革方案》提出要建立健全综合执法主管部门、相关行业管理部门、综合执法队伍间协调配合、信息共享机制和跨部门、跨区域执法协作联动机制。

理论源于实践，2018 年机构改革的实践对我国行政法理论的诸多方面产生了重大影响。本讲主要讨论 2018 年机构改革对我国行政主体理论的影响。我们认为，2018 年机构改革的内容已经使现行行政主体理论在诸多方面引发了学术争鸣，尤其在行政主体的理论内涵、主体种类、权力来源、责任归属等方面，值得我们进一步深入思考与研究。

第一节　行政主体的理论内涵

行政主体的基本内涵是我们认识行政主体，发展和运用行政主体理论的基本前提。从 2018 年机构改革的内容来看，行政主体理论首先受到影响并需要调整的是其基本内涵。按照现行理论，行政主体是依法享有行政权力，能以自己的名义行使行政权力，能够独立承担行政法律责任的组织。机构改革以后，行政主体的内涵可能需要调整为，依法有权行使行政权力的组织，即行政主体应当具有行政权力，并且

---

① 汪仕凯. 党和国家机构改革与政治体制能力重塑：制度优势转化为治理效能的中国逻辑. 南京社会科学，2020（2）：2.

② 谭波. 党和国家机构改革的实践发展与理论回应. 学习论坛，2019（10）：66，67.

通过合法途径获得行政权力。而是否可以自己的名义行使行政权力、是否能独立承担行政法律责任，不再是行政主体的判断要素。

一、具有行政权力

行政主体应当具有行政权力，这是行政主体理论的核心。无论行政主体理论如何变化，这一点不可能改变。如果行政主体具有的不是行政权力，行政主体理论将不复存在。按照 2018 年机构改革的要求，一些行政部门被融入党的职能部门。由此带来的问题是：这些行政部门具有的管理社会的权力，在性质上究竟是否属于行政权力？换而言之，行政主体具有的可否是其他国家权力？有观点认为，既然这些行政部门被融入了党的职能部门，那么其具有的权力今后应当属于党的政治权力，不再是行政权力，亦即行政主体行使的不一定是行政权力。我们认为，这样的看法在逻辑上并不合理，具有行政权的不一定是行政主体，但行政主体具有的只能是行政权力。具体理由有如下几点。

第一，行政机关融入党的职能部门并不会改变其具有行政权力的属性。2018 年机构改革的力度是巨大的，这样的改革甚至可以被称为变革，而改革力度大的根本原因在于解决现实问题的需要。当社会要素之间出现矛盾与纠纷，甚至有可能进一步激化时，就必须同步展开社会各个领域的大规模改革，仅仅通过一般的改革已经难以解决这些现实矛盾和纠纷。① 2018 年机构改革的特点是内外两个领域同时推进，在行政机关内部进行机构、资源、人事、权力等关系的重组，在行政机关外部与政党、第三方部门及公民进行协调与合作，旨在通过破除制度障碍，建设一个人民满意的服务型政府。② 但是，机构改革并没有否定党政分开的基本原则。党的政治权力在本质上是一种政治领导权，党可以提出有关社会管理的一系列政策和决策，但在建立了完善的行政权力体系的情况下，党组织不会，也不需要吸收行政权力，以党组织的名义直接行使社会管理权。可见，政治权力与行政权力依然有区分的必要性，党的职能和行政机关的职能依然具有分工的必要性。因此，即便行政部门融入了党的职能部门，其具有的依然是行政权力。

第二，将行政权力视为党的政治权力将彻底否定行政主体理论。如此大力度的机构变革，必然会对既有的理论造成影响，进而促进理论的变革。但是我们认为，理论的变革应当有一定的限度，过于激进的、颠覆性的变革并不可取。例如，有人主张经过 2018 年机构改革，行政主体的概念应当被废除，取而代之的应当是公法主体的名称。③ 我们不赞同这种观点。行政主体这一概念是我国行政法上的重要概念，属于基础性范畴，人们如果认为其存在不周延之处，可以批评讨论但不宜彻底否定，

---

① 王晓霞. 深化党和国家机构改革：国家治理体系和治理能力现代化领域的深刻变革. 理论与现代化，2018 (6)：20.

② 刘建民，方媛. 论深化党和国家机构改革研究的三个维度. 中共石家庄市委党校学报，2020 (8)：24.

③ 姬亚平. 机构改革对行政复议与诉讼的新要求. 人民法治，2018 (Z1)：48.

因为彻底否定行政主体的概念不利于行政法学科自身的可持续发展。① 如果将行政主体所享有的行政权力，视为政治权力，实际上等于彻底否定了行政主体理论，因为毕竟一个拥有政治权力而不是行政权力的主体很难被称为行政主体。那是否可以将行政主体的概念转变为政治主体的概念呢？我们认为，这显然也是不可行的，如果将行政主体的概念转变为政治主体的概念，将完全脱离了行政法的范畴，进入了政治学的领域，从而导致行政法学与政治学的混同。因此，那种主张 2018 年机构改革后把融合了行政部门的党的职能部门视为公务主体或政治主体，以此将其纳入行政复议和行政诉讼范围的观点，并不符合我国宪法和法律的规定，也不符合我国党政关系的实际情况。②

第三，行政机关在法律上可以接受党的直接领导。在保留行政主体概念和行政权力属性的情况下，行政机关依然可以在法律上接受党的直接领导。我国《宪法》第 1 条第 2 款第二句明确规定："中国共产党领导是中国特色社会主义最本质的特征"。这一规定事实上以根本法的形式确认了党的领导权。领导权的内涵是丰富的，它既可以通过党的理论、路线、方针、政策和决策等间接的方式实现，也可以通过党的决定、命令等直接的方式实现。有了宪法的这一依据，某些与党的职能部门的工作内容接近或类似的行政部门融入党的职能部门，在本质上属于党对这些行政部门工作的直接领导，党的直接领导并不会改变这些行政权力的基本属性。

二、合法取得行政权力

2018 年机构改革重新组合成立了许多新的行政部门，在相应的法律、法规修改之前，这些行政部门获得行政权力依据的仅仅是党中央和国务院制定的规范性文件。这就改变了行政主体理论通常认为的，行政主体的行政权力来自宪法和行政组织法的规定或法律、法规、规章的授权的观念。这一点其实并不值得大惊小怪，无论从宪法的规定还是现实的需要来看，行政主体的行政权力其实只需通过合法的方式获得即可。

第一，只有宪法、法律规定或者法律、法规、规章授予行政权力，才能获得行政主体资格的理念，并不符合宪法规定。《宪法》第 89 条第 3 项规定，国务院"规定各部和各委员会的任务和职责，统一领导各部和各委员会的工作，并且领导不属于各部和各委员会的全国性的行政工作"；第 4 项又规定，国务院"统一领导全国地方各级国家行政机关的工作，规定中央和省、自治区、直辖市的国家行政机关的职权的具体划分"。由此可见，国务院各部委和省、自治区、直辖市人民政府的行政职权，应当由国务院进行确定。而《宪法》第 89 条第 1 项规定，国务院"根据宪法和法律，规定行政措施，制定行政法规，发布决定和命令"，所以国务院确定各部委和省、自治区、直辖市人民政府行政职权的方式，可以行政法规的方式，也可以行政措施、决定、命令的方式。换而言之，行政机关获得行政权力的依据不一定是宪法、

① 杨红. 机构改革引发的行政诉讼被告新问题. 辽宁大学学报（哲学社会科学版），2020（1）：130.

② 程琥. 党和国家机构改革与行政诉讼制度创新发展. 法律适用，2020（19）：57.

法律、法规、规章，通过决定、命令等方式获得行政权力也是合法的。所以，我国行政主体理论应从目前以“行政机关和法律法规授权的组织”为核心的判断标准，转变为以“行政职能”为中心的判断标准，赋予履行行政职能、行使行政权力的组织以行政主体资格，如此在理论上和实践中才具有合理性与合法性。①

第二，机构改革的实际做法表明行政权力的获得只需合法即可。在以往多次进行的中央和地方机构改革过程中，国务院和地方各级人民政府通常以“三定”规定的形式，明确下级行政机关的行政机构、行政职责、行政编制。这些“三定”规定关于行政机关、行政职权的规定尽管与很多法律、法规和规章的规定不一致，但在实践中并不影响行政机关行使行政权力的合法性。例如，《城乡规划法》第 64 条规定，对未取得建设工程规划许可证或者未按照建设工程规划许可证的规定进行违法建设行为，有权查处的主体是城乡规划主管部门。但是很多地方政府通过“三定”规定，将这一执法权赋予了城市管理部门。在行政诉讼中，法院也常常根据“三定”规定，确认城市管理部门的执法主体资格具有合法性。2018 年机构改革提醒了我们，应当重构行政组织法。事实上，相对于组织属性而言，从行政行为切入更能体现行政主体身份在法律上的意义。无论是什么样的组织，只要拥有一定的行政职权且对外行使了行政职权，如果法律、法规没有明确排除，对其行政行为的合法性就可以在行政法上进行审查讨论。这种处理方法可以使人们将主要精力集中在行政行为的合法性，而不是纠缠于是否具有行政主体资格，从限制国家权力、保障公民权利的角度来看，无疑是更好的选择。② 因此，从长远看，为了确保行政组织精简、统一、效能，行政组织法需要进一步调整、完善，以确保行政主体静态调整与职能动态运行在合法的情况下进行，为改革的宏观布局与微观运行提供法治保障。③

第三，依法获得行政权力有利于及时应对社会变化。现代社会经济文化事务变动不居，且往往推陈出新，要有效规范和调整这些事务，行政权力的调配必须及时有效。以 2018 年机构改革为例，为了适应变化了的现实状况，在组织人事、意识形态、宗教事务等管理领域进行了高度的党政融合：行政部门对外保留名称，然后与党的部门合并设立，党组织直接领导行政部门行使行政权。④ 但是按照现行行政主体理论，行政权力必须由宪法和行政组织法规定或者法律、法规、规章授权。如果继续坚持这一理论要求，2018 年机构改革之前必须先完成大规模的修法工作。由于立法程序的复杂性，通过大规模修法的方式调配行政权力显然不能适应现实需要。因此，未来的行政主体理论应当以行政权力来源是否合法，而不是以是否有宪法、行政组织法规或法律、法规、规章授权来确认是否具有行政主体资格。只有这样，国务院和地方各级人民政府才能根据社会、经济、文化发展的需要，及时调整行政机关的行政权力，有效应对社会变化。

---

① 沈亚平，范文宇. 党政机关合并设立：实践价值、法律隐忧与完善路径. 北京行政学院学报，2020 (4)：41.

② 王欢. 论党政合署在行政法中的融入. 吉林大学社会科学学报，2019 (3)：156.

③ 刘俊. 国家机构改革的经验启示及法治逻辑. 四川行政学院学报，2020 (1)：30.

④ 金国坤. 党政机构统筹改革与行政法理论的发展. 行政法学研究，2018 (5)：12.

三、能够承担行政法律责任

我国行政主体理论的产生原本与行政组织法没有太大关系，归根结底主要是为了解决行政法律责任的承担问题，即当行政权力的行使侵犯公民、法人或者其他组织的合法权益时，由谁承担行政法律责任。但是从多年的行政诉讼经验和2018年机构改革的情况来看，是否能够独立承担法律责任不需要，也不应当成为判断是否具备行政主体资格，是否可以成为行政诉讼被告的基本因素；行使行政权力的行政主体应当承担行政法律责任，但行政法律责任不是只能由行使行政权力的行政主体承担。理由在于：

第一，这是权责统一的要求。2004年国务院印发纲要，在“依法行政的基本要求”中明确提出了“权责统一”的要求，即行政机关违法或者不当行使职权，应当依法承担法律责任，实现权力和责任的统一。不论是一直大量存在的受委托组织，还是2018年机构改革后广泛成立的综合行政执法机构，它们在行使行政权力时具有相对的独立性，可以独立行使监督管理、调查取证、处理处置等行政权力。但是按照现行行政主体理论，它们行使行政权力产生的行政法律责任，应当归属于委托机关或权力所属机关。这造成了行使行政权力的主体不承担行政法律责任，承担行政法律责任的主体不行使行政权力的不合理状况。因此，根据权责统一的要求，未来行政主体理论应当排除将是否能够独立承担行政法律责任作为行政主体判断要素，使受委托组织或者没有被授权的综合行政执法机构成为行政主体，接受法定机关的审查与监督。

第二，这可以更好维护行政相对人的合法权益。从法律实践来看，行政相对人因认为行政行为侵犯其合法权益而提起行政诉讼时，先要确定应当对该行政行为承担行政法律责任的行政主体。一旦行政主体确定错误，行政诉讼可能不被人民法院受理，或者人民法院因为需要研究适格的被告而延缓受理时间，导致行政相对人的合法权益不能及时获得救济。如果能否独立承担行政法律责任继续成为行政主体的判断要素，2018年机构改革以后这种情况或许会愈演愈烈。以党政融合的机构为例，未来应当承担行政法律责任的主体是谁，将更加难以判断。如果不考虑行政法律责任的承担问题，无论行使行政权力的主体使用何种名义，只要其行为属于“法律执行”范畴，其就应当具有行政主体资格，成为行政诉讼被告，其行政行为就应当接受司法程序的审查。[①] 这样，无论是对行政权力的监督还是对行政相对人权益的保护，都更加有利。

第三，这有助于行政法律责任内容的实现。现行行政主体理论将能否独立承担行政法律责任作为行政主体的基本判断要素，其中一个重要的考量因素是一旦行政主体被确认须承担行政法律责任，如何更好实现行政法律责任的内容。如果被告可以独立承担行政法律责任，而在司法裁判确定的期限内被告拒不执行，人民法院可以依法强制执行；否则，如果被告不能独立承担行政法律责任，而又拒不执行司法

① 林鸿潮.党政机构融合与行政法的回应.当代法学，2019（4）：57.

裁判，则人民法院无法确定被强制执行的对象。我们认为，这种考虑其实是没有必要的。在行使行政权力的主体被确定需承担行政法律责任后，即便被告不能独立承担行政赔偿、行政补偿等行政法律责任，法律上依然可以追溯到相应的能够独立承担行政法律责任的主体。如对于县政府成立的临时办公室实施的行政行为，在人民法院确定该办公室的行政法律责任后，即便办公室没有独立的经费，无法承担行政赔偿责任，人民法院依然可以对成立办公室的县政府实施强制执行。因此，是否能够独立承担行政法律责任并不影响行政法律责任内容的实现。

第二节 行政主体的新型种类

按照现行理论，行政主体可以被分为行政机关和法律、法规授权的组织两大类，具体可以包括享有外部行政管理权的行政机关，以及获得法律、法规和规章授权的行政机构、社会组织、企事业单位、基层群众性自治组织等。我们认为，2018 年机构改革以后，有必要将受委托组织、综合执法机构和党的职能部门等相对独立行使行政权力的主体，纳入行政主体的范畴。

一、受委托组织

我国的改革与其他国家的改革相比存在特殊性：规范政府间关系的改革和规范政府与社会之关系的改革往往同时进行，前者重在调整中央与地方的关系，后者重在调整国家与社会的关系。[①] 改革如此进行的主要原因在于，两组关系之间存在密切关联性。社会在不断发展，国家与社会的关系必然需要及时调整，国家为了有效回应社会的发展，需要对自身内部结构进行调整。国家在调整内外关系时，最常见，也最简便的方法就是行政委托，因为行政委托既不需要大规模的修法，也不需要进行整体性的机构重组。按照现行理论，受委托组织以委托机关的名义行使行政权力，不具有行政主体资格，其行使行政权力、实施行政行为产生的行政法律责任由委托机关承担。从 2018 年机构改革来看，未来需要考虑赋予受委托组织行政主体资格。理由在于：

第一，有利于规范受委托组织的行为。在 20 世纪 90 年代，我国开始实行机构编制法定化。机构编制法定化将机构、职能与编制相统一的“三定”原则与依法治国原则结合起来，使其成为一项约束性原则，用以约束各级政府及其职能部门扩张权力、职能和编制的冲动。[②] 但是，机构编制法定化也使行政机关可以支配的行政资源受到极大限制，社会事务的复杂化使受到编制法定化限制的行政机关疲于奔命、穷于应付。在这种情况下，将一些行政权力委托给其他组织实施也就在所难免。但是，按照现行理论，行政委托存在一个争议性问题，即权责不统一。行政机关与其

---

① 李文钊. 党和国家机构改革的新逻辑：从实验主义治理到设计主义治理. 教学与研究，2019（2）：64.

② 李文钊. 党和国家机构改革的新逻辑：从实验主义治理到设计主义治理. 教学与研究，2019（2）：70.

他行政机关或者社会组织、企事业单位形成行政委托关系后，行政权力由受委托组织行使，但行政法律责任仍由委托机关承担。这种权责不统一的状况，使受委托组织在行使行政权力时往往缺乏应有的责任心，也没有动力健全规章制度，提高行政能力，因为它们不用担心行使行政权力可能产生对自己不利的法律后果。而委托机关又往往缺乏相应的监督能力，事实上如果它们有监督能力，也就无须进行行政委托了。从 2018 年机构改革来看，未来行政机关对行政委托的需求可能不断增强；从规范受委托组织行使行政权力的角度来看，确有必要将受委托组织确定为行政主体，由其自行承担行政法律责任。

第二，有利于行政权力向基层倾斜。2018 年机构改革提出：要推动治理重心下移，尽可能把资源、服务、管理放到基层，使基层有人有权有物，保证基层事情基层办、基层权力给基层、基层事情有人办。要积极探索简约高效的基层管理机制，使基层机构的设置与权力配置契合权力与责任下沉基层的现实，实现高效运转。[①] 在法律、法规没有全面修改的情况下，上级行政机关只能通过行政委托等方式将行政权力交给基层行政机关或者社会组织、企事业单位。正如前文所言，由于存在权责不统一的情况，行政机关会担心受委托组织不规范行使行政权力，导致自己不断成为行政诉讼被告，不断承担行政法律责任，因此一些上级行政机关可能不愿意向基层放权。如果形成这样的局面，那么机构改革提出的行政权力向基层倾斜的要求，就可能无法得到充分实现。而将受委托组织确定为行政主体，有利于上级行政机关合理确定需要下放的行政权力内容，充分实现机构改革确定的行政权力下沉基层的目标。当然，另一种可行的做法是，在未来修法时对立法模式进行调整，例如，对修改内容进行归类，采取一揽子模式修改共同的问题；也可以通过采用更合理的立法用语，以职责定位来表述条文中的机构名称。[②] 在此情况下，上级行政机关实施行政委托时，受委托组织便是法定的行政权力行使主体，具有行政主体资格，行政权力向基层倾斜的要求也更容易实现。

第三，方便救济行政相对人的合法权益。在行政委托的情况下，行使行政权力、实施行政行为的主体是受委托组织，与行政相对人打交道的也是受委托组织。在受委托组织具有行政主体资格的情况下，行政相对人如果对行政行为不服，可以受委托组织为被告；在诉讼和调解过程中，行政相对人可以和行使行政权力的受委托组织直接进行交涉，既有利于法院查明案件事实，监督行政权力的行使，也有利于组织调解，及时解决行政争议。在这种情况下，行政争议比较容易得到解决，行政相对人的合法权益比较容易及时得到救济。反之，如果受委托组织不具有行政主体资格，则行政诉讼的被告只能是委托机关。由于委托机关没有行使行政权力、实施行政行为，对案件事实不了解，既不利于及时查明案件事实，也不利于及时解决行政争议，有时还可能激化矛盾。

---

① 王晓霞，等. 党和国家机构职能体系构建的逻辑前提与逻辑起点. 理论与现代化，2020（4）：28.

② 汪雄. 国家机构改革与行政法修改模式的创新. 甘肃政法学院学报，2019（4）：120.

二、综合行政执法机构

国家职能变迁是机构改革的基本动因，机构的合理设置需要以职能为前提和基础，机构改革及运行往往意味着对职能的创新和整合。[①] 按照 2018 年机构改革的要求，今后将成立大量综合行政执法机构。这些机构将原本分散于各个领域和部门的行政职能集中起来，以便更有效地实施社会治理。由于相关的法律、法规尚未制定或修改，多数综合行政执法机构并没有法律、法规的授权，按照现行行政主体理论，不具有行政主体资格。但我们认为，从社会治理现实需要来看，应当承认其行政主体资格。

第一，有利于综合行政执法机构独立作出专业判断。按照机构改革方案的规定，综合行政执法机构专门负责特定行业或者领域的行政执法工作，所在行政部门只对其进行业务指导。例如，生态环境保护综合执法机构，整合了环境保护和国土、农业、水利、海洋等部门的相关污染防治和生态保护的执法职责、队伍，统一实行生态环境保护执法，由生态环境部指导。综合行政执法机构内部设有专门的行政调查与法制审核机构，配备相应的工作人员，可以相对独立地实施行政执法活动。基于上述理由，承认综合行政执法机构的行政主体资格，可以使其更加独立地实施行政执法行为，作出专业的行政判断，避免其他部门或人员的不当干预。

第二，有利于所在行政部门进行行政监督。综合行政执法机构所在的行政部门除了在业务上具有指导职能，还具有内部监督职能。这种监督职能不是对具体行政执法活动的干预，而是对综合行政执法机构是否按照法定规则实施行政执法行为进行监督。在综合行政执法机构不具有行政主体资格的情况下，所在行政部门的监督职能不是演化为对执法活动的干预，就是空洞化。相反，如果承认综合行政执法机构的行政主体地位，其所在的行政部门不需要成为行政诉讼的被告，不需要对综合行政执法机构的执法活动进行干预，其主要功能自然会被定位于对综合行政执法机构是否规范实施行政执法活动的监督。

第三，有利于及时查明案件事实、解决行政争议。在综合行政执法机构没有行政主体资格的情况下，如果因为行政执法活动发生行政争议，行政相对人只能与综合行政执法机构所在的行政部门交涉，包括进行行政诉讼。由于行政部门不了解具体行政执法活动，通常需要委托综合行政执法机构的工作人员出庭应诉，行政部门负责人即便出庭，在诉讼中也往往比较被动，难以发挥监督行政执法行为、协调解决行政争议的作用。反之，如果综合行政执法机构获得行政主体资格，不论是否进行行政诉讼，案件事实认定、行政争议协调解决等方面都可以顺畅进行。

三、党的职能部门

按照以往的理论，党的职能部门行使的是政治权力，故其不可能成为行政主体，

① 李志强. 以法治思维深化党和国家机构改革成效. 中国党政干部论坛，2019（8）：70.

但是2018年机构改革彻底改变了这一思维定式。在新时代背景下进行的这一党和国家机构改革，主要的形势和导向是大部制改革、精简合并机构和整合重叠职能，目的在于实现工具理性下的善治和良政目标，以便形成更为强大的社会治理能力，构建更为健全的现代化治理体系，从而组织起一个更为稳健的中国社会。[①] 依此来看，党的职能部门一般情况下不需要行政主体资格，但在必要的时候，也可以成为行政主体。

第一，行政机关具有行政主体资格时党的职能部门不需要获得行政主体资格。2018年机构改革存在合并设立或合署办公的情形。理论上认为合并设立是指通过两个以上的机构的职责重组、整合，形成一个新的机构。新的机构有“两块牌子”“保留牌子”“加挂牌子”三种情形。[②] 合署办公主要是指两个以上党政机构分别具有不同编制和职责，但由于工作对象、工作性质接近或密切相关而在同一地点办公，两个党政机构的资源在上级统一领导下根据实际需要被灵活运用。当然，合署办公包括两个以上的机构组成一套机构并在一起办公的情形。所以，合并设立与合署办公总体上存在一定的区别：合并设立后一般只有一个机构，而合署办公后一般依然存在两个以上机构，分别配备领导班子。[③] 但不论何种情况，合并设立或者合署办公后，行政机关依然存在，仍然具有行政主体资格，可以对外行使行政权力，因此党的职能部门不需要获得行政主体资格。

第二，行政机关不具有行政主体资格时，党的职能部门可以获得行政主体资格。2018年机构改革后，有些现实问题可能还需要在理论上和实务中进行研究讨论，如：职责被划入党的职能部门后，挂牌的行政部门是否具有行政主体资格；公职人员以党的职能部门的名义实施的社会管理行为是不是行政行为等。在这些问题解决之前，在行政诉讼实务中难免可能出现党的职能部门是否可以成为行政诉讼被告，或者隶属于党的职能部门的行政机构实施的社会管理行为是否可诉等争议。党的政治权力主要是政治领导权。党的十九大报告提出“东西南北中，党是领导一切的”，其中当然包括党对行政机关工作的领导。行政机关行使行政权力，对社会事务进行管理；党为了实现政治领导权，也需要研究社会管理问题，提出政策，作出决策，实施作出决定、命令等行为。也正因为这样，在2018年机构改革中，党中央提出，推进职责相近的党政机关合并设立或合署办公，优化部门职责，提高党把方向、谋大局、定政策、促改革的能力和定力。所谓“职能相近”，一般是指机构所具有的职权、职能或承担的工作内容大致相同或近似，如都具有反腐败、统战、保密、文化等职能。[④] 我们认为，在必要的时候应当承认党的职能部门的行政主体资格。从现状来看，可以获得行政主体的主体种类很多，如法律、法规、规章授权的行政机构、社会组织、行业协会、基层群众性自治组织、行政性公司等。因此，党的职能部门如果在必要的时候获得行政主体资格也是正常的。其主要目的还在于解决行政诉讼

---

① 梁丽芝，凌佳亨. 新时代党和国家机构改革 ：理论逻辑与鲜明特点. 中国行政管理，2019（10）：150.

② 许耀桐. 党和国家机构改革：若干重要概念术语解析. 上海行政学院学报，2018（5）：8.

③ 许耀桐. 党和国家机构改革：若干重要概念术语解析. 上海行政学院学报，2018（5）：8.

④ 刘权. 党政机关合署办公的反思与完善. 行政法学研究，2018（5）：40.

被告资格和行政相对人的权益保护等问题。当然，党的职能部门如果获得行政主体资格，对其行为的性质以及相应的法律后果应当进行合理区分：合并设立或合署办公后作出的党务行为不具有可诉性，不属于行政诉讼范围；而依据法律、法规规定的权限和程序作出的行政行为具有可诉性，属于行政诉讼范围。[①]

第三，党的职能部门作为行政主体可以承担行政法律责任。党的职能部门如果获得行政主体资格，不会影响其分别具有政治权力和行政权力的事实。其不论是以党的职能部门的名义还是以行政机关的名义行使行政权力，这种行政权力都具有独立性。如果因为行使行政权力产生行政法律责任，也只是党的职能部门或者行政机关作为行政主体承担行政法律责任，而不是党的职能部门因行使政治权力而承担行政法律责任。从这一角度来看，党的职能部门成为行政主体，在宪法和法律上都不存在障碍。在夏某诉湖北省保密局一案中，一审法院以湖北省保密局是作为党组织的省委办公厅下设机构，不能成为行政诉讼被告为由裁定驳回起诉，但二审法院又以中共湖北省委保密办和湖北省保密局是“两块牌子，一套人马”为由确认被告适格，撤销了一审裁定。[②] 我们认为：本案中如果将党的职能部门也视为行政主体，就可以避免法院在行政诉讼被告是否适格上的纠结，更好地推进行政诉讼。由此，我们需要探索党领导方式的衔接与转换，即如何保证在坚持党的领导的前提下，最大限度地保持行政的生机与活力，理顺政治领导与处理社会烦琐事务之间的关系[③]，而对党的职能部门在必要的时候赋予行政主体资格，不失为一种理想的选择：在“合”的前提下重视“分”，根据实际情况对各项工作进行合理分工，落实工作岗位与相应责任人员，理清不同机构之间的关系，强化内部的监督、制约、考核与奖惩，完善内部管理体制。[④] 这样，党的职能部门在获得行政主体资格后，内部的政治领导和行政管理功能可以协调一致，彼此不相混同。

第三节　行政主体的权力来源

我国行政主体理论认为，行政主体的行政权力来自宪法、行政组织法的规定和法律、法规、规章的授权，前者形成的是职权性行政主体，后者形成的是授权性行政主体。但是，2018 年机构改革更加坚定了我们的看法，即目前有关行政权力来源的理论需要进行调整：行政主体的行政权力，不仅可以来自宪法、行政组织法的规定和法律、法规和规章的授权，也可以来自党内法规的授权以及党和政府的规范性文件的规定。

---

① 程琥. 党和国家机构改革与行政诉讼制度创新发展. 法律适用，2020（19）：55.

② 女子公务员考第一后落选 起诉一审被驳二审继续审.（2019-02-17）[2022-05-01]. http://news.sznews.com/content/2019-02/17/content_21412486.htm.

③ 王孟嘉. 论国家机构改革中的协同逻辑及其实施路径. 中州学刊，2020（6）：9.

④ 刘权. 党政机关合署办公的反思与完善. 行政法学研究，2018（5）：48.

一、党内法规授予行政权力

人们通常误以为，党内法规只能规范党内事务。但是，如果我们对党内法规的内涵进行解释就可以发现，其可以规范的事务不仅包括党内事务，还包括国家事务。在2018年机构改革中一些行政部门融入党的职能部门以后，党内法规对行政事务进行规范调整，赋予党的职能部门行政权力将变得更加常见而合理，由此将带来各类各级机构合力贯彻党的根本宗旨，人民的主体地位无可取代的深刻变革。[①]

第一，党内法规可以调整行政事务。《中国共产党党内法规制定条例》第3条第1款规定："党内法规是党的中央组织，中央纪律检查委员会以及党中央工作机关和省、自治区、直辖市党委制定的体现党的统一意志、规范党的领导和党的建设活动、依靠党的纪律保证实施的专门规章制度。"依此来看，党内法规并不仅仅规范党内事务；从"规范党的领导"的内涵来讲，党内法规既可以规范党内事务，也可以规范国家事务。因为党的领导既包含了对党员、党员干部和党组织的领导，也包含了对国家各项事务的领导，中国共产党作为最高政治领导力量，是国家治理体系中的核心，其执政能力决定着国家的治理水平。[②] 党内法规作为党行使政治领导权的重要方式，不应该，也不可能仅仅规定党内事务；根据实际情况的需要，党内法规也可以对行政事务作出规定。在党政机构融合之后，党内法规必将更加直接地影响国家机构，甚至可能成为新机构组织运行的主要准则。[③] 在实践中，随着党内法规和国家法律一起成为社会管理的依据，党内法规就可能和国家法律共同进入行政诉讼程序，成为法院裁判行政案件的重要依据。[④]

第二，行政事务需要党内法规赋权。行政部门在融入党的职能部门的情况下，依然可以接受法律、法规和规章的授权。事实上它们中的很多行政部门依然在根据已有法律、法规和规章的规定行使行政权力。但是，在行政部门成为党的职能部门的工作机构或者合署办公以后，很多行政事务需要接受党的职能部门的直接领导，这些行政事务毫无疑问同时也是党的职能部门的工作事务。当现实需要授予这些行政职能部门相应的行政权力时，具有党内法规制定权的党组织，当然应当及时通过党内法规进行授权。因此，党政机构融合，一方面，可以做大做强党的职能部门，全面发挥党的政治思想组织的领导功能[⑤]；另一方面，还可以为行政机关更好行使行政权力、实施社会治理提供可靠的制度保障。

第三，这是党的职能部门履行职责的必然要求。在有关行政部门通过机构改革融入党的职能部门后，其工作效果如何与党的职能部门是否规范履职息息相关。如

---

① 石亚军. 深化党和国家机构改革是一场彰显四个着力的深刻变革. 中国行政管理，2018（5）：25.

② 齐卫平. 制度优势与治理效能的高度统一：新时代中国国家治理体系本质特征研究. 学术前沿，2018（3）：12.

③ 秦前红，陈家勋. 党政机构合署合并改革的若干问题研究. 华东政法大学学报，2018（4）：83.

④ 程琥. 党和国家机构改革与行政诉讼制度创新发展. 法律适用，2020（19）：60.

⑤ 吴志良. 新理念新特点新探索：党领导国家体制及党和国家机构改革的主要思路. 中国领导科学，2019（3）：44，45.

果这些行政部门没有很好行使行政权力，规范处理行政事务，因此产生的相应责任必然影响党的职能部门。因此，为了促使行政职能部门依法履职，有效管理社会事务，党的职能部门在必要的时候需要通过党内法规对行政职能部门进行授权。在党内法规授权的情况下，行政职能部门不能以党政机构合署办公为由，排斥法院对应当纳入受案范围的行政行为进行司法审查。① 为此，有必要未雨绸缪，考虑制定“党政机关组织基本法”，从党政机关运行的基本原则和组织形态、主体制度、组织程序制度、违法责任制度等方面规范党政融合的机关。②

二、党和政府的规范性文件调配行政权力

党和政府的规范性文件体现了党和政府的意志与要求，是党和政府行使宪法与法律上的政治领导权和行政管理权的手段与方式之一。从社会现实情况来看，行政权力需要在宪法、法律、法规规定的基础上进行适时调配；而从宪法的角度来看，党和政府依法有权通过行使调配权的方式，调整或赋予特定的机关组织的行政权力。

第一，党和政府调配行政权力具有现实必要性。虽然宪法和行政组织法将行政权力赋予国务院和地方各级人民政府，但是社会、经济、文化事务在不断发展变化，如果行政权力主体的配置只能在修改法律的情况下才能调整，往往难以适应社会现实需要。所以，机构改革永远在路上：党和政府要根据社会变化情况，不断调整机构及其职能，强化行政部门内部职责和业务整合，切实体现设立、重组各个机构的战略谋划和整体考虑，一方面形成一类事项有一个部门统筹的行政格局；另一方面各部门之间相互合作，形成职能科学、权责协同、监管高效的行政格局③，避免出现一些具有权力的行政机关没有能力及时有效地行使行政权力，一些行政机关想要处理社会事务但苦于没有法定行政权力的情形。正因为如此，宪法和行政组织法只规定了各级人民政府的行政权力，并没有明确具体地规定行政部门的行政权力，否则，一旦在制度上对行政部门的行政权力作出了限定，各级人民政府就无法根据实际情况及时调配行政部门的行政权力。

第二，党和政府依法具有行政权力的调配权。党和政府调配行政权力与宪法和行政组织法的规定是不矛盾的，宪法和行政组织法关于行政职权的规定只是概括性的规定，同时允许党和政府对这些行政权力进行适当调配。从党的行政权力调配权而言，按照《宪法》第 1 条关于党的领导权的内容来看，其中就已经蕴含了对行政权力进行调配的领导权。从各级人民政府的行政权力调配权而言，宪法和行政组织法也明确规定了行政权力的调配权。如《宪法》第 89 条第 3 项规定：国务院“规定各部和各委员会的任务和职责，统一领导各部和各委员会的工作，并且领导不属于各部和各委员会的全国性的行政工作”。从这一项规定来看，国务院既可以概括性地

① 程琥. 党和国家机构改革与行政诉讼制度创新发展. 法律适用，2020（19）：54.

② 张立哲. 论党政合署体制重构的基本问题与具体路径. 理论月刊，2018（6）：11，12.

③ 李建华，李天峰. 新机构改革背景下的党政关系优化. 湖南行政学院学报，2019（6）：39.

将行政权力具体分配给职能部门，也可以根据社会、经济、文化发展的实际需要，将已经配置给特定行政部门的行政权力进行再调整。根据宪法和行政组织法的规定，我国政府内部形成了涵盖政府间横向关系、纵向关系、条块关系等的政府职责体系。这一职责体系实际上是一个为了有效完成工作任务而对各项要素进行配置以及完成任务的过程。[①] 机构之间职能的调整，和机构运行过程中上下级机构之间的衔接，直接影响机构权力运行的流畅。[②] 这一问题也需要党和政府通过行使行政权力调配权加以解决。

第三，党和政府调配行政权力的形式。通过 2018 年机构改革，一些行政部门按照大部制的理念被重新组合。大部制的特征是"宽领域、大职能、少机构"，行政部门的管理范围广、职能综合性强，最大幅度避免了行政部门相互间的扯皮。[③] 行政部门的重新组合必然引起行政权力的重新组合，这种行政权力的重新组合无法在短时间内通过宪法和行政组织法的规定，或者法律、法规、规章的授权完成，只能由党和政府调配完成。而党和政府调配行政权力的形式是，党和政府制定规范性文件。党的规范性文件可以包括党的理论路线方针政策和决策以及具有普遍约束力的决定、命令等；政府的规范性文件是指国务院和地方各级人民政府制定的，除行政法规和地方政府规章以外的行政规范性文件，其中最为人熟知的是"三定"规定（或称"三定"方案）和权力清单（有时也称"权责清单"）。"三定"规定以现实需要为前提，突出规定机构和职能的定位；"权责清单"以法律、法规为基础，突出规定机构改革的权力定位与权力主体的责任意识。各行政机关必须依照"三定"方案的规定履职尽责，聚焦主责主业，提高履职尽责能力和水平。[④]

第四节　行政法律责任的归属

按照我国现行行政主体理论，行政主体自担行政法律责任，行政委托情形下由委托机关承担行政法律责任。行政法学的任务主要在于，从行政法规范中发现通用于行政主体的法则。[⑤] 分析我国行政法律制度和实践，尤其是 2018 年机构改革的情况，我们认为：从规范行政权力，维护行政相对人合法权益的角度，行政法律责任应当适用行政权力行使主体承担的原则。如此不仅可以有效规范现行行政主体的行为，对于约束行政委托、控制综合行政执法行为、促进行政权力向基层倾斜也有重要意义。

---

① 吕同舟. 府际关系视角下大城市政府职责体系构建：基于《深化党和国家机构改革方案》的解读. 南开学报（哲学社会科学版），2018（6）：32.

② 邓浩. 对党政机关"双合"改革的认识、经验和建议. 中共南京市委党校学报，2018（3）：79.

③ 许耀桐. 党和国家机构改革：若干重要概念术语解析. 上海行政学院学报，2018（5）：7.

④ 谭波. 党和国家机构改革的实践发展与理论回应. 学习论坛，2019（10）：68.

⑤ 杨建顺. 新时代行政法学的使命：人权保障、法治行政与政治文明. 上海政法学院学报，2019（3）：33.

一、归属受委托组织

按照现行理论，受委托组织行使行政权力，侵犯行政相对人的合法权益的，行政相对人应当起诉委托机关并由其承担行政法律责任。这种行政法律责任确定方式在原理上应该是借鉴了民法上的授权委托理论，但是不太符合行政法的特点、要求。从规范行政委托行为、约束受委托组织的行为和保护行政相对人的合法权益的角度来看，由行使行政权力的受委托组织承担行政法律责任更为合理。

第一，有利于规范行政委托行为。多年的经验表明，尽管委托机关要对受委托组织行使行政权力导致的损害承担行政法律责任，但是行政机关随意委托并缺乏对受委托组织的监督的现象依然非常普遍。这在一定程度上证明了采取民法原理，由委托机关承担行政法律责任的标准并不完全符合行政法治的要求。在统一的行政法典尚未出台的情况下，大部分行政委托缺乏具体明确的标准，行政委托行为难以得到有效规范。特别是随着机构改革的不断深入，现有的法律、法规之间的兼容性、衔接性问题凸显①，委托机关承担行政法律责任的标准将难以为继。相反，如果改由受委托组织承担行政法律责任，这种状况或许能够得到扭转。一旦由受委托组织承担行政法律责任，这些受委托组织必然要考虑自己接受行政委托、行使行政权力可能产生的法律风险，在决定是否接受行政委托之前要进行慎重考虑。如此可以在一定程度上有效解决以往存在的行政机关随意将自己的法定职权委托其他机关、组织行使的问题，从而督促行政机关积极行使行政权力，履行法定职责。

第二，有利于约束受委托组织的行为。在委托机关承担行政法律责任时，受委托组织不需要承担自己行使行政权力导致的行政法律责任；并且由于委托机关对受委托组织及其工作人员没有执法监督权和纪律处分权，委托机关即便承担了行政法律责任，也不太可能追究受委托组织及其工作人员的职责。由此，在受委托组织没有法律和纪律责任压力的情况下，很难指望其全神贯注地规范行使受委托的行政权力。然而，如果改由受委托组织承担行政法律责任，情况就可能完全不同。受委托组织为了避免可能承担的法律和纪律责任，必然要努力健全各种制度，规范执法行为，否则，其接受的行政委托事项越多，可能承担行政法律责任的风险就越大。

第三，有利于更好保护行政相对人的合法权益。法治政府和服务型政府是我们的建设目标，法治政府建设重在管束公权力、保护老百姓利益、管控公民，服务型政府本质上是一个以公众为中心的政府。② 在受委托组织承担行政法律责任的情况下，行政相对人如果认为受委托组织行使行政权力的行为侵犯了自己的合法权益，可以比较容易地确定行政诉讼的被告，可以更加便捷地与受委托组织进行交涉，不至于因为错列被告而被法院驳回起诉。就受委托组织而言，在行政诉讼中自己是在对自己的行政行为进行辩解，而不是在帮助委托机关进行解释；其行政负责人也可以依法出庭，并在诉讼中积极发挥作用，与行政相对人及时沟通，有效解决行政争议。

---

① 黄科，王婷. 新时代党和国家机构改革的行动体系与效能转化. 南京社会科学，2022（3）：53.

② 汪玉凯. 党和国家机构改革与国家治理现代化. 中共天津市委党校学报，2018（3）：64.

二、归属综合行政执法机构

目前不少综合行政执法机构其实缺乏严格意义上的法律、法规、规章的授权，而2018年机构改革以后会成立更多管辖范围更广的综合行政执法机构。按照现行理论，如果综合行政执法机构没有获得授权，其所在的行政机关就应当为被告，并承担行政法律责任。我们认为，从规范综合行政执法机构的行为，顺利推进综合行政执法体制改革的角度来看，由综合行政执法机构自行承担行政法律责任更为合理。

第一，有利于规范综合行政执法机构的行为。正如前文所言，综合行政执法机构在内部设置了行政调查和法制审核机构并配备了工作人员，事实上可以独立实施行政执法活动，所以其所属的行政机关对其只进行业务上的指导。在综合行政执法机构所属的行政机关承担行政法律责任的情况下，综合行政执法机构的行为比较难以实现规范化。机构的改革和整合会在某种程度上导致部门规模扩大、权力集中，可能会将原来分散在各个部门的权力、利益集中到更大的部门中，会导致更加难以对相应的部门或机构施以有效监督，从而损害公共利益。[①] 对于综合行政执法机构而言，由于其有时难以规范实施执法行为，其所在行政机关为避免承担行政法律责任的风险，对一些行政调查和行政决定可能加以干预；对于所在行政机关而言，综合行政执法机构就是其专门的行政执法队伍，除了自己没有其他机构或人员可以对综合行政执法机构的执法行为进行监督。如果允许综合行政执法机构承担行政法律责任，其所在的行政机关可以在业务上进行一定的指导，但是无须对其行政执法行为进行全面监督，因为综合行政执法机构为避免承担行政法律责任，自己会规范有关行政执法的制度和行为，提高行政执法水平。

第二，有利于顺利推进综合行政执法体制改革。历史地看，综合行政执法体制改革其实已经在一些地方和一些领域展开，但是有的成功了，有的难言成功，有的甚至恢复了旧制。究其原因，综合行政执法体制改革将涉及多部门多领域的行政执法权，集中统一到专门的综合行政执法机构。这不仅是行政权力或行政职能调整的问题，更是不同行政部门和不同地方政府与综合行政执法机构相互配合的问题。由于关系到部门利益、地方利益，涉及的问题比较多，改革的难度比较大。如果综合行政执法机构不能承担因自己行使行政权力产生的行政法律责任，体制改革更加难以推进；即便建立起了综合行政执法机构，其改革成果也可能难以得到巩固。以乡镇综合行政执法体制改革为例，按照要求，乡/镇综合行政执法机构应当以乡/镇政府的名义行使行政权力，由乡/镇政府承担因此产生的行政法律责任。由此造成的问题是，一些地方乡/镇综合行政执法机构只是形式上存在：机构内部行政调查和法制审核功能不健全；不少执法人员由乡/镇政府其他机构的工作人员兼任，平时不从事执法活动；真正专门从事综合行政执法活动的人员寥寥无几。因此，只有明确由综合行政执法机构承担行政法律责任，才能减轻一些地方和部门的忧虑，顺利推进综合行政执法体制改革。

---

① 杨兴坤.新时代的机构改革：进程、特点与阻力.武汉理工大学学报（社会科学版），2020（1）：44.

三、归属其他行使行政权力的主体

除了包括受委托组织和综合行政执法机构，事实上行使行政权力的主体还可以包括党政融合机构、被赋权的乡/镇政府和街道办事处、行政机关成立的临时性机构、开发区管委会等。从规范行使行政权力、推动行政权力向基层倾斜而言，行政法律责任应当由这些行使行政权力的主体承担。

第一，有利于规范行政权力的行使。这些行使行政权力的主体有一个共性，那就是行政职能相对独立。行政机关成立这些机关（机构）的目的就在于由这些机关（机构）独立处置特定的行政事务。在一般情况下，成立这些机关（机构）或者赋予其行政权力的行政机关只进行业务指导或履行程序性义务，如何作出行政处理决定事实上由这些机关（机构）负责。如：党政融合机构，按照党的规范性文件确定的职责范围行使行政权力，无论其以什么名义进行，无论挂或者不挂行政机关的牌子，都必须严格依法，并承担相应的行政法律责任①；乡/镇政府和街道办事处，接受省、自治区、直辖市政府的赋权，行使县级行政部门的部分行政权力，作为赋权机关的省、自治区、直辖市政府不予干预；行政机关成立的临时性机构调查并作出处理建议，行政机关只负责一般性听取汇报，并在对外生效的法律文书上盖章。因此，如果行政法律责任由这些机关（机构）承担，对于规范其行使行政权力更为有效。在王某洋与中共盐城市亭湖区委农村工作办公室、盐城市亭湖区人民政府行政争议案中，法院将亭湖区委农村工作办公室作为被告，其理由便是该办公室对外加挂了“区政府农村集体资产管理办公室”的牌子②；法院最终判决被告败诉。这可以很好促使作为政府临时机构的被告未来进一步规范自己的行为。

第二，有利于行政权力向基层倾斜。2018 年机构改革提出了将行政权力向基层倾斜。基层行政机关在行使这些权力后，是否由其自身承担行政法律责任，在政策和制度上并不明确。这将使上级行政机关在是否将行政权力交由基层行政机关行使的问题上犹豫不决，因为如果基层行政机关不能规范行使这些行政权力，上级行政机关就可能因此承担行政法律责任。如果适用由行使行政权力的主体承担行政法律责任的原则，上级行政机关就不用再担心自己承担行政法律责任的问题，可以放心将行政权力交由基层行政机关行使；而基层行政机关也将在实际工作中，在承担行政法律责任的压力下，不断规范自己行使行政权力的行为，不断提高行政管理能力。

知识拓展

一、拓展阅读

1. 林鸿潮. 党政机构融合与行政法的回应. 当代法学，2019（4）.

---

① 刘小妹. 机构改革与组织法律体系的革新. 西北大学学报（哲学社会科学版），2019（3）：81.

② 江苏省盐城市亭湖区人民法院（2015）亭行初字第 00109 号行政判决书.

2. 程琥. 党和国家机构改革与行政诉讼制度创新发展. 法律适用，2020 (19).
3. 金国坤. 党政机构统筹改革与行政法理论的发展. 行政法学研究，2018 (5).

二、类案练习

案情

原告田某于 1994 年 9 月考取被告北京科技大学，取得本科生的学籍。1996 年 2 月 29 日，原告在电磁学课程的补考过程中，随身携带写有电磁学公式的纸条。考试中，其去上厕所时纸条掉出，被监考教师发现。监考教师虽未发现其有偷看纸条的行为，但还是按照考场纪律，当即停止了原告的考试。被告根据国家教委关于严肃考场纪律的指示精神，于 1994 年制定了《关于严格考试管理的紧急通知》（校发〔94〕第 068 号）。该通知规定，凡考试作弊的学生一律按退学处理，取消学籍。被告据此于 1996 年 3 月 5 日认定原告的行为属作弊行为，并作出退学处理决定。同年 4 月 10 日，被告填发了学籍变动通知，但退学处理决定和变更学籍的通知未直接向原告宣布、送达，也未给原告办理退学手续。原告继续以该校大学生的身份参加正常学习及学校组织的活动。1996 年 9 月，被告为原告补办了学生证；之后每学年均收取原告交纳的教育费，并为原告进行注册、发放大学生补助津贴；安排原告参加了大学生毕业实习设计，由其论文指导教师领取了学校发放的毕业设计结业费。原告还以该校大学生的名义参加考试，先后取得了大学英语四级、计算机应用水平测试 BASIC 语言成绩合格证书。被告对原告在该校的四年学习中成绩全部合格，通过毕业实习、毕业设计及论文答辩，获得优秀毕业论文及毕业总成绩为全班第九名的事实无争议。

1998 年 6 月，原告所在院系向被告报送原告所在班级授予学士学位表时，被告有关部门以原告已按退学处理、不具备北京科技大学学籍为由，拒绝为其颁发毕业证书，进而未向教育行政部门呈报原告的毕业派遣资格表。原告所在院系认为原告符合大学毕业和授予学士学位的条件，但由于当时原告因毕业问题正在与学校交涉，故暂时未在授予学位表中签字，待学籍问题解决后再签。被告因此未将原告列入授予学士学位资格的名单交该校学位评定委员会审核。因被告的部分教师为原告一事向国家教委申诉，国家教委高校学生司于 1998 年 5 月 18 日致函被告，认为被告对原告违反考场纪律一事处理过重，建议复查。同年 6 月 10 日，被告复查后，仍然坚持原结论。原告认为自己符合大学毕业生的法定条件，被告拒绝给其颁发毕业证、学位证是违法的，遂向北京市海淀区人民法院提起行政诉讼。

思考

（1）被告是否具有行政主体资格？

（2）作出退学处理决定是不是行政行为？

（3）被告是否应当给原告颁发毕业证书和学位证书？

三、毕业论文选题指导

1. 我国行政主体基本内涵的合理界定
2. 受委托组织的合理范围

3. 受委托组织行使行政权力的法律责任问题
4. 综合行政执法机构的行政主体资格
5. 赋予党的职能部门行政主体资格的可行性
6. 机构改革与行政组织法的完善

第四讲　行政行为理论及其突破

内容提要

行政行为自诞生之初即为行政法学的核心内容，行政行为理论是全部行政法学理论的精髓与核心，所涉及问题颇多。本讲主要就行政行为的缘起、行政行为理论在我国的发展历程、对行政行为理论的反思，以及对行政行为理论的发展与完善四个方面进行论述。第一节为行政行为的缘起，本部分以法国、德国、日本等大陆法系国家的行政法为主要对象，介绍行政行为的发展历程。第二节介绍了行政行为在我国的发展，从理论和实践两个角度，分别对行政行为的概念进行了界定。第三节介绍了在社会大背景的变化下，行政行为理论面临的一系列挑战，例如，新增了许多新型行政行为、传统行政行为效力理论受到冲击、行政行为瑕疵理论的内在矛盾，以及行政裁量理论的困境。第四节为行政行为理论面临的一系列挑战寻找应对方案，先明确行政行为的概念，再针对行政行为类型化、瑕疵等问题进行讨论。

第一节　行政行为理论的缘起

行政行为是行政法学中广泛使用的术语，且为大陆法系行政法学者所普遍接受并适用。[①]“行政行为”虽被公认是行政法学中的特有名词，但在部分国家并非法律上的用语，在实践中也具有不同的含义。[②] 传统行政法中的行政行为理论以民法中的法律行为理论为模型建构而成，并非自发形成的[③]，因此，在研习行政行为理论

① 叶必丰. 法学思潮与行政行为. 浙江社会科学，2000（3）：35.

② 行政行为的概念源于德国，在德国的行政法中已经作为法律上的概念使用，但在日本，“行政行为”仅作为理论上的概念，并未出现在实定法中。以我国为例，在 1989 年《行政诉讼法》出台前，“具体行政行为”也是作为学术名词而存在，在 1989 年《行政诉讼法》出台后，“行政行为”在我国逐渐成为特定的法律术语。

③ 江利红. 日本行政法学基础理论. 北京：知识产权出版社，2008：375.

时，受到民法理论的影响也就在所难免。行政行为具有外部性、单方性、裁量性、公权力性等特征，也决定了其与私法行为在本质上有所不同。行政法学的初研者若欲掌握好行政行为理论，就必须先对行政行为的起源以及历史发展脉络有所了解。

相较之下，由于普通法系国家并没有明确的行政法律体系，其行政法著作中有关行政行为概念等方面的论述也十分少见，因而本节主要以法国、德国、日本等大陆法系国家的行政法为主要研究对象，探究行政行为理论的发展史。

最初，行政行为理论模仿民法中的法律行为理论，使用统一定义来整体概括行政机关作出的具有公法性质的各种行为，并从概念出发进行体系性考察，因此形成了“行政行为”概念以及相应的“行政行为理论”①。详言之，行政行为理论是指以行政行为概念为中心，在概念基础上形成的有关行政行为类型化、效力、瑕疵等理论的体系。② 概念法学派认为，法学的使命在于对现有法规范进行逻辑分析和处理，并从中提炼出具有共通性和普适性的部分，通过对相似部分的概括、抽象和归类，最终形成一个完整体系，成为一种统一的、标准化的概念性工具和框架性结构，帮助人们更科学地认识实定法规范和制定、解释法典。③

德国传统行政法学亦是在法解释学的路径上行走。德国传统行政法学的特征乃以个案之法律适用为重心。申言之，行政法学与民法学、刑法学相类似，研究行政法规范的解释，建立概念及体系，探讨后续行政机关或法院适用法律、作出个别决定或判决所衍生、引发之法学问题，从而行政法学乃置其研究重心于解释相关行政法规范之意义及概念，并将这些法律规范素材，依特定架构与观点（例如以行政任务达成相关之观点），建立其法律体系，例如行政组织法、行政作用（形式）法及行政救济法（人民权利之司法保护）。④ 据上所知，整个行政法体系建立在概念界分的基础之上，而在行政法体系之行政主体法、行政行为法、行政救济法三部分中，行政行为法又居于首要地位，具有承上启下的作用，连接着行政主体法与行政救济法。因此在对行政行为理论进行分析时，首先应当探讨大陆法系国家不同时期不同学者对行政行为概念的界定，以便清晰把握行政行为的内涵及外延。同时行政行为概念具有考察现实行政活动的工具性意义，并对帮助构建行政法学体系有重要作用。

通过分析、研究世界各国行政行为理论的发展过程，不难发现，大陆法系国家发展行政行为理论都是基于行政诉讼制度的需要，并逐渐完善。根据我国台湾地区学者翁岳生教授的考察，行政行为概念的发展先后经历了法国、德国、日本等大陆法系国家，最后经我国台湾地区传入我国大陆。法国行政法首创 Acte Administratif 一词，德国学者继受后称之为 Verwaltungsakt，之后，日本引进了德国理论并将其译为“行政行为”。

---

① 江利红. 日本行政法学基础理论. 北京：知识产权出版社，2008：376.

② 江利红. 论行政行为理论在日本的发展. 研究生法学，2008 (3).

③ 叶必丰. 行政行为的模式//罗豪才. 行政法论丛：第 1 卷. 北京：法律出版社，1999.

④ 林明锵. 德国新行政法. 台北：五南图书出版公司，2019：9－10.

一、法国行政法上的行政行为

“行政行为”这一概念最初肇始于法国。在1789年资产阶级大革命之后，法国形成了立法权、行政权和司法权三权分立的政体。政府部门在日常的行政管理活动中会针对某些具体事项作出处理决定，此类处理决定会对行政相对人产生约束力，法律效果类似于司法判决。法国学者将其称为“Acte Administratif”①。简言之，法国学者使用“Acte Administratif”这一概念的目的是为说明行政机关按照法律规定，处理具体事务而作出类似法院判决之决定。② 上述内容属于法国传统意义上对行政行为的界定，即本质上是相对人对于行政机关单方命令或决定的绝对服从。至1810年，法国学者已普遍认同“Acte Administratif”一词，并将其视为与法院判决具有同等的法律效力。③ 随着研究的深入，法国部分学者对行政行为概念的关注不再囿于行政机关的单方处理行为，而是逐渐超出传统上主张的行政行为概念范围，转向探索更加丰富的行政行为内涵。④ 目前，“Acte Administratif”在法国没有作为法律上的用语，只是存在于行政法学著作之中。

法国学者根据理解的不同，对行政行为概念的界定提出三种识别标准：一是行为主体标准，即通过行为的作出机关来确定行为性质。此种标准所识别的行政行为仅具有形式意义，认为行政行为由行政机关作出，不同于立法行为和司法行为。二是行为内容标准。行政行为的实质内容为处理具体事件适用普遍性规则，有别于制定法律的立法行为和适用法律解决纠纷的司法行为。三是行为效果标准。基于后果主义考量，该种理解强调行为的后果，将行政行为界定为行政机关作出的或者个人基于行政授权行使行政职权所作出的产生行政法律效果的行为。⑤ 此种具有功能意义的行政行为乃是受到行政法院判例的启发，相较之下，易于为学界和实务界所接受，目前也是法国学界的主流观点。

在19世纪六七十年代，自由竞争发展到达顶峰，自由资本主义开始向垄断资本主义过渡，由此导致诸如经济危机频发、社会利益结构剧变等一系列新的社会问题。同时，资本主义法律制度也并没有实现其确立的民主法治目标，社会矛盾愈发尖锐。若资本主义国家不运用政治和法律手段，前述社会问题将难以处理，因为这并不是凭借个人力量能够解决的。⑥ 由此，“社会法学”（Sociological Jurisprudence）⑦ 应运

---

① 马生安. 行政行为研究：宪政下的行政行为基本理论. 济南：山东人民出版社，2008.

② 章志远. 行政行为概念之科学界定. 浙江社会科学，2003（1）：90-95.

③ 翁岳生. 行政法与现代法治国家. 台北：祥新印刷有限公司，1990：3.

④ 何勤华. 西方法学史. 北京：中国政法大学出版社，1996：170-175.

⑤ 王名扬. 法国行政法. 北京：中国政法大学出版社，1988：135-137.

⑥ 马生安. 行政行为研究：宪政下的行政行为基本理论. 济南：山东人民出版社，2008.

⑦ 社会学法学或称社会法学（Sociological Jurisprudence），是在20世纪最具影响力的法学流派，与新自然法学和新分析实证主义法学并称为现代三大法学派。和整体主义的产生时代背景相同，社会学法学也是19世纪末工业革命的产物。与新自然法学和新分析实证主义法学不同，社会学法学将传统法学方法和社会学的观念、理论和方法结合起来研究法律现象，注重法律的社会目的、作用和效果，强调社会不同利益的整合。张文显. 二十世纪西方法哲学思潮研究. 北京：法律出版社，1996：197.

而生，连带主义理论为行政行为概念带来了更为丰富的内涵。

1913年，法国著名公法学家狄骥（Leon Duguit）在其代表作《公法的变迁》一书中提出“公共服务理论”[①]。狄骥认为：人与人之间是一种社会连带关系，大家相互援助、分工协作、不可分割。因此，行政主体与相对人之间的社会关系应表现为行政主体为相对人提供服务，相对人对该服务给予合作。行政行为的实质是行政主体向相对人或公众提供公共服务，注重对相对人权益的保障，而不是主权者发布强制性命令。[②] 法国学者莫里斯·奥里乌（Maurice Hauriou）认为，行政行为是一种以满足公众需求为目的，以国家为组织主体，以固定、持续地向公众提供服务为行为内容的公共事业。[③]

依照连带主义社会法学派的见解，行政行为作为一种本质上以向公众提供公共服务为目的的公务行为，应当同时涵盖行政机关作出的带有公权力性质的单方行为和行政指导等非权力性行为。[④] 连带主义社会法学有关行政行为的观点因符合当时社会局势、满足行政法治实践的需要，所以被人们快速接受。伴随着社会化和民主化进程的加快，行政合同、行政指导等新的行政管理方式逐步被“Acte Administratif”吸收。在法国，囿于行政行为是行政法院的管辖前提，其外延也随着行政法院权利保护范围的扩大而不断扩大，当今法国已将“Acte Administratif”作为行政活动法律形式的代名词。[⑤]

二、德国行政法上的行政行为

在19世纪中叶，为了推动制定统一的民法典，实现国内法制统一，德国法学界开展了一场声势浩大的“潘德克顿法学”运动。详言之，受概念法学的影响，自1826年起，部分德国学者引进法国行政行为概念，提出“Verwaltungsakt”一词，此后，这一概念逐渐成为德国行政法学无法割舍的基本制度之一。[⑥] 在最初，“Verwaltungsakt”是指行政机关依据公法或私法所进行的所有行政活动。逐步地，其范围缩小至行政措施的法律依据仅为公法而排除私法。1895年，德国行政法学鼻祖奥托·麦耶（Otto Mayer）在《德国行政法》中将“Verwaltungsakt”定义为“行政机关依法针对个别事件所作的对人民具有公权力之宣示”[⑦]。也即行政行为是指行政机关运用公共权力，对具体行政事务适用法律、决定个人权利义务的单方行为。然而该界定并不明晰，学界对此的理解和认识也一度存在较大分歧。为此，后继的学

---

① 狄骥. 公法的变迁·法律与国家. 郑戈，冷静，译. 沈阳：辽海出版社，春风文艺出版社，1999.

② 狄骥. 公法的变迁·法律与国家. 郑戈，冷静，译. 沈阳：辽海出版社，春风文艺出版社，1999：122-123，138.

③ 莫里斯·奥里乌. 行政法与公法精要. 龚觅，等译. 沈阳：辽海出版社，春风文艺出版社，1999：17.

④ 叶必丰. 法学思潮与行政行为. 浙江社会科学，2000（3）.

⑤ 马生安. 行政行为研究：宪政下的行政行为基本理论. 济南：山东人民出版社，2008：55-61.

⑥ 章志远. 行政行为概念之科学界定. 浙江社会科学，2003（1）：90-95.

⑦ 杨海坤，蔡翔. 行政行为概念的考证分析和重新建构. 山东大学学报（哲学社会科学版），2013（1）：1-16.

说和理论不断地予以补充和完善。

受拉班德的影响，柯俄曼于1910年出版《国家法律行为制度》一书。在该书中，他尝试以民法上的法律行为与意思表示理论来解释和构建行政行为理论，但却以失败告终。柯俄曼将“Verwaltungsakt ”界定为具有法律行为性质的国家行为并称其为国家之法律行为，他甚至认为法院的司法判决同样包含在其中。[①] 柯俄曼的理论和学说，曾经一度受到不少学者追捧，对后世产生深远的影响。至魏玛宪法时代，行政法学者耶津内克（Walter Jellinekze）主张，“Verwaltungsakt”是行政机关对特定人所为的具有公权力之意思表示。同时，他还置疑借用私法理论说明公法行为这一论证思路的合理性。[②]

自1925年开始，为尽可能统一全国认识，德国艰难地展开了包含行政行为概念的立法尝试。经过《符藤堡行政法典》《柏林行政程序法》《沙尔邦行政法》《西德行政程序法》等法律的不断调整，终于在1976年通过的《德国行政程序法》第35条中对行政行为作出了极具权威性的定义，规定“行政行为是行政机关为规范公法领域的个别情况采取的具有直接对外效力的处分、决定或其他官方措施。”该定义一经作出就迅速获得德国行政法学的广泛认同，如哈特穆特·毛雷尔教授在《行政法总论》中所言：“行政行为指行政机关对具体事实作出的具有直接外部法律效果的处理行为。”[③]

三、日本行政法上的行政行为

在明治时期，日本开始学习法德等大陆法系国家的行政行为理论，并日臻成熟。虽然日本立法机关并没有在其制定法规范中直接使用“行政行为”这一用语[④]，但该概念至今仍处于整个行政法学体系核心地位。[⑤] 南博方认为：行政行为并非法律用语，而只是学术上创造出的一个概念，用以强调行政活动受特殊规范调整、具有与其他活动显著不同的特征。在法令上，根据不同情况，通常使用许可、禁止、决定等术语来表示具体的行政措施。并且在概括描述所有行政措施时，也并不描述为“行政行为”，而是使用“行政厅的处分”或者“行政处分”等用语。[⑥]

日本学者在本国行政法学发展过程中对行政行为概念的阐释并不一致。根据田中二郎在《行政法总论》中的分析，行政行为的概念可以分为最广义、广义、狭义和最狭义四种。[⑦] 田中二郎是最狭义观点的支持者，认为行政行为是指“行

---

① 马生安. 法治理念下的行政行为. 苏州：苏州大学出版社，2003.

② 翁岳生. 行政法与现代法治国家. 台北：祥新印刷有限公司，1990：3-4.

③ 哈特穆特·毛雷尔. 行政法学总论. 高家伟，译. 北京：法律出版社，2000.

④ 日本行政实体法规范多将“行政行为”描述为“处分”“行政处分”“公权力行使行为”等，诸类用语的内涵和外延大致相同。

⑤ 江利红. 论行政行为理论在日本的发展. 研究生法学，2008（3）.

⑥ 南博方. 行政法：第6版. 杨建顺，译. 北京：商务印书馆，2020：39.

⑦ 田中二郎. 行政法总论. 东京：有斐阁，1957.

政厅对于具体事实以公权力行使的方式宣告何为法律的行为”①，而行政契约、行政指导等非权力性行政行为并不归属其中。最狭义的行政行为概念一方面与德国法上的行政行为最初原意趋同，另一方面与诉讼中的“行政处分”内涵趋于一致，事实上，已逐步成为日本行政法学界的通说。② 比如南博方同样认为，所谓行政行为是指行政厅为了调整具体性事实，作为公权力的行使，而对外部采取的产生直接法效果（形成国民的权利义务，或者确定其范围效果）的行为。③ 此种行政行为的概念属于实体法概念的范畴，以行政行为的效力为基础，而不是从救济角度定义行政行为。

第二节　行政行为理论在我国的发展历程

一、学界关于行政行为的讨论

“行政行为”这一概念自明末清初传入我国。新中国成立后，首部行政法教材——《行政法概要》最先使用“行政行为”一词。④ 此后，这一概念被各类行政法著述广泛采纳并适用。⑤ 在行政法学教科书中，学者对“行政行为”概念的界定还是存在较大不同，有最广义、广义、较广义、较狭义、狭义、最狭义之分（见表4－1)。进入20世纪90年代以后，狭义说逐渐被多数学者所认可，且成为行政法学界的通说。在法学通用教材即“马工程”教材《行政法与行政诉讼法学》中，“行政行为”则采用较广义的定义，即包括抽象行政行为和具体行政行为。⑥

为更加全面了解和深入研究我国学者如何认识行政行为的概念，杨海坤教授收集了大量资料，通过整理分析，认为我国学界关于行政行为的界定至少存在十种代表性观点：最广义说、主体说、合法行为说、行政权说、公法行为说、外部行为说、行政服务说、行政立法行为除外说、具体行为说、最狭义说。⑦

表4－1　对行政行为概念的界定

对行政行为的界定	含义	行为类型
最广义	行政主体实施的所有行为	法律行为与事实行为
广义	行政主体实施的所有法律行为	行政法律行为与民事法律行为

① 田中二郎．行政法总论．东京：有斐阁，1957：259.

② 周佑勇．行政法专论．北京：中国人民大学出版社，2010：253.

③ 南博方．行政法：第6版．杨建顺，译．北京：商务印书馆，2020：41.

④ 王珉灿．行政法概要．北京：法律出版社，1983：97.

⑤ 周佑勇．行政法专论．北京：中国人民大学出版社，2010：248.

⑥ “马工程”教材将“行政行为”定义为“行政主体及其工作人员或者行政主体委托的组织或个人实施的产生行政法律效果的行为”。《行政法与行政诉讼法学》编写组．行政法与行政诉讼法学．2版．北京：高等教育出版社，2018：82.

⑦ 杨海坤，蔡翔．行政行为概念的考证分析和重新建构．山东大学学报（社会科学版），2013（1）：2－3.

续表

对行政行为的界定	含义	行为类型
较广义	行政主体实施的行政法律行为	行政法律行为
较狭义	行政主体实施的外部行政法律行为	外部行政法律行为
狭义	行政主体实施的外部单方行政法律行为	外部单方行政法律行为
最狭义	行政主体实施的具体行政行为	具体行政行为

鉴于中国社会民主化、法治化进程加快，政府角色逐渐转变，加之市场经济理念向公共领域的渗透，许多不同于传统行政法中行政行为类型的规制手段产生了，包括行政指导、行政契约、私法行政等，因此，学者对行政行为的内涵及外延又出现诸多争议。主流观点认为，应当扩大行政行为概念的涵摄范围，尽可能包含应当救济的所有公法行为，类似于普通法系所提倡的“没有救济，就没有权利”①。扩张后的行政行为理论的内容更加丰富。为此，杨海坤教授认为，行政行为是国家行政机关或法律、法规授权的组织和个人行使行政职权的行为，包括行政法律行为、准行政法律行为和行政事实行为。② 此外，还有学者使用行政处理或者行政作用等术语来统称所有的行政措施。③ 但也有学者反其道而行之，用行政行为囊括各类行政活动，再用狭义的“行政处理”来表示传统的行政行为概念。④

二、实践中的行政行为

我国自引入德国、日本的行政行为理论后，经历了传统行政法和现代行政法两个阶段的变迁。在 20 世纪 50 年代，我国开始全面实施计划经济体制，政府对社会及个人活动进行严格控制，行政法被当作管制工具而存在，本质上属于行政管理法，主要集中在维护国家安全、国家秩序以及税收征管等方面。在 20 世纪 80 年代之后，随着改革开放的不断深入，国家行政任务的范围也不断地拓展，在政府管理过程中涌现了许多新型的行政行为，如行政协议、行政指导、行政规划等。

于 1989 年制定的《行政诉讼法》是我国行政法由传统向现代转型的重要标志。新型行政行为扩大了现代行政法调整的范围，同时也使其创设了不少传统行政法上没有的制度。现代行政法已经不满足于传统行政法上对行政行为的司法审查，迅速深入行政过程之中，行政程序、公众参与、协商行政、政府信息公开等随之兴起。简言之，在现代行政法上，行政行为的范围已经不再限于行政机关的行政职权行为。

---

① 余凌云. 行政法讲义. 3 版. 北京：清华大学出版社，2019：271－273.

② 杨海坤，章志远. 行政法学基本论. 北京：中国政法大学出版社，2004：133.

③ 吴庚. 行政法之理论与实用. 台北：三民书局，2004；杨建顺. 日本行政法通论. 北京：中国法制出版社，1998；张成福，余凌云. 行政法学. 北京：中共中央党校出版社，2003. 以上学者都是以“行政作用法”为统筹。

④ 宋功德. 聚焦行政处理. 北京：北京大学出版社，2007；姜明安. 行政法与行政诉讼法. 北京：北京大学出版社，高等教育出版社，1999.

虽然传统行政法理论体系中的绝大部分内容仍然为现代行政法所继受，但现代行政法必须发展出适应社会变迁的行政法理论体系。①

受大陆法系国家的影响，我国行政法中的行政行为与行政诉讼紧密相连，“行政行为外延的宽窄，决定了司法救济的范围”②，因而有必要讨论行政行为在立法和司法中的历史沿革。在于 1989 年 4 月 4 日第七届全国人民代表大会第二次会议通过的《行政诉讼法》中，立法者将“具体行政行为”确定为行政诉讼的受案范围，而将行政机关制定行政法规、规章和发布具有普遍约束力的决定、命令的抽象行政行为，排除在行政诉讼的受案范围之外。③ 1991 年 6 月 11 日最高人民法院发布的《关于贯彻执行〈中华人民共和国行政诉讼法〉若干问题的意见（试行）》（法〔1991〕19 号，以下简称“1991 年《行政诉讼法意见》”）首次对具体行政行为的内涵进行了明确界定。④

从 1989 年《行政诉讼法》和 1991 年《行政诉讼法意见》的规定可知，立法者和司法者的法律意识中的“行政行为”概念是较广义的行政行为，包括具体行政行为和抽象行政行为。但在具体的司法实践中，行政行为被限定在了具体行政行为这一狭窄范畴之内。这引发了学术界的广泛讨论。⑤ 作为一种制度回应，最高人民法院于 2000 年 3 月 8 日发布的《关于执行〈中华人民共和国行政诉讼法〉若干问题的解释》（法释〔2000〕8 号，以下简称“2000 年《行政诉讼法司法解释》”）对“行政行为”作出了新的解释。《行政诉讼法司法解释》第 1 条由界定具体行政行为转向概括界定行政行为，目的在于扩大行政行为的内涵及外延，扩大行政诉讼的受案范围，以满足司法实践与充分保障行政相对人的合法权益的需要。⑥

在于 2014 年 11 月 1 日通过的新修订《行政诉讼法》中，立法者以“行政行为”替代“具体行政行为”。这可能意味着，依据立法者的考虑，“抽象行政行为”已经不再归属于行政行为的范畴，因为法律条文中仅规定“行政行为”为行政诉讼的受案范围，而将行政机关制定行政法规、规章和发布具有普遍约束力的决定、命令的抽象行政行为排除在外。若依此，对《行政诉讼法》中的“行政行为”概念就应取狭义的理解，即相当于 1989 年《行政诉讼法》中的“具体行政行为”，稍有区别的是在行政诉讼的受案范围中增加了“行政协议”（行政合同）⑦。概言之，现行《行

---

① 章剑生. 现代行政法总论. 2 版. 北京：法律出版社，2019：128.

② 余凌云. 行政法讲义. 3 版. 北京：清华大学出版社，2019：269.

③ 1989 年《行政诉讼法》第 12 条第 2 项规定：“人民法院不受理公民、法人或者其他组织对下列事项提起的诉讼：……（二）行政法规、规章或者行政机关制定、发布的具有普遍约束力的决定、命令……”

④ 1991 年《行政诉讼法意见》第 1 条规定：“‘具体行政行为’是指国家行政机关和行政机关工作人员、法律法规授权的组织、行政机关委托的组织或者个人在行政管理活动中行使行政职权，针对特定的公民、法人或者其他组织，就特定的具体事项，作出的有关该公民、法人或者其他组织权利义务的单方行为。”

⑤ 方世荣教授认为：具体行政行为的概念忽视了内部行政行为的存在，将具体行政行为仅视为行政主体行使职权所作的行为，忽视了行政主体履行职责所作出的行为以及未履行职责的不作为同样属于具体行政行为，同时排除了行政合同。方世荣. 论具体行政行为. 武汉：武汉大学出版社，1996：6－12.

⑥ 章志远. 行政行为之科学界定. 浙江社会科学，2003（1）.

⑦ 《行政诉讼法》第 12 条第 1 款第 11 项规定：“人民法院受理公民、法人或者其他组织提起的下列诉讼：……（十一）认为行政机关不依法履行、未按照约定履行或者违法变更、解除政府特许经营协议、土地房屋征收补偿协议等协议的……”

政诉讼法》中使用的“行政行为”一词实际上等同于具体行政行为加行政协议。[①]

第三节　对行政行为理论的反思

伴随着现代国家行政服务主体的多样性及行政管理范畴的扩展，行政管理的社会活动形态也不可避免地趋向多样性和复杂性。面对行政活动多样化、复杂化的趋势，在出行政处罚、行政强制、行政许可等传统行政行为外，又出现了行政协议、行政指导等新型行为。诸如此类新的行为是否能够涵摄于传统的行政行为概念之中，需要专家、学者在学术研究和实务操作中进行广泛讨论。在理论层面的反思能够打破旧理论的桎梏，为建构新的理论打下基础，同时有助于扩大行政行为概念的外延，促使行政行为理论更趋体系化。然则，在理论层面的更新固然重要，在现实层面的反思也不容或缺。因行政行为理论与行政主体理论以及行政救济理论密切相连，统一性在行政行为理论与实务的交互中尤为明显，自然需要从理论与实务两个层面对行政行为理论进行整体反思。

在公私法相互融合的背景之下，新兴行政活动方式也随之增多，但尚未能改变行政行为理论在行政法学中的中心地位。行政行为的概念在行政行为理论中的作用凸显，围绕着概念，行政行为的外延不断被学者放大，逐步形成了一整套系统完备的行政行为理论，包括行政行为类型、行政行为效力论、行政行为瑕疵论、行政行为裁量论等重要内容。[②] 行政行为在行政法学中的地位稳定，并不代表行政行为理论不存在瑕疵和漏洞，在学习的过程中，从理论层面对行政行为理论进行反思是有必要的。伴随着现代公共行政范围的扩大化、对象的复杂多样化趋势，传统行政行为理论并不与此一一对应，为此，必须从行政实践层面进行反思，作出相应变革。

一、对行政行为类型化理论的反思

1. 行政行为类型化的意义及行政行为的类型

现实中的行政活动错综复杂，对行政活动进行研究需要借助类型化分析方法，从实际的执法实践中抽象出不同类型。类型化即是将行政机关实施的具有共性的行为进行归类。类型化具有以下两方面作用：一方面，根据不同标准对行政行为进行划分，并在此基础上设置相应的法律要件、内容以及程序，要求行政机关依据法律要件和法定程序实施行政行为，有助于实现法治主义、建成法治政府；另一方面，从方法论角度看，行政行为类型化是考察现实行政活动的前提。

我国学者的著作中几乎都会论及行政行为的类型，且基本达成共识，按照不同的标准将行政行为划分为以下几类（见表 4－2）：

---

① 姜明安. 行政法. 北京：北京大学出版社，2017：234－235.

② 江利红. 日本行政法学基础理论. 北京：知识产权出版社，2008：375.

表 4－2　行政行为的类型①

划分标准	类型
内容是制定普遍性规范，还是执行法律、法规，实施行政管理，抑或裁决争议、解决纠纷	行政立法行为、行政执法行为和行政司法行为
对象是否特定	抽象行政行为、具体行政行为
受法律规范拘束的程度	拘束行政行为、裁量行政行为
启动是否需要行政相对人先行申请	依职权行政行为、应请求行政行为
对相对人的利益的影响不同	授益行政行为、负担行政行为
有无限制条件	附款行政行为、无附款行政行为
有无法定形式要求	要式行政行为、非要式行政行为
…………	…………

2. 对行政行为类型化的反思

在某种程度上讲，行政行为类型化是行政法学体系化的重要工具。类型化有助于考察各类行政活动的特性、内容、要件、程序、效力等，从而为不同的行政行为设置不同的救济方式。以德国为代表的大陆法系国家大多围绕行政行为构筑行政责任和司法责任，行政行为类型自然也被赋予了浓重的行政诉讼意味。互联网、人工智能以及通信和传播技术的发展正在改变公共行政部门实施行政行为的方式，从而拓展了公共行政对象的范畴。现代政府治理对象范围的扩大，不可避免地导致行政手段的多样化和公共行政法律行为形式的多样化；而在行政法中，不是所有的行为形式都可以被包括在行政行为的类型中。

行政机关及其工作人员在作出行政决定时，为了实现行政目标，维护各领域的行政秩序，会选择法律规定的不同的行为方式，如行政处罚、行政强制、行政许可等。质言之，诸如此类的行政行为只是行政机关行使权力的一种外在形式，“而行政契约、行政指导等非权力性行为方式在现代行政中也愈发重要”②。在 2014 年我国《行政诉讼法》修改过程中，行政协议被纳入案件受理范围，自此，作为公私二元结合产物的行政协议进入法院审查的视野。但是，对于行政机关实施的、未被类型化或纳入受案范围的行为，发生行政纠纷时，有必要考虑如何补救违法行政行为，以及法院对案件是否能受理。

二、对行政行为效力理论的反思

1. 行政行为效力以及存在的理论问题

我国行政法学界关于行政行为的效力基本采用了日本行政法学界关于行政行为

① 《行政法与行政诉讼法学》编写组. 行政法与行政诉讼法学. 2 版. 北京：高等教育出版社，2018：85－90；姜明安. 行政法. 北京：北京大学出版社，2017：237－242. 除上述类型外，行政行为尚可划分为其他类型，如以适用与效力作用对象的范围为标准而划分的内部行政行为与外部行政行为，以行政职权的来源为标准而划分的自为的行为、授权的行为和委托的行为。杨海坤，陈迎. 国内行政行为分类研究述评. 黑龙江社会科学，2003（3）.

② 兼子仁. 行政法总论. 东京：筑摩书房，1983：87.

的效力的见解，认为行政行为具有公定力、确定力、约束力和执行力。[①]“该效力理论是行政强制等行政法律制度与撤销诉讼等行政诉讼制度的理论基础”[②]。行政行为的四种效力作为行政行为的重要内容被学者广泛探讨。

一是关于行政行为效力体系的探讨。关于行政行为效力的观点，学界主要有三种："公定力核心说"、"存续力核心说"与"公定力、存续力共存说"。传统行政法学者主张将行政行为的效力界定为上述四效力，也即学界的通说。除通说外，还有学者认为应当将四效力中的约束力换成不可争力。[③] 纵然关于效力内容众说纷纭，但是传统四效力在我国现代行政法研究以及行政法教学中依旧发挥着重要作用。随着行政行为效力体系研究的深入，马生安教授对行政行为效力体系进行了重构，从内容和形式上将行政行为效力体系概括为"三效力说"与"两质态论"[④]，即从实质和形式上对行政行为的效力进行总的探讨，通过论证通说的局限来证明其"三效力说"的合理性。

二是向公定力延伸的上诉不中止执行原则和司法终局的判决准则之间的矛盾。行政行为具有公定力、确定力、约束力是基于行政主体而言的，可被称为形式上的效力，与实质意义上的效力相对应。[⑤] 行政行为的有效性在事实和法律上都是不确定的，因为在行政行为作出后，没有权威的、中立的机构来判断其有效性。为了在实现行政目标和考虑社会利益的基础上确定行政行为的有效性，有必要对行政行为赋予官方权威。为了行政行为公定力的明确，可以引入不中止执行的起诉原则。然而，在实践中，当事人根据上诉程序对行政行为的有效性提起诉讼时，法院自然会作为权威和中立的机构来确定行政行为的有效性。此时，行政行为的公定力存在的理由已经不复存在，法院必须对行政行为的形式有效性作出最终裁决。至此，行政行为的公定力不再有存在的空间，起诉不停止执行原则也就失去了其基石。

2. 实践中行政行为的效力问题

一是行政行为的公定力没有得到适当的尊重。鉴于行政行为的公定力的地位和作用，它应该受到公民的高度重视。然而，在行政法实践中，行政机关和法院往往普遍缺乏对行政行为的公定力的深入了解，更谈不上对公定力的尊重了。符合法定要件的行政决定理应受到行政相对人的尊重，但实践中，作为行政相对人的一方不配合行政机关作出的行政决定，有时甚至暴力抗法。

二是行政行为的确定力与有错必究原则之间的矛盾。在行政机关的传统思维下，行政机关办案遵循"有错必究"原则，即行政机关对于其作出的错误决定，有权重作。有错必究无可厚非，但是由于已经生效的行政决定具有一定的确定力，

---

① 姜明安. 行政法. 北京：北京大学出版社，2017：247-252；《行政法与行政诉讼法学》编写组. 行政法与行政诉讼法学. 2版. 北京：高等教育出版社，2018：94-97.

② 江利红. 日本行政法学基础理论. 北京：知识产权出版社，2008：435.

③ 杨小君. 行政法基础理论研究. 西安：西安交通大学出版社，2000：161-163.

④ 马生安. 行政行为效力体系重构的"两质态论"与"三效力说". 重庆大学学报（社会科学版），2015（3）：121-126.

⑤ 孙笑侠. 法律对行政的控制. 第2版. 北京：光明日报出版社，2018：198.

而确定力主要是对于作出决定的行政机关而言，故行政机关不能随意撤销已经生效的行政决定，即使行政决定是违法的。在焦某刚诉和平公安分局治安管理处罚决定行政纠纷案[①]中，和平公安分局因交通管理局反映处罚过轻而要撤销已经生效的处罚决定书即是此矛盾的典型。此案件中虽未将行政决定认定为错误决定，但行政机关错案必究的权力思维依旧存在。我们认为：即使行政决定错误，仍需遵循法定的撤销程序，因为化解二者之间的矛盾不在于如何确定决定错误的标准，而在于转换思维，明确有错必究适用的界限。

三、对行政行为瑕疵理论的反思

行政行为的瑕疵是指行政行为在主体、内容、程序或形式上不符合法律所要求的法定要件。明确的法定要件是了解行政行为瑕疵的前提，法定要件分为主体要件、形式要件、程序要件以及内容要件四个部分。[②] 依据依法行政的原则，对于存在瑕疵的行政行为，法院应当予以撤销或者确认无效。在我国行政法与行政诉讼法学中，也多将有瑕疵的行政行为归结为无效行政行为和可撤销行政行为两种，因而，本部分主要就行政行为可撤销和无效制度进行讨论，关于具有轻微瑕疵的行政行为在此少有论及。

1. 行政行为的可撤销和行政行为无效

无效行政行为和可撤销行政行为同属于有瑕疵行政行为的范畴，我国立法并未对二者进行明确区分，但通说对此种区分予以承认。可撤销行政行为是指行政行为在具备可撤销的情形时，由有权国家机关作出撤销决定后失去法律效力。[③] 无效行政行为是指行政行为在有明显或重大违法情形时，自始不发生法律效力。[④] 无效行政行为与可撤销行政行为存在以下区别：一是效力不同。行政行为无效意味着行政行为自始不存在，且对行政相对人不发生法律约束力；可撤销的行政行为通常自被撤销之日起失去法律效力，在被撤销之前仍然有效。二是争讼期限不同。无效行政行为无起诉期限限制；对于可撤销行政行为，当事人必须在法定期限内申请复议或提起诉讼。三是引发因素不同。只有“重大明显违法”[⑤] 的行政行为才构成无效行政行为，一般违法行政行为属于可撤销行政行为的范畴。区分无效行政行为与可撤销行政行为具有重要意义：理论意义在于确定公定力的适用范围，实践意义在于帮助划分不同的诉讼类型与诉讼程序。

2. 对行政行为二元结构的批判

大陆法系学者一般主张无效行政行为与可撤销行政行为的二元划分。英美法系

---

① 最高人民法院公报，2006（10）.

② 姜明安. 行政法. 北京：北京大学出版社，2017：244－247.

③ 《行政法与行政诉讼法学》编写组. 行政法与行政诉讼法学. 北京：高等教育出版社，2018：99.

④ 胡锦光. 行政法学概要. 3版. 北京：中国人民大学出版社，2003：44.

⑤ 我国《行政诉讼法》第75条规定：“行政行为有实施主体不具有行政主体资格或者没有依据等重大且明显违法情形，原告申请确认行政行为无效的，人民法院判决确认无效。”

国家的学者认为此种划分没有必要，主要原因有两点：一是大陆法系国家遵从“没有救济，就没有权利”的权力观与救济观，主张从救济可得性的角度对是否救济进行判断，而英美法系国家以法院和司法审查为核心构建行政法模式，因此较少从概念或抽象角度考虑行政行为是否存在以及存在状态；二是英美法系国家明确规定了行政行为的救济时效。某些无效的行政行为，经法律规定，将转化为有效行政行为[①]，因此对其区分没有任何意义，通过批判无效行政行为的两个基本要素（抵抗权与诉讼时效），取消无效与可撤销的二元结构是可以考虑的。[②] 2014 年我国《行政诉讼法》修改时，将二者并列，将无效行政行为与一般违法行为相区分。实体法和救济法是相统一的，从救济行政相对人的角度出发，应当同时从救济效果上区分二者，因此，需要从救济的角度对二元结构予以一定程度的认可。

四、对行政裁量理论的反思

1. 行政裁量（权）及其产生

“行政机关处理同一事实要件时可以选择不同的处理方式，构成裁量”[③]。章剑生教授在《现代行政法总论》中将行政行为裁量界定为“当规范构成要件成就时，可能会发生 N 种法律效果，由行政机关选择一种最为妥当的法律效果”[④]。部分学者将行政裁量等于行政自由裁量，杨建顺教授对此提出质疑，建议使用行政裁量。[⑤] 由于二者所表达的意思相同，本书也未刻意进行区分。行政裁量在我国行政法中占据重要地位，袁曙宏认为：“一部行政法的历史，就是围绕强化自由裁量权与控制自由裁量权两种因素此消彼长或互相结合的历史”[⑥]。

行政裁量权的历史与行政管理的历史一样悠久，而行政裁量权的现代含义是随着行政权力的划分和依法行政原则的引入而出现的。

首先，行政权力分化是行政裁量的前提，而行政权力的自主性是行政权力分化的必然结果。没有行政权力的区分，就没有行政裁量权。[⑦] 外部分化和内部分化统一于行政权力分化之中。行政权力的外部分化意味着行政权力与整个权力体系的分离。行政权力的分离和独立是行政机关自由行使行政裁量权的基本条件。在行政权力的分化过程中，仅有立法、行政和司法的外部分化是不够的，外部分化只是表面的、形式的分化，行政权力还必须进行内部分化，即抽象行政权力和

---

① 英国 1946 年《土地征用法》（Acquisition of Land Act 1964）和 1962 年《城镇规划法》（Town and Country Planning Act 1962）规定，若在 6 周内未对强制征用决定和各种规划决定提出异议，不得再提出任何诉讼。

② 余凌云. 行政法讲义. 北京：清华大学出版社，2019：292 - 295.

③ 哈特穆特·毛雷尔. 行政法学总论. 高家伟，译. 北京：法律出版社，2000：124.

④ 章剑生. 现代行政法总论. 2 版. 北京：法律出版社，2019：101.

⑤ 杨建顺教授认为，行政自由裁量中“自由”二字是对羁束裁量和自由裁量相混淆的结果，因而建议改用行政裁量。杨建顺. 行政裁量的运作及其监督. 法学研究，2004（1）.

⑥ 袁曙宏. 行政处罚的创设、实施和救济. 北京：中国法制出版社，1994：71.

⑦ 张康之. 公共行政中的哲学与伦理. 北京：中国人民大学出版社，2004：82 - 83.

具体行政权力的分化。[①] 抽象行政权力与具体行政权力存在相互转化的关系，行政权力不能脱离行政主体而存在。当行政权力由抽象权力变为现实的具体权力，即由行政机关及其工作人员执掌权力时，不可避免地会存在主观性。权力的具体化与主观性权力意味着权力执掌者具有自主支配、使用权力的自由，同时意味着行政裁量的存在。[②]

其次，行政裁量权与规则相对立，没有规则就没有行政裁量权。裁量并不意味着绝对自由，国内外学者都主张政府的权力必须受到法律的约束和控制。

以新乡方园建设管理有限公司与濮阳市安全生产监督管理局行政处罚纠纷上诉案[③]为例：本案中，依照《生产安全事故报告和调查处理条例》的规定，对事故发生单位应依法给予行政处罚的裁量幅度是 10 万元以上 20 万元以下的罚款。被上诉人对负有主要责任的中原油田建设集团公司罚款 18 万元，但上诉人的行为仅仅是本次事故发生的间接原因，却被处以 15 万元的罚款，与负有主要责任的中原油田建设集团公司的罚款仅差 3 万元。原本该条例规定了 10 万元以上 20 万元以下的罚款空间，被上诉人可以结合个案的具体情况，“各得其所”地决定行政处罚的罚款数额，但是，本案被上诉人的行政处罚决定并没有使个案正义得到实现，故法院依法判决变更行政处罚数额是正确的。

行政裁量虽能实现个案正义，但行政裁量存在固有缺陷。行政裁量权以权力的形式存在，而权力的行使包含着辨别、判断和妥协等主观性。这使行政裁量权具有选择性、主观性，容易产生随意性。在行使行政裁量权时，行政主体有一定的决定余地；在行政裁量权行使界限模糊的情况下，裁量权的“行使”难免变得随意。因此，对行政裁量权予以法律约束与控制显得尤为重要。

2. 对行政裁量的三个控制面向的反思

裁量问题涉及依法行政原则的拘束程度，论及行政裁量的约束和控制，难免会涉及立法权与行政权之间的关系，行政权与司法权之间的关系，以及行政系统内部之间的关联。在现代行政法中，对裁量的控制是国内外行政法上存在的一个难题，正如斯图尔特所言：“至今尚未出现一个普遍的解决方案——无论是从程序机制还是从权威性的决定规则角度看”[④]。本书主要从立法控制、司法审查以及行政的自我控制三个方面讨论对行政裁量的控制。

立法控制是对行政裁量权的事前规范，其目的是从行政权力运行的源头控制行政机关的裁量权，减少负责执法的官员的主观随意性。除了通过建立行使自由裁量

---

① 抽象行政权力是指行政体系中的那些法律制度化的权力，是一种规范的、有着充分的法律制度保证的权力，也是一种理念性权力；具体行政权力是指行政体系中的那些存在于法律制度化框架下的，由个人或个性化的机构或部门所执掌的，用来处理一切具体事物的权力。王学栋．行政法专题研究．北京：中国政法大学出版社，2020：142.

② 王学栋．行政法专题研究．北京：中国政法大学出版社，2020：138－145.

③ 河南省濮阳市中级人民法院（2010）濮中法行终字第 043 号行政判决书.

④ 斯图尔特．美国行政法的重构．沈岿，译．北京：商务印书馆，2002：189.

权的程序来规范裁量权，立法控制还侧重于通过对行政裁量权增加限制和条件来控制行政裁量权。限制、控制和监管确保行政裁量权的行使在可允许的目的范围内。[①]立法控制虽然能够提升裁量的效果，但是不能穷尽行政裁量的空间：立法控制依然存在立法机关所立之法难以精确定位并细致规范行政裁量权，以及立法的滞后性导致通过立法规制难以及时解决滥用行政裁量权问题等局限。

司法审查是对行政裁量权的事后监管。它的目的是防止滥用行政裁量权，同时核实这种裁量权的行使是否符合立法和行政自律规定的限制、条件和程序。由于立法控制模式在规范行政裁量权方面效果有限，故许多学者将注意力集中在司法审查上[②]，以期能够借助法院的事后救济途径对行政裁量是否存在不当进行审查。但司法审查与立法控制一样，也有其局限性：一方面，司法审查在规范行政机关的行政裁量权方面适用范围很窄。行政诉讼采取的是不告不理的原则，因而在实践中大多数行政裁量行为并没有被行政相对人起诉至法院。即使被起诉，能够进入审判程序，法院的审查范围也是有限的，通常只能审查该行为是否违法，而一般不审查其是否合理。另一方面，由于司法审查自身的原因，规范行政裁量权的时间也会出现延迟。司法审查是一种事后规制，其显著缺陷在于无法对行政裁量权的滥用进行现场干预，不能在损害后果未达到最大化时予以及时补救。

对行政裁量权的立法控制与司法审查又被叫作外部法律规制。对行政裁量权的外部规制一直是行政法学研究的主题，虽然许多研究者都从不同的视角对外部规制进行了剖析，并提供了各种可能的完善方式，但是外部规制模型在规制效果方面仍然具有相当的局限性。因而，需要在考虑行政裁量的外部规制时，同时考虑行政的自我控制。在此点上，美国戴维斯教授认为，对行政裁量的控制不能仅仅依赖立法，还要依靠行政机关自己制定的行政裁量基准。[③] 作为一种行政上的自我控制，行政裁量权基准在确保行政裁量权的正确行使方面具有不可替代的优越性和内在的有效性。然而，作为一种自我控制的行政标准，行政裁量基准也有其局限性，是治理规则和自我控制所难以克服的。首先，在严格的规则下，没有自由裁量权。作为一种以规则为基础的行政自制，裁量基准试图用普遍适用的规则来细化和统一自由裁量规范，而过度依赖严格的规则会导致自由裁量权的适用范围过于狭窄，失去自身的活力，影响每个案件实现应有的正义。其次，过度依赖行政机关的自我控制，会让行政机关在行政成本上付出高昂的代价。因此，要克服裁量基准固有的局限，必须为行政裁量基准设置合理边界，使其真正发挥限定、建构与制约行政裁量权的作用。

---

① 姜明安．论行政裁量的自我规制．行政法学研究，2012（1）：5.

② 顾大松，周佑勇．论行政裁量的司法治理．法学论坛，2012（5）：61；余凌云．行政自由裁量论．北京：中国人民公安大学出版社，2005：5.

③ K. C. DAVIS. *Discretionary Justice*：*A Preliminary Inquiry*，*the United States of American*. Urbana：University of Illinois Press，1971：104.

第四节　行政行为理论的发展与完善

随着公共行政领域的不断延伸，公共行政由控制型行政向服务型行政转变，权力结构由单一行政向多元化行政转变，行政行为理论面临着特征的不协调性和范围的不包容性等挑战。为了走出行政行为理论的现实困境，有必要在我国行政法上完善行政行为相关理论。若要对行政行为理论进行系统化研究，需要掌握大量行政法基础理论与技术，这些理论与技术几乎涉及行政法的全部领域。用一节的内容难以对行政行为理论发展与完善的全部内容进行描述，因此本节仅简单论及行政行为理论面临的挑战以及重新认识行政行为的概念、范围等内容——囊括了行政行为的发展等内容，讨论了行政行为理论的完善。

一、关于行政行为概念的探讨

行政行为概念首先从法国传到了德国，之后传到日本以及我国台湾地区，有着悠久的历史。传统上，行政行为是指行政主体在行使权力时作出的、可能产生行政法律效力的单方意思表示。[①] 由于其漫长的演变，行政行为的外延逐渐扩充，行政行为逐步成为行政法学中一个遍布矛盾和争议的概念。杨海坤教授认为：从更广泛的角度来看，行政行为已经成为我国行政法研究中一个极其混乱的基本范畴。[②] 因为行政活动本身具有多样性和变化性，因此，行政行为的概念首先是针对依法行政控制的行政目的的需要而提出的。同时，由于现代行政法的主要功能是控制行政权力和防止其滥用，故行政行为概念的另一个作用是为行政权力的控制服务，特别是满足对行政救济的需要。可见，行政行为不仅仅是一个法律术语，理解和确定行政行为的含义和范围具有重要的现实意义。[③]

从全球来看，行政行为的概念主要来自大陆法系国家行政法体系化的需要。目前，行政行为在中国行政法中已经成为一个非常有争议的动态概念，对于行政行为的概念，有两种相对立的观点：一种观点对行政行为持严格态度，认为应采用外延较窄的说法；另一种观点认为对行政行为应进行广义解释，对各类行政活动中的行政行为进行系统解释，然后将其囊括到行政行为中。如上所述，关于行政行为的概念，有十余种代表性的观点，由于篇幅原因，不一一列举。同时行政行为在学术研究与实践中呈现一种背离的状态：学术研究中的行政行为外延不断缩小，实践中的行政行为外延不断扩大。

一些学者认为：对行政行为的定义应侧重于行政行为的可诉性，适当考虑反映当前背景的各种新学说的相关内容，不完全否定传统的行政行为概念和理论，采用

---

① 余凌云. 行政法讲义. 北京：清华大学出版社，2019：274.

② 杨海坤，章志. 中国行政法基本理论研究. 北京：北京大学出版社，2004：200.

③ 杨海坤，蔡翔. 行政行为概念的考证分析和重新建构. 山东大学学报（社会科学版），2013（1）：1.

更广泛的行政行为概念，以使其更加全面①，即对各种学说所排除的行为进行深入分析，以确定它们是否具有行政诉讼的意义，而那些具有行政诉讼意义的行为可能被纳入行政行为的范围。石佑启教授在行政行为理论走出困境的路径选择上，偏向“依旧使用行政行为概念，扩大其内涵，增加容量，不再将行政行为界定为强制性的、单方性的行政法律行为，而应从更广泛意义上来阐释行政行为”②。余凌云教授不赞同扩张行政行为的外延，理由在于行政行为外延的扩大可能会造成弊大于利的后果，冲击行政行为的内涵。他认为，应当在“保留传统纯粹的行政行为概念的基础上，将后来出现的与之不同亦需要行政救济的手段单独思考和解决”③。

我们认同余凌云教授的观点，不赞同采用较宽泛的行政行为概念，因为行政行为理论与行政诉讼相关联，而现有的行政诉讼受案范围与行政行为的范围存在差异，采用较宽泛的概念能增强行政行为的可诉性。鉴于实践中出现的新的行政行为方式，行政法学界以及实务部门应当全面考虑行政的活动方式，由行政法的专门研究转向面向行政的行政法研究，关注行为之间的联系，动态把握行政行为的具体范畴和行为之间的关联。

二、行政行为类型化之再探讨

在更广泛的意义上看，为了解释行政行为，我们需要重新定义行政行为的类型。政府管理开始由公共职权走向了公共服务，政府主体不再是单一的承担公共服务职能的主体，而是逐渐转化为为社会提供服务的主体。政府部门不是行使公共职权的唯一主体，非政府机构也积极参与了社会公共事务管理工作，并履行某些公共职能。国家行政部门、社会和公共组织的管理以及公民的广泛参与有机结合，构成了维护和发展公共利益的多元力量结构。权力的社会化和权力的多中心性打破了单一行政主体的模式，使行政主体出现多元化。因此，国家行政主体的行为与社会公共行政主体的行为同样重要。

此外，权力性行政行为与非权力性行政行为、法律性行政行为与事实性行政行为有并存的趋势，应将其纳入行政行为体系，以探讨其引发的法律问题，并为合法权益受到事实性行政行为侵害的相对人提供相应的救济。④

三、行政行为瑕疵再探讨

行政活动应当合法。违法行政行为是指违反国家行政法规范实施的政府行为，而行政行为违法一般会出现以下两种情况：不产生任何法律效果或者产生部分法律效果。前一情形下的行政行为是无效的行政行为，后一情形下的行政行为是可撤销

---

① 杨海坤，蔡翔. 行政行为概念的考证分析和重新建构. 山东大学学报（社会科学版），2013（1）：1.

② 石佑启. 论公共行政变革与行政行为理论的完善. 中国法学，2005（2）：56.

③ 余凌云. 行政法讲义. 3版. 北京：清华大学出版社，2019：272.

④ 石佑启. 论公共行政变革与行政行为理论的完善. 中国法学，2005（2）：56－58.

的行政行为。[①] 关于行政行为的无效和可撤销在上文中已经有所涉及，此部分对行政行为瑕疵的治愈与转换以及完善进行探讨。

在大陆法系国家，无效性和可撤销性都是行政行为瑕疵理论的重要内容。虽然随着时间的推移，行政行为无效的范围趋于缩小，但这两个概念仍然存在于各国的行政法中，作为评估行政行为效力的重要方式。[②] 在我国行政法学研究中，理论界和实务界多对行政行为无效进行探讨。1996 年《行政处罚法》第 3 条和第 41 条规定了行政处罚无效和行政处罚决定不成立。这是行政行为无效和不成立在立法中的首次规定，同时为以后的立法和研究提供了借鉴经验。[③] 但这一规定本身还存在诸如“无效”是广义还是狭义、无效原因规定不明确等问题。2014 年《行政诉讼法》第 75 条[④]规定了确认无效这一判决类型，最高人民法院《关于适用〈中华人民共和国行政诉讼法〉的解释》（法释〔2018〕1 号，以下简称“2018 年《行政诉讼法司法解释》”）为其实施提供了更为具体的指引。之前的相关研究多集中于无效行政行为与公定力的关系、行政相对人的抵抗权等方面的问题，对行政行为无效和可撤销的研究未形成体系，难以为行政行为体系完善提供整体支撑。判断行政行为无效虽然是实践中的问题，但是需要从立法和理论层面进行追问。

《行政诉讼法》第 75 条将行政行为无效的判断标准确定为“重大且明显违法”，此种判断标准主要是从功能角度考虑的，质言之，即要求法院在具体案件中进行价值衡量，考量已经生效的行政决定对行政相对人的实际影响、是否有助于维护法的安定性等具体价值。鉴于现实的复杂性，应当允许法院在这一判断标准的实质精神的指引下，对并非明显违法的特定行政行为作出有效认定。根据诉权保障、正当程序原则等的要求，只有在确认无效诉讼中才有必要审查行政行为是否无效。[⑤]

针对行政行为瑕疵程度的差异，大陆法系的行政法理论有不同的解决思路和对应措施，即：有重大明显瑕疵的行政行为是无效行政行为，必须适用无效理论，宣布行政行为无效；对有轻微瑕疵的行政行为可以通过改正、转换等方法进行补救；而有一般瑕疵的行政行为是可撤销行政行为，适用依职权撤销的原则。

行政行为瑕疵的治愈与转换是指随着事后情况的变化等原本存在瑕疵的行为可以被认为满足了合法要件而作为不存在瑕疵的情况处理。行政行为的无效和撤销是完全否定行政行为的效力，使其效力不复存在，用以维护依法行政原则。纠正、追溯或转换是事后消除行政行为的缺陷，使其效力继续存在，以稳定现有的行政法律关系，保护行政相对人的信任。其目的是确保该行为的效果得到维持。

---

① 南博方. 行政法：第 6 版. 杨建顺，译. 北京：商务印书馆，2020：39.

② 章志远. 行政行为无效问题研究. 法学，2001（7）：14.

③ 1996 年《行政处罚法》第 3 条第 2 款规定：“没有法定依据或者不遵守法定程序的，行政处罚无效”。第 41 条第一分句规定：“行政机关及其执法人员在作出行政处罚决定之前，不……向当事人告知给予行政处罚的事实、理由和依据，或者拒绝听取当事人的陈述、申辩，行政处罚决定不能成立”。

④ 2014 年《行政诉讼法》第 75 条规定：“行政行为有实施主体不具有行政主体资格或者没有依据等重大且明显违法情形，原告申请确认行政行为无效的，人民法院判决确认无效。”

⑤ 王贵松. 行政行为无效的认定. 法学研究，2018（6）.

违法行政行为的多样性决定了应根据违法行政行为的具体情况，确认对哪些违法行政行为可以以承认、纠正或转换的形式事后消除瑕疵并维持其存在。在确认时不仅要注意是否有利于维护公共利益，还要注意是否有利于维护行政相对人的信赖利益？是否符合依法行政原则的基本要求？是否提高了行政效率？是否增强了法律的确定性和安定性？

行政行为体系并非封闭式的，而是开放式的；也并非固定不变的，而是处在历史性变革当中的。完善行政行为理论有助于进一步完善行政法学体系，促进行政法的发展；有助于解决公共行政变革引起的法律问题，推进依法行政；有助于正确认识行政主体与行政相对人关系的变化，构建和谐社会。

知识拓展

一、拓展阅读

1. 余凌云. 行政法讲义. 3版. 北京：清华大学出版社，2019.
2. 章剑生. 现代行政法总论. 2版. 北京：法律出版社，2019.
3. 叶必丰. 行政行为原理. 北京：商务印书馆，2019.
4. 姜明安. 行政法. 北京：北京大学出版社，2017.
5. 杨海坤，章志远. 行政法学基本论. 北京：中国政法大学出版社，2014.
6. 柳砚涛. 行政行为新理念. 济南：山东人民出版社，2008.
7. 郭胜鳌. 行政行为论. 沈阳：辽宁大学出版社，2008.
8. 叶必丰. 行政行为原理. 北京：商务印书馆，2014.
9. 胡建淼. 行政行为基本范畴研究. 杭州：浙江大学出版社，2005.
10. 章志远. 行政行为效力论. 北京：中国人事出版社，2003.

二、类案练习

张某新诉太和县人民政府行政批准案

案情

请参见最高人民法院（2017）最高法行申5809号行政裁定书

思考

（1）多阶段行政行为救济时点与被告如何确定？

（2）多阶段行政行为救济中是否承认违法性继承？

三、毕业论文选题指导

1. 行政行为违法性继承
2. 行政行为无效的认定标准
3. 过程性行政行为的可诉性
4. 行政裁量基准的司法审查

第五讲　行政程序及其法典化

内容提要

行政程序是行政法的特色内容。行政实体法与行政程序法难以截然区分。程序违法是一种独立的违法形态。行政程序既有“工具价值”，也有独立的价值与意义。以行政行为类型化为基础的行政程序分类，因行政行为概念的局限性，难以涵摄丰富多样的行政活动。行政程序之原则、制度与特定国家的政治法律体系、社会发展程度及历史文化特征有密切联系。行政公正原则与“说明理由”制度、行政公开原则与制度中的理论与实践问题值得关注。行政程序法典化是行政法法典化的重要路径。中国的行政程序法典的制定面临重要历史机遇，但在中国行政程序法典的体例、基本内容、内在逻辑等问题上，理论界仍存在不少分歧，有不少难题需要解决。

第一节　行政程序的基本问题

一、行政程序的概念与分类

1. 行政程序的概念

一般认为，“行政程序”是指行政主体的职权行使所涉及的主体、环节、步骤、方式、顺序、期限、信息等诸项因素及其制度化组合。[①] 类似的观点如，有学者将“行政程序”界定为“行政权力运行所必须遵循的方式、方法、步骤、顺序以及时限等法则之总称”[②]。相应地，行政程序具有如下基本特征：

第一，行政程序具有“行政性”。行政程序是关于“行政权力”规范运行的程

---

① 《行政法与行政诉讼法学》编写组. 行政法与行政诉讼法学. 2 版. 北京：高等教育出版社，2018：235.

② 罗豪才. 行政法学. 北京：中国政法大学出版社，1996：281.

序，因此，行政程序不同于“立法程序”和“司法程序”。这里的立法程序和司法程序特指我国权力机关和司法机关的职权行使的程序。由于现代“行政”的广泛性和多样性，行政权实际上包括行政执行权、行政立法权和行政司法权等“行政性”权力，故行政立法权和行政司法权行使的程序也属于行政程序。

第二，行政程序具有“过程性”。行政程序关注的是行政权力的行使方式，而不是“权力来源”或行政决定的“结果”。从控制手段上讲，行政程序是一种“事中”控制。行政程序的产生体现了在行政权力扩张条件下强化行政权力控制的客观要求。从内容上讲，行政程序涉及行政权力行使的各个方面、环节。例如：我国《重大行政决策程序暂行条例》[①] 规定了“重大行政决策”的作出必须遵循“公众参与”、“专家论证”、“风险评估”、“合法性审查”及“集体讨论决定”等“五大程序”。我国法治政府建设中推行“行政执法三项制度”，对行政执法提出了“公示”、“全过程记录”及“重大决定法制审核”等要求。[②]

第三，行政程序具有“法定性”。“法定性”意味着行政主体必须遵守行政程序，否则需承担相应法律后果。“违反法定程序”是一种独立的行政违法形态。“法定程序”一般指相关行政法规范对行政程序作出了明确规定。例如，《行政处罚法》规定的“听取当事人陈述、申辩”“说明理由”等，是行政机关在作出决定过程中必须遵守的行政程序。还有一种情况：法律没有对程序作出明确规定，但行政机关仍须遵循基本程序要求，否则也会导致“程序违法”。这种程序被称为“正当程序”。“正当程序”与“法定程序”在表现形式上有区别，但在法的“强制性”规范特点上又具有一致性，从这个意义上讲，“正当程序”也具有“法定性”。

例如：在田某诉北京科技大学拒绝颁发毕业证、学位证案中，田某在考试中违反了该大学相关规定，北京科技大学据此作出退学处理，但是该决定作出后并没有向田某宣布、送达，也未给田某办理注销学籍，迁移户籍、档案等退学的手续；此后还允许田某继续在校以该校大学生的身份参加正常学习、考试及学校组织的活动等。在田某最后毕业时，达到毕业条件的田某，被该校拒绝发放毕业证书。该案被告的行为被判在“程序”上具有违法性。该“程序违法”被最高人民法院指导案例明确为违反“正当程序”。该指导案例指出：“退学处理决定涉及原告的受教育权利，为充分保障当事人权益，从正当程序原则出发，被告应将此决定向当事人送达、宣布，允许当事人提出申辩意见。而被告既未依此原则处理，也未实际给原告办理注销学籍、迁移户籍、档案等手续。被告于 1996 年 9 月为原告补办学生证并注册的事实行为，应视为被告改变了对原告所作的按退学处理的决定，恢复了原告的学籍。被告又安排原告修满四年学业，参加考核、实习及毕业设计并通过论文答辩等。上述一系列行为虽系被告及其所属院系的部分教师具体实施，但因他们（的行为）均属职务行为，故被告应承担上述行为所产生的法律后果。”该案被认为开了中国法院

---

① 《重大行政决策程序暂行条例》于 2019 年 9 月 1 日实施。

② 国务院办公厅. 国务院办公厅关于全面推行三项制度的指导意见.（2019－01－03）[2022－05－20]. http://www.gov.cn/zhengce/content/2019-01/03/content_5354528.htm.

运用“正当程序”于行政裁判之“先河”[①]。

2. 行政程序的分类

关于行政程序的分类，学界有不同的观点。如：“马工程”行政法教材将其划分为“外部行政程序与内部行政程序”“正式行政程序与非正式行政程序”“普通行政程序与简易行政程序”“一般行政行为程序与特别行政行为程序”“抽象行政行为程序与具体行政行为程序”等类型。[②] 有的教材还提出“主要程序与次要程序”“强制性程序与任意性程序”等类型。[③] 分类中的一些问题是值得讨论的。

例如：前述教材中把“抽象行政行为程序”界定为“规范行政主体（实施）抽象行政行为的程序，即行政主体实施具有普遍效力的行政行为所遵循的程序，包括制定行政法规、行政规章和其他行政规范性文件等所遵循的程序，作出行政决策所遵循的程序”。实际上，“行政决策”具有很大的特殊性，并不能被简单地归纳为“抽象行政行为”。例如，政府作出一个“修建某重大工程”的决策，是不是抽象行政行为呢？关于“行政决策”行政法学研究得还很不深入，故在行政行为的分类中遇到“类型化”障碍，但在行政决策法治化的时代需求下，其重要性正得到学界越来越多的肯定，有的研究者认为：有必要引入“行政活动”概念，以克服“行政行为”概念的局限性。“行政活动”概念具有很强的包容性——无论是行政立法还是其他行政规则的制定，都属于“行政活动”。我们所指的“具体行政行为”，主要是行政执法活动。行政决策、行政规划、行政指导、行政检查、行政调查、行政合同、行政监督等都可以归为行政活动。通过引入“行政活动”概念，可以把外部性和内部性行政活动、准备性和结果性行政活动要素连接成一个整体，使它们在行政管理中有机配合，共同服务于行政目的之实现。[④] 当然，行政活动与行政行为概念之间不是简单的“替代”关系，更多的是“互补”的关系。

再如：“正式程序”与“非正式程序”的界分标准及意义的问题也需要探究。按照上述教材的界定，“正式程序是指法律规定的具有强制约束力的行政程序，违反正式行政程序规定可能对相对人合法权益产生实质影响，这直接关系到行政行为的合法性。与此相对应，非正式行政程序是指强制约束性较弱的行政程序，如果不遵守非正式行政程序并不会对相对人合法权益产生实质影响，也不会完全否定行政行为的合法性”。这种分类与“强制性程序与任意性程序”之间是何关系？在“实定法”中哪些程序规定对应于这种类型等是值得进一步研究的。

另外，在“智慧执法”背景下，行政程序有“简化”趋势，也面临“虚化”风险。例如：“电子眼”捕捉到某人“交通违章”，该涉嫌违法者就可能直接收到一张电子“处罚决定书”。关于其中的程序问题，包括“类型化”及效力等问题，有必要加深认识。

---

① 何海波. 通过判决发展法律—评田永案件中的行政法原则的运用//罗豪才. 行政法论丛. 第 3 卷. 北京：法律出版社，2000：437.

② 《行政法与行政诉讼法学》编写组. 行政法与行政诉讼法学. 2 版. 北京：高等教育出版社，2018：237 - 239.

③ 姜明安. 行政法与行政诉讼法. 4 版. 北京：北京大学出版社，2005：366 - 367.

④ 张向东. 作为行政法学基本范畴的行政决策及其证立. 学术研究，2020（4）.

二、行政程序的功能

行政程序的价值与功能在某种意义上具有相同的含义。“马工程”行政法教材称之为“功能”，前述另一本具有代表性的教材称之为“价值”。行政程序的价值或功能可以在以下四个方面得到体现[①]：

第一，规范和控制行政权力，促进行政主体依法行政。对于行政机关而言，行政程序是义务，是约束。例如，行政处罚中行政主体须履行听取当事人陈述、申辩等程序义务。行政程序就是要在“实体规范”基础上进一步在程序上扎紧“制度的笼子”，给行政权力“划界限、定规矩”。

第二，保障和扩大公民的民主权利，促进程序正义的实现。程序正义在现代正义理论中具有突出的地位，是与实体正义、形式正义并称的三大正义之一。程序不仅具有促进实体正义实现之“工具价值”，而且具有独立的价值与意义。对于行政相对人来讲，行政程序是“权利”，是保障。如，行政处罚中行政主体的程序义务对应的是行政相对人的“知情权、参与权、监督权、救济权”等“程序权利”。

第三，保证实体法的正确实施，促进实体正义和权利的实现。程序与实体是辩证统一的。在强调程序的“独立”价值的同时，绝不能将程序与实体截然割裂开来。实际上，任何程序总是与一定的实体要件相联系，并服务于特定价值目标之实现。例如，行政决策程序是为了促进决策的民主化、科学化和法治化，减少决策失误和“拍脑袋决策”。行政许可程序要有利于“简政放权”，划清政府与市场、社会的权力边界，建设“服务型政府”。“双随机、一公开”程序，其目的是实现行政检查更加公平、科学、有效，提升政府治理能力。

第四，增强行政过程的科学性和和谐性，促进行政效率的提高。行政程序的部分规定直接体现“效率性”要求，如，关于行政事项办理期限的规定。根据我国现行《行政许可法》，行政许可一般应在 20 日内作出决定。在改革中，行政机关还可以在此范围内进一步压缩期限，提高办事效率。根据中央的要求，我国各地正在大力推行“网上办、马上办、一次办、异地办理、一网通办”等措施，以提升行政效率。行政程序还可以通过增加参与机制，增强公民对行政机关的信任，减少摩擦，增强行政决定的可接受性，来提高行政效率。“说明理由”“行政听证”等程序就能通过这种方式间接提高行政效率。如果忽视程序，行政相对人缺乏理解与合作，反而会影响行政效率。所以，程序与效率是对立统一的关系。“在程序上规定一些限制，当然是对行政机关的活动制造了一些障碍。看起来是妨碍了效率，实际上自然公正原则防止行政机关的专横行为，可以维持公民对行政机关的信任和良好关系，减少行政机关之间的摩擦，最大限度提高行政效率。”[②]

---

① 王学辉. 行政法与行政诉讼法学. 北京：法律出版社，2011：181 - 182.

② 王名扬. 英国行政法. 北京：中国政法大学出版社，1989：152.

第二节　行政程序原则和制度的理解与运用

一、行政程序原则和制度的区别与联系

关于行政程序法的原则，“马工程”行政法教材将其解释为“反映程序价值精神、指导程序制度规范、贯穿于行政程序规范制定和运作始终的基本准则”①。类似的定义如，“行政程序法的基本原则意指渗透于行政程序法文本之中的价值理念、内在精神和行政目标等之总称。它贯穿于所有行政程序法律制度之中，统帅着所有的行政程序法律规范，并对于行政立法、执法和司法都具有重要的指导意义”②。

可以看出，行政程序原则与制度既有联系又相区别：行政程序原则是精神、理念、价值层面的问题，更能体现程序的“本质”。它既能体现在程序法规范之中，具体化为程序法规范，又能对立法等起到指导作用。行政程序制度的制定需要原则的指导，而且制度相对于原则比较具体。例如：我国“信息公开制度”“行政执法公示制度”等程序制度均可以体现公开原则；公平、公正原则可以体现于“回避制度”“禁止单方接触制度”等制度中。从种类上讲，不同的公开制度虽然体现了不同行政管理领域的特殊要求，但都可以体现行政公开原则的基本要求。例如，行政立法与行政执法都可以体现公开原则，但在公开制度设计上就有不同的要求。

还应该看到，行政程序之原则、制度与特定国家的政治法律制度、社会发展程度及历史文化特征有密切联系。综观各国的行政程序法，不仅在程序“原则”“理念”上表现出差异性，在制度设计上也是很不相同的。例如，美国联邦行政程序法对“公开会议”作出了专门规定，其中有这样的内容：“机关应在公众易于进入或接近的地点，迅速向公众提供有关该会议议程上每一事项的讨论情况，或者该会议上收到的每份证言的记录文本、电子记录材料或会议备忘录，除非该机关认为这些讨论或证言中包含有按第 3 款的规定不可公开的信息。”③ 日本行政程序法草案（1964 年）规定了“声明苦情”程序，其第 157 条规定了“声明苦情之方式”：“声明苦情得以言词或书面为之；行政机关受理言词声明时，应记录陈述之内容，并将其朗读令声明人确认其无误，并由其签名盖章。”④ 中国的行政执法“三项制度”（行政执法公示制度、行政执法过程全记录制度和重大执法决定法制审核制度）则是“全过程人民民主”理念在行政程序制度建设上的重要体现。

---

①《行政法与行政诉讼法学》编写组. 行政法与行政诉讼法学. 2 版. 北京：高等教育出版社，2018：241.

② 江国华. 中国行政法（总论）. 2 版. 武汉：武汉大学出版社，2017：300.

③ 应松年. 外国行政程序法汇编. 北京：中国法制出版社，2004：35.

④ 应松年. 外国行政程序法汇编. 北京：中国法制出版社，2004：484.

二、行政公正原则与“说明理由制度”

我国理论界比较重视且较能达成共识的行政程序原则主要有：行政公开原则、行政程序参与原则、行政程序公正原则、行政程序效率原则等。主要制度包括“职权分离制度”“行政回避制度”“行政公开制度”“禁止单方接触制度”“行政听证制度”“ 证据排除制度”“说明理由制度”“案卷排除制度”“行政时效制度”等制度。[①]鉴于篇幅及问题的重要性，本节主要探讨行政公正原则与“说明理由制度”、行政公开原则与“行政公开制度”两个问题。

1. 行政公正原则

行政公正原则是行政法的基本原则，也是行政程序的基本价值追求。行政公正原则在我国法律规定中有明确要求。例如，我国《行政处罚法》第 5 条第 1 款规定：“行政处罚遵循公正、公开的原则。”何为处罚公正？该法第 5 条第 2 款实际上作了说明：“设定和实施行政处罚必须以事实为依据，与违法行为的事实、性质、情节以及社会危害程度相当。”从实施行政处罚角度看，“处罚适度”“不畸轻畸重”就是公正。这主要是从“实体”上看的。同时，这种“实质公正”的实现也对“程序公正”提出了要求，如，行政主体必须依法客观、全面地收集证据，听取当事人的“陈述申辩”，“平等对待”，符合法定情形时还须听证，等等。只有履行了这些法定和正当的程序，处罚的公正性才能真正实现。为保证处罚的公正性，我国《行政处罚法》第 44 条还规定了行政机关的“告知”义务：“行政机关在作出行政处罚决定之前，应当告知当事人拟作出的行政处罚内容及事实、理由、依据，并告知当事人依法享有的陈述、申辩、要求听证等权利。”为防止“陈述、申辩”程序“走过场”，该法第 45 条要求行政机关履行“充分听取当事人的意见”等义务，并规定“行政机关不得因当事人陈述、申辩而给予更重的处罚”。从某种意义上讲，整部《行政处罚法》，就是围绕处罚的公正性进行设计的。

行政公正原则需要借助各种具体的行政基本制度支撑。这些基本制度包括“行政回避制度”“审裁分离制度”“说明理由制度”“单方解除禁止制度”等制度。[②] 行政公正原则可以表现为“说明理由”等制度形式，行政公正也需要通过“说明理由”等制度得到实现。例如，我国《行政处罚法》第 44 条明确规定了行政机关在处罚决定作出前要对当事人履行“说明理由”的义务。该法第 62 条还规定，行政机关未履行“说明理由”等义务的，不得作出处罚决定。《行政许可法》第 38 条第 2 款也规定：“行政机关依法作出不予行政许可的书面决定的，应当说明理由，并告知申请人享有依法申请行政复议或者提起行政诉讼的权利。”

2. 说明理由制度

“说明理由制度”在整个行政程序制度中具有重要地位，在实现行政公正方面发

---

① 《行政法与行政诉讼法学》编写组. 行政法与行政诉讼法学. 2 版. 北京：高等教育出版社，2018：241 - 251.

② 章剑生. 行政程序法基本理论. 北京：法律出版社，2003：77 - 82.

挥着独特的作用。“说明理由”是指行政主体在作出对行政相对人的合法权益产生不利影响的行政行为时，除法律有特别规定外，必须向行政相对人说明其作出该行政行为的事实因素、法律依据以及进行自由裁量时所考虑的政策、公益等因素。“说明理由”就其内容而言，可以分为说明合法性理由和说明正当性理由。前者旨在说明行政行为的合法性依据，如案件事实认定的有关材料以及作出决定的法律依据；后者则旨在说明行政机关裁量权运用的正当性，如行政决定作出时考量的政策、形势、公共利益、惯例、公理等要素。①

（1）关于合法性理由之说明。

合法性理由主要包括事实根据和法律依据两个方面。例如：行政机关作出行政许可决定，须基于当事人符合法定许可条件的事实；如果作出不予许可的决定，则需对不予许可的事实及证据予以说明。有数量限制的行政许可，需要说明可发放许可证的数量以及申请者的数量、条件、顺序等事实，以维护公平竞争。基于检验、检测、技术鉴定等作出的许可决定，需要对该技术的运用作出必要的说明。对当事人作出行政处罚，需要对有关违法的事实及其认定的证据作出必要的说明。向当事人说明法律依据，主要是说明行政决定所依据的具体法律条款。有论者认为关于法律依据的说明应符合以下规则：第一，全面展示法律规则。凡是用于支撑行政行为的法律规范，必须以不会引起行政相对人误解的方式，全部展示给行政相对人。第二，法律冲突择上规则。行政主体面对存在效力冲突的法律规范时，应选择效力位阶最高的法律规范作为行政行为的理由。第三，排除非法律性规范规则。行政主体不能将行政规章以下的规范性文件作为行政行为之理由。因为这些规范性文件主要是由行政主体自己制定的，凭此规范性文件来说明其行政行为的合法性本身缺乏正当性，不容易为行政相对人、社会一般人所接受。② 我们认为：排除行政规章以下的行政规范性文件作为行政行为合法理由的观点，值得斟酌。依法制定的行政规范性文件，应当成为行政行为是有合法性的理由。

（2）关于正当性理由之说明。

关于正当性理由之说明主要是针对行政裁量权的运用。现代行政中存在着广泛的裁量权。例如，我国《治安管理处罚法》第 70 条规定，“以营利为目的，为赌博提供条件的，或者参与赌博赌资较大的，处五日以下拘留或者五百元以下罚款；情节严重的，处十日以上十五日以下拘留，并处五百元以上三千元以下罚款”。在该条的法律适用中，在应受处罚的“赌博行为”“情节”等的认定以及处罚幅度选择等方面，行政机关皆拥有巨大的裁量权。有研究者把行政裁量权概括为“事实确定”和“法律适用”两大方面的裁量权，在这两大方面皆须说明正当性理由。有论者认为：行政机关在定案过程中经常要对调查中获得的事实进行“筛选”。这种“筛选”是一种主观判断。如果法律不要求行政主体将支持这一内心确认的依据作为行政行为的理由向行政相对人予以说明，则这种内心确认有可能质变成一种专横的、捉摸不定的权

① 姜明安. 行政法与行政诉讼法. 2 版. 北京：北京大学出版社，2005：391.

② 姜明安. 行政法与行政诉讼法. 2 版. 北京：北京大学出版社，2005：394.

力。而要说明选择适用法律规范的理由则须考虑“遵守惯例公理规则”“体现政策形势规则”“符合公共利益规则”等因素。[①]

对“裁量基准”是否采用须说明理由。在周某明诉云南省文山县交警大队行政处罚案中，原告周某明以90公里/小时的速度在限速为70公里/小时的省道上行驶，被告文山县交警大队根据《道路交通安全法》作出200元顶格罚款并扣3分的行政处罚。原告周某明不服，认为被告的处罚决定违反了“裁量基准”的有关规定。作为“裁量基准”的《云南省道路交通安全违法行为处罚标准暂行规定》（以下简称《处罚标准暂行规定》）第9条规定：关于“机动车驾驶人驾驶机动车超过规定时速未到50%的，处50元以上100元以下罚款”。被告所作出的200元顶格罚款与上述规定不符，显失公正，应予变更。一审法院支持了原告周某明的主张。但二审法院对此予以了否决，认为《处罚标准暂行规定》仅属云南省公安厅内部下发的规范性文件，其效力低于法律、法规，一审法院以该规范性文件为依据变更上诉人文山县交警适用法律规定作出的处罚于法无据。

本案的焦点是“裁量基准”的效力与适用问题。“裁量基准”是关于“裁量”的“基准”，本身具有对裁量权进行“规范”的属性。“裁量基准”一经依法制定并公布，执法者并不能无视其存在而径行运用法律赋予的“裁量权”。但不可否认，“裁量基准”并没有，也不应消灭“裁量权”，执法者有权利，也有义务“结合实际”对“裁量基准”的适用予以“裁量”，并且，“通过裁量基准的制定进行行政自我管制效果也是有限的”[②]。但执法者的适用“脱逸”裁量基准的，应当说明理由。有学者指出：“个别情况对裁量基准的否定并非（对）裁量基准效力的一般性否定，而只是表现为基于正当理由脱逸裁量基准适用的例外情形。”“如何有效确认与审查构成符合个案正义的个别情况，或者说是识别脱逸裁量基准的正当理由，便成为了裁量基准适用及其司法审查的关键。”[③] 关于“脱逸”行政处罚“裁量基准”的适用条件及理由说明在一些地方立法中亦有要求，如《浙江省行政程序办法》规定：“行政机关实施行政执法行为应当遵循行政执法裁量基准，但适用裁量基准将导致某一行政执法行为明显不当的，行政机关可以在不与法律、法规和规章相抵触的情况下，变通适用裁量基准，但必须经行政机关负责人集体讨论决定，并充分说明理由。”[④]

（3）不依法说明理由之法律后果。

法律规定行政主体作出行政行为应当向行政相对人说明理由而不依法说明的，其行政行为将不能产生相应的法律效力。行政主体依法应主动向行政相对人说明理由而在行政程序中始终没有向其说明理由的，许多国家规定该行政行为无效。在行政诉讼中，法院可对该行政行为作出撤销判决。[⑤] 对在行政相对人提起诉讼前，行政相关事后通过法定形式说明理由的行政行为，有的国家认为是一种程序上的补救，

---

① 姜明安. 行政法与行政诉讼法. 2版. 北京：北京大学出版社，2005：395-396.

② 周佑勇. 行政法专论. 北京：中国人民大学出版社，2010：98.

③ 周佑勇. 裁量基准个别情况考量的司法审查. 安徽大学学报（哲学社会科学版），2019（5）.

④ 《浙江省行政程序办法》第43条. 该法于2017年1月1日起施行。

⑤ 王学辉. 行政法与行政诉讼法学. 北京：法律出版社，2011：175.

不影响行政行为的效力；也有的国家认为“即使事后阐明理由，也不治愈附加理由不全的瑕疵”[①]。

说明理由问题的复杂性在于：不仅存在依法“主动说明理由”与“依请求说明理由”之别，还存在“说明理由的形式”与“说明理由的限度”等问题。

从我国司法审查实践看，对于不说明理由究竟属于何种违法行政行为类型，不仅我国《行政诉讼法》缺乏明确规定，法院的裁判似乎也没有坚持同一标准，如在上海复兴广场文娱有限公司诉上海市人民政府中外合作企业行政审批及行政复议案中，最高人民法院认为：“上海市人民政府在案涉行政复议过程中，经审查认为上海市商务委员会做（作）出案涉撤销决定时没有说明具体理由，不符合《中华人民共和国行政许可法》第 38 条第 2 款有关‘行政机关依法作出不予行政许可的书面决定的，应当说明理由，并告知申请人享有依法申请行政复议或者提起行政诉讼的权利’规定精神，确认上海市商务委员会案涉撤销决定违法，适用法律正确。”[②] 但是，在崔某诉开封市顺河回族区人民政府信息公开案中，最高人民法院认为：“本案中，崔某向顺河区政府申请公开的信息不属于行政机关在履行职责过程中制作或者获取的信息，同时该信息与崔某的生产、生活等自身需要无关。顺河区政府未就崔某申请中部分事项不予公开进行告知并说明理由，虽然存在一定瑕疵，但不足以否定涉诉行政行为的合法性。因此，原审法院判决驳回再审申请人的诉讼请求并无不当。”[③]

三、行政公开原则与“行政公开制度”

行政公开原则要求行政活动的过程、内容、理由、信息和依据等要素，除法律规定应保守秘密的之外，都要向行政相对人或公众公开，使其知晓。行政公开体现民主政治的基本精神，在监督行政权力运行和保障公民合法权益方面中具有重要作用。行政公开原则作为行政程序基本原则，与其他行政程序原则具有密切的联系，如行政公开是实现行政“公正、公平”的重要基础，也是保障“行政参与”的重要条件。行政公开原则也是重要行政程序制度的灵魂，如行政听证制度、说明理由制度等都体现了行政公开原则的要求。由于行政公开原则在行政程序原则体系中具有特殊的地位和重要性，很多国家制定了专门的行政公开制度，如美国的《情报自由法》《阳光下的政府法》，英国的《信息自由法》，中国的《政府信息公开条例》“行政执法公示制度”等。

《政府信息公开条例》[④] 的实施，是中国“阳光政府”建设的里程碑。该条例实施中的突出问题，如“公开范围”的确定及相关的权利救济等，值得关注与深化研究。

---

① 室井力. 日本现代行政法. 吴微，译. 北京：中国政法大学出版社，1995：183.

② 最高人民法院（2018）最高法行申 1984 号行政裁定书.

③ 最高人民法院（2018）最高法行申 9144 号行政裁定书.

④ 修订后的《政府信息公开条例》自 2019 年 5 月 15 日起施行。

根据《政府信息公开条例》第2条之规定，“政府信息”是指行政机关在履行行政管理职能过程中制作或者获取的，以一定形式记录、保存的信息。根据该条例第5条，行政机关公开政府信息，应当坚持以公开为常态，以不公开为例外，遵循公正、公平、合法、便民的原则。关于政府信息公开的范围，该条例主要在第13条、第14条、第15条、第16条等条款中集中作了规定。

对于“应当公开”的政府信息，行政机关须采取主动公开和依申请公开的方式进行公开。根据《政府信息公开条例》第19条，“主动公开”的内容，主要是“涉及公众利益调整、需要公众广泛知晓或者需要公众参与决策的政府信息”。该条例第20条、第21条还对“主动公开”的信息类型进行了列举。属于法定范围的，行政机关应根据实际确定主动公开政府信息的具体内容，并按照上级行政机关的部署，不断增加主动公开的内容。除行政机关主动公开的政府信息外，公民、法人或者其他组织可以向有关政府及部门申请获取相关政府信息。

“免于公开”的政府信息主要有以下几类①：第一类是涉及国家利益、公共利益与安全保护的政府信息。依法确定为“国家秘密”的政府信息，“法律、行政法规禁止公开”的政府信息，以及公开后“可能危及”国家安全、公共安全、经济安全、社会稳定的政府信息，不予公开。第二类是涉及第三人权益保护的政府信息。涉及商业秘密、个人隐私等，公开会对第三方的合法权益造成损害的政府信息，行政机关不得公开；但是，第三方同意公开或者行政机关认为不公开会对公共利益造成重大影响的，予以公开。第三类是行政机关的“内部信息”。行政机关的“内部事务信息”，包括人事管理、后勤管理、内部工作流程等方面的信息，可以不予公开。“过程性信息”也因属于“内部信息”之一种而免于公开。行政机关在履行行政管理职能过程中形成的讨论记录、过程稿、磋商信函、请示报告等过程性信息以及行政执法案卷信息，可以不予公开。法律、法规、规章规定上述信息应当公开的，从其规定。

政府信息公开中的特殊要求。涉及第三人权益保护的，行政机关应履行法定程序，如行政机关应当书面征求第三方的意见。第三方不同意公开且有合理理由的，行政机关不予公开。行政机关认为不公开可能对公共利益造成重大影响的，可以决定予以公开，并将决定公开的政府信息内容和理由书面告知第三方。② 拟公开的信息中具有“不应当公开或者不属于政府信息的内容”等情形的，须作“区分处理”后公开，并对不予公开的内容说明理由。③

我国2019年修订的《政府信息公开条例》对公开的范围进行了进一步明确，例如：扩大了主动公开的范围。修订后的条例在原条例规定的基础上，对各地区、各部门实践中主动公开的政府信息进行重新梳理分析，扩大了主动公开的范围，明确各级行政机关应当主动公开机关职能、行政许可办理结果、行政处罚决定、公务员

① 《政府信息公开条例》第14、15、16条.

② 《政府信息公开条例》第32条.

③ 《政府信息公开条例》第37条.

招考录用结果等十五类信息。相比之下，2007 年《政府信息公开条例》第 10 条规定主动公开的信息为十一类。同时，《政府信息公开条例》第 22 条还规定，行政机关应当按照上级行政机关的部署，不断增加主动公开的内容。再如，2019 年《政府信息公开条例》第 16 条第 2 款规定，行政机关内部事务信息、过程性信息及行政执法案卷信息可以不予公开。这是考虑到：行政机关内部事务信息不具有外部性，对公众的权利义务不产生直接影响；过程性信息处于讨论、研究或者审查过程中，不具有确定性；行政执法案卷信息与当事人、利害关系人之外的其他主体没有直接利害关系，且通常涉及相关主体的商业秘密和个人隐私等。①

政府信息公开中的权利救济。我国《政府信息公开条例》第 51 条规定：公民、法人或者其他组织认为行政机关在政府信息公开工作中侵犯其合法权益的，可以向上一级行政机关或者政府信息公开工作主管部门投诉、举报，也可以依法申请行政复议或者提起行政诉讼。此条中的“侵犯其合法权益”，既可以表现为不依法履行政府信息公开义务，也可以表现为履行信息公开职责过程中侵犯他人合法权益。

政府信息公开诉讼中体现出的权利救济问题值得研究，如朱某向朝阳区政府申请信息公开，公开的主要内容为“朝阳区十八里店乡重点村整治工作方案及批复”。朝阳区政府信息公开办公室对其作出“有关信息不存在”的“告知书”。朱某不服，诉至法院。② 本案的焦点在于：被告是否尽到公开有关政府信息的法定义务？法院认为：朱某提交的会议纪要中明确记载了其申请公开的部分信息的名称，即“朝阳区十八里店乡重点村整治工作方案”，至少证明在该会议纪要形成时，朝阳区政府曾经获取过该部分信息。而朝阳区政府在收到朱某的申请后，虽然声称对本机关档案进行了检索，但仅向法院提交了信息公开查阅档案登记单。因此朱某已经初步证实其所申请的部分信息是存在的，而朝阳区政府不能证实其已穷尽检索、查找义务，故朝阳区政府在被诉“告知书”中作出“有关信息不存在”的答复属于事实不清、主要证据不足。基于此，法院作出撤销被诉“告知书”的判决。但法院认为，鉴于朝阳区政府对朱某提出的政府信息公开申请，尚需裁量、调查，故应判决朝阳区政府在法定期限内重新作出答复。因此，朱某关于责令朝阳区政府公开涉案信息的诉讼请求，法院不予支持。

第三节　行政程序法典化

一、行政法法典化与行政程序法典化

行政法的法典化有广义和狭义的理解。广义的法典化意指法律整合的过程，包括法典编纂与法典汇编。但法典编纂与法典汇编的含义显然是不同的。日本法学家

① http://www.gd.gov.cn/gdywdt/zwzt/zfxxgktl/.

② 北京市第四中级人民法院（2019）京 04 行初 1635 号行政判决书.

穗积陈重指出，法典编纂是指对一国法律进行分科编制而形成具有公力的法律书面之事业，而法典汇编是指将既有法令进行整理编辑而形成法典的工作。[①] 易言之，法典编纂通常是指立法机关对特定领域的法律规范进行系统化，使之具有逻辑性、一致性和整体性的立法活动。法典编纂具有创制性，既可以对现有规范进行整合与修改，也可以补充新的立法。法典汇编只是根据需要对既有的法规范按照一定的标准进行编排汇总，不具有创制性。法典汇编不属于立法活动，因而不需要具备立法活动所特定的主体、程序等条件。我国学者所倡导的行政法法典化，一般指法典编纂而非法典汇编。例如，有学者认为，统一的行政法法典是将一国行政法的一般原则和基本规范编纂在一起，形成一个统一的、有内在逻辑联系的法律规范体系，而并非将一国所有的具体行政法规汇集成一部行政法大全。[②]

行政法因具有涉及的领域广、行政活动变动性强、行政法规范种类与数量多等特点，难以实现全面的法典化。一些国家也曾试图像民法等部门法那样对行政法进行全面法典化，但尚未有成功的先例。不少国家在行政程序的“法典化”上作出了努力并出台了各自的“程序法典”。对于中国行政法的全面法典化，学界不乏质疑之声。[③] 但全面法典化的梦想与努力，已经持续了相当长的历史时期。应松年教授认为：应该学习制定民法典的方法，先制定行政法总则，再编纂行政法典。制定行政法总则，乃至行政法典，既是完善中国特色社会主义法律体系的需要，也是完成“历史夙愿”。我国的行政法学前辈学者早在20世纪80年代就提出过类似构想。行政法总则的制定，应当以提取公因式的方法，将行政法律体系中已有的或应该有、可能有的普遍性和引领性规范提取出来，作出统一规定，既构建我国行政法律制度的基本框架，也为各分编的规定提供依据。从行政法总则的制定到行政法典的制定，是完善中国特色社会主义法律体系的重要步骤，是促进我国建成法治政府的极为重要的举措，也是对世界行政法发展的巨大贡献。[④]

鉴于“全面法典化”的困难，我国有的学者主张：中国的行政法法典化应采取“程序主义进路”。“程序主义进路强调回应行政法治实践需求，以行政活动遵循的一般性行政程序法律规范为法典的核心内容，对行政组织法、行政实体法和行政救济法，仅部分实现法典化。”[⑤] 另有学者提出，制定程序法典而非实体法典的理由主要有：行政法不同于民法，其最重要、最核心的内容是程序规范而非实体规范；行政实体法规范分散，且体系庞杂，难以法典化；行政法中有些规则，既有实体性质，又有程序性质；目前世界各国基本上没有编纂行政实体法典成功的先例；我国目前还处在经济体制、政治体制和行政体制深度改革与转型的时期，行政机关的组织体系、结构、职能及权力配置等实体规则还处在不断的调整变化中，各种行政实体法律制度尚未完全定型，而法典应具有较一般法律更强的相对稳定性，

① 穗积陈重. 法典论. 李求轶，译. 北京：商务印书馆，2014：7-8.

② 姜明安. 行政法与行政诉讼法. 北京：北京大学出版社，1999：16.

③ 杨建顺. 为什么行政法不能有统一的法典?. 检察日报，2020-06-03 (7).

④ 应松年. 关于行政法总则的期望与构想. 行政法学研究，2021 (1).

⑤ 王万华. 我国行政法法典编纂的程序主义进路选择. 中国法学，2021 (4).

不能频繁地修改变动；等。因此在较长一个时期内，我国并不具备起草或编纂行政实体法典的条件。①

主题所限，本节将只讨论行政程序法典化的问题。

二、行政程序法典化的域外经验

有学者认为，行政程序法的兴起与发展历经了三个阶段。1889 年，西班牙制定了世界上第一部行政程序法。此后，行政程序法的产生和发展大致经历了三次高潮。②

第一次高潮发生在 20 世纪 20 年代。1925 年，奥地利制定《普通行政程序法》，掀起了制定行政程序法的第一次高潮。这次高潮以规范行政权力、提高行政效率为主要目的。奥地利《普通行政程序法》的直接目的是使行政法院的判例形成的行政程序有关原理法典化。在此之前，有关行政程序只有少量规定，并且，这些规定内容零乱，不成体系，因而行政程序是否合法，完全由行政法院的法官解释。法院在长期的司法实践中，形成了大量关于行政程序的判例。行政机关为避免行政行为事后被法院撤销，便将法院有关程序的判例收集整理，予以法典化。这是奥地利制定行政程序法的主要理由。奥地利的行政程序法对欧洲大陆国家产生了重大影响。此后，捷克、波兰、德国都制定了行政程序法。

第二次高潮发生在 20 世纪 90 年代。1946 年，美国制定《联邦行政程序法》，掀起了制定行政程序法的第二次高潮。德国也是这次高潮的典型代表。这次高潮的重点在于保障公民在行政过程中的权利，增加行政的公开、透明度。美国的《联邦行政程序法》以正式听证制度为核心，完全为程序性规定。美国还将体现行政公开、透明的《情报自由法》《隐私权法》《阳光下的政府法》收录在同一法典中。从理念上讲，行政法被理解为控制政府权力的法，因此，美国的行政程序法对司法审查程序（诉讼程序）与行政程序共同作出规定，以体现对行政权力的控制，很少涉及实体问题。

德国 1976 年的《联邦行政程序法》则集实体与程序为一体。制定一部行政法法典，曾为德国法学家的梦想。而行政事务的复杂多异，给行政法法典化增加了困难。于是，统一程序法的价值被重新认识。学界认识到，可以将行政法总则的部分问题先规定在行政程序法中，等时机成熟再制定行政法典，从而使行政程序法实现实现行政法总则和行政程序法典化的双重功能。

在这一时期，除美国和德国外，奥地利、捷克、南斯拉夫、匈牙利、瑞士、波兰等国家都先后制定了行政程序法。

自 20 世纪 90 年代以来，世界上兴起了第三次行政程序法的制定高潮。已经制定行政程序法的国家纷纷修改行政程序法。更多的国家加入制定行政程序法的行列中。除欧洲、美洲国家外，越来越多的亚洲国家或地区制定了行政程序法。如日本

---

① 姜明安. 关于编纂我国行政程序法典的构想. 广东社会科学，2021（4）.

② 王万华. 行政程序法研究. 北京：中国法制出版社，2000：70－80.

《行政程序法》历经曲折，终于在1993年颁布。除日本外，韩国于1996年制定了《行政程序法》。

行政程序法典化与行政法法典化依然存在紧密联系。有的国家的行政法典不仅在名称上不再突出“程序”，在内容上亦融入了大量的“实体”内容，如，蒙古于2015年6月出台的《一般行政法》，法国于2015年10月出台的《公众与行政机关关系法典》，韩国于2021年3月出台的《行政基本法》。尽管如此，有学者认为，这些行政法典仍然带有强烈的程序主义色彩，可以归纳为法典编纂的“程序主义进路”。如荷兰《一般行政法》，其“程序性条款占到全部条文的90%以上，甚至可以说98%的是程序问题”。法国《公众与行政机关关系法典》也以行政程序规范为主，被称为“法国版行政程序法典”。蒙古《一般行政法》中行政程序条款占到法典条文总数的2/3，挪威《公共行政法》和丹麦《公共行政法》的条文基本为行政程序条款。[①]

需要注意的是，各国行政法典或者行政程序法典无论在内容还是体例上都存在巨大的差异。“程序法典”并不是纯粹的程序规定，而是包含着实体法。仅从程序规定来讲，各国的侧重点也不相同。从法典的完整性来讲，即使是程序方面的整合，涵盖范围也是十分有限的。例如，韩国《行政程序法》（1996年）总共54条，内容分为“总则”（“管辖及协调”“当事人”“送达及期间、期限之特例”）、“处分”（“一般规定”“意见提出及听证”“公听会”）、“申报”、“行政上的立法上预告”、“行政预告”、“行政指导”等几大部分。有的部分内容非常简单，如“行政指导”部分只有4条，主要对指导的“原则”“方式”等作出概括式的要求。[②]

三、中国行政程序法典化

中国行政程序法典的制定历经了艰辛的长期探索过程。制定统一的行政程序法，曾是我国行政法学界的理想追求。行政法学界于20世纪90年代即开始推动“行政程序法”的立法工作，但一直未能在国家层面取得实质性进展。[③] 2003年《十届全国人大常委会立法规划》首次将“行政程序法”列入“研究起草、成熟时安排审议的法律草案”项目之中。[④] 2018年《十三届全国人大常委会立法规划》再度将其列为“立法条件尚不完全具备、需要继续研究论证的立法项目”[⑤]。“行政程序法”的试拟稿已十四次易稿，但仍学术气较浓，接地气不足。[⑥]

中国行政程序法典的制定面临着新的历史机遇。首先，法典编纂受到党和政府

---

① 王万华. 我国行政法法典编纂的程序主义进路选择. 中国法学，2021（4）.

② 应松年. 外国行政程序法汇编. 北京：中国法制出版社，2004：572－590.

③ 王万华. 我国行政法法典编纂的程序主义进路选择. 中国法学，2021（4）.

④ 全国人民代表大会常务委员会. 十届全国人大常委会立法规划一览. 瞭望新闻周刊，2003－12－18（49）.

⑤ 全国人民代表大会常务委员会. 十三届全国人大常委会立法规划（共116件）. 中国人大，2018－09－08（18）.

⑥ 应松年. 关于行政法总则的期望与构想. 行政法学研究，2021（1）.

的高度重视。中共中央于2021年印发的《法治中国建设规划（2020—2025年）》提出："加强对权力运行的制约和监督，健全规范共同行政行为的法律法规，研究制定行政程序法。"2021年4月21日发布的《全国人大常委会2021年度立法工作计划》中提出：研究启动环境法典、教育法典、行政基本法典等条件成熟的行政立法领域的法典编纂工作。2021年8月，中共中央、国务院印发的《法治政府建设实施纲要（2021—2025年）》要求："加强规范共同行政行为立法""完善行政程序法律制度"。

其次，法典化问题，包括行政程序法典化问题，受到学界高度关注，行政法学界研究行政法法典化的热情高涨。近年来，相关研究成果高速增长。关于法典化的意义，有学者概括为十点：对于法律体系的整合意义；对于行政法治的价值宣示意义；对于建设法治政府的标志意义；对于实现国家治理现代化的推动意义；对于社会共识的凝聚意义；对于立法资源的节约意义；对于行政立法空白的填补意义；对于法治政府建设推进机制的优化意义；对于行政法学科发展的带动意义；对于坚定文化自信的激励意义等。① 仅就节省立法资源而言，法典化的意义也是显而易见的。根据最高人民法院《关于行政案件案由的暂行规定》（法发〔2020〕44号），行政行为有行政处罚、行政强制措施、行政强制执行、行政许可、行政征收、行政登记、行政确认、行政给付、行政允诺、行政征缴、行政奖励、行政收费、政府信息公开、行政批复、行政处理、行政复议、行政裁决、行政协议、行政补偿、行政赔偿和行政不作为，共21类142种。如果按照类型化立法的思路，除已有的行政处罚法、行政许可法、行政强制法、行政复议法和国家赔偿法外，至少还得制定十多部法律。这对立法机关来说是一个很大的负担。同时，各类行为法的原则和主要程序是相同的，需要一次次地重复规定。②

最后，中国行政程序立法已经积累了较为丰富的经验。例如，"行政三法"（《行政处罚法》《行政许可法》《行政强制法》）都用很大的篇幅对程序作出规定。《行政处罚法》用一半篇幅规定了程序。行政处罚程序分为作出决定程序和执行程序：决定程序中规定了正当程序，并引进了听证程序；执行程序分为裁执分离与收支两条线制度，对规范行政机关行使职权产生了重要影响。有学者认为，《行政许可法》《行政强制法》和20世纪90年代由第八届全国人民代表大会第四次会议通过的《行政处罚法》一道构成"中国行政行为基本法三法"，是21世纪中国规范具体行政行为的三个最重要的行政程序单行法。③ 再如，虽然国家层面的行政程序法制定未有实质性的进展，但几个研究团队转变思路，决定先从地方开始，兴起了地方行政程序立法的热潮。从2008年《湖南省行政程序规定》实施以来，迄今已有十余个省（市、自治区）制定了地方行政程序规定。另外，不少部委还制定了特定领域的程序规章，如2019年6月1日起实施的《交通运输行政执法程序规定》（已被修订）。该

① 钟瑞华，李洪雷. 论我国行政法法典化的意义与路径：以民法典编纂为参照. 行政管理改革，2020（12）.

② 叶必丰. 行政法的体系化："行政程序法". 东方法学，2021（6）.

③ 姜明安. 21世纪中外行政程序法发展述评. 比较法研究，2019（6）.

规定以128条的篇幅对交通运输行政执法行为作了系统的程序规定，涵盖“管辖”“回避”“期间与送达”“行政检查”“调查取证”“听证”等程序，涉及“行政强制”“行政处罚”等几个执法领域，故可以被称为部门的“程序法典”。这些立法经验为统一行政程序法的制定奠定了基础。

但中国行政程序法典制定仍存在困难和分歧。例如：行政法法典化能否仅限于或止步于行政程序法典化？对这一问题，学界并未达成一致。有学者认为：行政程序法典化只能解决行政程序统一立法的问题，而无法充分填补我国行政法律制度的空白。并且，随着《行政许可法》《行政强制法》《行政法规制定程序条例》《规章制定程序条例》《重大行政决策程序暂行条例》的制定，以及相关部门、地方的行政程序规定的制定，行政程序统一立法的紧迫性也有所减弱。更为重要的是，未来的基本行政法典必然会包含行政程序规范这一重要内容，编纂基本行政法典同行政程序统一立法的目标并不冲突，只是实现方式有所不同。或许正是出于这些原因，2021年8月中共中央、国务院印发的《法治政府建设实施纲要（2021—2025年）》并未提出单独制定行政程序法的要求，而是要求“完善行政程序法律制度”[①]。又如：从主张制定行政程序法典的观点看，在行政程序法的内容、结构等方面，学者间也多存异见。例如，姜明安教授认为，我国行政程序法典的内容应包括五大板块，即设五编，分别为总则、行政程序基本制度、行政决策与行政立法程序、行政处理程序、特殊行政行为程序。[②] 王万华教授设想的行政程序法典的基本框架内容为：第一编，总则；第二编，行政立法与行政规范性文件活动；第三编，行政决策活动；第四编，行政执法活动；第五编，合意行政活动；第六编，政府与信息和数据相关活动；第七编，行政司法活动。[③] 可见，两种设想在结构、表述上的差异是明显的。就具体内容来讲，认识也很不一致，例如，姜明安教授认为行政程序法典应包括“行政复议程序”，王万华教授则将行政复议程序排除在法典外。

法典编纂的难点也很多，例如，如何将尽可能多的行政活动纳入法典，行政活动有哪些种类，如何表达，各种行政活动间有何逻辑关系，等等。重要的是，面对已然成熟的行政行为分类，很多重要的行政活动难以被归纳为某种行政行为类型。例如：行政决策是否属于行政行为？是否应该在法典中作出规定？应如何归类？上述法典构想已经在此问题上表现出了差异。因此，主张引入“行政活动”概念以克服“行政行为”局限性的学者越来越多。有学者认为：行政活动不是法律概念，通常用来泛指与行政机关行使行政权力相关的所有活动，包括行政行为和不能归类于行政行为的行政活动。[④] 有学者主张构建“通用行政法典”，其内容包括：行政组织法（包括公务员法、编制法）、行政活动法（含行政行为法但又不限于行政行为法）、行政监督与问责法、行政救济法等。[⑤]

---

① 杨伟东. 基本行政法典的确立、定位与架构. 法学研究，2021（6）.

② 姜明安. 关于编纂我国行政程序法典的构想. 广东社会科学，2021（4）.

③ 王万华. 我国行政法法典编纂的程序主义进路选择. 中国法学，2021（4）.

④ 王万华. 我国行政法法典编纂的程序主义进路选择. 中国法学，2021（4）.

⑤ 姜明安. 关于编纂我国行政程序法典的构想. 广东社会科学，2021（4）.

知识拓展

一、拓展阅读

1. 中共中央于2021年印发的《法治中国建设规划（2020—2025年）》.

2. 2021年8月，中共中央、国务院印发的《法治政府建设实施纲要（2021—2025年）》.

3. 国务院制定的《重大行政决策程序暂行条例》（2019年9月1日实施）.

4. 罗纳德·M. 莱文，杰弗瑞·S. 拉博斯. 行政程序法精要. 苏苗罕，译. 北京：中国法制出版社，2022.

二、类案练习

吴某不服交通行政处罚案

案情

吴某被交通管理部门以“实施故意污损机动车号牌的违法行为”为由，依据《中华人民共和国道路交通安全法》等法律法规，处以200元罚款的处罚；根据《机动车驾驶证申领和使用规定》，记12分。吴某不服，诉至法院。

吴某认为：依据有关法律规定，对违法行为人处以警告或者200元以下罚款的，可以适用简易程序。被告适用简易程序对其作出罚款200元的处罚并记12分，属程序违法，因为应适用一般程序处罚。另外，吴某认为交通部门的认定事实不清、证据不足；其车牌号只是“不清晰”，其不能被认定为“实施故意污损机动车号牌的违法行为”，依法应被处以“警告或200元罚款，不记分”。

据此，吴某请求法院撤销行政处罚。

思考

（1）交通违章扣分是否属于行政处罚？为什么？

（2）本案中适用简易程序处罚是否合法？

（3）本案中交通部门应如何履行听取当事人陈述、申辩的程序？

【相关规定提示：《道路交通安全违法行为处理程序规定》第43条规定：对违法行为人处以警告或者200元以下罚款的，可以适用简易程序。对违法行为人处以200元（不含）以上罚款、暂扣或者吊销机动车驾驶证的，应当适用一般程序。《机动车驾驶证申领和使用规定》第71条第2款：机动车驾驶人在一个记分周期内记分达到12分的，应当按规定参加学习、考试。】

三、毕业论文选题指导

1. 行政处罚“裁量基准”的适用问题研究

2. 行政执法检查信息公开问题研究

3. 行政程序法典中“程序法”与“实体法”的关系辩证

第六讲　行政立法与其他规范性文件

内容提要

行政机关制定行政法规、规章的行为涉及其与立法机关之间的立法权限分配。我国宪法和相关法律规定了授权立法模式。虽然现行法体系下，没有否认职权立法的存在，但是从依法行政总原则出发，应当逐渐减少这类立法，并进一步在法律中明确授权范围和方式。为保障法治统一，应当确立行政立法的合法性判断标准。鉴于行政机关的执行性质，涉及公民权利义务内容的行政立法，其合法性审查标准应当严格遵守法律优先原则。在行政立法之外，行政机关制定大量的其他规范性文件以指导各种行政活动的展开，针对其中出现的内部效力外溢之特性，应当在确保司法实质性审查和完善事前程序的基础上，承认其他规范性文件作为司法审查的基准。

第一节　行政立法与其他规范性文件研究综述

一、行政立法权限分配方式

行政立法，是指享有制定行政法规、规章权力的行政主体，依法定职权和法定程序制定规范性文件的活动。[①] 依法行政总原则要求行政机关的活动应当依法进行，行政立法作为行政机关各种行为的表现形式之一，亦不例外。依传统理念，行政机关作为立法机关的执行机关，负责执行立法机关的意志，无权立法。现代行政活动范围日益扩张，仅仅依靠立法机关立法很难及时应对新的情况和问题。由于行政机关具有专业性和迅速应对问题的可能性，立法机关将部分立法权限交由行政机关行

① 因使用者的标准不同，行政立法的概念有多种定义，参见应松年. 行政法与行政诉讼法学. 北京：法律出版社，2009：126；吴万得. 论行政立法的概念及其意义. 行政法学研究，2000（2）：38。各个国家对行政立法的定义总结，可参见王学辉，邓华平. 行政立法成本分析与实证研究. 北京：法律出版社，2008：3－4。

使的做法日益普遍。但是，如若制定规则与执行规则的权限越来越多地集中到一个主体手中，将形成自己指挥自己的局面，产生权力的扩张与滥用等危机。因此，一方面，需要行政机关通过立法的方式迅速处理社会问题；另一方面，需警惕权力滥用局面的形成。这里便涉及立法机关与行政机关之间立法权限的分配问题。

我国《宪法》、《立法法》以及《地方各级人民代表大会和地方各级人民政府组织法》明确规定行政立法应当根据宪法和法律进行。但是，就如何理解相关规定的内涵，学界认识并不统一。对此，根据行政立法是否需要以法律为依据，学理上主要存在“职权说”与“依据说”[①] 这两种观点。依“职权说”行政机关可以在自己的职权范围内进行立法，无须法律特别授权；依“依据说”行政立法应当有明确的授权法律作为依据。行政立法中，《宪法》第 90 条第 2 款规定部门规章的制定必须根据法律和国务院的行政法规、决定、命令，《地方各级人民代表大会和地方各级人民政府组织法》第 74 条第 1 款规定地方政府规章的制定必须根据法律、行政法规和本省、自治区、直辖市的地方性法规。这些规定都明确指出了规章的制定应当以具体的法律、法规规定为依据，可见属于“依据说”。而《宪法》第 89 条第 1 项对于行政法规的制定表达为：国务院“根据宪法和法律，制定行政法规”。这种表达方式意味着怎样的分配方式，为本讲将要研究的第一个问题。

二、行政立法的合法性判断

以执行法律、法规规定为主要内容的行政立法，应当在法律授予的权限范围内进行，不与上位法相抵触。这不仅是由立法权与行政权之间的关系所决定的，也是上下位法效力位阶（《立法法》第 99 条）的反映。《立法法》第 107 条明确规定行政法规、规章有超越权限、违反上位法规定的情形，均应由有关机关依照《立法法》规定的权限予以改变或者撤销。由于语言的模糊性，在一些情形下，行政立法规范是否与上位法相抵触往往很难直接从文意中得出结论。对此，理论上已经形成了“直接抵触”加“间接抵触”的判断标准。而“间接抵触”的判断标准涉及对立法目的、立法原则的解释，根据不同的立场，容易形成截然不同的结论。为保障法治统一，应当确立明确的标准来判断行政立法的合法性问题。

三、其他规范性文件的性质与效力

除了行政立法，行政机关也制定了大量具有普遍约束力的决定、命令等其他规范性文件。[②]《行政处罚法》第 16 条规定：“除法律、法规、规章外，其他规范性文件不得设定行政处罚”。可见明确称其为“其他规范性文件”[③]。2018 年《行政诉讼

---

① 姜明安. 行政法与行政诉讼法. 7 版. 北京：北京大学出版社，2020：160.

② 关于其他规范性文件的性质与特征等，可参见叶必丰，周佑勇. 行政规范研究. 北京：法律出版社，2002。

③ 在称谓上，学理上也有“行政规定”“其他规范性文件”等其他称谓。行政规定的称谓来自《行政复议法》第 7 条所建立的对行政机关制定“规定”的行政审查制度。本文采《行政处罚法》中的用语规范。

法司法解释》第 2 条指出，具有普遍约束力的决定、命令，是指行政机关针对不特定对象发布的能反复适用的其他规范性文件。

根据《宪法》第 89 条、第 90 条，《地方各级人民代表大会和地方各级人民政府组织法》第 75 条等的规定，几乎所有的行政机关都有权制定其他规范性文件。这些文件不具有法规范效力，但是对行政机关本身具有确定力，对具体行政行为具有适用力，故发布其他规范性文件的行政机关及其下级行政执行机关应当遵循相应文件的规定。根据《行政复议法》第 7 条，它也是复议机关审理复议案件的依据。复议机关在审查具体行政行为时，如果发现所依据的相应决定、命令与法律、法规、规章或较高层次的决定、命令相抵触，可在其职权范围内依法予以撤销或改变；若无权撤销或改变，则提请上级行政机关或其他有权机关依法处理。① 更为关键的是，这类文件很多时候亦对公民的权利、义务产生直接影响。②

关于其他规范性文件，学界主要从其与法律规范的界限问题以及对它的司法审查制度两方面进行探讨。对于其他规范性文件与法律规范的界限问题，出于对其他规范性文件的性质以及内涵、外延的不同认知，学理上存在不同的标准。形式性标准以法律、行政法规、规章为基准，不属于法律、行政法规、规章的，归入其他规范性文件。③ 对此，有学者批判形式性标准虽然有助于明确法律规范对非法律规范的支配性，但是无法说明两者在制定和适用上的区别，故提出“私人权利义务”“审判基准功能”的实质性标准。④ 是否创设权利义务亦为当前我国司法实务中所采用的实体区分标准，但是因此陷入权利义务的创设与权利义务的具体化之间并不存在一道清晰的界限这一逻辑上的困境。对此，有观点提出应当坚持程序标准，即只要没有经过其他立法程序的规则就是其他规范性文件。⑤ 2014 年《行政诉讼法》修改，法院对其他规范性文件的“一并审查”被写入法律，但是实践中呈现消极状态。⑥ 关于何谓“一并审查”，学理上的理解并不统一，有观点认为“法院对被诉行政行为所依据的其他规范性文件，应当予以‘主动、全面、审慎、适度’的审查。法院有义务依职权主动审查”⑦。本讲在相关研究的基础之上，主要针对具有内部效力外溢特性的其他规范性文件在适用上的问题和规制方法进行探讨。这是本讲将要探讨的第三个问题。

本讲主要就上述三个问题进行讨论。

---

① 应松年. 行政法与行政诉讼法学. 北京：法律出版社，2009：147-150.

② 有学者指出：“在法律的执行层面上，由于现代行政的需要，许多以解释基准、裁量基准等形式出现的‘行政规则’作为法律规范与具体行政行为的中介，从要件设定、内容选择和程序适用等方面直接调整着该具体行政行为，并且在事实上成为具体行政行为的直接行为依据。”[朱芒. 论行政规定的性质：从行政规范体系角度的定位. 中国法学，2003 (1)：41.] 有学者认为，这些其他规范性文件在“本身不合法的情况下，行政机关直接适用该规范性文件作出具体行政行为，在实质上构成行政违法行为”，造成对公民合法权益的侵害。全国人大常委会法制工作委员会研究室. 中华人民共和国行政复议法条文释义及实用指南. 北京：中国民主法制出版社，1999：59.

③ 姜明安. 行政法与行政诉讼法. 7 版. 北京：北京大学出版社，2020：172.

④ 朱芒. 论行政规定的性质：从行政规范体系角度的定位. 中国法学，2003 (1).

⑤ 王留一. 论行政立法与其他规范性文件的区分标准. 政治与法律，2018 (6)：115-130.

⑥ 卢超. 规范性文件附带审查的司法困境及其枢纽功能. 比较法研究，2020 (3)：127-141.

⑦ 何海波. 论法院对规范性文件的附带审查. 中国法学，2021 (3)：139-163.

第二节 行政立法权限分配方式——以行政法规为对象

一、“职权说”与“依据说”

如前所述，对于行政法规的制定是否要以法律为根据，学理上存在“职权说”与“依据说”。“职权说”认为：国务院可以在《宪法》第89条第1项规定的职权范围内直接依据《宪法》制定行政法规。“依据说”认为：国务院制定行政法规，应当有法律上直接的根据、具体的授权。因此，二者的分歧聚焦于对《宪法》第89条第1项的理解。《宪法》第89条第1项规定：国务院“根据宪法和法律，制定行政法规”。“依据说”认为：这条规定用“和”而非“或”，表明了国务院制定行政法规既要根据《宪法》，也要根据法律。从目的解释来看，在《宪法》第89条中，国务院的职权事项的范围太过宽泛，若国务院有权在此宽泛的范围内直接制定行政法规，不利于规制行政权力和保障公民权利。“职权说”认为：从文义解释来讲，该条款亦可被解释为直接依据《宪法》且不与法律相冲突。并且，“依据说”的目的解释在我国社会背景下缺乏可行性和必要性，因为其忽视了行政法规填补法律空白的功效，且处于转型期的我国社会需要先行制定行政法规进行“试错”①。

二、职权立法方式的客观存在与评价

从行政法规的立法实践来看，某事务领域完全不存在法律，国务院依职权立法的情形并不少见，比如《地名管理条例》：我国现行法律没有对地名管理作出规定，也因此无从谈及法律授权。地名管理行政事务当然属于国务院的职权范围，因此，可以很清晰地将国务院制定《地方管理条例》判定为职权立法。

从制度设计来看，作为《宪法》规定的具体化，《立法法》第72条进一步明确规定了行政法规可以就为执行法律的规定需要制定行政法规的事项、《宪法》第89条规定的国务院行政管理职权的事项，作出规定。这等于实质上肯定了“职权说”。这一点从《立法法》对规章的规定当中也可以得到佐证。《立法法》第91条第1款规定：有权机构可以在本部门的权限范围内制定规章。同时该条第2款强调，没有法律或者国务院的行政法规、决定、命令的依据，部门规章不得设定减损公民、法人和其他组织权利或者增加其义务的规范，不得增加本部门的权力或者减少本部门的法定职责。与此相对，现行法律对行政法规没有明确作出这样的要求。

行政立法作为行政活动的表现形式之一，与其他行政活动一样，应受依法行政基本原则的约束。而作为依法行政原则内容之一的法律保留原则，要求某些事项必

① 邹奕. 论我国行政法规的宪法基础. 法学论坛，2012（6）：83－91.

须由法律进行规定，行政立法不得涉足，除非有法律的授权。据此，《立法法》第72条第2项的规定是否属于法律保留原则所要求的“法律的授权”呢？答案是否定的。法律保留原则不仅对规制事项有所要求，还要求法律授权应当明确、具体，严禁“空白授权”[①]。那么，如何理解《立法法》第72条第2项的规定呢？一种观点结合《宪法》第58条和第89条第1项的规定，从体系解释的角度指出：立法权归属于国家权力机关，行政机关没有立法权，国务院制定行政法规应当根据《宪法》和法律；“国务院制定行政法规的权力应当源于国家权力机关的授权，它没有固有的立法权，如果承认国务院有所谓的‘职权立法’，那么《宪法》第89条第1项与第58条之间就会发生冲突”。可以说，《宪法》第89条第1项所规定的国务院有权制定行政法规，仅指有制定行政法规的“权能”，《立法法》第72条第2项是对《宪法》第89条第1项规定的进一步明确。国务院在制定某一行政法规时，除需要有前述“权能”以外，还需要有“权限”。在现有法律框架内，国务院制定行政法规的“权限”来源于法案授权或法条授权。[②]

当然，现实中仍然存在“职权立法”的事实，不可忽略这种立法方式对于我国转型期法制发展所起的重要作用。[③] 随着我国法制体系日渐成熟，有建议提出：对“职权立法”确定一个保留期，逐步修正、废止这种行政立法方式，以保障人民当家作主的人民代表大会制度切实实现。

三、他山之石——法律的法规创造力原则

承继奥托迈耶的依法行政原则，德日行政法理论主要以“法律的法规创造力原则”来约束行政立法。作为奥托迈耶提出的依法行政原则的子原则之一，该原则是指一切法规均应由法律来创造。该原则与前述“法律保留原则”和“法律优先原则”两个子原则共同构成依法行政原则这一行政法基本理论。该理论构成下，法律的法规创造力原则负责处理法律与行政立法的权限分配，法律保留原则处理法律与具体行政行为之间的关系。[④] “法律的法规创造力”原则对行政立法的约束重点在于对“法规”内涵的理解。在经过安许茨等学者对理论的进一步发展，“法规”的内涵从“具有普遍性的规范”发展为“限制公民自由和财产的规范”。也就是说，凡是限制公民自由和财产的规范，是法规，应当由法律规定或依据法律授权进行规定。根据该原则，行政立法制定法规性规范，必须得到法律的授权。

---

① 王贵松. 行政活动法律保留的结构变迁. 中国法学，2021（1）：142-143.

② 章剑生. 现代行政法总论. 2版. 北京：法律出版社，2019：188-190.

③ 针对我国城乡领域的征收、补偿、拆迁问题应当进行立法的公民建议，全国人大常委会法制工作委员会回复认为：“根据立法法的规定，对非国有财产的征收只能制定法律，物权法也规定征收私有房屋应当依据法律规定的权限和程序”；“但考虑到城市房屋拆迁问题涉及城市规划、地区经济发展等诸多问题，立法条件尚不成熟，暂由行政法规作出规定比较适宜”。全国人大常委会法制工作委员会法规备案审查室. 规范性文件备案审查案例选编. 北京：中国民主法制出版社，2020：12.

④ 同样源自奥托迈耶的依法行政原则/理论在我国出现适用上的差异，主要缘于我国继受该理论时的历史原因以及对法律保留原则在认识上的分歧。

然而，法律保留原则与法律的法规创造力原则同为授权原则，仅从约束对象角度来区分二者，确有必要吗？以日本为例，《日本国宪法》第 41 条规定国会为唯一的立法机关，且《内阁组织法》《国家行政组织法》规定：没有法律授权，行政立法不得设定罚则、课以义务或限制公民的权利。因此，在宪法、法律规定明确吸纳"法律的法规创造力原则"之内涵的背景下，不少学者认为直接可以通过法律保留原则进行说明。①

从于我国的借鉴意义来说，结合法律的法规创造性原则的内涵，有学者认为应当从行政立法与法律的关系上，将行政立法分为执行立法与授权立法，"在已存在法律的情况下，对于属于国务院职权范围的事项，国务院可以自主制定执行法律的行政法规"②。这种类型的行政法规是为实施法律而制定的具体实施细则，不得以此形式新增义务或减损权利。"……在不存在法律的情况下，国务院可以根据法律的授权针对法律事项制定补充性、创制性行政法规。"③ 而且法律的授权规范应当具体、明确。④

第三节　行政立法的合法性判断

第二节主要就行政机关进行立法的条件和权限范围进行了探讨。对此，法律保留原则的内涵如何确定，起着重要作用。同时，行政机关在其立法权限范围内进行立法时，根据《立法法》第 98 条确立的上位法与下位法的一般性规则，行政立法不得违反、抵触法律规定。问题在于，由于言语表述必然存在的抽象性，有时候难以直接判断行政立法是否与上位法冲突，这给司法实践带来不确定性。为保障法治统一与稳定，应当确立行政立法合法性的判断标准。

一、行政立法合法性判断标准及其问题所在

《法规、司法解释备案审查工作办法》⑤ 第 38 条列举了法规违背法律规定的具

---

① 大桥洋一. 行政法：现代行政过程论. 第 4 版. 东京：有斐阁，2019：21-22. 关于德日现行理论构造的分析，可参考黄宇骁. 也论法律的法规创造力原则. 中外法学，2017（5）：1342-1343。

② 王贵松. 论法律的法规创造力. 中国法学，2017（1）：127.

③ 王贵松. 论法律的法规创造力. 中国法学，2017（1）：127.

④ 实践中，我国现行行政立法授权主要呈现以下两种模式：模式 1：某事务领域存在法律，为执行该法律制定行政法规，比如根据《药品管理法》的规定制定《放射性药品管理办法》。模式 2：某事务领域存在法律，并在具体条款中授权行政法规进行具体规定，比如根据《计量法》第 3、4、5、7 条等条款对国务院的授权规定，国务院制定《计量法实施细则》。模式 1 与模式 2 都属于存在上位法律，且法律中有明确的授权规定的模式，属于"依据说"的定义模式；两者的区别在于：法律中授权规定的具体化程度有所不同。在模式 1 下，《药品管理法》仅在第 112 条中规定了"国务院对麻醉药品、精神药品、医疗用毒性药品、放射性药品、药品类易制毒化学品等有其他特殊管理规定的，依照其规定"，具体化程度较低。而在模式 2 下，《计量法》在各授权条款中明示了授权规定的事项，具体化程度较高。

⑤ 2019 年 12 月 16 日第十三届全国人大常委会第四十四次委员长会议通过。

体情形：（1）违反 2015 年《立法法》第 8 条，对只能制定法律的事项作出规定；（2）超越权限，违法设定公民、法人和其他组织的权利与义务，或者违法设定国家机关的权力与责任；（3）违法设定行政许可、行政处罚、行政强制，或者对法律设定的行政许可、行政处罚、行政强制违法作出调整和改变；（4）与法律规定明显不一致，或者与法律的立法目的、原则明显相违背，旨在抵消、改变或者规避法律规定；（5）违反授权决定，超出授权范围；（6）对依法不能变通的事项作出变通，或者变通规定违背法律的基本原则；（7）违背法定程序；（8）其他违背法律规定的情形。对于该条规定，全国人大常委会法制工作委员会的导读中明确说明该条是关于合法性审查标准的规定。所谓合法性标准，即要求法规的内容应当不与上位法相抵触。“相抵触带有法律上的否定评价意义，表明下位法与上位法的‘不一致’已经达到了足以反转、抵消、架空、规避上位法的严重程度”[①]。但是，除非是特别直观且明显（比如从法规条文的表述中即可判断）的情形，在多数情况下，相关法规的内容是否构成上述情形，仍然需要经过论证和判断。因此，上述各项应当被理解为判断相关法规的内容是否抵触的结论，而非判断标准本身。

最高人民法院于 2004 年发布了《关于审理行政案件适用法律规范问题的座谈会纪要》（法〔2004〕96 号，以下简称《纪要》），对下位法不符合上位法的常见情形作了详细列举：下位法缩小上位法规定的权利主体范围，或者违反上位法立法目的扩大上位法规定的权利主体范围；下位法限制或者剥夺上位法规定的权利，或者违反上位法立法目的扩大上位法规定的权利范围；下位法扩大行政主体或其职权范围；下位法延长上位法规定的履行法定职责期限；下位法以参照、准用等方式扩大或者限缩上位法规定的义务或者义务主体的范围、性质或者条件；下位法增设或者限缩违反上位法规定的适用条件；下位法扩大或者限缩上位法规定的给予行政处罚的行为、种类和幅度的范围；下位法改变上位法已规定的违法行为的性质；下位法超出上位法规定的强制措施的适用范围、种类和方式，以及增设或者限缩其适用条件；法规、规章或者其他规范文件设定不符合行政许可法规定的行政许可，或者增设违反上位法的行政许可条件；其他相抵触的情形。《纪要》较全面地概括了实践中下位法不符合上位法的诸情形，其中所提出的违反上位法目的扩大/缩小权利主体范围、权利范围、职权范围，增设、限缩上位法规定的义务主体范围、义务范围以及适用条件的判断标准具有重要参考意义。但是也存在不少问题，如有学者指出的那样：首先，凡是吻合上位法目的进行权利扩大则一定合法吗?[②] 进一步说，由于语言表述的局限性而必然存在解释空间，对上位法目的的解释自然会影响是“违反”还是“吻合”的评价。其次，在一些场合，“扩大与缩小”和“具体化”的界限并不分明，是否只要表现为上述情形即判断为抵触还需进一步辨明。最后，是否所有上、下位

① 全国人大常委会法制工作委员会法规备案审查室.《法规、司法解释备案审查工作办法》导读. 北京：中国民主法制出版社，2020：106-108.

② 陈吉利. 法律抵触判定原理的反思和重构. 行政法学研究，2014（3）：62.

阶法规范之间的关系都应依据此进行判断呢?[①] 因此，可以说，《纪要》虽然指出了下位法不符合上位法的情形和判断要素，但并没有形成行政立法合法性判断标准的体系。

二、典型案例——第 5 号指导案例的启示

1. 问题的核心：如何判断“尚未制定法律、法规”

较为典型的案例便是最高人民法院发布的第 5 号指导案例。该案涉及法律与地方政府规章之间的抵触判断问题。[②] 该案的争议点在于苏州盐务局根据《江苏盐业实施办法》(以下简称《实施办法》) 对工业盐准运证的规定，对鲁潍公司未经批准进行工业盐购销和运输的行为作出行政处罚的决定是否合法。对此，《实施办法》的上位法——《盐业管理条例》虽然对盐业购销、运输等作出了规定，但其中没有关于工业盐准运证的规定。在这种情况下，地方政府规章可否就工业盐的运输规定行政许可呢? 这里涉及《行政许可法》《行政处罚法》对地方政府规章的授权内容：尚未制定法律、行政法规和地方性法规的，因行政管理的需要，地方政府规章可以设定临时性的行政许可、一定种类的行政处罚；在已经制定法律、法规的情况下，地方政府规章只能在法律、法规规定的范围内作出具体规定，不能设定新的许可、处罚。问题在于：如何判断“尚未制定法律、法规”?

2. “领域说”与“事项说”的局限

对于如何判断“尚未制定法律、法规”，学理上存在“领域说”与“事项说”两种不同的理解。依“领域说”在就某事务领域尚未制定法律、法规的情形下，地方政府规章才可设定行政许可或行政处罚；依事项说，在法律、法规并未就某些特定事项进行规定的情形下，地方政府规章即可设定相关许可或处罚。该案的裁判要点指出：“1. 盐业管理的法律、行政法规没有设定工业盐准运证的行政许可，地方性法规或者地方政府规章不能设定工业盐准运证这一新的行政许可。2. 盐业管理的法律、行政法规对盐业公司之外的其他企业经营盐的批发业务没有设定行政处罚，地方政府规章不能对该行为设定行政处罚”。最高人民法院案例指导工作办公室发布的解说中，对该要点作出如下解释：“在已经制定了法律、行政法规的情况下，地方性法规和地方性规章都不得创设行政许可……在盐业管理领域，《盐业管理条例》这一行政法规并没有设定工业盐准运证之类的行政许可，这已经说明国务院并不认为需要设定类似的行政许可。因此，地方性法规、地方政府规章不能在行政法规没有规定的情况下，创设新的行政许可”[③]。从与指导案例发布主体同一性的角度来说，可

---

① 例如，地方性法规和法律的关系，与行政法规和法律的关系应当是不一样的。根据本讲第二节的内容，行政法规应当严格依据法律明确、具体的授权进行制定，而地方性法规的制定由于立法程序中有民主机制的参与，具有一定自主性和灵活性。就此，在两者与上位法相抵触的判断问题上，考虑的要素和紧张程度也应当是不同的。

② 最高人民法院《关于发布第二批指导性案例的通知》(法〔2012〕172 号).

③ 最高人民法院案例指导工作办公室. 指导案例 5 号《鲁潍（福建）盐业进出口有限公司苏州分公司诉江苏省苏州市盐务管理局盐业行政处罚案》的理解与参照. 人民司法，2012 (15)：49 - 50.

以认为该案对行政许可的相关规定采用了“领域说”。据此，是否可以普遍化，将其作为对行政立法合法性审查的一般性判断标准？答案是否定的。从全国人大常委会法制工作委员会就《物业管理条例》第 19 条第 1 款是否与原《物权法》第 76 条第 1 款第 7 项相抵触的答复[①]来看，其采用了“事项说”[②]。其实，“领域说”与“事项说”本身均有天然的缺陷：两者的适用前提均是对“领域”和“事项”的确认。但在大多数情况下，两者是相对交叉的概念，比如：针对盐业行政领域，工业盐行政可以说是特定事项；而针对工业盐行政领域，工业盐运输可以被视为特定事项。“这种由生活经验而非先验逻辑所决定的、能够不断细化‘项’类空间”[③] 的存在本身，是利用语言界定“法律是否已经作出规定”的困难所在。

3. 立法目的判断标准的批判性适用

对该案的另一种考量是从立法目的变迁角度进行的。这种考量涉及学理上对抵触的情形的另外一种分类方式：直接抵触和间接抵触。直接抵触是指下位法的规定与上位法的规定相反，上位法的规定直接无法适用；也包括虽然下位法的规定在表面上不与上位法的规定相反，但是其意图抵消、规避上位法的规定，实施过程中也产生了抵消、规避上位法的规定的效果。对于直接抵触的情形，通常通过对上位法与下位法语言表述的对比或者比照法效果即可判断。间接抵触是指虽然下位法不与上位法的具体规定相抵触，但是与上位法的立法目的、精神或原则相违背，构成对上位法的立法目的、精神和原则的否定。[④]

从立法目的、立法背景来讲，该案涉及我国行政审批改革进程。在原来以管制为主要手段的行政理念中，从法律到地方政府规章，设定了各种形式的行政许可以及登记制度。在盐业领域，为杜绝以工业盐代替食用盐进行售卖的行为，在从工业盐的加工到运输，直至销售等各环节都设置了审批程序。[⑤] 对工业盐准运证的规定产生于当时对行政法制理解的大背景和建立在一定的社会事实基础之上。随着社会经济进一步发展，市场逐渐趋于成熟，市场内部的良性竞争能够自发消除不正当的交易关系，优胜劣汰。行政管理退出市场后，给予市场更多自我发展的空间更有利于促进经济增长。在这种意识下，我国自 2002 年始由国务院主导大力推进行政审批制度改革，不断削减行政审批事项，持续向市场和社会放权，有效破除了制约创业创新的各种不合理束缚，降低了制度性交易成本，极大激发了市场活力和社会创造

---

① 全国人大常委会法制工作委员会法规备案审查室. 规范性文件备案审查案例选编. 北京：中国民主法制出版社，2020：6-8.

② 即使是对《行政许可法》相关规定本身，有权机关的解释也不一致。对于“尚未制定法律、法规”的理解，全国人大常委会法制工作委员会和国务院法制办公室分别给出了“领域说”和“事项说”的答复。全国人大常委会法制工作委员会. 法律询问答复. 北京：中国民主法制出版社，2006：102-104.

③ 金自宁. 地方立法行政许可设定权之法律解释：基于鲁潍案的分析. 中国法学，2017 (1)：254-266.

④ 全国人大常委会法制工作委员会法规备案审查室.《法规、司法解释备案审查工作办法》导读. 北京：中国民主法制出版社，2020：107-108.

⑤ 有关盐业行政相关历史背景和国家政策变革历程对盐业行政管理的影响，可参见沈岿. 指导案例助推垄断改革：以指导案例 5 号为分析对象. 行政法学研究，2014 (2)：50-59。

力。[①] 与此同时，行政法理念从原来的管制型行政开始转变为服务型行政。新行政法理念要求政府主动放权，让权力回归社会，并以服务者的身份辅助社会发展，弥补市场竞争机制中存在的缺陷。在当下的行政法理念与社会背景下，相关立法目的也发生改变。在该案中，对于能够通过市场自发力量解决的问题，不应当再通过行政许可等规制型行政行为进行解决，故《盐业管理条例》的立法目的可以被解读为：辅助盐业市场竞争机制有效发挥作用，从服务角度进一步促进市场规范、保障公共安全。在此立法目的下，对工业盐的运输进行管制不再成为必要，因为完全可以将它交由市场力量自发规制。根据社会环境的变化对立法目的进行解读的法解释方法符合社会规范与时俱进的要求，有助于相关立法更好地发挥作用。但是，此种解释方法亦应当慎用，因为，随意解释立法目的，或未经全面考察即以社会情势变迁作为立法目的的解释的根据都有偏离法治的危险。[②] 从这个角度说，如何从更加公正、客观的角度确定上位法的立法目的、立法精神，是适用本判断标准的关键所在。

结合第二节的内容，鉴于行政与立法的关系，判断行政立法是否违反上位法时应当严格遵循法律优先、法律保留原则。因此，对于第 5 号指导案例的裁判要旨，与其评价为“领域”式判断方式，不如说是对法律优先原则的严格遵循：上位法没有规定工业盐准运证，地方政府规章亦不得作出相关规定。[③]

第四节 其他规范性文件内部效力的外溢性问题

一、其他规范性文件内部效力的外溢性——以审查基准、裁量基准为探讨对象

行政法律、法规为应对纷繁复杂的社会情势，通常规定得较为抽象，但是，较为抽象的法律规范往往很难直接适用于具体发生的个别现实问题，需要执行者在具体事实与法律规范间往复，以作出适当的判断。具体负责执行的行政机关为贯彻平等原则，即对相同案情作出相同处理，往往根据其丰富的实践经验制定实施细则，指导执行部门具体适用。这一类文件中最为突出的类型主要有审查基准、裁量基准两种。审查基准是指行政机关对行政相对人的申请进行审查时依据的规范、准则；裁量基准是指行政机关在法律、法规准予的裁量范围内，根据具体情况将裁量范围的适用进一步细化的规范、准则。[④]

举例来说：《重庆市人民政府关于优化建设工程防雷许可的实施意见》（渝府发

① 截至目前，我国总计开展 12 批次行政审批改革，经国务院决定并下放的行政审批制度共 2766 项。

② 成田赖明. 都市づくり条例の諸問題. 第一法规，1992：14－15.

③ 不论是从《审查工作办法》还是从《纪要》来看，实践中倾向于将各种下位法违反上位法的问题统合起来进行抵触规则的制定。但是，由于地方性法规与行政立法本身在立法性质以及程序（地方性法规的立法程序中具有民主参与机制）上都不相同，应当适用不同的抵触判断标准。

④ 塩野宏. 行政法：Ⅰ：第 5 版补定版. 东京：有斐阁，2013：103－106.

〔2016〕57号）第7条规定：在开展防雷装置设计审核许可时，由审批部门委托具备能力的有关机构开展防雷装置设计技术评价；在开展防雷装置竣工验收许可时，由审批部门委托取得相应防雷装置检测资质的有关机构开展新建、改建、扩建建（构）筑物防雷装置检测。这属于典型的审查基准。《重庆市人民政府关于印发重庆市国有土地上房屋征收与补偿条例实施细则的通知》（渝府发〔2022〕26号）第12条规定的确需征收房屋的具体情形，则属于裁量基准。当然，法规范体系中，亦不乏以法规、规章的形式制定的审查基准、裁量基准。[①] 然而，以其他规范性文件的形式制定的两类基准，问题在于：从形式来看，该文件属于行政机关内部规则，对行政机关的工作开展具有约束力，但是由该文件产生的效果直接作用于行政相对人，必然对行政相对人的权利义务产生实质性的影响。此种现象即被称为内部效力的外溢性。

二、对其他规范性文件内部效力的外溢的评价

这种内部效力的外溢性不仅体现在对权利义务的实质性影响上，还体现在对司法审判的影响上。宜昌市国际管理认证认可促进会诉宜昌市规划局规划行政许可上诉案[②] 便涉及这一问题。该案中上诉人向被上诉人申请设置永久性单位名称标牌，被上诉人经审查，认为该标牌不符合相关文件对建设工程许可条件的相关规定，并作出不同意申请的审查告知书。这里的相关文件是指宜昌市有关机关根据《城市规划法》第23条、《广告法》第32条制定的《报建指南》《关于整治城区户外广告、招牌、标牌的通告》，它们对建设工程许可作出具体的技术规范要求，属于以其他规范性文件形式制定的审查基准。二审法院认为：上诉人申请设置的标牌高度和位置不符合《报建指南》的规定，被上诉人据此作出不同意上诉人设置标牌的审查告知书是正确的。可以说，该案中，二审法院根据其他规范性文件作出了行政行为合法有效的判决。

对这种具有内部效力外溢性的其他规范性文件，应当积极地评价吗？有学者指出："由于现代国家发展对行政的需要，（未经法律委任的）不具有法律规范外形的行政规则事实上已经突破了传统的范围而深入到行政的全部领域"，对行政规则的认识应当从形式标准转换为实质标准，即从是否具有影响权利义务的内容或是否具有审查基准效力来确认其是否具有法规属性。[③] 也就是说，形式上呈现为其他规范性文件的这类规范，如果其对权利义务产生影响或具有审查基准效力，应当承认其实质上具备法规属性。但是，对于形式上不具备法规特征的文件一概承认其实质为法规的做法确有偏离法律保留原则之嫌。值得注意的是，上述判决在作出结论前，对有关其他规范性文件的合法性进行了实质性审查，指出"相应

① 比如：《重庆市规范行政处罚裁量权办法》（重庆市人民政府令第238号）第13～15条规定了不予处罚、减轻处罚、从轻处罚、从重处罚的具体情形；《重庆市行政处罚听证程序规定》（重庆市人民政府令）第3条第2款规定，"前款第（三）项所称较大数额罚款，是指对非经营活动中的违法行为处以1000元以上，对经营活动中的违法行为处以20 000元以上罚款"。可见二者都是以地方政府规章的形式制定的裁量基准。

② 湖北省宜昌市中级人民法院（2006）宜中行终字第00022号行政判决书.

③ 朱芒. 论行政规定的性质：从行政规范体系角度的定位. 中国法学，2003（1）：41.

规定并未违反法律、地方性法规的禁止性规定，相应内容也未违反法律、地方性法规的立法原则和目的”。也就是说，该案法院根据其他规范性文件作出行政行为合法的判决的前提是这些文件合法有效。那么，对于法院于该案的做法也可以作出如下解释：法院对其他规范性文件进行实质性审查是适用这类其他规范性文件直接进行判断的必要保障。

除此之外，站在保护行政相对人合法权益的立场上，对于这一类其他规范性文件，不仅应当更加注重在制定程序中设置民主参与机制，保障制定过程中有公民参与程序；而且，应当保障公民能够通过便捷有效的路径查询到相关文件，以公开机制切实保障公民的合法权益。

知识拓展

一、拓展阅读

1. 王学辉，邓华平. 行政立法成本分析与实证研究. 北京：法律出版社，2008.

2. 王贵松. 论法律的法规创造力. 中国法学，2017（1）.

3. 何海波. 论法院对规范性文件的附带审查. 中国法学，2021（3）.

4. 朱芒. 论行政规定的性质：从行政规范体系角度的定位. 中国法学，2003（1）.

5. 胡建淼. 法律规范之间抵触标准研究. 中国法学，2016（3）.

6. 王锴. 合宪性、合法性、适当性审查的区别与联系. 中国法学，2019（1）.

二、类案练习

案情

2017 年 3 月，法制工作委员会法规备案审查室收到公民对国务院《物业管理条例》提出的审查建议，认为：《物业管理条例》第 19 条第 1 款将业主大会及业主委员会的职责和权利限制在物业管理活动的范畴，与《物权法》第 76 条第 1 款第 7 项相抵触，剥夺了《物权法》赋予业主就“有关共有和共同管理权利的其他重大事项”作出决定的权利。

对此，国务院法制办反馈表示：（1）《物权法》第 76 条第 1 款对由业主共同决定的事项范围作了规定，其中第 7 项——“有关共有和共同管理权利的其他重大事项”是兜底性规定。这是对业主基于建筑物区分所有权行使“对专有部分以外的共有部分享有共有和共同管理的权利”的具体细化规定，是为了防止共有和共同管理的权利被滥用而损害业主的合法权益。《物业管理条例》第 11 条对此作了重复性规定。（2）考虑到业主大会、业主委员会是代表业主履行物业管理职责的组织，《物业管理条例》第 19 条第 1 款明确将业主大会、业主委员会行使职责的活动限定在“物业管理”的范围之内，主要目的是防止业主大会、业主委员会滥用权利，以更好地保障全体业主的共同权益。因此二者规定的并非同一事项，不存在抵触。

法制工作委员会法规备案审查室结合国务院法制办的反馈认为：（1）《物权法》第 76 条第 1 款规定了应当由业主共同决定的事项范围，目的是区分哪些事项应当由业主共同决定，哪些事项不需要由业主共同决定。(2)《物业管理条例》主要是对业主大会、业主委员会可以作出的决定、可以从事的活动范围作了一定的限制，而《物权法》并未明确规定。《物权法》第76条第1款与国务院《物业管理条例》的上述规定属于针对不同问题作出的相关规定，国务院《物业管理条例》第19条的规定与《物权法》第76条第1款第7项的规定不抵触。

思考

(1) 请根据本讲所学，尝试对相关立法机关的理由进行评议。

(2) 请结合本案内容，尝试分析本案与第5号指导案例得出不同结论的理由。

三、毕业论文选题指导

1. 其他规范性文件作为行政行为“依据”的司法审查标准
2. 其他规范性文件与上位法相抵触的审查标准探析
3. 行政法规的合法性审查判断标准

第七讲　行政法律责任

内容提要

行政法律责任是行政法中重要的概念，但多数教材未单设专题予以讨论。较对民事法律责任与刑事法律责任的研究而言，理论界对行政法律责任的关注相对不足。我们认为：行政法律责任是法律责任在行政法律关系中的体现。在最广义上理解，行政法律责任的主体不仅包含行政主体及其公务人员，也包括行政相对人。行政法律责任是民事法律责任、刑事法律责任的平行概念。行政法律责任既是行政法律规范得到有效实施的保障，也关乎法治正义与公平价值的实现，对行政法律关系主体的行为发挥指引作用。因此，《法治中国建设规划（2020—2025 年）》《法治政府建设实施纲要（2021—2025 年）》等中央文件高度关注行政法律责任问题；《行政诉讼法》《行政复议法》《国家赔偿法》《公务员法》《监察官法》《政务处分法》《行政处罚法》则分别就行政机关、公务人员以及行政相对人的法律责任问题进行了规范，我国行政法律责任机制总体运行顺畅，但从理论研究与实践运行来看，诸如公务人员政务处分、行政相对人无主观过错不承担行政法律责任、行政相对人的行政法律责任与刑事法律责任竞合等问题引发讨论较多，本讲主要就这些问题进行介绍，供研学者参考。

第一节　行政法律责任的一般理论

一、行政法律责任的概念

在现代汉语中，“责任”通常有两种含义：一是“分内应做的事”，二是“没有做好分内的事，因此应当承担的过失”①。关于什么是“法律责任”、什么是“行政法律责任”，理论界一直充满争论，未达成共识。在我们写作本讲时，《中国法学》

① 中国社会科学院语言研究所词典编辑室．现代汉语词典．7 版．北京：商务印书馆，2016：1637.

2022 年第 3 期刊发了李拥军教授的《法律责任概念的反思与重构》[①] 一文。该文对蔡宏伟博士在《法制与社会发展》2020 年第 6 期发表的《“法律责任”概念之澄清》[②] 一文中的观点进行回应。这两篇文章对具有代表性的“法律责任”概念进行了梳理，并提出了自身关于法律责任的定义。国内主流的法理学教科书也基本提出了各自关于法律责任的定义。在这些定义中，我们择其一——“法律责任是指有关的主体因损害法律上的义务而应当承担的法律上强制的不利后果”[③]。

行政法律责任是法律责任在行政法律关系中的体现，作为法律责任的一种，平行于民事法律责任、刑事法律责任。关于“何谓行政法律责任”的问题，田文利、张艳丽在《行政法律责任的概念新探》[④] 一文中，对有代表性的定义及其理由进行了介绍。在关于行政法律责任的理论讨论中，最有争议的问题是：行政法律责任的主体是仅指行政主体及其公务人员，还是也包含行政相对人？一种观点认为：行政法律责任的主体仅包括行政主体及其公务人员，行政法律责任是指“行政主体及其工作人员因违反行政法律规范而依法必须承担的法律责任，它是行政违法（包括部分行政不当）所引起的法律后果”[⑤]。另一种观点则认为：行政法律责任的主体不仅包括行政主体及其公务人员，还包括行政相对人。行政法律责任是指“行政法律关系主体由于违反行政法律规范或不履行行政法律义务而依法应承担的行政法律后果”[⑥]。类似的表述为：“国家行政机关（通过国家工作人员）依照行政法在法定权限内，对公民、法人和其他组织的轻微行政违法行为所采取的强制措施和追究的法律责任；以及国家行政机关自身在执法中，因违法或不当而依法应负的法律责任。”[⑦]

我们赞成后一种观点，即：行政法律责任的主体既包括行政机关及其公务人员，也包括行政相对人。行政法律责任作为与民事法律责任、刑事法律责任平行的概念，不宜将行政相对人排除在行政法律责任的主体之外。行政法律责任、行政责任、行政主体（行政相对人）违法责任、行政执法责任是我们在理论上与实践中常见的表述，都是由“法律责任”衍生的组合词。当这些词语在不同场景中被使用时，不管其差异性指向，其共同点都是表明在行政活动中有关主体应当承担法律责任。譬如：因公务人员违法行政导致公共利益或行政相对人的合法权益受到侵害，需要追究行政主体和公务人员的责任时，通常会称追究其“行政责任”或“法律责任”抑或“违法责任”；行政相对人寻衅滋事给他人造成人身或财产损失，被公安机关予以行政处罚时，通常也称行政相对人既要承担行政责任，也需要对他人承担民事责任。因此，在法治实践中，对“行政法律责任”与“行政责任”的使用，事实上常处于

① 李拥军. 法律责任概念的反思与重构. 中国法学，2022 (3)：226-245.
② 蔡宏伟.“法律责任”概念之澄清. 法制与社会发展，2020 (6)：85-104.
③ 孙笑侠，夏立安. 法理学导论. 北京：高等教育出版社，2004：151-152.
④ 田文利，张艳丽. 行政法律责任的概念新探. 上海行政学院学报，2008 (1)：86-95.
⑤ 张正钊. 行政法与行政诉讼法. 北京：中国人民大学出版社，1999：246.
⑥ 罗豪才. 行政法学. 北京：北京大学出版社，1996：301.
⑦ 许崇德，皮纯协. 新中国行政法学研究综述. 北京：法律出版社，1991：526.

混同状态。我们认为：可以将两者视为同一概念表达。不拘泥于具体的概念性争论，从最广义上理解，有助于囊括与讨论所有涉及行政法律责任的问题。

二、行政法律责任的承担形式

如前所述，行政法律责任的承担主体包括行政主体、公务人员、行政相对人。在20世纪90年代初，就有学者提出行政法律责任有"制裁性法律责任、强制性法律责任和补救性法律责任"三种构成形式，并总结了行政机关、公务人员、行政相对人承担行政法律责任的形式——行政主体承担的制裁性行政法律责任包括通报批评、警告，承担的强制性行政法律责任包括扣划资金、执行罚，承担的补救性行政法律责任包括承认错误、赔礼道歉、恢复名誉、消除影响、履行法定职责、撤销违法、纠正不当、返还权益、恢复原状、行政赔偿；公务人员承担的制裁性行政法律责任包括通报批评和行政处分，承担的补救性行政法律责任主要表现为行政赔偿；行政相对人承担的制裁性行政法律任主要是行政处罚，承担的强制性行政法律责任既包括代执行和执行罚等间接强制，也包括强制履行义务、强制治疗、强制传唤、划拨、强制拆除、强制扣缴、强制清除、强制退还、强制征收等直接强制，承担的补救性行政法律责任在多数情况下以赔偿形式出现。①

1. 行政主体承担责任的形式

三十年多来，伴随行政法治建设的发展，我国行政法律责任规范体系逐步形成，行政主体、公务人员承担法律责任的形式也在不断完善。除《行政诉讼法》《行政复议法》《国家赔偿法》《公务员法》《监察官法》《政务处分法》《行政处罚法》等法律中明确规定了行政法律责任外，《法治中国建设规划（2020—2025年）》《法治政府建设实施纲要（2021—2025年）》《国务院工作规则》及诸多地方性规范中，均有涉及行政法律责任的规定。例如，《国务院工作规则》② 要求，国务院及各部门要带头维护宪法和法律权威，建设职能科学、权责法定、执法严明、公开公正、廉洁高效、守法诚信的法治政府，依法行使权力、履行职责、承担责任；要严格规范公正文明执法，健全规则，规范程序，落实责任，强化监督，做到有法必依、执法必严、违法必究，维护公共利益、人民权益和社会秩序；要严格执行工作责任制，严格绩效管理和行政问责，加强对重大决策部署落实、部门职责履行、重点工作推进以及自身建设等方面的考核评估，建立健全重大决策终身责任追究制度及责任倒查机制，健全激励约束、容错纠错机制，严格责任追究，提高政府公信力和执行力。《法治政府建设实施纲要（2021—2025年）》则提出：责任法定化，严格落实重大行政决策终身责任追究制度和责任倒查机制，全面落实"谁执法谁普法"普法责任制，强化各地区各部门防范化解本地区本领域重大风险责任，严格按照权责事项清单分解执法职权、确定执法责任，建立健全政府失信责任追究制度等。

总体来看，行政主体的主要担责形式包括补救性的"改正""赔偿"等，惩戒性

① 张泽想. 我国行政法主体对行政法律责任的承担. 河北法学，1992（1）：36，34.

② 《国务院工作规则》（国发〔2018〕21号，2018年6月25日发布）.

的“书面检查”“取消评优评先”“扣发奖金”等。例如，《重大行政决策程序暂行条例》[①] 第38条第1款规定：“决策机关违反本条例规定的，由上一级行政机关责令改正”。《南昌市人民政府重大行政决策责任追究办法》[②] 规定：重大决策责任追究方式有责令作出书面检查、告诫、取消当年评优评先资格、扣发当年奖金、通报批评等。国务院办公厅《关于推行行政执法责任制的若干意见》[③] 规定：“对有违法或者不当行政执法行为的行政执法部门，可以根据造成后果的严重程度或者影响的恶劣程度等具体情况，给予限期整改、通报批评、取消评比先进的资格等处理”。国家安全生产监督管理总局《安全生产监管监察职责和行政执法责任追究的规定》[④] 规定：对安全监管监察部门及其内设机构的责任追究包括下列方式：责令限期改正，通报批评，取消当年评优评先资格，法律、法规和规章规定的其他方式。《广西壮族自治区行政过错责任追究办法》[⑤] 规定：行政机关发生行政过错的，视情形责令书面检查、通报批评、取消评优评先资格。《深圳市行政过错责任追究办法》[⑥] 规定：对行政机关的行政过错责任追究包括以下方式：书面告诫、责令作出书面检查、通报批评、责令公开道歉等。

当然，行政主体的行为都是通过其公务人员来具体实施的。无论是领导人员的决策行为还是一般公务人员的执法行为，违法的行政行为或者不当的行政行为均可最终归结于公务人员。行政主体的法律责任也转由行政首长或公务人员承担。例如，《重大行政决策程序暂行条例》第38条第2款规定：决策机关违反规定造成决策严重失误，或者依法应当及时作出决策而久拖不决，造成重大损失、恶劣影响的，应当倒查责任，实行终身责任追究，对决策机关行政首长、负有责任的其他领导人员和直接责任人员依法追究责任。《四川省重大行政决策责任追究暂行办法》[⑦] 规定：本重大行政决策责任追究，是指县级以上地方人民政府重大行政决策未按照法定权限、程序、时限决策，或者造成重大损失、恶劣影响的，按照规定追究行政首长、负有责任的其他领导人员及相关责任人员的责任。《广东省行政执法责任制条例》[⑧] 规定：行政执法主体的主要负责人，对本单位的行政执法承担领导责任，行政执法

---

① 《重大行政决策程序暂行条例》（中华人民共和国国务院令第713号，2019年4月20日发布，2019年9月1日起施行）。

② 《南昌市人民政府重大行政决策责任追究办法》（洪府发〔2010〕35号，2011年1月27日发布）。

③ 《国务院办公厅关于推行行政执法责任制的若干意见》（国办发〔2005〕37号，2005年7月9日发布）。

④ 《安全生产监管监察职责和行政执法责任追究的规定》（中华人民共和国国家安全监管总局令第77号，2015年4月2日发布，2015年5月1日起施行）。

⑤ 《广西壮族自治区行政过错责任追究办法》（广西壮族自治区人民政府令第24号，2007年4月25日发布，2007年6月1日起施行）。

⑥ 《深圳市行政过错责任追究办法》（深圳市人民政府令第206号，2009年9月3日发布，2009年11月1日起施行）。

⑦ 《四川省重大行政决策责任追究暂行办法》（四川省人民政府令第314号，2016年9月1日发布，2016年11月1日起施行）。

⑧ 《广东省行政执法责任制条例》（1999年11月27日广东省第九届人民代表大会常务委员会第十三次会议通过；2009年7月30日广东省第十一届人民代表大会常务委员会第十二次会议修订，2009年7月30日发布，2009年10月1日起施行）。

主体内设工作机构的主管领导以及内设工作机构负责人是行政执法主管责任人，对所管理的工作机构的行政执法行为承担主管责任。

我们认为：当前由行政主体单独承担的责任形式偏少，部分责任直接转由国家承担、相关人员承担，事实上并不能让行政主体真正担责。因此，可以考虑一些措施，譬如承担行政赔偿的支出和该主体的财政预算总额挂钩，违法案件发生率与该单位的编制挂钩等。这些建议尚需要在组织法、预算法层面被采纳，以对行政主体的“独立性”进行相应的制度安排。

2. 公务人员承担责任的形式

公务人员的法律责任一般分为惩戒责任和行政追偿两种。关于行政处分与政务处分，本讲将专题论述；行政赔偿的相关内容在本书其他讲也会涉及，在此不重复讨论。

就公务人员承担责任的形式而言，除行政处分、政务处分、行政追偿外，实践中还有一些形式。例如，国务院办公厅《关于推行行政执法责任制的若干意见》指出，“对有关行政执法人员，可以根据年度考核情况，或者根据过错形式、危害大小、情节轻重，给予批评教育、离岗培训、调离执法岗位、取消执法资格等处理”。国家安全生产监督管理总局《安全生产监管监察职责和行政执法责任追究的规定》第 31 条第 2 款规定，对行政执法人员的责任追究包括下列方式：（1）批评教育；（2）离岗培训；（3）取消当年评优评先资格；（4）暂扣行政执法证件；（5）调离执法岗位；（6）法律、法规和规章规定的其他方式等。国家税务总局《税收执法过错责任追究办法》[①] 第 7 条规定：执法过错责任的追究形式分为行政处理和经济惩戒。行政处理包括批评教育、责令作出书面检查、通报批评、责令待岗、取消执法资格；经济惩戒是指扣发奖金、岗位津贴。

此外，公务人员的担责还涉及尽职免责问题。尽职免责是指对于尽职尽责，但仍未避免不利结果发生的公务人员，应当减轻或免除责任。为保障公务人员履职的积极性，公平评判公务人员的执法行为，一些部门和地方在尽职免责方面进行了探索。比如，国家市场监督管理总局《市场监督管理行政执法责任制规定》[②] 第 11 条规定，以下情形不构成行政执法过错行为，不应追究有关工作人员的行政执法责任：因行政执法依据不明确或者对有关事实和依据的理解认识不一致，致使行政执法行为出现偏差的，但故意违法的除外；因行政相对人隐瞒有关情况或者提供虚假材料导致作出错误判断，且已按规定履行审查职责的；依据检验、检测、鉴定报告或者专家评审意见等作出行政执法决定，且已按规定履行审查职责的；行政相对人未依法申请行政许可或者登记备案，在其违法行为造成不良影响前，市场监督管理部门未接到举报或者由于客观原因未能发现的，但未按规定履行监督检查职责的除外；因出现新的证据，致使原认定事实或者案件性质发生变化的，但故意隐瞒或者因重

---

① 《税收执法过错责任追究办法》（国税发〔2005〕42 号，2005 年 3 月 22 日发布）.

② 《市场监督管理行政执法责任制规定》（国家市场监督管理总局令第 41 号，2021 年 5 月 26 日发布，2021 年 7 月 15 日起施行）.

大过失遗漏证据的除外；按照年度监督检查、“双随机、一公开”监管等检查计划已经认真履行监督检查职责，或者虽尚未进行监督检查，但未超过法定或者规定时限，行政相对人违法的；因科学技术、监管手段等客观条件的限制，未能发现存在问题或者无法定性的；发生事故或者其他突发事件，非由市场监督管理部门不履行或者不正确履行法定职责行为直接引起的；对发现的违法行为或者事故隐患已经依法查处、责令改正或者采取行政强制措施，因行政相对人拒不改正、逃避检查、擅自违法生产经营或者违法启用查封、扣押的设备设施等行为造成危害后果或者不良影响的；在集体决策中对错误决策提出明确反对意见或者保留意见的；发现上级的决定、命令或者文件有错误，已向上级提出改正或者撤销的意见，上级不予改变或者要求继续执行的，但执行明显违法的决定、命令或者文件的除外；因不可抗力或者其他难以克服的因素，导致未能依法履行职责的；在推进行政执法改革创新中因缺乏经验、先行先试出现的失误，尚无明确限制的探索性试验中的失误，为推动发展的无意过失。

3. 行政相对人承担责任的形式

行政相对人承担行政法律责任的方式包括：制裁性行政法律责任——行政处罚、强制性行政法律责任——行政强制、补救性行政法律责任。[①] 鉴于《行政处罚法》刚修订实施，本讲主要围绕行政处罚展开。

《行政处罚法》规定的行政处罚的种类，对应行政相对人承担行政法律责任的形式，包括：警告、通报批评，罚款、没收违法所得、没收非法财物，暂扣许可证件、降低资质等级、吊销许可证件，限制开展生产经营活动、责令停产停业、责令关闭、限制从业，行政拘留，法律、行政法规规定的其他法律责任形式。

除了上述承担法律责任的形式，实践中还有大量的承担形式，需要引起关注，譬如联合惩戒中的各类惩戒措施。2016 年，国务院发文[②]，要求：对重点领域和严重失信行为实施联合惩戒，依法依规加强对失信行为的行政性约束和惩戒。

该文件规定：对严重失信主体，各地区、各有关部门应将其列为重点监管对象，依法依规采取行政性约束和惩戒措施。从严审核行政许可审批项目，从严控制生产许可证发放，限制新增项目审批、核准，限制股票发行上市融资或发行债券，限制在全国股份转让系统挂牌、融资，限制发起设立或参股金融机构以及小额贷款公司、融资担保公司、创业投资公司、互联网融资平台等机构，限制从事互联网信息服务等。严格限制申请财政性资金项目，限制参与有关公共资源交易活动，限制参与基础设施和公用事业特许经营。对严重失信企业及其法定代表人、主要负责人和对失信行为负有直接责任的注册执业人员等实施市场和行业禁入措施。及时撤销严重失信企业及其法定代表人、负责人、高级管理人员和对失信行为负有直接责任的董事、股东等人员的荣誉称号，取消参加评先评优资格。

---

① 张泽想. 我国行政法主体对行政法律责任的承担. 河北法学，1992（1）：36.

② 《关于建立完善守信联合激励和失信联合惩戒制度加快推进社会诚信建设的指导意见》（国发〔2016〕33 号）.

该文件规定了对失信行为的市场性约束和惩戒：对严重失信主体，有关部门和机构应以统一社会信用代码为索引，及时公开披露相关信息，便于市场识别失信行为，防范信用风险。督促有关企业和个人履行法定义务，对有履行能力但拒不履行的严重失信主体实施限制出境和限制购买不动产、乘坐飞机、乘坐高等级列车和席次、旅游度假、入住星级以上宾馆及其他高消费行为等措施。支持征信机构采集严重失信行为信息，纳入信用记录和信用报告。引导商业银行、证券期货经营机构、保险公司等金融机构按照风险定价原则，对严重失信主体提高贷款利率和财产保险费率，或者限制向其提供贷款、保荐、承销、保险等服务。

该文件加强了对失信行为的行业性约束和惩戒：引导行业协会商会完善行业内部信用信息采集、共享机制，将严重失信行为记入会员信用档案。鼓励行业协会商会与有资质的第三方信用服务机构合作，开展会员企业信用等级评价。支持行业协会商会按照行业标准、行规、行约等，视情节轻重对失信会员实行警告、行业内通报批评、公开谴责、不予接纳、劝退等惩戒措施。

该文件还要求完善个人信用记录，推动联合惩戒措施落实到人：对企事业单位严重失信行为，在记入企事业单位信用记录的同时，记入其法定代表人、主要负责人和其他负有直接责任人员的个人信用记录。在对失信企事业单位进行联合惩戒的同时，依照法律法规和政策规定对相关责任人员采取相应的联合惩戒措施。通过建立完整的个人信用记录数据库及联合惩戒机制，使失信惩戒措施落实到人。

可以看出，这些联合惩戒措施虽然不属于行政处罚，但是在事实上起到了加重行政相对人的法律责任的效果。

第二节　行政法律责任承担之政务处分问题

在《监察法》出台之前，在我国对公务人员的违法责任追究是由所在单位或行政监察机关依据《公务员法》《行政监察法》《行政机关公务员处分条例》[①] 等作出处分。《监察法》将所有行使公权力的人员都纳入了监察范围，其中包括行使行政职权的公务人员，并创设了新的行政责任承担方式——政务处分。《监察法》第 45 条第 1 款第 3 项规定，监察机关有权对监察对象依法作出政务处分决定。以此为基础，《政务处分法》[②] 系统地对政务处分的种类和适用，违法行为及其适用的处分，政务处分的程序，复审、复核、申诉，法律责任等问题进行了规定。因《公务员法》《行政机关公务员处分条例》中涉及公务人员行政处分的内容并未失效，故政务处分制度与行政处分制度双轨并行。

---

① 《行政监察法》（中华人民共和国主席令第 31 号，已失效），《行政机关公务员处分条例》（中华人民共和国国务院令第 495 号）。

② 《政务处分法》（中华人民共和国主席令第 46 号）。

一、《政务处分法》实施后的行政处分与政务处分双轨责任追究制度

1. 双轨责任追究制度的形成背景

《监察法》规定监察机关享有“监督、调查、处置”三项职责，使监察监督成为行政公务员外部监督体系中最重要的组成部分。《监察法》第 11 条第 3 项规定，“对违法的公职人员依法作出政务处分决定；对履行职责不力、失职失责的领导人员进行问责；对涉嫌职务犯罪的，将调查结果移送人民检察院依法审查、提起公诉；向监察对象所在单位提出监察建议”，由此监察机关获得对违法的公务人员依法作出政务处分决定的权力。自此，对行政公务员的处分开始由单轨制转向双轨制，对违法的行政公务员出现了两种不同的惩戒方式，即行政机关作出的行政处分和监察机关作出的政务处分。

2. 行政处分与政务处分的关系

行政处分是指国家行政机关依照行政隶属关系给予有违法失职行为的行政机关工作人员的一种惩戒措施。《行政机关公务员处分条例》第 2 条第 1 款规定：“行政机关公务员违反法律、法规、规章以及行政机关的决定和命令，应当承担纪律责任的，依照本条例给予处分。”《公务员法》第 57 条第 2 款规定：“对公务员监督发现问题的，应当区分不同情况，予以谈话提醒、批评教育、责令检查、诫勉、组织调整、处分。”

政务处分是指国家监察机关依照监察权对违法的公务人员作出的处置措施。《监察法》第 45 条第 1 款第 2 项规定，监察机关根据监督、调查结果，可以对违法的公职人员依照法定程序作出警告、记过、记大过、降级、撤职、开除等政务处分决定。

政务处分是一个从《监察法》中引出新的概念，要理解双轨责任追究制度就需要明确政务处分与行政处分的关系。有的学者指出行政处分与政务处分存在明显不同。[①] 具体来说二者存在以下区别：第一，作出决定的主体不同。行政处分由行政公务员的任免机关、单位作出。政务处分只能由监察机关作出。第二，处分的对象不同。行政处分的对象主要是行政机关公务员，政务处分的对象不仅包括行政机关公务员，还包括其他行使公权力的公职人员，可见，政务处分的对象范围更加广泛。第三，处分的性质不同。行政处分针对行政公务员的违法、违纪，甚至违反道德的行为作出，是一种基于隶属关系的内部管理行为。政务处分仅针对公务人员的违法行为，是一种基于监督关系的外部处置行为。第四，救济程序不同。《公务员法》第 95 条第 1 款规定：“公务员对涉及本人的下列人事处理不服的，可以自知道该人事处理之日起三十日内向原处理机关申请复核；对复核结果不服的，可以自接到复核决定之日起十五日内，按照规定向同级公务员主管部门或者作出该人事处理的机关的上一级机关提出申诉；也可以不经复核，自知道该人事处理之日起三十日内直接提出申诉……”可见，对行政处分的救济方式为复核和申诉任选其一，也可以先复核再申诉。《政务处分法》第 55 条第 1 款规定：“公职人员对监察机关作出的涉及本

---

① 徐继敏. 监察委员会政务处分行为探究. 河南社会科学，2018 (10)：68 - 74.

人的政务处分决定不服的，可以依法向作出决定的监察机关申请复审；公职人员对复审决定仍不服的，可以向上一级监察机关申请复核。”可见，对政务处分的救济方式为复审和复核，并且只能先申请复审再向上一级申请复核。

二、政务处分作为一种行政责任的承担方式所存在的问题

政务处分作为一种新出现的行政责任的承担方式，目前还处于发展完善阶段，在实际运行过程中不可避免地会出现一些不适应的问题，其中主要的就是政务处分和行政处分的衔接问题以及对政务处分的救济问题。

1. 管辖权的冲突

根据《监察法》《政务处分法》的规定，监察机关可以对违法的公务人员作出政务处分的处置决定，但是同时行政机关对本机关公务员的管辖权并没有丧失，行政机关也可以对本机关违法的公务员作出行政处分的决定。由此就可能产生管辖权的冲突，管辖权冲突可以分为积极冲突和消极冲突。

管辖权的积极冲突是指监察机关和行政机关争夺处分权。有学者认为：在双轨责任追究制度下，监察机关和任免机关、单位的惩戒管辖权并不明晰。监察机关和任免机关、单位可能争夺惩戒管辖权。[①] 比如，行政机关在想袒护自己的行政公务员时，就可能利用“处分先占”的原则对自己的行政公务员抢先作出较轻的行政处分，来避免其受到由监察机关给予的较重的政务处分。

管辖权的消极冲突是指监察机关和行政机关都不对违法的行政公务员作出处理或者怠于处理。有学者认为，在这种情况下，行政机关和监察机关相互推诿，对双方共知的同一违法违纪行为怠于处理，等待对方作出相应的处分，这样就会导致处分上的拖延或懈怠。[②]

2. 处分结果之间的适配问题

在双轨责任追究制度下，监察机关和行政机关对于违法的行政公务员都具有惩戒权，由此就可能产生两种情况：第一，监察机关和行政机关分别对同一行政公务员的同一违法行为作出了政务处分和行政处分。此时实际该执行哪种处分结果？第二，同一行政公务员不同的违法违纪行为分别被监察机关作出政务处分和被行政机关作出行政处分。两种处分结果怎么具体执行？两种处分结果一样时怎么执行，不一样时怎么执行？是分别执行还是合并执行？这些问题都值得研究。

三、解决问题的思路

1. 明确监察机关和行政机关的管辖权范围

对于管辖权的积极冲突，有学者认为可以通过区分行政机关和监察机关的惩戒权，将公务人员违法行为区分为一般违法行为和职务违法行为来解决。[③] 监察机关是行使

---

① 郭文涛.《政务处分法》双轨惩戒制度之间的衔接协调. 法学，2020（12）：147－158.

② 任巧. 论对行政公务员的行政处分和政务处分双轨机制之间的调适. 重庆社会科学，2019（12）：57－67.

③ 郭文涛.《政务处分法》双轨惩戒制度之间的衔接协调. 法学，2020（12）：147－158.

国家监察职能的专责机关，其主要职责就是对公职人员的职务行为进行监督、调查、处置，因此对于仅仅涉及职务违法行为的公职人员，应当由监察机关专属管辖、作出政务处分。另外，《公务员法》第57条第3款规定："对公务员涉嫌职务违法和职务犯罪的，应当依法移送监察机关处理。"可知，行政机关是无权对职务违法的行政公务员作出处置的，只能依法将其移送监察机关作出处置。对于一般违法行为，以行政机关作出行政处分为主，在行政机关怠于行使职责时再由监察机关作出政务处分。

对于管辖权的消极冲突，在明确了监察机关和行政机关的管辖权范围后，就可以明确在具体情况下是哪个机关不作为，由此可以避免两个机关"相互扯皮"。同时加强对监察机关和行政机关的监督，促使它们积极依法行使职权。具体的监督方式包括人大监督、党内监督、上级机关监督、民主监督、社会监督和舆论监督。

2. 调适处分结果

第一，针对监察机关和行政机关分别对同一行政公务员的同一违法行为作出了政务处分和行政处分的情况。根据《政务处分法》的规定，以先作出处分决定的主体为准。但是如果不能明确时间先后的情况，应该怎么办？我们认为：可以根据上文提到的管辖权来确定到底执行哪个机关的处分决定。如果是一般违法行为，就执行行政机关作出的行政处分。如果是职务违法行为，就执行监察机关作出的政务处分。同时为了避免出现行政机关袒护自己公务员的情况，监察机关在发现行政机关的行政处分决定存在明显不当时，可以提出监察建议。

第二，针对同一行政公务员不同的违法违纪行为分别被监察机关作出政务处分和被行政机关作出行政处分的情况。《政务处分法》第15条规定："公职人员有两个以上违法行为的，应当分别确定政务处分。应当给予两种以上政务处分的，执行其中最重的政务处分；应当给予撤职以下多个相同政务处分的，可以在一个政务处分期以上、多个政务处分期之和以下确定政务处分期，但是最长不得超过四十八个月。"我们认为，可以借鉴这种处理方式，分为两种方式处理：（1）两种处分结果相同。对同一行政公务员的不同违法违纪行为，当行政机关的行政处分和监察机关的政务处分结果完全相同时，按照法律规定两种处分都应执行，此时就可以选择由同一个机关负责合并执行，通常由行政机关来执行比较方便。（2）两种处分结果不同。因行政处分和政务处分所对应的措施不同，并且每种处分方式对应的惩戒力度不同，所以两种处分的结果不同，其实就是处分的轻重不同。对两种轻重不同的处分，可以借鉴《政务处分法》第15条规定的处理方式，由其中更重的处分方式吸收较轻的处分方式。

第三节　行政相对人对法律责任的承担

一、对行政相对人的主观过错的考量

一般认为，行为人的主观过错是指行为人对其实施的行为及其损害后果所持的心理状态，包括故意与过失两种类型。长期以来，行政违法行为被认为是比犯罪行

为危害程度更轻的类型化行为。与《刑法》将主观过错明确规定为犯罪的构成要件不同，《行政处罚法》在制定之初，并未就作出行政处罚是否应当考虑行为人的主观过错进行规定。其主要原因在于“行政处罚案件数量大、任务重、涉及面广，如果都要求行政机关确认主观过错，势必影响效率”[①]，以及“违法行为都是在行为人主观意志驱动下发生的，故可以推定违法行为中必然已经涵盖了行为人的主观过错，无需在法律条文中赘述，仅需规定存在违法行为便可判定行为人要承受行政处罚的不利后果”[②]。

自《行政处罚法》实施以来，产生了大量是否应当给予无主观过错而违反行政法律规范的行为人行政处罚的争议性案件，涵盖了海关、检验检疫、食品药品、劳动、税务、交通管理、治安等诸多领域。诸多个案引发的讨论聚焦于，没有主观过错的行政违法行为人是否应当受到行政处罚。学术界和实务界已经就此展开了大量的讨论，就一些问题达成了共识，这些共识最终体现为《行政处罚法》的修订成果。新修订的《行政处罚法》在第 33 条就行政相对人无主观过错不承担行政法律责任问题进行了明确，即：“当事人有证据足以证明主观没有过错的，不予行政处罚。法律、行政法规另有规定的，从其规定”。“对当事人的违法行为依法不予行政处罚的，行政机关应当及时对当事人进行教育。”

实际上，我国一些法律法规中关于处罚条件的规定，已经涉及了行为人的主观过错问题，提及给予处罚需要以“故意”或者“过失”为前提条件。例如，《传染病防治法实施办法》[③] 第 66 条第 1 款第 9 项规定，有下列行为之一的，由县级以上政府卫生行政部门责令限期改正，可以处 5 000 元以下的罚款；情节较严重的，可以处 5 000 元以上 2 万元以下的罚款，对主管人员和直接责任人员由其所在单位或者上级机关给予行政处分：……（9）传染病病人、病原携带者故意传播传染病，造成他人感染的。又如，《消防法》[④] 第 64 条第 2 项和第 5 项规定，违反本法规定，有下列行为之一，尚不构成犯罪的，处 10 日以上 15 日以下拘留，可以并处 500 元以下罚款；情节较轻的，处警告或者 500 元以下罚款：……（2）过失引起火灾的……（5）故意破坏或者伪造火灾现场的……

司法实践中，法院在裁量案件时也会考虑当事人的主观过错。有的法院将当事人的主观过错作为行政机关给予行政处罚的要件。在南阳市工商行政管理局宛城分局与南阳百事通旅行社有限公司烟厂口服务网点处罚纠纷上诉案[⑤]中，法院认为：“处罚机关还应证明被处罚对象有违法的故意或者重大过失。因处罚机关没有就处罚对象的主观过错进行调查，其作出的处罚决定证据明显不足，依法应予撤销”。而有的法院将当事人的主观过错作为行政处罚裁量轻重的因素。在苏州鼎盛食品公司不

---

① 袁曙宏. 论行政处罚的实施. 法学研究，1993（4）：43－48.

② 姬亚平，申泽宇. 行政处罚归责中的主观要件研究：兼谈《行政处罚法》的修改. 上海政法学院学报（法治论丛），2020（3）：68－77.

③ 《传染病防治法实施办法》（中华人民共和国卫生部令第 17 号，1991 年 12 月 6 日发布）.

④ 《消防法》（中华人民共和国主席令第 81 号）.

⑤ 河南省南阳市中级人民法院（2017）豫 13 行终 394 号行政判决书.

服苏州市工商局商标侵权行政处罚案[①]中，法院认为，“工商行政机关在行使该自由裁量权时要综合考虑处罚相对人的主观过错程度、违法行为的情节、后果及危害程度等因素，决定是否对相对人并处罚款，苏州工商局在责令鼎盛公司停止侵权行为的同时并处50万元罚款时并未考虑鼎盛公司不存在攀附被上诉人东华公司注册商标声誉的主观恶意，作出的行政处罚显失公正”。

前述“当事人有证据足以证明没有主观过错”要求行为人对行政违法行为的发生是否具有主观过错承担证明责任，并且证明标准要达到“足以”的程度。行为人若没有证据证明自己主观上不具有过错或者提供的证据没有达到“足以”证明自己没有过错的程度，仍然要承担相应的行政责任。对于“有证据足以证明没有主观过错”的行政违法行为人，处理的方式是“不予行政处罚”而非“免予行政处罚”。这是因为不具有主观过错的违法行为人，是法定“无责”。换言之，违反行政法律规范就应当受到行政处罚，但是如果行为人主观上不存在过错，就会对行政处罚的实施产生“阻断”。这是基于行为人不应承担法律责任，不是有责免（不）罚，而是无责不罚。因此，对于行政处罚实施主体而言，如果行为人不存在主观过错，不是通过裁量权来判断是否应当给予行为人行政处罚，而是依法不得实施处罚。

但从实践来看，还有一些问题值得关注：首先，由行为人承担证明自身“没有主观过错”的证明责任，并且证明标准的是“足以”，但法律没有“足以”这一标准进行详细说明。我们认为，由于行为人的举证能力有限，因此对其证明标准的要求可以低于对行政机关证明标准的要求。其次，在一些情况下，行政机关依照职权或者在履职过程中已经主动得知行为人违法但不具有主观过错，而行为人比较难获取相关证据，此时若行为人不能提供证据证明自己主观上没有过错，是否也要按照法律规定承担行政责任？对于这种情形，我们认为：法律并未排斥将行政机关作为“证明行为人没有主观过错的”的义务主体，因此若行政机关依照职权或者在履职过程中已经主动得知行为人违法但不具有主观过错的，就应当依照职权不实施行政处罚。

二、“行刑衔接”中行政相对人的法律责任问题

行政相对人的一个行为既有可能违反行政法律规范，也有可能触犯刑法。为了加强行政执法与刑事司法的衔接，《刑事诉讼法》《行政处罚法》，中共中央办公厅、国务院办公厅《关于加强行政执法与刑事司法衔接工作的意见》[②]，国务院《行政执法机关移送涉嫌犯罪案件的规定》[③]，最高人民检察院《关于推进行政执法与刑事司法衔接工作的规定》[④]，都对“行刑衔接”问题进行了规范。但实践中，在一定程度上仍然存在行政主体有案不移的情况，使本应承担刑事责任的行政相对人仅承担行政法律责任；同时，也存在已承担行政法律责任的行政相对人，在刑事责任阶段重

---

① 江苏省高级人民法院（2011）苏知行终字第0004号行政判决书.

② 《关于加强行政执法与刑事司法衔接工作的意见》（中办发〔2011〕8号，2011年2月9日发布）.

③ 《行政执法机关移送涉嫌犯罪案件的规定》（中华人民共和国国务院令第730号，2020年8月7日发布）.

④ 《关于推进行政执法与刑事司法衔接工作的规定》（高检发释字〔2021〕4号，2021年9月6日发布）.

复承担相关责任的问题。

行政违法与刑事犯罪在本质上都是一种违法行为，只是违法行为的社会危害程度不同。行政责任与刑事责任分别是对行政违法与刑事犯罪作出的否定性评价，因此二者之间天然具有衔接性，但并不具备完全的可替代性。《行政处罚法》第8条规定：公民、法人或者其他组织因违法行为受到行政处罚，其违法行为对他人造成损害的，应当依法承担民事责任。违法行为构成犯罪，应当依法追究刑事责任的，不得以行政处罚代替刑事处罚。在关于具体法律责任承担问题上，《行政处罚法》第35条规定："违法行为构成犯罪，人民法院判处拘役或者有期徒刑时，行政机关已经给予当事人行政拘留的，应当依法折抵相应刑期。""违法行为构成犯罪，人民法院判处罚金时，行政机关已经给予当事人罚款的，应当折抵相应罚金；行政机关尚未给予当事人罚款的，不再给予罚款。"该规定旨在避免行政法律责任与刑事法律责任重复评价问题。该规定的雏形是1957年最高人民法院发布的《关于行政拘留日期应否折抵刑期等问题的批复》[①]，该批复指出：如果被告人基于同一违法犯罪行为被同时判处刑罚和给予行政拘留，其被拘留的日期，应予折抵刑期。此后，最高人民法院又发布了《关于罪犯在判刑前被公安机关收容审查、行政拘留的日期仍应折抵刑期的复函》[②]、最高人民法院研究室《关于行政拘留日期折抵刑期问题的电话答复》，对此问题进一步进行了规范。

行政法律责任和刑事法律责任在本质上都是以减损权益或者增加义务的方式对行为人予以惩戒。当两者发生竞合时，根据《行政处罚法》第8条第2款的规定——"违法行为构成犯罪，应当依法追究刑事责任的，不得以行政处罚代替刑事处罚"，二者不可替代，但是可以进行折抵。

关于"行刑衔接"中刑事法律责任优先还是行政法律责任优先，实践中存在两种观点：一种是完全的刑事法律责任优先原则，即在任何情况下刑事法律责任都优先于行政法律责任；另一种是有限的刑事法律责任优先原则，即在某些情况下刑事法律责任优先于行政法律责任。目前，后者为立法、执法与司法中的主流观点。[③]有限的刑事法律责任优先包括刑事审判的绝对优先和刑事处罚的相对优先。首先，刑事侦查相比行政调查更加严谨、充分，更具有优越性，因此在违法事实认定上，以刑事侦查结果与司法审判为准，坚持刑事审判的绝对优先。2020年《行政执法机关移送涉嫌犯罪案件的规定》第12条的规定——"行政执法机关对公安机关决定立案的案件，应当自接到立案通知书之日起3日内将涉案物品以及与案件有关的其他材料移交公安机关，并办结交接手续"，表明该原则得到了承认。其次，刑法为保护社会权益的最后手段，刑事法律责任相比行政法律责任更具有严厉性。基于行政处罚和刑事处罚之权限与法律效益的最大化之考虑，如果行政处罚和刑事处罚同种类或同功能，或者是刑事处罚中独有的处罚，则坚持刑事处罚优先；如果行政处罚和

① 《关于行政拘留日期应否折抵刑期等问题的批复》（〔1957〕法研字第20358号，已失效）.

② 《关于罪犯在判刑前被公安机关收容审查、行政拘留的日期仍应折抵刑期的复函》（〔81〕法研字第26号，1981年9月17日发布）.

③ 蒋兰香.论行刑衔接刑事优先原则及其在环保领域的适用与例外.时代法学，2020（4）：1-9.

刑事处罚种类、功能不同，或者是行政处罚中独有的处罚，则坚持行政处罚和刑事处罚并科。例如，由于刑事处罚中的罚金与行政处罚中的罚款属于具有相同内容、功能的财产罚，刑事处罚中的拘役、有期徒刑和行政处罚中的行政拘留属于同类型的自由罚，因此当它们并存时罚金、拘役和有期徒刑优先。[①]

对于折抵的条件，我们认为：第一，行为人被判处刑罚和被处行政处罚必须是基于同一违法行为。"同一违法行为"，既可以是判决认定的同一性质的全部犯罪行为，也可以是判决认定的同一性质的部分犯罪行为。只要是以前受到行政拘留处分的行为，后又被作为犯罪事实的全部或者一部分加以认定，其行政拘留的日期即应折抵刑期。[②] 第二，这一行为同时违反了行政法律规范与刑事法律规范，且行政机关基于该事实作出行政处罚之后，司法机关又基于同一事实作出了刑事处罚。第三，行政机关已经对行为人作出了行政拘留或者罚款的处罚，且该处罚已经开始执行。《行政处罚法》规定行政处罚与刑事处罚的折抵规则，主要是为了避免对同一行为进行重复评价，从而导致处罚过重，因此，不论是行政拘留还是罚款，都必须已经执行才能够折抵刑事处罚。若行政拘留尚未被执行或者罚款没有被缴纳，为了提高司法效率，可以直接执行全部的拘役、有期徒刑或者罚金，因此不能折抵。

实践中，主要有两种情况：第一种是行政机关开始认为行为人的行为只违反了行政法律规范，因此依据行政法律规范对其作出了行政处罚。行政处罚被执行后，行政机关又意识到该行为涉嫌违反刑事法律规范，因此将案件移交给司法机关进行调查与审判，司法机关经调查审判后对行为人作出了刑事处罚。第二种是行政机关在调查过程中认为该行为涉嫌违反刑事法律规范，因此按程序将案件移交给司法机关，司法机关经调查审理后认为：该行为部分构成犯罪，对其作出刑事处罚；部分不构成犯罪，仅仅是行政违法行为，将该部分退回行政机关，由行政机关对行为人依法作出行政处罚。由于"同一违法行为"包括了同一性质的部分犯罪行为，故在此种情况下行政处罚中的罚款和行政拘留与刑事处罚中的罚金和拘役、有期徒刑可以折抵。

另外，《行政处罚法》第 57 条第 1 款规定："调查终结，行政机关负责人应当对调查结果进行审查，根据不同情况，分别作出如下决定：（一）确有应受行政处罚的违法行为的，根据情节轻重及具体情况，作出行政处罚决定；（二）违法行为轻微，依法可以不予行政处罚的，不予行政处罚；（三）违法事实不能成立的，不予行政处罚；（四）违法行为涉嫌犯罪的，移送司法机关。"从该款可以看出，作出行政处罚让行政相对人承担行政法律责任或者移送司法机关作出刑事处罚，应当是行政调查终结的几种结果之一。上文论述到的第一种情况，即行政机关作出行政处罚后认为行为人的行为可能构成犯罪而移送司法机关，且行为人被判处刑事处罚，实际上是行政机关对调查结果作出错误判断之后产生的结果。在此种情况下行政法律责任与

---

① 练育强."两法"衔接视野下的刑事优先原则反思.探索与争鸣，2015（11）：75－79.

② 1988 年 2 月 23 日最高人民法院发布的最高人民法院研究室《关于行政拘留日期折抵刑期问题的电话答复》.

刑事法律责任并担必然导致重复评价、处罚过重、严格执行将损害行为人的权利的问题，因此规定罚款折抵罚金、行政拘留折抵拘役或有期徒刑实际上具有“纠错”功能。

《行政处罚法》于2021年修订时关于行政法律责任与刑事法律责任衔接还有一些问题未予明确。例如，其预设的立场是罚金的数额大于罚款的数额时，罚款可以抵扣罚金，但是，如果罚款的数额大于罚金的数额，对罚金是否能够抵扣罚款，并不明确。[①]

知识拓展

一、拓展阅读

1. 朱新力. 行政法律责任研究. 北京：法律出版社，2004.
2. 杨解君. 行政责任问题研究. 北京：北京大学出版社，2005.
3. 张志勇. 行政法律责任探析. 上海：学林出版社，2007.
4. 田文利，张艳丽. 行政法律责任的概念新探. 上海行政学院学报，2008（1）.
5. 徐继敏. 监察委员会政务处分行为探究. 河南社会科学，2018（10）.
6. 郭文涛.《政务处分法》双轨惩戒制度之间的衔接协调. 法学，2020（12）.
7. 蔡宏伟. “法律责任”概念之澄清. 法制与社会发展，2020（6）.
8. 李拥军. 法律责任概念的反思与重构. 中国法学，2022（3）.

二、类案练习

江苏省宿迁市宿城区人民检察院（以下简称“宿城检察院”）诉沭阳县农业委员会（以下简称“沭阳农委”）不履行林业监督管理法定职责案[②]

案情

公益诉讼起诉人宿城检察院诉称：第三人仲某某因在沭阳县××城镇、××等地盗伐林木444棵，砍伐蓄积122余立方米，已被法院生效判决以盗伐林木罪追究刑事责任。沭阳农委作为林业主管部门，未依法对仲某某盗伐林地保护利用规划范围内的253棵杨树（砍伐蓄积49.52余立方米）的行为作出行政处罚。为保护生态环境，维护国家和社会公共利益，该院经江苏省宿迁市人民检察院指定管辖，向沭阳农委送达了检察建议书。沭阳农委收到检察建议书后，超过期限未履行法定职责，亦未书面回复。因其拒不履行法定职责，致使社会公共利益受到侵害。故根据《中华人民共和国行政诉讼法》第25条第4款的规定，请求判决确认沭阳农委怠于履行林业保护监管职责违法，判令其履行《中华人民共和国森林法》第39条所规定的法定职责。

被告沭阳农委辩称：（1）该委在收到检察建议书后，鉴于部分盗伐地点已被规划为拆迁用地，无法原地补种，已于2017年11月中旬在沭阳县××村异地补种了

---

① 金昌伟. 食品安全案件“行刑衔接”程序机制的审视与重构. 法律适用，2017（9）：61-66.

② 江苏省宿迁市宿城区人民法院（2017）苏1302行初348号行政判决书，选入时有删节。

两千多棵白蜡树苗，用于修复被毁坏的生态环境；2018 年 3 月 27 日，根据实际情况又在三处被盗伐地点补种 180 棵白蜡树苗。（2）仲某某因盗伐林木行为被追究刑事责任后再对其处以责令补种树木等行政处罚，与现行《行政处罚法》以及两法衔接制度相违背，亦违反“一事不再罚”原则。（3）对类似破坏生态环境和资源的刑事犯罪行为，建议采用刑事附带民事公益诉讼的方式处理，即在法院判决被告人承担生态环境补偿修复责任后由行政机关监督实施，实现司法机关与行政机关积极联动，共同推动恢复性司法。综上，该委一直积极作为，宿城检察院的诉求无事实根据，且诉前程序尚未结束，故请求驳回宿城检察院的诉求。

第三人仲某某述称：罚金刑是典型的财产刑，要求第三人继续补种树木或者承担有关补种树木的费用也是一种财产处罚。其因盗伐林木已被追究罚金刑等刑事责任，依法不应当再就同一违法行为承担行政责任。行政机关就同一违法行为作出两次财产处罚无法律依据。而且原刑事判决错误，应以诈骗罪追究其刑事责任，而根据诈骗罪的处罚规定其不应当承担修复生态环境的行政责任。其因生活困难才走上犯罪道路，现被判处 7 年 6 个月有期徒刑，正在服刑，即使沭阳农委要求其补种树木或者承担补种树木费用，其也无力履行或者承担。故请求驳回公益诉讼起诉人的诉求。

法院认为：刑事责任和行政责任均是公法上的责任，但其性质不同，现行法律、法规均未规定行为人对于同一违法行为在承担刑事法律责任后，不得再承担行政法律责任。对于此种情形下行政法律责任与刑事法律责任的具体适用，应当区别对待：当行政法律责任的内容与刑事法律责任的内容具有相同的法效果时，因刑事法律责任是最严厉的制裁措施，如行政法律责任已先行承担，则在刑事法律责任中应予以折抵；如刑事法律责任已先行承担，则刑事法律责任吸收行政法律责任。当行政法律责任内容的法效果与刑事法律责任内容的法效果不同时，行政法律责任与刑事法律责任应分别适用。《中华人民共和国森林法》第 39 条第 1、3 款规定：盗伐森林或者其他林木的，依法赔偿损失，由林业主管部门责令补种盗伐株数 10 倍的树木，没收盗伐的林木或者变卖所得，并处盗伐林木价值 3 倍以上 10 倍以下的罚款。拒不补种树木或者补种不符合国家有关规定的，由林业主管部门代为补种，所需费用由违法者支付。据此，林业主管部门对实施盗伐林木行为的违法者应履行的法定职责有：责令违法者补种盗伐株数 10 倍的树木；没收违法者盗伐的林木或者变卖所得；对违法者处盗伐林木价值 3 倍以上 10 倍以下的罚款；如违法者拒不补种树木或者补种不符合国家有关规定的，林业主管部门代为补种，再向违法者追缴代履行费用。具体到本案，第三人仲某某因盗伐林木行为已被追究刑事法律责任——有期徒刑、罚金、追缴违法所得。罚金的法效果与行政罚款的法效果相同，追缴违法所得的法效果与没收违法者盗伐的林木或者变卖所得的法效果相同，因刑事法律责任是最严厉的制裁措施且刑事法律责任已先行承担，故刑事法律责任中的罚金和追缴违法所得应吸收行政法律责任中的罚款和没收违法者盗伐的林木或者变卖所得，因此沭阳农委不应再对第三人仲某某盗伐林木行为作出没收违法所得和罚款的行政处罚决定。但责令违法者补种盗伐株数 10 倍的树木，且在违法者拒不补种树木或者补种不符合国家有关规定时，林业主管部门代为补种后，再向违法者追缴费用这两项行政法律责任，不能为该案刑事法律责任所包含和吸收。责令补种盗伐株数10倍的树木这种行政处理方式，更侧重于恢复和教育而非制裁与惩罚，其目的是要求违法者消除不良后果、修复被破坏的生态环境和资源。该行政行为的属性是行政命令而非行政处罚。沭阳农委和第三人仲某某将其理解为财产性行政处罚缺乏法律和理论依据，故对其主张不予采信。因《中华人民共和国森林法》第39条第1款明确规定，盗伐森林或者其他林木，由林业主管部门责令补种盗伐株数10倍的树木，故责令补种盗伐株数10倍的树木这种行政命令系羁束性行政行为，林业主管部门在具体实施该行为过程中关于补种的倍数不具有裁量空间。该案中，第三人仲某某盗伐沭阳县林地保护利用规划范围内253棵杨树的事实清楚，沭阳农委应当对第三人仲某某作出责令补种盗伐253棵杨树株数10倍树木的行政处理决定。但对于责令补种树木的树种、规格、补种时节、补种地点等，属于沭阳农委的专业判断范围。

思考

（1）刑事法律责任能否替代行政法律责任？

（2）你是否赞成法院的裁判思路与理由？

三、毕业论文选题指导

1. 行政主体法律责任承担机制研究
2. 行政法律责任主观过错要件研究
3. “行刑衔接”中的行政法律责任研究

第八讲　行政复议的改革与发展

内容提要

行政复议是行政救济领域保障行政相对人合法权益实现的重要机制之一。自1990年《行政复议条例》出台至今三十余年来，我国行政复议制度始终处于不断调适、演进和完善的法治进程中。2020年《中华人民共和国行政复议法（修订）（征求意见稿）》的公布，意味着我国行政复议制度进入了一个新的改革与发展阶段。在确立行政复议"化解行政争议的主渠道作用"的功能定位的基础上，行政复议制度的价值取向演变为实质性化解行政争议，最大限度保障行政相对人的合法权益。本次立法修订对原有复议体制作出了改革与创新尝试，集中表现在复议主体进一步明确、受案范围进一步拓展、审查程序及审查决定方式进一步革新等方面，但该等尝试离主流学说主张的改革目标仍然存在一定差距。借助本次修法契机，可以考虑在如下四个方面进一步完善我国行政复议制度的立法设计：优化行政复议主体职权设置及运行机制；以行政争议为受案标准，进一步扩大受案范围；从简易程序和一般程序两方面完善复议审查程序；实现复议审查决定方式差异化设置。从而推动我国行政复议制度朝着"化解行政争议的主渠道作用"的预期目标不断迈进。

行政复议"是指行政相对人认为行政主体实施的行政行为违法或侵犯其合法权益，申请有法定管辖权的行政复议机关对被申请行政行为的合法性和适当性进行审查，并作出决定的行政救济制度"①。2020年2月5日，习近平总书记在主持召开中央全面依法治国委员会第三次会议时指出，"要落实行政复议体制改革方案，优化行政复议资源配置，推进相关法律法规修订工作，发挥行政复议公正高效、便民为民的制度优势和化解行政争议的主渠道作用"②。此次会议同时通过了《行政复议体制改革方案》。2020年11月24日，司法部发布《中华人民共和国行政复议法（修订）

① 姜明安. 行政法. 3版. 北京：北京大学出版社，2017：576.

② 习近平主持召开中央全面依法治国委员会第三次会议强调 全面提高依法防控依法治理能力 为疫情防控提供有力法治保障. 人民日报，2020-02-06（01）.

（征求意见稿）》［以下简称《行政复议法（征求意见稿）》］，正式开启新时代中国行政复议体制机制的改革进程。结合《行政复议法（征求意见稿）》的要旨，本讲将围绕以下三方面核心问题展开：新时代中国行政复议制度结构及功能经历了哪些变迁？发挥行政复议“公正高效、便民为民”优势，将行政复议打造成“化解行政争议的主渠道”机制，需要作出何种制度调整？落实《行政复议法（征求意见稿）》所确立的行政复议改革方面的规定需要哪些配套机制？

第一节　行政复议制度的结构变迁及功能定位

1950年12月，中央人民政府政务院公布的《税务复议委员会组织通则》首次在立法中使用了“复议”的概念。截至1990年《行政复议条例》出台之前，我国共有一百余部单行法律、法规专门就行政复议作出规定。有学者认为，从法政策的视角看，目前我国的行政复议制度实际是在“政府推动”和“政治决断”的双重逻辑影响下逐步发展起来的，“基于立法目的对整部法律文本所具有的统摄作用，对行政复议制度的微观设计与运行产生了连锁效应，进而影响到行政复议制度整体功能的实现”①。事实上，我国的行政复议制度已历经四次大的变迁，法律规范在短期内的频繁变动导致其制度结构及功能也数易其质，故对行政复议制度的结构及功能的厘清成为困扰学术界的一大难题，以至于有学者感叹“极难发现有哪一领域的法律制度像行政复议立法这样长期纠结于性质定位问题，而且因性质功能的不同理解而给制度设计和实务操作带来如此巨大的影响”②。

一、我国行政复议制度的结构及功能的变迁

梳理我国行政复议制度的主要法律文本可以发现，作为该制度的性质与功能定位依据及参考的相关法律、法规及政策文件主要包括：1989年《行政诉讼法》，1990年《行政复议条例》及其立法说明，1999年《行政复议法》及其立法说明，1999年国务院《关于贯彻实施〈中华人民共和国行政复议法〉的通知》，2005年中共中央纪委办公厅、监察部办公厅《关于加强行政复议行政应诉工作的通知》，2007年《中华人民共和国行政复议法实施条例》（以下简称《行政复议法实施条例》），2014年《行政诉讼法》，2020年《行政复议法（修订）》内部征求意见稿以及向社会公开征求意见稿，相关党和国家领导人指示及党中央法治文件等。

从时间脉络梳理，可以将我国行政复议制度结构及功能的变迁划分为如下阶段。

首先是前行政复议制度阶段，即1989年《行政诉讼法》及1990年《行政复议条例》出台之前的20世纪80年代。在该阶段我国法制事业逐步复苏，域外法治思

---

① 周佑勇．行政复议的主渠道作用及其制度选择．法学，2021（6）：18．

② 方军．论行政复议的性质界定与功能定位：兼议我国行政复议立法宗旨的变动．河南财经政法大学学报，2020（6）：10．

想大量涌入，进而在法治建设领域呈现“五谷丰登”的场景，相关法制建设也迎来一个空前的活跃时期。在这一时期，我国行政复议制度尚未形成国家层面的统一立法，主要存在于学术界的理论探讨中。也正是该时期学界对行政复议制度的理论积淀，为《行政复议条例》出台奠定了理论基础。我国较早的一部高等学校法学教材《行政法概要》原则上未将行政复议、行政诉讼进行细致区分，而是统归于行政救济体系之中，一并置于“国家行政管理的法律监督”章节之下；将行政救济定义为“当事人因国家行政机关的违法或不当处分，而使其权利或利益遭受损害时，依法向有关行政机关请求撤销或改变不当的或者违法的行政行为”；并对英国的行政裁判所、美国的行政裁判机构以及大陆法系的行政法院进行了介绍。[①] 在此理论背景下，行政复议与行政诉讼具有较强的同质性，参照裁判所、法院等司法机构建立起来的行政救济体系也着重强调的是其司法性质及权利救济功能。于是，主流观点倾向于将行政复议制度放置于“行政司法”框架内进行探讨。所谓的行政司法是一种区别于行政立法、行政执法而专注于保护公民、法人和其他组织的合法权益不受违法行政行为侵犯的一种准司法性质的行政救济制度，具体包括行政复议、行政仲裁和行政裁决。[②]

其次是1990年《行政复议条例》实施至1999年《行政复议法》出台阶段。可以说，《行政复议条例》的问世与1989年《行政诉讼法》的出台有着密切关系，在某种程度上甚至可以说前者是作为后者的配套法而生的。但是，为了在一定程度上突出二者在行政救济领域的不同使命，《行政复议条例》在立法目的上进行了综合考量：维护和监督行政职权、防止和纠正违法或不当职权行为、保护行政相对人合法权益。其中，维护和监督职权被置于首位，合法性审查紧随其后，权利救济被置于末端。这表明该阶段的行政复议偏重于内部监督。这便是我国首部行政复议单行立法在法律文本上对行政复议制度作出的功能定位。该阶段的行政复议虽主要作为一种内部监督手段，但本质上仍倾向于追求行政司法制度的结构性质。

再次是1999年《行政复议法》出台到2007年《行政复议法实施条例》颁布、实施阶段。1999年《行政复议法》的出台与《行政复议条例》实施带来的立法经验积累有关，但更重要的原因是《行政复议条例》的实施效果并不理想：

与行政诉讼相仿的结构涉及并未使行政复议制度完成理想预期——行政纠纷得以在诉前被大量化解的制度目标与定分止争的社会治理效果，反而导致行政复议成为附庸于行政诉讼的可有可无的“鸡肋”。1996年国务院法制局在关于起草《行政复议法》的一份专门调研报告中也明确指出行政复议制度的作用未能得到充分发挥，如“据统计，《行政复议条例》施行五年来全国行政复议案件不足15万件，远低于同期全国行政诉讼案件总数（20万件），未能发挥应有的制度功能，使出台《行政复议法》具备了较为深厚和紧迫的现实基础”。1999年4月29日，《行政复议法》

① 王珉灿. 行政法概要. 北京：法律出版社，1983：156-160.

② 方军. 论行政复议的性质界定与功能定位：兼议我国行政复议立法宗旨的变动. 河南财经政法大学学报，2020（6）：11.

由第九届全国人大常委会第九次会议全票通过。该法第 1 条规定："为了防止和纠正违法的或者不当的具体行政行为，保护公民、法人和其他组织的合法权益，保障和监督行政机关依法行使职权，根据宪法，制定本法"。该法在立法目的上将"防止和纠正违法或不当职权行为"置于首位，将权利救济置于其后，将保障和监督职能置于末尾，试图扭转行政复议单行立法作为《行政诉讼法》的配套法与附庸法的尴尬局面。立法者对行政复议制度作出了由行政司法向行政层级监督转变的结构功能重塑：《行政复议法》总体上将对被复议行政行为的合法性审查定位为内部层级监督，取消了《行政复议条例》中关于"复议机构""专职复议人员"等具有准司法性质的组织法结构设置，以体现上下级行政权力制约在定分止争方面"简便、效率、专业化"的独特优势；但这种"'命令—服从'的行政模式"仍然未能真正契合我国社会转型时期官民矛盾的新特点与趋势，行政复议案件数量整体偏低，信访解纷路径占绝对主导地位。[①]《行政复议法》的顺利出台与实施，也"标志着行政复议摆脱了作为行政诉讼配套机制的尴尬处境，正式与行政诉讼共同构成并行并立的两大法律救济制度，二者逐渐进入了良性竞争、相互促进的新阶段"[②]。

1999 年《行政复议法》将"防止和纠正违法的或不当的"职权行为的立法目的置于首位，明显具有"去司法化"的立场。但是，这种"去司法化"的立场并未得到理论界的赞誉，也许是因为行政层级监督模式存在"自己做自己的法官"的程序不正义之嫌，导致《行政复议法》的实施效果不尽理想，未能超越同期的行政诉讼制度，更多地承担起诉前化解行政纠纷的重任。因此，在进入 21 世纪后，行政法学界对行政复议制度的热烈探讨集中在行政复议制度司法化的制度基础、制度比较、制度衔接以及程序设计等方面。该阶段的学术研究储备为 2007 年《行政复议法实施条例》的出台奠定了理论基础。以制定《行政复议法实施条例》为契机，立法者对行政复议体制进行第三次变革。《行政复议法实施条例》第 1 条对《行政复议法》规定的立法目的作出了"颠覆性调整"：明确行政复议制度的首要目的在于解决行政争议、推动和谐社会建设，通过政策决断形式将党中央关于"社会维稳"的政治考虑吸收入法，将"解决行政纠纷"确立为行政复议制度的首要"政治使命"[③]。2008 年 9 月，在落实全国行政复议工作会议精神的基础上，国务院法制办下发《关于在部分省、直辖市开展行政复议委员会试点工作的通知》。该通知明确此次试点的主要目的在于"提高行政复议解决行政争议的质量和效率，增强行政复议制度的公信力，充分发挥行政复议制度在解决行政争议、建设法治政府、构建社会主义和谐社会中的重要作用"[④]。后行政复议委员会试点开始在全国部分基础较好的省份和城市展开，相对集中管理的行政复议管辖和相对公正的行政复议审理机制建立，行政复议体制机制的裁判化趋势由此加快。

---

① 练育强. 功能与结构视野下的行政复议制度变革. 法学，2021 (6)：49.

② 方军. 论行政复议的性质界定与功能定位：兼议我国行政复议立法宗旨的变动. 河南财经政法大学学报，2020 (6)：11.

③ 周佑勇. 我国行政复议立法目的的条款之检视与重塑. 行政法学研究，2019 (6)：16-17.

④ 黄学贤. 行政复议委员会机制新论. 苏州大学学报（法学版），2021 (2)：2.

最后是行政复议委员会试点到《行政复议法（征求意见稿）》出台阶段。事实上，通过前述相对集中管理的行政复议管辖和相对公正的行政复议审理机制改革，行政复议的结构功能与制度逻辑似乎又回到最初的行政司法结构、逻辑上，实际是借助行政复议委员会的相对独立性与居中裁判的准司法地位来提高行政复议机制的公信力。2010 年，国务院法制办与中国行政法学研究会联合举办的行政复议研讨会即基本达成这一共识。但是，行政复议的实际功能发生了微妙的变化：应松年教授率先提出行政复议作为“行政争议化解的主渠道”这一观点，并通过 2011 年的中央政治局第二十七次集体学习得到党和国家领导人的采纳。随后，国务院法制办也明确了这一功能，并指出其表现在将行政争议快速纳入复议解纷进程以及确保行政争议得到公正解决两个方面。至此，行政复议作为“化解行政争议的主渠道”的功能定位基本确定。然而，利用作为下位法的《行政复议法实施条例》对作为上位法的《行政复议法》的立法目的进行“颠覆性调整”，在一定程度上存在“下位法违反上位法之嫌疑”①，这导致《行政复议法》全面修订的步伐进一步加快。

在《行政复议法（征求意见稿）》出台之前，2014 年《行政诉讼法》的修正对行政复议机关作为行政诉讼被告的制度设计进行了较大程度的调整，引发了学界热烈讨论。2014 年《行政诉讼法》第 26 条规定：“经复议的案件，复议机关决定维持原行政行为的，作出原行政行为的行政机关和复议机关是共同被告；复议机关改变原行政行为的，复议机关是被告。”这意味着复议机关无论是作出维持决定还是作出改变决定，只要行政相对人对复议决定不服，都可能面临充当行政诉讼被告的法律风险。2014 年《行政诉讼法》作此规定的初衷在于，通过“双被告”制度来倒逼行政复议机关积极作为、依法作为，即“在‘双被告’制度下，复议机关是否会成为被告，已经与复议决定种类毫无关联，无论复议机关作出何种复议决定，都有可能成为被告。复议机关要想真正获得被告豁免，就必须要让行政纠纷获得实质性解决”②。因而这一立法修改被学者评价为“为了解决行政复议实践中的具体问题而人为设计的一个程序性制度，具有强烈的问题导向性”③。然而，这种“双被告”的立法思路也引发了部分学者的质疑。实务界多数人认为这种制度设计并未起到真正的作用，反而增加了行政复议机关的行政成本，加之在理论层面存在一定程度难以克服的障碍，导致其作出通过修改《行政复议法》来寻求制度调适的路径选择，并最终在《行政复议法（征求意见稿）》第 10 条中得到修正，即“公民、法人或者其他组织对行政复议决定不服的，应当就原行政行为向人民法院提起行政诉讼，但是法律规定行政复议决定为最终裁决的除外”。

二、“化解行政争议的主渠道作用”的目标定位与价值取向

《行政复议法（征求意见稿）》第 1 条规定：“为了防止和纠正违法的或者不当

---

① 练育强. 功能与结构视野下的行政复议制度变革. 法学，2021（6）：50.

② 熊樟林. 行政复议机关做被告的理论逻辑. 法学，2021（7）：189.

③ 章剑生. 关于行政复议维持决定情形下共同被告的几个问题. 中国法律评论，2014（4）：143.

的行政行为，保护公民、法人和其他组织的合法权益，监督和保障行政机关依法行使职权，发挥行政复议化解行政争议的主渠道作用，根据宪法，制定本法。”此条款在 1999 年《行政复议法》第 1 条的基础上，增加了“发挥行政复议化解行政争议的主渠道作用”的立法目的。这是落实中央全面依法治国委员会第三次会议关于行政复议制度定位要求的直接体现。然而，在立法多元目的的排序上，公开版《行政复议法（征求意见稿）》和内部版《行政复议法（征求意见稿）》存在一定的差异。内部版《行政复议法（征求意见稿）》将“发挥行政复议化解行政争议的主渠道作用”置于立法目的之首，与《行政诉讼法》将“解决行政争议”置于前端、作为首要立法目的的构造趋同。立法目的是统领和涵摄整个法律条款设计的灵魂与核心所在，是消除制度体系内部冲突与整合价值功能秩序的关键。从政策法律化的角度而言，既然党中央已将“化解行政争议的主渠道作用”明确为行政复议的核心功能，那么《行政复议法（征求意见稿）》也应采用《行政诉讼法》的立法模式，将“化解行政争议的主渠道作用”的立法目的置于第 1 条的首位。同时，在确立核心功能的基础上，还必须兼顾其他三类功能，即纠正违法行为、实现对相对人合法权益的保障、监督行政职权。为此，部分引入司法机制与司法程序，增强行政复议制度的公正性，实现行政效率与程序公正的相对平衡，成为一种较为稳妥的革新路径。

1. “化解行政争议的主渠道作用”的目标定位

“主渠道作用”的目标定位来源于实践。早在 2011 年中央政治局第二十七次集体学习时，胡锦涛总书记就指出，要完善行政复议制度，加大复议纠错力度，完善行政应诉制度，充分发挥行政复议作为解决行政争议主渠道的作用。[①] 2020 年中央全面依法治国委员会第三次会议报告再次明确了“主渠道作用”的目标定位。因而，“主渠道作用”的定位在本质上是一种面向我国国家治理现代化客观需求所作出的制度回应。在社会治理层面而言，有效化解行政争议可谓是一项维护社会稳定的政治任务。例如，在土地确权、房屋拆迁等涉及广大人民群众根本利益的土地行政纠纷案件中，所关涉利益的广泛性、重要性和复杂性，导致此类案件处理起来周期较长、难度较大，新旧矛盾错综交织，因而妥善解决土地行政纠纷的意义往往超越了单纯的法律层面的意义——在某种程度上直接影响到某一地区社会管理秩序的稳定和某一群体的生命财产安全，进而促使行政机关不得不谨慎对待。行政复议相较于其他两类主要的行政救济机制（信访和行政诉讼），具有独特的功能优势：一方面，相较于信访而言，它的制度规范化程度更高，更有利于在相对公平、公正的程序中实现行政相对人的正义诉求；另一方面，相较于行政诉讼而言，它的政治性或效率性优势更为明显，更加注重行政争议的前端解决和源头治理，“具备化解争议的科层组织优势、专业知识优势、高效快捷优势、便民便宜优势、资源配置优势等一系列优势，能够更及时、更有效地处理与社会稳定密切相关的行政争议”[②]。正是基于前述社会背景与制度优势，更需要在立法设计层面将行政复议置于化解行政争议的首要位置，

① 中共中央文献研究室. 十七大以来重要文献选编：下. 北京：中央文献出版社，2013：290.

② 王万华.“化解行政争议的主渠道”定位与行政复议制度完善. 法商研究，2021（5）：21.

以使其有效发挥在国家和社会治理进程中的应有功能。

若将“化解行政争议的主渠道作用”作为一种立法主观意愿的话，则在主观意愿背后隐含着一种客观的目标设定。这种客观目标设定即是利用行政复议的制度优势实质性化解行政纠纷，维护社会稳定。实质性化解行政纠纷原指“人民法院在审查行政行为合法性的基础上，围绕行政争议产生的基础事实和起诉人真实的诉讼目的，通过依法裁判、调解和协调化解相结合并辅以其他审判机制的灵活运用，对案涉争议进行整体性、彻底性的一揽式解决，实现对公民、法人和其他组织正当诉求的切实有效保护”①。在国家治理现代化、有效维护社会秩序的时代背景需求下，行政复议和行政诉讼在实质性化解社会纠纷方面具有共同面向，应当呈现相互协力、良性互动局面。实质性化解社会纠纷重在溯源治理、机制灵活、一揽式解纷，而这些要素在行政复议制度中更为突出。因此这种客观目标对于行政复议而言更具有可行性与适应性。在国家治理体系和治理能力现代化的需求下，高效化解行政纠纷的重要性不言而喻，“尤其是面对数量不断攀升的行政争议，如果不能从根源上得到（予以）彻底化解，就会陷入‘按起葫芦浮起瓢’的窘境，司法资源和行政资源也会被大量耗费”②。在实现社会主义现代化的新征程中，我国社会的主要矛盾也从过去的物质需求供给矛盾转化为人民群众对法治、公平、社会安全等制度环境需求的供给矛盾，故对于各级行政机关而言，在发展经济的同时必须重视行政争议的及时、有效解决，从源头上化解社会治理中的突出矛盾。

作为 2021 年珠海市十大行政复议案件之首的张某不服不动产登记中心作出不动产权登记案，就充分体现出行政复议化解行政纠纷的主渠道作用与价值。在该案中，张某一家系珠海市某村村民，于 1991 年取得村里 A 宅基地的“集体土地建设用地使用证”，同村村民李某于 1993 年取得与 A 宅基地相邻的 B 宅基地的“集体土地建设用地使用证”。根据上述权证所载四至图，A 宅基地与 B 宅基地之间相隔一条约四尺宽的巷子。2020 年，李某申请办理宅基地用地手续，勘察院经勘察后绘制了宗地图，在宗地图中李某的宅基地与张某的宅基地紧紧相邻，之间无四尺宽巷子。村委会确认红线图所涉宅基地无权属争议，属地国土所根据村委会、镇政府的意见，批准了李某办理宅基地的用地手续。市不动产登记中心根据国土所的批准文件，办理了涉案宅基地的房地产权证。此后，李某动工建设，严格按照不动产权证所载宗地图四至，紧贴张某家的房屋开始打桩。张某对李某的宅基地不动产权登记产生异议，认为其未预留“集体土地建设用地使用证”上记载的四尺宽巷子，属于登记错误，遂以不动产登记中心为被申请人向市政府提出行政复议申请，请求撤销涉案宅基地的房地产权证。复议机关经过查证，认为：本案争议实为邻居李某获批的宅基地面积大于原 B 宅基地面积，村委会在未听取土地相邻人即张某的意见的情况下出具无权属争议证明，导致后续产生登记错误，张某的主张于法有据，应予以支持。

---

① 章志远. 行政争议实质性解决的法理解读. 中国法学，2020（6）：127.

② 章志远. 从“主渠道”到“实质性”：行政复议解决争议功能之审视. 苏州大学学报（社会科学版），2021（4）：99.

但出于实质性化解争议考虑，本复议机关秉持以和为贵的精神，会同当地村委会商讨解决方案，主持双方当事人进行调解，希望“在历史事实与经济利益之间找到平衡点”。双方最终达成了和解协议——通过重新调整李某的宅基地四至满足其用地需求，李某进行了不动产权属变更登记。由此，张某的诉求得到满足，遂向复议机关提交了撤回行政复议的申请，复议机关终止了案件审查，真正做到了案结事了。此案反映出行政复议机关借助行政复议制度优势，真正站在人民立场上，对老百姓最关心、最急切、最现实的“急难愁盼”问题作出有效回应，“充分发挥了行政复议解决纷争、化解矛盾的作用，将‘我为群众办实事’的要求转化为工作实效”①。

2. “化解行政争议的主渠道作用”的价值取向

行政复议制度的价值取向与最终归宿亦应着眼于保障行政相对人的合法权益。无论是实质性化解行政争议还是纠正违法行为、监督行政职权，最终目的都是保障行政相对人的合法权益。这也体现了现代国家法治的基本追求，即“以良法善治为核心的制度化治理，它以法治的人民性为本质要求、以保障社会公平正义和人民权利为根本价值取向，是制度之治的最高形态”②。为实现这一目标，行政复议制度设计就必须在效率、公平与正义等诸多法律价值取向之间作出合理平衡和有效安排。司法部在关于《行政复议法（征求意见稿）》的说明中，对 20 年来的行政复议制度实施情况进行了数据统计和成效总结：“全国各级行政复议机关共办理行政复议案件 247.8 万件，其中立案并审结 204.9 万件，纠正违法或不当行政行为 29.6 万件，纠错率达 14.4%，约 70%的审结案件实现案结事了、定分止争，在维护群众合法权益、促进社会和谐稳定、加快建设法治政府方面发挥了重要作用。”③ 这肯定了行政复议制度在过去 20 年间发挥的“维护群众合法权益”的积极作用。但是，要使行政复议制度在高效解决行政纠纷和最大限度保障行政相对人合法权益的多元价值选择中获取最大收益，离不开增强行政复议制度的司法性这一重要制度安排。也有学者称此为“‘行政司法’之回归”，认为“其中行政面向是支撑，司法面向旨在补强并促进行政面向更好发挥作用”④。这种增强行政复议司法性的制度变革，在《行政复议法（征求意见稿）》出台之前即在学界逐渐获得了共识。

在经验层面，强化行政复议的司法属性，从而更好地实现权利救济目标的典型实践是英国的行政裁判所制度。1957 年，佛兰克斯委员会公布了《关于行政裁判所和调查的委员会报告》［Report on the Committee on Administrative Tribunals and Enquiries，Cmnd. 218（1957）］，对行政裁判所的性质定位进行了明确，呼吁从制度理念、目标设定和机制建设方面对行政裁判所的争议解决过程进行司法化，引入裁决机制相关设计原理，从而脱离行政机构的属性定位。此后，上述制度理念逐渐

① 珠海市 2021 年“复议为民促和谐”十大典型案例.（2021-08-16）［2022-05-06］. https://m.thepaper.cn/baijiahao_14076683.html.

② 周佑勇. 推进国家治理现代化的法治逻辑. 法商研究，2020（4）：4.

③ 关于《中华人民共和国行政复议法（修订）（征求意见稿）》的说明.（2020-11-24）［2022-04-20］. http://www.moj.gov.cn/news/content/2020-11/24/zlk_3260478.html.

④ 曹鎏. 行政复议制度革新的价值立场与核心问题. 当代法学，2022（2）：46.

走向实践，经由里盖特委员会得到深化，并在 2007 年的《裁判所、法院和执行法》(the Tribunals, Courts and Enforcement Act 2007) 中得到落实。据此，英国行政裁判所的公务人员在一定程度上等同于法院的审判人员，行政裁判所的裁判工作具有司法裁判的性质。由此行政裁判所逐渐具备了更强的独立性和中立性。

总之，“目的是全部法律的创造者。每条法律规则的产生都源于一种目的，即一种实际的动机”[①]。“化解行政争议的主渠道作用”可谓行政复议制度的直接目的，而化解纠纷的根本归宿又在于更好地回应人民群众实现权利救济的正义诉求，消解行政管理过程中伴生的社会矛盾。因此，在确立了行政复议制度的目标定位与价值取向之后，通过相应配套制度安排，妥善协调多元立法目的之间的关系，成为当前修法过程中的首要问题。

第二节　行政复议制度的改革

《行政复议法（征求意见稿）》在吸收我国行政复议制度前期实施经验的基础上，对现有体制机制进行了较大程度的改革，集中体现在复议主体、受案范围、审查程序及审查决定方式等方面。

一、行政复议主体要素的革新

关于行政复议制度的主体要素主要有两个大问题需要进一步探究：一是复议机关的地位与被告规则问题；二是复议机关内部设置问题，即相对集中复议权的设置和复议委员会的建设问题。这两个问题是关系行政复议制度改革成败的前提问题，也是《行政复议法（征求意见稿）》公布后引发较为激烈的争论的问题。

1. 复议机关作被告之争

关于复议机关是否应当在行政诉讼中充当被告的问题，从我国的立法演进来看，可以分三种模式展开剖析：第一种“部分被告”模式。1989 年《行政诉讼法》第 25 条第 2 款规定：“经复议的案件，复议机关决定维持原具体行政行为的，作出原具体行政行为的行政机关是被告；复议机关改变原具体行政行为的，复议机关是被告。”此款可以被称为“部分被告”规定，即只有改变原具体行政行为的复议机关才会被当作被告。“部分被告”规定可能带来的负面效应在于复议机关长期或策略性地选择做“维持会长”：为避免行政诉讼风险，对受理的行政复议申请以维持为原则，以撤销、变更为例外，使复议申请人的合法权益难以通过行政复议途径寻得到有效救济。第二种“全部被告”模式。为避免“部分被告”规定带来的负面效应，2014 年《行政诉讼法》第 26 条第 2 款和第 3 款选择了“一刀切”的立法思路。第 2 款规定：“经复议的案件，复议机关决定维持原行政行为的，作出原行政行为的行政机关和复

---

① 博登海默. 法理学：法律哲学与法律方法. 邓正来，译. 北京：中国政法大学出版社，2004：115.

议机关是共同被告；复议机关改变原行政行为的，复议机关是被告。”第 3 款规定：“复议机关在法定期限内未作出复议决定，公民、法人或者其他组织起诉原行政行为的，作出原行政行为的行政机关是被告；起诉复议机关不作为的，复议机关是被告。”这意味着，无论是维持原行政行为还是改变原行政行为或者不作为，复议机关均会面临被诉至法院的可能性。此即所谓的“全部被告”规定。第三种“全部非被告”模式。2020 年 11 月公布的《行政复议法（征求意见稿）》第 10 条规定：“公民、法人或者其他组织对行政复议决定不服的，应当就原行政行为向人民法院提起行政诉讼，但是法律规定行政复议决定为最终裁决的除外。”这意味着行政复议机关作出的复议决定原则上不会被作为争议对象诉至法院，复议机关面临的诉讼风险大大降低。司法部就此条款在立法说明中指出：“为充分体现行政复议居中化解行政争议的定位，规定申请人对复议决定不服的，应当就原行政行为向法院起诉。”

三种不同的被告确定模式折射出立法者所持的不同立场。第一种模式实际上反映出一种所谓的“折中态度”[①] 或理性人的常规理解，即只有在改变原行政行为时复议机关才会面临充当行政诉讼被告的风险。换言之，一旦复议机关改变原行政行为，就有可能对原行政行为认定的权利义务关系作出变动，虽然受到“复议不加重”原则的约束，但在多元行政法律关系中单方面变动权利义务关系亦可能损害第三人的利益，因而，这种“改变作被告”规则其实是一种较为常规或折中的立法立场。第二种模式是基于我国行政文化和体制背景所作的一种兼具政治考虑和立法倒逼的制度调适，即旨在破除“维持会长”现象，通过拓宽复议机关充当行政诉讼被告的范围，倒逼复议机关作出更加公正、合理的复议决定。如有学者所言：“从对新《行政诉讼法》实施效果的观察来看，‘双被告’制度也确实增加了公众的信任感，行政复议案件延续了增长的势头”，“只有在‘双被告’制度下，复议机关才愿意主动调取潜在的政治资源化解纠纷；同时，也只有在‘双被告’制度下，政府决策层才愿意调动大量的政治资源化解纠纷”[②]。第三种模式是基于对行政复议制度性质的应然定位（行政司法属性）而对其作出的功能结构化重塑。在一定程度上，这种结构化重塑更多的是对“化解行政争议的主渠道作用”的目标定位和价值取向所作出的立法回应。

可以肯定的是，若采用司法化的裁判结构原理对行政复议制度进行改造，就不应让复议机关充当行政诉讼被告。这是裁判中立原理的内在要求。从实践中的成效来看，“为了应对案件数量的上升，各地法制办可谓高招迭出：有的地方法制办新设独立的行政应诉处，专门代表本级政府出庭应诉；有的地方法制办增加行政复议处的编制，承担行政应诉任务；有的地方法制办借助行政复议委员会及政府兼职法律顾问的力量，应对复议和诉讼案件的上升；有的地方法制办从其他政府职能部门抽

---

① 赵远. 简析行政复议机关的被告地位问题. 河北法学，2009（4）：156.

② 熊樟林. 行政复议机关做被告的理论逻辑. 法学，2021（7）：190.

调工作人员或招募法学院实习生，解决人手短缺问题”[①]。“双被告”制度似乎也未能像立法者预期的那样，发挥出应有的争议化解作用。究其原因，是“双被告”制度在一定程度上违背了成本—收益原则，具言之，“双被告”制度明显增加了复议机关的工作量、诉讼风险和法治政府建设考核压力。因而，针对复议机关作被告之争，在承认行政复议制度司法化趋势的前提下，基于实质性化解行政争议和保障行政相对人合法权益的立法目的，采用第三种模式较为适宜。至于实践效果，还有待本次修法完成后进一步观察。

2. 相对集中复议权的设置和复议委员会的建设

相对集中复议权的设置是指破除传统行政复议管辖的“条块分割”现状，将行政复议权集中到某些专门机构手中，进行集中管辖。1999 年《行政复议法》第 12 条规定：“对县级以上地方各级人民政府工作部门的具体行政行为不服的，由申请人选择，可以向该部门的本级人民政府申请行政复议，也可以向上一级主管部门申请行政复议。对海关、金融、国税、外汇管理等实行垂直领导的行政机关和国家安全机关的具体行政行为不服的，向上一级主管部门申请行政复议。”2008 年国务院法制办《关于在部分省、直辖市开展行政复议委员会试点工作的通知》选取试点地区，改革垂直领导之外的“双重领导”管辖规则，将上一级主管部门的复议权完全集中到同级政府手中。2018 年国家机构改革完成后，复议权大部分归司法行政部门。《行政复议法（征求意见稿）》第 30 条将复议权统一收归县级以上政府，从而形成了以“以块块管辖为原则，（以）条条管辖为例外”的复议管辖格局。

由司法行政部门对同级政府部门的复议案件进行管辖，不可避免地出现“自己做自己案件的法官”的非正义现象。为破除该困境，重要的是改革复议机构内部管理体制。有学者认为，“行政复议委员会通过‘掺沙子’，邀请专家、学者、律师参与复议工作，改变复议人员成分结构，采取票决制，能够提升中立性”[②]。2008 年国务院法制办《关于在部分省、直辖市开展行政复议委员会试点工作的通知》，在全国范围内选取了 8 个省份进行具体试点。至 2013 年时，试点地区由 8 个省份扩张至 21 个省份，试点单位发展为 434 家。从试点经验来看，行政复议委员会主要发展出两种类型：一是仅具有一定咨询地位的“咨询型复议委员会”；二是具有一定决策功能的“决议型复议委员会”。前者如北京市行政复议委员会，后者如厦门市行政复议委员会、江门市行政复议委员会等。[③] 在具体实施过程中，又存在所谓的单轨制和双轨制的模式差异。所谓单轨制是指单一行政复议委员会模式或者单一行政复议咨询委员会模式，如北京、上海、江苏等地只建立行政复议委员会，而天津、浙江等地建立的是复议咨询委员会；双轨制是指行政复议委员会和行政复议咨询委员会并行模式，如广西、重庆等地既建立了行政复议委员会，又建立了行政复议咨询委

---

① 曹鎏，冯健. 行政复议“双被告”制度的困境与变革. 中外法学，2019（5）：1226－1227.

② 余凌云. 行政法讲义. 3 版. 北京：清华大学出版社，2019：495.

③ 马怀德，李策. 行政复议委员会的检讨与改革. 法学评论，2021（4）：13.

员会。[①]

《行政复议法（征求意见稿）》第 62 条及第 71 条第 1 款对行政复议委员会作出了明确规定。第 62 条规定，县级以上政府应当建立行政复议委员会，国务院部门则根据需要建立。同时该条明确了提请行政复议委员会咨询的两种情况：一是案情重大、疑难、复杂的，专业性、技术性较强的，以及行政复议机构认为必要的；二是行政复议机构应复议当事人请求而提请行政复议委员会提出咨询意见的。行政复议机构认为必要的，以及应复议当事人请求而提请行政复议委员会提出咨询意见的两类情况存在较大模糊性，事实上赋予了行政复议机构一定程度的自由裁量权。从"成本—收益"视角来看，提请行政复议委员会提出咨询意见无疑会产生额外的行政成本，增加行政复议机构工作人员负担，从而减弱行政复议机构咨询行政复议委员会的动力，存在架空行政复议委员会的道德风险。据此，有必要增加和细化行政复议机构主动提请行政复议委员会咨询的法定类型。再者，《行政复议法（征求意见稿）》第 62 条将行政复议委员会的性质界定为咨询机构，而在第 71 条第 1 款中又规定："未采纳行政复议委员会咨询意见的，应当经行政复议机关负责人集体讨论通过。"既然行政复议委员会被定位为咨询机构，为何在行政复议机构未采纳其意见的情况下又需要行政复议机关集体讨论通过呢？由此可以看出，立法者对于行政复议委员会的性质及咨询意见的约束效力尚未达成一致意见，有待进一步展开立法论证。

二、行政复议受案范围的扩展

就实现行政复议内部层级监督的功能定位而言，我国的行政复议应当较行政诉讼受案范围更广、审查程度更高。促使行政复议切实发挥解决行政争议的主渠道作用的关键之一，是在原有基础上进一步扩大行政复议受案范围，将更多的行政争议纳入其审理范围，甚至做到"应收尽收"。基于行政复议制度内在的"行政性＋司法性"结构特征，似乎并没有太多的正当理由将更多的行政争议排除在受案范围之外。所谓行政性结构特征是指行政复议制度建立在行政决定等级属性关系之上，这种"决定等级"关系意味着上级行政机关可以通过撤销、改变或者废除的方式变更下级行政机关的决定，因为它们有着"近似的权能（function），有着相同的资质（qualifications）、经验（experience）和能力（competences）"[②]。我国宪法与地方组织法也对这种"决定等级"关系予以认可。据此，进一步扩大行政复议的受案范围应当是本次修法的题中之义。《行政复议法（征求意见稿）》第 11 条采用有限列举的方式明确了十五类可被纳入行政复议受案范围的争议类型，同时在第 12 条采用负面清单的方式将六类非真正意义上的行政争议排除在外。然而，无论是对比 1999 年《行政复议法》还是对比目前的《行政诉讼法》，这类受案范围的规定都难以被称为作出了任何实质性突破。这与发挥行政复议制度解决行政争议的主渠道作用的目标定位与价值取向尚存在一定差距。

---

① 曹鎏. 行政复议制度革新的价值立场与核心问题. 当代法学，2022（2）：48.

② 余凌云. 行政法讲义. 3 版. 北京：清华大学出版社，2019：498.

同时，与受案范围相关联的另一个重要问题——行政复议申请人的主体资格问题还有待进一步解决。允许更多的行政争议被纳入行政复议解纠渠道必然伴随着放宽对行政复议申请人的主体资格的限制。在行政诉讼领域，关于原告资格的争论此起彼伏，保护规范理论受到学界热议。故能否借助保护规范理论在行政复议领域进一步打开行政复议申请人资格限制的大门，仍不失为一个具有较大理论空间的待解命题。

三、行政复议审查程序的调整

裁决是否公正在很大程度上依赖程序是否正义。“卡夫卡式的程序使参加人没有能力进行合理的安排，使参加人没有能力根据有关信息作出选择。这种程序隐含地把参加人界定为客体，使其受制于制度本身没有限度的操纵。”[①] 因而，进一步优化行政复议的程序设计是本次修法需要妥善处理的问题。但是也应当看到，注重程序往往需要设置较多的固定流程与期限限制。这意味着过分强调程序正义往往会以削弱行政复议的效率优势为代价，过于严苛的行政程序往往会导致行政机关履行社会治理职能的能动性减弱，进而对社会公共利益的维护带来负面影响。因此，行政复议制度需要在程序与效率两种价值间寻求最佳平衡点，如有学者认为：就行政复议而言，首先应发挥其专业优势及便民的特征，在复议程序的设计上应略倾向于效率一端并兼顾公平。具体而言，为提高复议机关审查和处理行政争议的效率，应采用灵活多变的简易程序和其他更有利于当事人便宜行事的程序，在结果层面可以考虑以调解为中心进行灵活性、经济性的制度建构。[②] 当然，无论如何，增加行政复议的公正性仍是行政复议制度革新的起点和落脚点，不能因为过度追求效率而忘记制度革新的初心。在具体制度建构层面，有以下几个方面需要进一步探究。

一是申请行政复议的法定期限问题。

1999 年《行政复议法》第 9 条第 1 款规定：“公民、法人或者其他组织认为具体行政行为侵犯其合法权益的，可以自知道该具体行政行为之日起六十日内提出行政复议申请；但是法律规定的申请期限超过六十日的除外。”对该条规定的理解和把握可以从对“知道”的判定和对“最长保护期”的计算两方面展开。

所谓“知道”应当是一种法律意义上的知道，包括根据案件事实推定当事人“应当知道”的情形。如在李某诉东营市人民政府地权行政复议案中，申请人李某对被申请人垦利县人民政府为第三人某公司颁发“国有土地使用权证”的行政行为不服，提出行政复议申请。东营市人民政府经审理查明，2017 年 4 月 13 日，在第三人某公司诉李某民事侵权案庭审中，第三人某公司以举证方式向法庭出示了垦利县人民政府于 2003 年 8 月向第三人某公司颁发的“国有土地使用权证”，李某对其进行了质证。按照常理，李某在此时就应当知道垦利县人民政府向第三人某公司颁发土地使用权证这一具体行政行为，但是直至 2017 年 8 月 2 日，李某才就该具体行政

① 杰瑞·L. 马肖. 行政国的正当程序. 沈岿，译. 北京：高等教育出版社，2005：189.

② 余凌云. 行政法讲义. 3 版. 北京：清华大学出版社，2019：499－500.

行为向复议机关东营市人民政府提出行政复议，明显已超过行政复议 60 日的期限规定。因此，复议机关东营市人民政府认为申请人李某的复议申请超过了提请行政复议的法定期限，依法决定不予受理。[①]

“最长保护期”即从当事人知道或应当知道具体行政行为侵犯其合法权益之日起计算提出行政复议申请的最长期限。它既属于当事人申请复议的期限利益，也属于对当事人及时行使复议权利的督促提醒。一旦超出“最长保护期”，当事人即丧失通过行政复议寻求救济的权利。1999 年《行政复议法》并未对“最长保护期”问题作出规定，不利于行政法律关系的稳定。《行政复议法（征求意见稿）》第 24 条和第 25 条对“最长保护期”问题作出了立法回应。第 24 条将原来的申请复议期由 60 日调整为 6 个月。这一方面无疑有助于强化对当事人寻求复议救济的期限利益的保护，但另一方面，有学者也提出了不同看法，认为应该压缩申请复议期，保留原有的 60 日期限更为合理，以敦促当事人积极行使权利，早日解决行政纠纷。[②]

二是简易程序的设置问题。

借鉴诉讼领域繁简分流改革经验，对于类型不同与复杂程度各异的复议案件同样可以考虑采取繁简分流的策略。有学者认为，“复议案件的繁简难易应当通过程序分流来解决，即重大疑难案件适用一般程序，简单案件适用简易程序”[③]。《行政复议法（征求意见稿）》第四章第三节和第四节分别对行政复议的一般程序和简易程序进行了规定，可谓是明显的立法进步。适用简易程序的复议案件一般是事实清楚、权利义务关系明确、争议不大的案件，如“（一）被申请行政复议的行政行为是依法当场作出的；（二）案件涉及款额三千元以下的；（三）属于政府信息公开案件的”。同时，简易程序对发送行政复议申请书副本或申请笔录的时间，以及被申请人提出书面答复的时间进行了压缩，并允许采用书面审理方式——相较于一般程序而言，明显提高了审理效率，为行政复议制度设计简易程序是发挥行政复议的化解行政纠纷主渠道作用的必然要求，“这使行政复议的审限整体上短于行政诉讼，更有利于发挥行政复议制度便捷、高效的优势”[④]。但简易程序的具体适用规则仍有待进一步细化、明确。

复议时适用简易程序的典型案件如邱某不服某交警大队对其占用专用车道行驶交通违法行为行政处罚案：邱某同时取得了网络预约出租汽车驾驶员证和“网约车”运输证。2020 年 12 月 15 日，邱某在驾驶“网约”机动车过程中，因占用了公交车道而被电子系统抓拍，被处以 300 元的交通违法罚款。邱某认为自己的“网约”机动车属于出租车范畴，因而提出复议申请，要求撤销交警大队的处罚决定。复议机关经审理认为，邱某的“网约”机动车属于非巡游出租车，其在运营过程中承担了一定的公共交通服务功能，可以被认定为出租车。同时，复议机关认为本案事实较为清楚、争议不大、涉案金额小，因而采用了简易程序处理。在此基础上，复议机

---

① 章剑生．现代行政法总论．2 版．北京：法律出版社，2019：327.

② 王万华．“化解行政争议的主渠道”定位与行政复议制度完善．法商研究，2021（5）：27.

③ 王万华．《行政复议法》修改的几个重大问题．行政法学研究，2011（4）：82.

④ 周佑勇．行政复议的主渠道作用及其制度选择．法学，2021（6）.

关主动作为：一方面要求当事人尽快补充证据，查明案件事实；另一方面积极与行政机关沟通，督促其改正行政处罚决定，最终促使当事人撤回其复议申请，使案件得以在短期内审结。①

三是调解制度的设计问题。

在《行政复议法（征求意见稿）》出台之前，《行政复议法实施条例》第 50 条分别就行政复议制度适用调解的条件和程序作出了规定。《行政复议法（征求意见稿）》第 43 条进一步明确："行政复议决定作出前，行政复议机关可以按照合法、自愿原则进行调解，但不得损害国家利益、社会公共利益和他人合法权益"。同时，在第 82 条中允许申请人与被申请人在行政复议决定作出前自愿达成和解，并由申请人向行政复议机关撤回行政复议申请。据此，本次修法实际上确立了"应调尽调"的立法原则。事实上，这种非强制性调解前置原则在我国行政诉讼制度中早已成为诉源治理的重要组成部分。这是充分利用和为贵的传统文化理念的优势，尽可能从源头上化解社会纠纷的一种立法举措，也是新时代背景下我国法治建设的最新实践成果。② 但是，在行政复议调解制度的具体构建上，如适用调解的负面清单梳理、复议调解的具体程序等，还有待进一步明确。

四、行政复议审查决定方式的变化

"法律适用者必须裁判摆在他们面前并属于其管辖范围的任何纠纷，也包括那些历史的立法者没有看见（忽视）的，或者他们根本不能认识到的纠纷。"③ 法律体系的漏洞需要立法者借助适用法律者的实践反馈去不断填补。行政复议审查决定方式的改进有助于修正现原有行政复议审查所不及和力有不逮之处，达致实质性化解行政纠纷的目的，《行政复议法（征求意见稿）》第四章和第五章对此作出了有益尝试：一是在 1999 年《行政复议法》的基础上进一步细化附带审查的规定，规定行政复议机关对行政规范性文件的附带审查具有决定停止执行并责令重新印发或修改的普遍约束力，而非行政诉讼体系下的对个案适用与否的认定。相较行政诉讼过程中的附带审查而言，《行政复议法（征求意见稿）》所设计的附带审查无论是在效力的普遍程度上还是在审查的广度与深度上都更为明显。二是在不履行法定职责引发的复议中，增加驳回申请人复议请求的决定类型。《行政复议法（征求意见稿）》第 73 条规定：申请人认为行政机关不履行法定职责申请复议，行政复议机关受理后发现该行政机关没有相应法定职责或者在受理前已经履行法定职责的，决定驳回申请人的行政复议请求。三是行政复议决定方式的更新。2014 年《行政诉讼法》删除了维持判决类型，以强化行政诉讼的外部监督功能。而《行政复议法（征求意见稿）》第 72 条仍规定对事实清楚、证据充分的行政行为适用维持决定，与《行政诉讼法》

---

① 珠海市 2021 年"复议为民促和谐"十大典型案例. (2021-08-16)[2022-05-06]. https://m.thepaper.cn/baijiahao_14076683.html.

② 章志远. 新时代行政审判因应诉源治理之道. 法学研究，2021 (3)：192-208.

③ 伯恩·魏德士. 法理学. 丁晓春，吴越，译. 北京：法律出版社，2020：309.

的修法思路存在一定冲突。同时，在其他复议决定类型上，《行政复议法（征求意见稿）》的突破力度还有待提升，如是否可以考虑增设无效类型复议决定、扩大变更类型复议决定的适用范围等，从而有效回应社会公众对于行政复议化解行政争议主渠道作用的期待。另有学者提出，"还应当激活行政复议意见书、行政复议建议书、行政复议白皮书等辅助性机制的作用，为行政争议实质性解决提供多层次的灵活高效保障措施"①。总之，在《行政复议法（征求意见稿）》的基础上，行政复议的审查和决定方式尚有改进空间。

第三节　行政复议制度的发展

《行政复议法（征求意见稿）》展现了立法者对行政复议制度作出改革创新的决心，但为充分发挥行政复议公正高效、便民为民的制度优势和化解行政争议的主渠道作用，实现行政复议制度的长足发展，还应从以下方面发力。

一、行政复议主体制度的演进方向

"双被告"制度实际上已被《行政复议法（征求意见稿）》所否定。就支持行政复议制度司法化而言，应当肯认本次修法思路。但从主体要素层面来看，行政复议主体制度的演进方向仍值得着重关注。

第一，相对集中复议权的设置合理性问题。目前，除国务院部门及实行垂直领导的行政机关外，县级以上政府基本实现了复议机构的统一。2018 年国家机构改革完成后，行政复议原则上归作为同级政府组成部门的司法行政部门管理。但从司法行政部门和同级政府其他组成部门间的横向权力配置关系来看，部分特殊行政部门的负责人可能存在高配情况，例如在县级行政机构组织层面，县公安局负责人兼任县政府副职领导、县发展改革部门负责人兼任县级政府副职领导，甚至在某些地方县级重要政府组成部门负责人或者乡/镇党委书记兼任县级党委常委。由此可能带来的行政复议困境在于，部分作为被申请人的行政机关负责人与复议机构及其所属的复议机关负责人在事实上处于上下级关系，行政复议结果的公正性可能会受制于组织法意义上的领导人员上下级关系问题，难免引发道德风险。因此，为消除在部分情况下裁判者与被裁判者之间的上下级关系所可能给行政复议结果公正性带来的负面影响，有必要考虑在该类特殊情形下适当突破相对集中复议权的规则设置，如提高一级审查与管辖级别、采用异地管辖制度等。

第二，行政复议委员会的性质与决策约束力问题。《行政复议法（征求意见稿）》一方面将行政复议委员会定性为咨询机构，这意味着行政复议委员会提出的咨询意见原则上仅起到一种咨询作用；另一方面又赋予咨询意见一定程度的约束效

① 章志远. 从"主渠道"到"实质性"：行政复议解决争议功能之审视. 苏州大学学报（哲学社会科学版），2021（4）：101.

果，由此导致法条规则体系内部出现矛盾。《行政复议法（征求意见稿）》明确了县级以上政府应当设置行政复议委员会，而从 2008 年开展行政复议委员会试点工作以来，十几年的试点经验证明行政复议委员会制度的实施效果良好，那么在行政复议委员会的性质定位上就不宜再模糊其词，而应直接肯定其在约束行政复议决定上的专家效力。若行政复议决定未采纳行政复议委员会的咨询意见，应当经行政复议机关负责人集体讨论通过，并向行政复议委员会和当事人说明理由，以避免行政复议委员会处于被架空，甚至可有可无的尴尬境地。为提升行政复议委员会的履职效果，还需对行政复议委员会本身的设置和运行机制作出安排：一是对行政复议委员会的内部机构设置进行优化，合理配置行政复议委员会组成人员。例如，科学划定行政复议委员会组成人员中来自行政机关内部的领导人员、从事法制工作的专业人员以及来自行政机关外部的专家学者之间的合理比例，以提高行政复议委员会组成人员知识结构的专业性与纠纷能力的复合性。二是对行政复议委员会的法定职权进行细化，包括哪些情形属于应当提交行政复议委员会提出咨询意见的范畴，哪些情形属于复议机构有权自由裁量是否提交行政复议委员会提出咨询意见的范畴；明确在应当提交咨询而未提交咨询情况下作出的行政复议决定的效力问题；等。三是提升行政复议委员会运行程序的正当性，即规范行政复议委员会的回避制度、论证程序、决策程序以及相应的说明理由制度等。四是强化行政复议委员会咨询意见的约束力，例如行政复议机关拒绝采纳行政复议委员会咨询意见的，不仅应当向行政复议委员会和当事人说明理由，还应当记录在案，由参与行政复议机关负责人集体讨论的人员签字确认；同时，可以考虑在不违反《政府信息公开条例》的情况下，将此类案件的行政复议决定、行政复议委员会咨询意见以及行政复议机构拒绝采纳咨询意见的理由作为政府信息予以公开，以便接受社会监督。[①]

二、行政复议受案范围的拓展方向

行政复议制度蕴含的“决定等级”性质决定了复议受案范围相对宽广的特征，但就受案范围而言，在《行政复议法（征求意见稿）》中并未得到实质性发展。因此，如何实现行政复议受案范围的拓展及优化仍是今后行政复议制度发展的一个着力点，具体表现在如下三个方面。

其一，行政复议受案范围标准的选择。较为主流的观点主张采用行政争议作为行政复议受案范围的立法标准。[②] 所谓行政争议，是指行政相对人与行政主体之间因涉及公权力的行政管理活动而产生的矛盾与纠纷。在传统大陆法系领域，行政诉讼的受案标准即是行政争议，如“德国法上不论行政机关行为的具体形式如何，原则上，所有非宪法性公法争议都在司法审查的范围之内；正如胡芬所认为的，行政

① 马怀德，李策. 行政复议委员会的检讨与改革. 法学评论，2021（4）：20－23.

② 王万华. “化解行政争议的主渠道”定位与行政复议制度完善. 法商研究，2021（5）：26；曹鎏. 行政复议制度革新的价值立场与核心问题. 当代法学，2022（2）：49.

诉讼中对于具体行政行为是否存在的问题，‘既不需予争执，亦不具有决定性’”[①]。既然行政诉讼领域已经广泛采纳行政争议标准，那么理论上受案范围更广的行政复议制度在选择受案范围标准时就不应再有所保留。确立将行政争议作为行政复议受案范围标准可以采用“原则性规定＋排除性规定”这种负面清单立法模式，即行政复议受案范围可被表述为“行政复议机关受理公民、法人或者其他组织与行政机关之间因实施行政法律规范而产生的行政争议，法律另有规定的除外”[②]，从而实现行政复议制度对公法争议的全覆盖。

其二，行政复议申请人资格的确定。《行政复议法（征求意见稿）》第 2 条规定：“公民、法人或者其他组织认为行政行为侵犯其合法权益，向行政机关提出行政复议申请……”该规定与《行政复议法实施条例》对行政复议申请人资格的规定以及《行政诉讼法》对原告资格的规定并无实质差异。这在一定程度上会影响行政复议制度作为“化解行政争议的主渠道作用”的发挥。“申请人的诉求是行政复议申请的重要构成要（因）素，也是行政复议审查的起点和基础”[③]。合理确定有权提出行政复议申请的当事人是拓展行政复议受案范围的内在要求。对此，近年来学界广泛讨论的保护规范理论在合理确定行政复议申请人资格方面具有较大的借鉴意义。保护规范理论主张根据申请人主观权利的应然侵权状态决定是否赋予其提出行政复议申请的当事人资格，即“对于承担行政行为后果或者法定权利或正当利益受到行政行为的实际影响且具有值得行政复议保护的利益，即行政复议机关认为所涉行政侵权是造成损害后果的相当原因且无法通过其他途径予以救济的，均可纳入复议申请人资格范畴”[④]。

其三，行政复议对社会公权力的监督。在受案范围标准上采取行政争议或公法争议标准，意味着凡是行使公共职权或者承担公共职能的行政机关、授权组织，以及其他社会公共组织均可能被纳入行政复议的监督范围。就行政相对人不服行政机关和法律、法规、规章授权的组织作出的具体行政行为而言，2014 年《行政诉讼法》修订时已将其纳入了可以提起行政诉讼的司法监督范围。从理论上讲，一切行政争议均可进入行政复议渠道，行政复议的救济范围应当广于行政诉讼的救济范围。故在确定行政复议的受案范围时，为避免与行政诉讼受案范围同质化，适当拓宽行政诉讼对公权力行使的监督广度并不存在理论障碍。一般而言，公权力分为国家公权力、社会公权力及国际公权力。社会公权力包括社会团体和组织制定规则、执行规则以及裁决争议的权力[⑤]，该等权力的行使过程和结果无疑会对其权力受众的权利义务产生直接影响，理应为其权力受众提供相应的救济渠道。2018 年《行政诉讼法司法解释》第 24 条，对事业单位、行业协会等获得法律、法规、规章授权的组织的特殊行政主体地位进行了首次规定。作为与行政诉讼制度相互衔接、协作共进的

---

① 刘飞. 行政协议诉讼的制度构建. 法学研究，2019（3）：45.

② 王万华. “化解行政争议的主渠道”定位与行政复议制度完善. 法商研究，2021（5）：26.

③ 庞雷. 行政复议行政复议化解行政争议类型化研究. 行政法学研究，2021（4）：113.

④ 曹鎏. 行政复议制度革新的价值立场与核心问题. 当代法学，2022（2）：50.

⑤ 姜明安. 行政法与行政诉讼法. 7 版. 北京：北京大学出版社，高等教育出版社，2019：7.

行政救济途径，行政复议制度的构建应当对此有所回应并适度超越。实践中客观存在诸如行业协会等社会公权力组织，虽无法律、法规对其行使公权力的明确授权，但可以依据自己的章程，对内对外行使一定的公权力，取得行政主体资格。这类社会公权力组织获得行使公权力的机会主要来源于三个方面：一是在行政管理"放管服"改革过程中某些传统行政机关"不好管"的职能被转移给社会公共组织；二是对构成行政行为前置条件的审核、认证活动由社会公共组织承担；三是采取"要不是法则"（but for test），即没有社会公共组织承担这一职能，就只能由政府承担。[①] 由于缺乏法律、法规、规章的直接授权，对这类社会公权力组织违法行使权力的行为尚难依据现行法律规定进行行政诉讼或行政复议。但随着合作治理思潮所兴起的社会变迁问题理应引起行政法的足够关注，故通过对《行政复议法》的修订将其纳入行政复议的受案范围不失为一种推进国家治理能力现代化的有益尝试。

三、行政复议程序设计的优化方向

程序公正是实体公正的前提和基础，实体公正是程序公正的结果和目标。优化行政复议程序设计，是增强行政复议决定的公正性、充分发挥行政复议"化解行政争议的主渠道作用"的重要保障。

首先，行政复议申请期限的合理设置。《行政复议法（征求意见稿）》将 1999 年《行政复议法》规定的提出行政复议申请的 60 日期限调整为 6 个月。作出修订的主要目的无疑是更加全面地保障行政相对人寻求复议救济的期限利益。但有学者对此提出不同意见，认为行政复议的内在属性之一是行政性，故其相较于行政诉讼而言具有快速解决矛盾纠纷的效率优势，这也是行政复议能够发挥"化解行政争议的主渠道作用"的重要内在品质。在比较法视野下，如奥地利、挪威、瑞典、瑞士等部分欧洲国家规定的申请复议的期限一般为 1 个月以内，试图通过较短的救济期设置敦促申请人及时行使权利，提高行政复议的运转效率。[②] 但是，在借鉴比较法层面的立法经验过程中，不能忽视我国与西方国家行政体制间的现实区别和我国行政复议制度运行的基本状况。从现行行政复议制度实施效果来看，社会公众对行政复议制度解决行政争议的有效性、公正性的信任度有待提升，部分社会公众欠缺法律知识，导致其通过复议途径寻求权利救济的意识有待增强。有鉴于此，《行政复议法（征求意见稿）》通过法律修正适当延长行政相对人提出复议申请的期限；在一定程度上是对前述两类现实问题的回应。同时，从宏观角度来看，若能通过合理的期限设置将行政争议进行实质性化解，显然在实质意义上比为了追求形式高效而缩减申请复议期限但最终行政争议并未得到实质解决更具有整体效率。

其次，简易程序适用规则的明确。《行政复议法（征求意见稿）》关于简易程序的规定的核心在于，压缩行政复议机构将行政复议申请书副本或者申请笔录复印件发送给被申请人的期限、被申请人的答复举证期限以及作出复议决定的期限，明确

---

① 余凌云. 行政法讲义. 3 版. 北京：清华大学出版社，2019：499.

② 王万华."化解行政争议的主渠道"定位与行政复议制度完善. 法商研究，2021（5）：27.

简易程序转普通程序的规则和可以实行书面审查的原则。简易程序是提升简单行政争议案件复议审理效率的专门程序，仅靠前述规则设计显然无法满足简易程序顺畅运转的客观需求。例如，在允许简易程序实行书面审查原则的前提下，对于在哪些情形下（如申请人要求开庭审理）复议机构不应实行书面审查而应进行开庭审理，缺乏进一步界定；另如，简易程序对一般程序的简化应以到何种程度为限？如何在追求程序简化、效率提高的同时，确保复议双方当事人基本的举证质证权利和辩论权利得到落实？这些问题需要立法者在设计规则过程中予以考虑，或者通过制定行政法规、部门规章等形式以"再规则化"手段出台具体的简易程序审理规范进行解决。

最后，复议调解规则及程序细化。《行政复议法（征求意见稿）》第 43 条规定："行政复议决定作出前，行政复议机关可以按照合法、自愿原则进行调解，但不得损害国家利益、社会公共利益和他人合法权益。"该条涉及复议调解规则的完善及程序的细化问题。一方面是对行政复议适用调解规则的负面限制。《行政复议法（征求意见稿）》第 43 条对此给出的限制是"不得损害国家、社会和他人利益"，与《行政诉讼法》第 60 条第 2 款对行政诉讼适用调解规则所作出的负面限制基本一致，二者均大致采用等同于公共利益标准的不确定法律概念对调解规则的适用进行限制。由于缺乏对公共利益进行界定的客观标准，故从公共利益角度限制调解规则的适用无疑是困难的，但采用列举方式将不适用调解的情形排除在外仍不失为可行策略之一，例如：被复议行政行为涉及第三人的利益，但第三人不同意调解的，即不应适用调解；被复议行政行为属于羁束性行政行为的，一般也不应适用调解等。另一方面是复议调解的程序设置。《行政复议法（征求意见稿）》仅要求调解应当按照合法、自愿原则进行并制作行政复议调解书，对具体的调解程序未着笔墨。但复议调解为实质性化解行政争议的重要手段之一，调解过程的程序正义仍不容忽视。例如，调解与查明案件事实并不冲突，行政复议机关在制作行政复议调解书的过程中，应当履行对争议事实的查明义务，若通过查明事实发现行政机关的被复议行政行为违法，则应当终止调解，并对被复议行政行为作出实体决定，否则将违反合法调解的基本原则。正如有学者指出的那样，"这里的调解关注规范性和释理性，侧重于在查明事实、分清责任的基础上对案件结果做预判，以及形成对相关成本和风险的分析，以引导当事人达成合意，案结事了，也降低了后续的执行成本"①。只有在事实清楚、权责明晰的基础上达成的行政复议调解协议书才合法有效并具备执行效力。此外，行政复议调解的启动方式、时限和调解结果的公开问题仍有待明确。关于调解的启动方式问题，基于实质性化解行政争议的目标考虑，应当允许依申请调解和依职权调解两种方式并存，但依职权调解的前提是取得行政复议申请人和被申请人双方的同意，否则行政复议机关不得强行调解。关于调解时限的问题，为避免出现久调不决、变现降低复议效率的情形，应当对调解时限作出明确限定，至多不能超出行政复议案件 60 日的法定审限。关于调解结果的公开问题，可借鉴 2018 年《行政诉讼

---

① 徐运凯. 行政复议法修改对实质性解决行政争议的回应. 法学，2021（6）：41.

法司法解释》采用的以不公开为原则，以公开为例外的制度设计，规定调解协议内容不公开，但为保护国家利益、社会公共利益、他人合法权益，人民法院认为确有必要公开的除外。

四、行政复议审查决定的完善方向

行政复议机关既有权审查行政行为的合法性，包括实体合法性和程序合法性两方面，又有权审查行政行为的合理性。这种审查强度和广度使行政复议制度具有建立起一个具有较强层次逻辑、类型不同、功能互补的行政复议审查决定体系的天然优势。《行政复议法（征求意见稿）》对行政复议审查决定的类型和方式之完善作出了努力，但其体系化程度还有待提升，主要表现在决定的灵活性与类型化方面。如有学者将行政复议化解争议类型总结为“一般办案程序、简易办案程序、行政复议案前和解、行政复议案中调解”四种。[①] 显然，对不同类型争议在化解过程中存在不同决定类型的运用问题，因而该学者进一步指出：应从行政法律关系出发，具体审查行政争议中的每一类行政关系，进而确定行政复议决定类型。行政法律关系是指受行政法律规范调整的因行政活动而形成或产生的各种权利义务关系，行政争议产生于特定的行政法律关系中。因此，以行政法律关系作为作出审查决定的出发点和落脚点能够充分发挥行政复议机关的主导地位和在化解行政争议方面的专业优势，对涉及的不同法律关系、争议本质以及手段和结果模式进行全面、客观的审查，并构建出可灵活适用于不同类型案件及行政法律关系的审查决定体系。

此处涉及的一个重要关联命题是行政复议与行政诉讼的制度衔接。从实践中的成效来看，两者之间尚未呈现明显的分流差异，这有悖于行政复议制度“化解行政争议的主渠道作用”的功能定位，因而有学者建议，“在两者程序机制衔接上，应当遵循‘穷尽行政救济原则’，对争议量大、专业性较强的案件普遍实行复议前置，复议受案范围大于诉讼受案范围，更有利于保护相对人的合法权益”[②]。在我国已有部分法律条款对复议前置制度作出了规定，但从范围来讲，目前仅有极少部分行政争议被纳入了复议前置制度的调整范围。当前，是否必须通过一概实行复议前置来达到使行政复议制度发挥“化解行政争议的主渠道作用”的目的呢？我们认为有待商榷：试图通过一概实行复议前置来达到使行政复议制度发挥“化解行政争议的主渠道作用”的目的失之极端，客观上只能起到迫使行政相对人在寻求救济时不得不采用先复议后诉讼的路径，但如果无法解决行政复议本身的公信力和结果公正性问题，相关行政争议仍将大量涌入法院。若果真如此，作此一概实行复议前置的制度安排只是徒增行政相对人的救济成本，恐得不偿失。治本之道仍在于努力提升行政复议制度自身的实质解纷能力和进一步发挥行政复议机构专业性强、效率性高的内在优势，以重塑公众对复议救济机制的信心。构建科学合理的行政复议审查决定体系，将有助于提升行政复议结果的公正性和行政相对人对行政复议结果的认同感、接受

---

① 庞雷. 行政复议化解行政争议类型化研究. 行政法学研究，2021（4）：111.

② 周佑勇. 行政复议的主渠道作用及其制度选择. 法学，2021（6）：25.

度，也有利于行政复议和行政诉讼二者间真正实现顺畅衔接和分流协作。

知识拓展

一、拓展阅读

1. 曹鎏. 中国特色行政复议制度的嬗变与演进. 北京：法律出版社，2020.

2. 周佑勇. 行政复议的主渠道作用及其制度选择. 法学，2021（6）.

3. 方军. 论行政复议的性质界定与功能定位：兼议我国行政复议立法宗旨的变动. 河南财经政法大学学报，2020（6）.

4. 曹鎏. 作为化解行政争议主渠道的行政复议：功能反思及路径优化. 中国法学，2020（2）.

5. 王万华. 行政复议法的修改与完善：以“实质性解决行政争议”为视角. 法学研究，2019（5）.

6. 练育强. 功能与结构视野下的行政复议制度变革. 法学，2021（6）.

二、类案练习

某建设公司（以下简称“申请人”）
不服永州市人民政府（以下简称“被申请人”）会议纪要申请行政复议案

案情

2007年8月，申请人中标永州市一段道路工程项目，并与第三人签订施工合同。因征地受阻等问题，项目未能按期完工。2013年12月，申请人与第三人签订补充协议，约定调整工程价款和工期，工程边拆迁边施工。由于工期拖延6年，施工环境发生重大变化，如果继续按原约定的爆破技术方案施工将严重威胁周边居民的人身和财产安全。为避免发生安全问题，第三人组织制定并报请被申请人批准新的爆破技术施工方案。申请人按新施工方案完成了约70%的工程量。2016年2月，第三人通知申请人暂停施工。同年9月，被申请人召开会议并作出《永州市政府专题会议纪要》（永府阅〔2016〕52号，以下简称《会议纪要》）。《会议纪要》第1条第3项决定对该项目已完成工程进行结算，剩余工程重新招投标，原施工单位在同等条件下可优先考虑。申请人对此不服，向湖南省人民政府申请行政复议。申请人认为，被申请人的上述决定于法于理无据，请求行政复议机关予以撤销，并责令被申请人督促第三人与申请人继续履行施工合同。被申请人认为：《会议纪要》是行政机关的内部文件，未对申请人的权利义务产生实质性影响，不是具体行政行为，不属于行政复议范围；被申请人的上述决定有充分的事实和法律依据；申请人的行政复议申请已超过法定申请期限。第三人认为：本案属于生效民事合同履行过程中产生的争议，应当按照合同约定通过诉讼途径解决；《会议纪要》是第三人向被申请人汇报形成的合同履行意见，具有事实和法律依据。行政复议机关湖南省人民政府经审理认为被申请人以行政手段强制干预解除合同关系超出其法定职权范围，遂根据《行政复议法》第28条第1款第3项的规定，撤销了涉案《会议纪要》第1条第3项的内容。

思考

（1）本案是否属于行政复议受案范围？为什么？行政复议受案范围的发展趋势是什么？

（2）会议纪要等内部行政行为外部化的条件是什么？

三、毕业论文选题指导

1. 行政复议与行政诉讼的差异性研究
2. 行政复议审查决定体系研究
3. 行政复议实质性化解纠纷对策措施研究

第九讲　行政赔偿制度

内容提要

我国《国家赔偿法》及相关司法解释确立了两种国家赔偿的制度，即行政赔偿和刑事司法赔偿，它们都以国家机关在行使权力过程中的违法行为作为赔偿责任的前提。本讲仅展开介绍行政赔偿制度，以《国家赔偿法》及相关司法解释为依据。介绍我国行政赔偿制度中，学术界在赔偿责任的性质、赔偿的归责原则和赔偿的范围三个方面存在的争议点及在司法实践中的运用。

第一节　行政赔偿责任的性质

一、域外关于行政赔偿责任性质的不同学说

行政赔偿责任的性质是指国家行政机关及其工作人员承担赔偿责任的法律依据，是行政赔偿责任与其他赔偿责任相区别的重要特点。从世界各国行政赔偿案件来看，由于侵权行为的主体与赔偿责任的主体是分离的，加上各国行政赔偿法律依据或判例的不同，所以域外关于行政赔偿责任之性质的讨论，一直是学术界争议的焦点。在《国家赔偿法》起草及修正期间，学术界借鉴域外法学理论，存在如下几种观点。[①]

1. 自己责任说

自己责任说的主要观点是，行政机关工作人员的行政行为构成侵权责任时，是代表国家所作出的不法行为，由此产生的责任应属于国家责任，由国家行政机关对被侵权人负责。行政机关既然授权其工作人员行使行政权力，在这一过程中工作人

① 曹竞辉. 国家赔偿立法与案例研究. 台北：三民书局，1988：27－28；应松年. 国家赔偿法研究. 北京：法律出版社，1995：9－13；房绍坤，丁乐超，苗生明. 国家赔偿法原理与实务. 北京：北京大学出版社，1998：49－52；叶百修. 国家赔偿法//翁岳生. 行政法：下册. 北京：中国法制出版社，2002：1558－1560.

员难免会出现损害公民、法人或其他组织之合法权益的情形。这种造成侵权的行为，无论是违法的还是合法的，均应由国家行政机关承担责任。

这一学说在日本无论是对学术界还是对实务界都影响深远。日本学者南博方认为："国家授予公务员的权限本身，会有两种结果，即合法行使的可能性和因违法行使导致损害的危险性，国家既然将这种含有违法行使的危险性的权限授予公务员，便应该为此承担赔偿责任。"① 在司法实践中，日本东京法院 1964 年 6 月 19 日的判决认为，行政赔偿"可以（被）理解为不是规定代替公务员承担代位责任，而是规定了起因于公务员的行为而需要直接承担的自己责任"②。

2. 代位责任说

代位，即替代。该学说的核心点在于确定由谁来替代侵权行为主体承担赔偿的责任，其主要观点是行政机关工作人员在执行公务期间产生的侵权行为，本质上依旧是该工作人员的个人侵权行为，由此产生的赔偿责任也应该由该工作人员个人来承担。但是行政机关工作人员的财力有限，让其承担赔偿责任，不足以保护被侵权人。同时，行政机关工作人员在执行公务期间总是担心其行为产生的赔偿责任，难免会存在执行公务的畏惧心理，从而影响行政效率。因此，行政机关工作人员公务行为的侵权责任，首先由国家行政机关代为承担，同时国家行政机关保留对其工作人员的追偿权。

3. 合并责任说

我国大陆学术界对合并责任说的观点比较陌生。而我国台湾地区学者认为，由谁来承担行政赔偿责任，应该以该工作人员是否具有行政机关的身份来判定。这是合并责任说主张的判断要件。如果工作人员具有行政机关的身份，那么工作人员的侵权行为，可被视为行政机关的侵权行为，由行政机关向被侵权人进行赔偿；如果工作人员不具有行政机关的身份，而仅仅是受雇人员的地位，其行使行政职权过程中的侵权行为，就不再是行政机关自身的侵权行为，行政机关承担的行政赔偿责任，可被理解为代位责任。

我国学术界之所以对合并责任说中"公务人员具备公务机关身份"这一提法比较陌生，是因为除"中华人民共和国主席"外的其他国家机构都是以组织形式存在的。此外，《民法典》第 57 条规定，"法人是具有民事权利能力和民事行为能力，依法独立享有民事权利和承担民事义务的组织"。这就意味着，国家机关都是组织形式而非个人形式。因此，我国的学术界或者普通大众，一般都不会把某一公务人员视为行政机关。

但是，法国、德国等大陆法系国家的法学理论普遍认可这个观点。在法国，行政机关是"构成行政主体整体结构中的某些单位，它们在一定的范围以内，以行政主体的名义进行活动，而效力归属于行政主体。例如，代表国家这一行政主体的行政机关有中央行政机关和地方国家行政机关之分，前者包括总统、总理、部长和一

---

① 南博方. 日本行政法. 杨建顺，周作彩，译. 北京：中国人民大学出版社，1988：102.

② 李毅易. 试析日本国家赔偿制度的宪法根据. 中外法学，1990（6）：61.

些咨询机关，后者有省长、大区行政长官……”[①]。在德国，“机关是国家和其他行政主体的机构……组织意义上的机关是指在国家行政等级体制之中的机构，以及非国家行政主体的执行机构，例如大区政府主席、财政局、市政府、大学的系主任……”[②]。

4. 折中说

折中说的观点以法律要件作为判断标准。具体来说，行政赔偿责任的性质取决于法律是否规定行政赔偿责任的构成以行政机关工作人员的“故意或过失”为要件。在一般情形下，行政机关工作人员行使行政权力行为构成侵权行为时，行政机关为其造成的损害承担赔偿责任，这与前文中的“自己责任说”保持一致。但是，如果法律中规定，行政赔偿责任的构成须行政机关工作人员有“故意或过失”，那么，就与前文中的“代位责任说”相符。

二、我国学者对行政赔偿责任性质的认定

针对上述域外关于行政赔偿责任之性质的不同学术观点，我国学术界存在的争论集中在自己责任说与代位责任说之间。

少数学者主张，根据 2014 年修正前的《行政诉讼法》第 68 条之规定[③]，行政赔偿责任属于代位责任。例如于安教授认为，“国家工作人员以国家的名义，依据法定职权进行活动给相对人造成损害后果的，应由国家代为承担由此引起的民事赔偿责任”[④]。但在 2010 年《国家赔偿法》修正后，学术界的主流观点为行政赔偿责任属于自己责任。这是因为，该法第 2 条中提出了“赔偿义务机关”一词，即在法律中明确了履行国家赔偿责任的具体机关。也就是说，在行政赔偿案件中，由国家行政机关代表国家接受赔偿请求，参加赔偿程序，履行赔偿义务。在实质上说，国家赔偿责任是国家因国家权力的不当行使而应当对公民承担的责任，根本上是处理国家与公民之间的关系。自己责任说不仅与国家赔偿法的目的相吻合，而且有利于从财力上充分保障对受害人的国家赔偿的具体落实。[⑤] 当然，也有学者认为：自己责任说与代位责任说存在巨大差异，而且适用的领域也存在不同，不宜用自己责任说“一统天下”；而且也不能完全采用代位责任说，因其与无过错责任相抵触，最佳的选择是：对于以过错为要件的国家赔偿责任，用代位责任说解释之；而对于以无过错为要件的国家赔偿责任，用自己责任说解释之。[⑥]

---

① 王名扬. 法国行政法. 北京：中国政法大学出版社，1997：48－121.

② 毛雷尔. 行政法学总论. 高家伟，译. 北京：法律出版社，2000：509.

③ 2014 年修正前的《行政诉讼法》第 68 条规定：“行政机关或者行政机关工作人员作出的具体行政行为侵犯公民、法人或者其他组织的合法权益造成损害的，由该行政机关或者该行政机关工作人员所在的行政机关负责赔偿。”“行政机关赔偿损失后，应当责令有故意或者重大过失的行政机关工作人员承担部分或者全部赔偿费用。”

④ 于安. 试论我国国家赔偿制度. 法学研究，1987（2）：18.

⑤ 上官丕亮. 国家赔偿责任研究述评. 北京：法律出版社，2017：100－101.

⑥ 沈岿. 国家赔偿法：原理与案例. 2 版. 北京：北京大学出版社，2017：31.

三、行政赔偿责任性质的法理分析

上述学者的观点从行政赔偿的法律规定展开分析，为行政赔偿责任的性质找到了法律依据。我们结合图 9－1，尝试从法理上去探讨行政赔偿责任的性质。

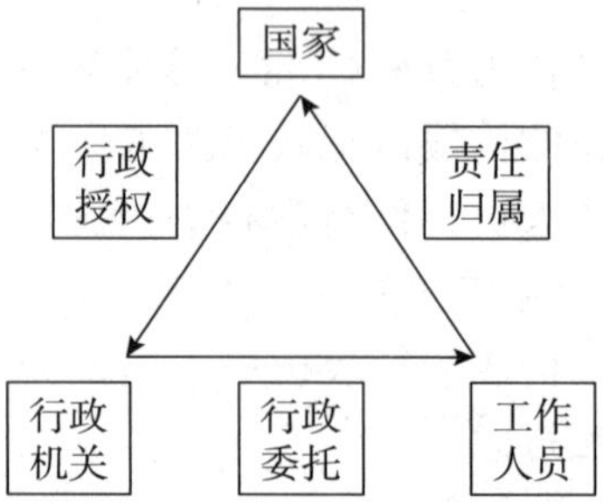

图 9－1 国家、行政机关、工作人员三方的行政法律关系

可以肯定的是，我们赞同行政赔偿责任应属于自己责任。这是因为：

首先，从国家和行政机关之间的法律关系来看。国家作为统治阶级的工具，为了实现行政管理的目的，必须设置各类行政机关以保障行政权的有效运行。此时，国家这一真正的行政主体找到了一个拟制的、能够让行政相对人“看得见、摸得着”的行政主体。它们之间的法律关系可被理解为行政授权的法律关系，即按行政授权理论的通说，行政机关作为被授权的主体，需要承担行为所产生的后果责任。

其次，从行政机关和其工作人员（公务员）之间的法律关系来看。行政机关是组织，而非个人，组织是不可能作出具体动作的，故需要由其工作人员（公务员）去从事或实施具体的行为，从而产生法律上认可的行政行为。这时，行政机关将其从国家那里“获得”的权力转移给了工作人员（公务员），它们之间的法律关系可以被认为是行政委托的法律关系。按行政委托理论的通说，工作人员（公务员）作为被委托的主体，其具体实施行为所产生的后果责任由委托组织来承担，委托组织必须对被委托方履行监督义务。所以，在《国家赔偿法》中出现了“赔偿义务机关”一词，而行政赔偿案件中的赔偿义务机关就是这里的委托方——行政机关。

最后，从国家和工作人员（公务员）之间的法律关系来看。工作人员（公务员）通过行政授权和行政委托两个步骤，由一名普通公民转变为具有公共权力的行使者，其权利（力）和义务在本质上发生了变化。于是，工作人员（公务员）的行为所造成的后果责任也必然会区别于其作为普通公民的行为所造成的后果责任，这种责任最终只能归属于国家。

第二节　行政赔偿的归责原则

一、行政赔偿归责原则的内涵及体系

所谓归责，从字面含义理解就是责任的归属和承担。对侵权行为的归责，涉及在侵权行为发生后，由谁来承担侵权责任，由谁来担负侵权导致的赔偿义务。在我们的现实生活中，从“摇篮到坟墓”，会经历各种各样的损失，大多数损失如果没有特别的理由，会由自己“默默接受”。如果想要把损失“转移”给他人来承担，让他人赔偿以弥补损失，就必须要找到一个合理的理由。美国著名法学家霍姆斯曾说过：“良好的政策应让损失停留于其所发生之处，除非有特别干预的理由存在。”这里的“特别干预的理由”是指应将损害归由加害人承担，使其负赔偿责任的事由。学说上称之为归责事由或归责原则。① 由此，归责原则被认定为一般侵权行为法的核心问题。

在《国家赔偿法》中，行政赔偿实质上属于侵权行为法中的一种特殊类型的责任承担方式，其归责原则自然也是行政赔偿的核心问题。从逻辑关系上，我们可以推导出行政相对人合法权益的损失，在什么情况下转移给国家行政机关，并由国家行政机关承担且予以赔偿。这就是行政赔偿归责原则的内涵。

在我国民法学界，关于普通侵权行为的归责原则存在一元论、二元论和三元论的争议。一元论主张侵权行为的归责原则只有一个，即过错责任原则。② 二元论主张侵权行为的归责原则由过错原则和无过错原则构成。③ 至于三元论，在学术界存在多种意见，其归责原则构成体系也存在差异：一是主张归责原则由过错责任原则、无过错责任原则和公平责任原则构成。④ 二是主张归责原则由过错责任原则、过错推定原则和公平责任原则构成。⑤ 三是主张归责原则应由过错责任原则、过错推定原则和无过错责任原则构成。⑥

在我国1995年《国家赔偿法》起草制定时，关于行政赔偿的归责原则也存在不同的意见。在参照民法中侵权行为归责原则的基础上，有人主张单一的过错原则或者违法原则，甚至无过错原则；双重的过错原则加违法归责原则；多元化的归责原则体系。最终，违法归责原则受到了立法者的青睐，1995年《国家赔偿法》采用的主要是该原则。⑦ 经过多年的司法实践，违法归责原则在行政赔偿案件中，也暴露出一些弊端。在2010年《国家赔偿法》修正后，越来越多的学者支持行政赔偿的归

---

① 王泽鉴. 侵权行为法：第1册. 北京：中国政法大学出版社，2001：11－12.

② 王卫国. 过错责任原则：第三次勃兴. 北京：中国法制出版社，2000：185.

③ 米健. 现代侵权行为法归责原则探索. 法学研究，1985（5）：30.

④ 刘淑珍. 试论侵权损害的归责原则. 法学研究，1984（4）.

⑤ 王利明. 侵权行为法归责原则研究. 北京：中国政法大学出版社，1992：30.

⑥ 杨立新. 侵权行为法专论. 北京：高等教育出版社，2005：72.

⑦ 江必新. 国家赔偿法原理. 北京：中国人民公安大学出版社，1994：115－116.

责原则由多元化的归责原则体系替代违法归责原则。

二、关于行政赔偿归责原则的不同观点

在1995年《国家赔偿法》颁布之前，学术界关于行政赔偿案件中行政赔偿归责原则提出过各种不同的观点，最具代表性的如过错归责原则、无过错归责原则和违法归责原则。

1. 过错归责原则

过错归责原则，也可被称为“过错责任原则”，在其他法域也被称为“过失责任”。然而，在后一概念中的“过失”系广义的“过失”，包含了“故意”和狭义的“过失”在内。① 行政赔偿的过错归责原则的基本内涵是，国家行政机关及其工作人员因故意或过失不法侵害公民、法人或其他组织的合法权益时，应就所产生的损害负赔偿责任。

从法律及法学定义来看，过错一般包括“故意”和“过失”。这两个概念所指的对象都是人的主观认知和意志状态。关于过错的表现类型，参见表9-1。②

表9-1 过错的表现和类型

	过错的表现	过错的类型
关于损害后果	明知，并希望	直接故意
	明知，并放任	间接故意
	疏忽大意，没有预见	疏忽大意的过失
	已经预见，轻信避免	过于自信的过失

我们不难发现，过错的表现是人的内在心理活动，而人的心理是非常复杂且极其隐秘的，对心理结果的认定需要借助如语言、行动等手段来判断。所以，在1995年《国家赔偿法》起草过程中，有一种观点认为，过错归责原则是从主观状态入手，而行政机关及其工作人员主观上是否有故意或过失，实难举证。③ 但是，从比较法的研究视野来看，域外立法例中关于行政赔偿归责原则的规定不乏过错归责原则的体现。④ 这说明人的主观过错只是归责原则的构成要件，通过其他手段进行判定也并非难事。

2. 无过错归责原则

无过错归责原则，也被称为“无过错责任”原则；在广义的“过失”概念下，也可被称为“无过失原则”或“无过失责任”。在侵权行为法上，无过错归责原则不具有普遍意义，是一种特殊的归责原则，它的适用取决于法律上的明文规定。行政

---

① 王泽鉴. 侵权行为法：第1册. 北京：中国政法大学出版社，2001：12.

② 沈岿. 国家赔偿法：原理与案例. 2版. 北京：北京大学出版社，2017：55.

③ 马怀德. 国家赔偿法的理论与实务. 北京：中国法制出版社，1994：104.

④ 例如日本《国家赔偿法》第1条规定：“行使国家或公共团体权力之公务员，就其执行职务，因故意或过失不法加害于他人者，国家或公共团体对此应负赔偿责任。”转引自皮纯协，何寿生. 比较国家赔偿法. 北京：中国法制出版社，1998：307。再如韩国《国家赔偿法》第2条规定：“公务员执行职务，因故意或过失违反法令致使他人受损害；或者，依汽车损害赔偿保障法之规定，公务员有损害赔偿责任时，国家或地方自治团体应当依本法赔偿其损害。”吴东镐. 中韩国家赔偿制度比较研究. 北京：法律出版社，2008：243.

赔偿的无过错归责原则的内涵是，只要法律明文规定，行政机关及其工作人员造成公民、法人或其他组织的损害后，无论行为人是否有过错，无须受害人举证，行为人都应当承担赔偿责任。

1995年《国家赔偿法》出台、实施不久，学术界在域外研究的基础上，提出了在违法归责原则之外引入无过错归责原则，并将"公有公共设施致害"纳入行政赔偿范围。"公有公共设施"的概念首次提出是在我国台湾地区学术界。所谓"公有公共设施"是指行政主体（包括国家、地方自治团体或其他公法人）为公共行政的目的，提供给公众或公务使用的，归行政主体所有或管理的一切有体物或物的设备。[①]我国台湾地区学者廖义男教授认为，"……国家赔偿责任，只要公有之公共设施因设置或管理有欠缺，致人民受到损害，即可成立，而不问国家对该设置或管理之欠缺有无过失，或于防止损害之发生，已否善尽其注意"[②]。不过，学术界的另一种观点认为：公有公共设施致害的无过错归责责任，不能仅仅以结果作为判断，也不能以公共设施的客观安全性作为考量标准。因此，不能简单地理解为，只要是公共设施导致他人损害，抑或只要公共设施不符合安全标准，国家行政机关就应负行政赔偿责任。所以，无过错归责原则只能作为过错归责原则的特殊原则或辅助性原则。[③]

3. 违法归责原则

在学术界关于行政赔偿归责原则的讨论中，违法归责原则在众多原则中"脱颖而出"，获得学界和实务部门的青睐，并被确立在1995年《国家赔偿法》第2条之中。[④] 这取决于在当时的学理上，违法归责原则在行政赔偿案件中存在着优势：一是违法归责原则能够避免将行政机关的主观过错作为责任标准，也能够避免没有必要的过错与违法双重标准；二是违法归责原则方便当时的法院在审理行政赔偿案件过程中的把握，也方便行政机关及其工作人员在执行行政权过程中的理解，督促其依法办事；三是违法归责原则与行政诉讼法确立的司法审查标准保持一致，有利于两种制度的统一；四是违法归责原则有利于分清是非，区别行政赔偿与行政补偿；五是违法归责原则有利于行政相对人行使赔偿请求权。[⑤]

既然1995年《国家赔偿法》中明确了违法归责原则，那么无论是学术界，还是实务界，都需要厘清违法归责原则中"法"的内涵与外延。对此具有代表性的观点有三种：一是狭义论，认为违法是指违反了严格意义上的法律，如宪法、法律、行政法规、规章、其他规范性文件和我国承认或参加的国际公约、条约等。其类型包括：适用法律、法规错误，违反法定程序，超越职权，滥用职权，或不履行、拖延履行法定职责。[⑥] 二是最广义论，认为违法除包括违反了严格意义上的法律规范之外，

---

① 施茂林. 公共设施与国家赔偿责任. 台北：大伟书局，1982：34-54.

② 廖义男. 国家赔偿法. 台北：三民书局，1996：13-14.

③ 沈岿. 国家赔偿法：原理与案例. 2版. 北京：北京大学出版社，2017：75.

④ 1995年《国家赔偿法》第2条第1款规定："国家机关和国家机关工作人员违法行使职权侵犯公民、法人和其他组织的合法权益造成损害的，受害人有依照本法取得国家赔偿的权利。"

⑤ 肖峋. 论国家赔偿立法的几个基本观点. 中国法学，1994（4）.

⑥ 皮纯协，何寿生. 比较国家赔偿法. 北京：中国法制出版社，1998：89.

还包括违反法律原则和法律精神。例如，有学者提出，“违法包含以下几点内容：(1) 违反明确的法律规范干涉他人权益；(2) 违反诚信原则、尊重人权原则及公序良俗原则干涉他人权益；(3) 滥用或超越行使自由裁量权，提供错误信息、指导及许可批准，造成他人权益损害；(4) 没有履行对特定人的法律义务或尽到合理注意”①。三是相对广义论。它既否定狭义论对违法所作的严格意义上的解释，也不赞同最广义论将法律精神列为违法归责的对象。它主张，违法归责原则中的“法”还是应该限于法律、法规、规章等制定法，可以包括立法者通过制定法予以确立的法律原则和制度，但不可以包括法的精神。其主要理由就是法的精神是一个内涵和外延极为不确定的概念，实际操作起来有相当大的难度。②

三、重构行政赔偿归责原则

2010 年《国家赔偿法》修正时，将第一章“总则”部分的第 2 条进行了调整，删除了原条文中的“违法”一词，取而代之的是“有本法规定的侵犯公民、法人和其他组织合法权益的情形”。这说明，当时立法者已经意识到违法归责原则在行政赔偿司法实践中存在弊端，希望通过新法来确立行政赔偿中的多元归责原则。

从《国家赔偿法》颁布到修正这十多年间，违法归责原则的弊端主要表现在两个方面：其一是对侵权行为法中过错原则的驳斥。1995 年《国家赔偿法》为了区别于一般的侵权行为法，在驳斥众多侵权行为法归责原则的基础上确立了违法归责原则，人为地割裂了与一般侵权行为法的沟通，故很难吸收侵权行为法过错原则发展的成果；其二是脱离了司法的现实环境。在当时的学术界学者大多支持违法归责原则采纳最广义论，希望能覆盖行政赔偿的所有情形。然而，国家行政机关基于对行政赔偿的抵触以及严格的法条主义思维，明显倾向于狭义论。这种立场必然会导致行政赔偿范围的缩小，造就了理论与实务的分离，而违法归责原则本身就成为众矢之的。

鉴于违法归责原则的弊端，学术界提出了各种关于重构行政赔偿归责原则的观点，本节不能穷尽，择要举例。有学者主张有条件的结果归责，认为在一定条件下，不管致害人的行为违不违法，只要其侵害了公民、法人或其他组织的权益，受害人就可以要求赔偿。③ 有学者提出以过错责任为主、以无过错责任为辅的原则，认为：过错责任意味着必须同时满足违反客观法律秩序和违反主观法律秩序两个条件，它是许多国家侵权行为法和国家赔偿法中的主导性归责原则；无过错责任仅仅是基于对客观法律秩序的违反，是从不幸损害的合理分配、社会利益均衡的立场出发的，它是必需的但不能不受限制。④ 还有学者坚持违法归责原则最广义论的立场，主张以法律稳定性、延续性、易接受性、合乎现实性为由保留违法归责原则，认为单一的原则无

---

① 应松年. 国家赔偿法研究. 北京：法律出版社，1995：84.
② 马怀德. 完善国家赔偿立法基本问题研究. 北京：北京大学出版社，2008：84 - 87.
③ 姜明安，袁祥，王逸吟. 国家赔偿法：受侵害人的救济法：下. 光明日报，2010 - 05 - 06 (9).
④ 朱新力，余军. 国家赔偿归责原则的实证分析. 浙江大学学报（人文社会科学版），2005 (2).

法适应所有行政赔偿案件，故增加过错推定原则、无过错原则作为辅助性原则。[①]

综上所述，我们也尝试提出将以过错原则为主、以无过错原则为辅作为当前行政赔偿案件归责原则的一种方案，以供讨论。这是因为，过错原则意味着国家行政机关及其工作人员在行使行政权力过程中，故意或过失侵犯公民、法人和其他组织的合法权益的，受害人有获得行政赔偿的权利。故意或过失的认定，与一般侵权行为法上相通，应遵循“过错客观化”的趋势。在实务中，“依法行政”强调国家行政机关及其工作人员的职权应受到法律规范的约束，因此在其责任的认定上首先可以从是否违法的认定开始：以实体法规范（包括具体规则和原则）为依据，运用必要的法律解释方法，进行判定。具体来讲，如果国家行政机关工作人员的行政行为被认定为违法，则按“违法视为过错”的观点，不再追究行为人是否存在过错；如果国家行政机关工作人员的行政行为并没有违反实体法上的规范，或者依实体法不能对其行为是否违法进行判断，则可以进一步考察国家行政机关工作人员是否存在过错，即公务人员在执行公务期间履行注意义务的情况。此外，我们这里所指的过错原则还包括过错推定的情形。例如，某人在被公安机关行政拘留期间发生人身损害，由于该人在证明公安机关及其工作人员的违法性或过错方面处于不利的地位，因此可以适用过错推定原则来认定行政赔偿责任的成立，这也符合行政赔偿诉讼案件中原、被告双方的举证责任分配规则。无过错原则在行政赔偿案件中的适用，意味着国家行政机关及其工作人员即便没有违法或过错，也应该由国家行政机关为其行为造成的损害承担赔偿责任。它的目的不在于谴责，而在于救济。因此，无过错原则只能作为辅助性原则，不宜无限扩张。关于行政赔偿归责原则体系的具体内容参见图 9-2。[②]

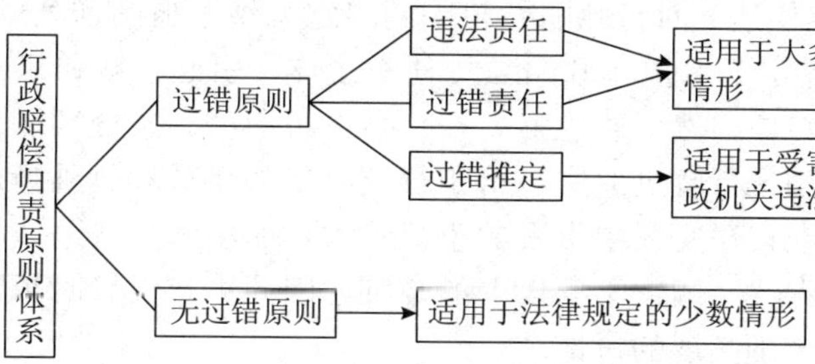

图 9-2　行政赔偿归责原则体系

第三节　行政赔偿范围的拓展

一、行政赔偿范围的含义

行政赔偿范围，是指国家行政机关及其工作人员在行使行政职权过程中，侵犯

---

① 周友军，麻锦亮. 国家赔偿法教程. 北京：中国人民大学出版社，2008：59-60.

② 沈岿. 国家赔偿法：原理与案例. 2版. 北京：北京大学出版社，2017：96.

公民、法人或者其他组织的合法权益并造成损害，国家行政机关应当承担赔偿责任的范围。具体来讲，《国家赔偿法》中规定行政赔偿范围是在界定行政赔偿责任原因行为的范围。我们可以从以下几个方面来理解行政赔偿范围：

第一，行政赔偿范围是行政相对人请求行政赔偿的范围。如果法律规定国家行政机关及其工作人员的特定行为造成损害时应予赔偿，则行政相对人可以作为受害人享有法律上赋予的请求权，任何人或组织都不得剥夺或限制受害人的请求权；反之，如果法律对某些行为作出免予赔偿或不予赔偿的规定，则行政相对人不享有请求国家行政机关给予赔偿的权利。由此可见，行政赔偿范围是受害人的请求权与法律规定的行政救济的界限。

第二，行政赔偿范围是国家行政机关作为赔偿义务机关履行赔偿义务的范围。这意味着只要是法律规定的，国家行政机关及其工作人员在行使权力过程中，以特定的侵权行为造成公民、法人或者其他组织合法权益损害的，如果受害人提出合法的赔偿请求，那么国家行政机关必须代表国家对受害人履行行政赔偿义务，给予行政赔偿救济，不得拒绝或推诿。

第三，行政赔偿范围是法院对行政赔偿案件行使审判权的范围。根据《国家赔偿法》的规定，在法律规定的赔偿范围内，行政相对人可以就赔偿事项在提起行政诉讼过程中一并提出行政赔偿请求，法院必须受理，对受害人的受损权益实施司法救济。因此，从这个角度来讲，行政赔偿范围也意味着法院行使审判权的界限。

二、行政赔偿范围的界定与拓展

我国 2010 年《国家赔偿法》对行政赔偿范围的界定采纳了概括加列举的方式：首先是通过该法第 2 条[①]界定了承担行政赔偿责任的主体、引起行政赔偿责任的行为、行政赔偿的客体以及对象，然后通过第 3 条、第 4 条和第 5 条分别以肯定列举和否定列举的方式界定了国家行政机关应当给予行政赔偿的事项和例外情形。由于肯定列举的行政赔偿事项在司法实践中引发的争议不大，而学术界普遍认为否定列举的例外情形范围过窄，存在“国家不赔偿”的嫌疑，因此本节仅针对否定列举的例外情形进行分析并展开范围拓展的讨论。

1. 法律明确规定的例外

2010 年《国家赔偿法》第 5 条规定了行政机关不承担行政赔偿责任的三种情形：

（1）国家行政机关工作人员与行使职权无关的个人行为。

由于 2010 年《国家赔偿法》确定的侵权责任是特殊的公法侵权责任，国家行政机关如果要履行赔偿义务，必须以其工作人员实施了公法上的职务行为为前提。如果是工作人员的个人行为造成了侵权，则由工作人员自身承担民事赔偿责任，国家行政机关不予赔偿。所以职务行为与个人行为的区分，成为国家行政机关赔与不赔

---

① 2010 年《国家赔偿法》第 2 条第 1 款规定：“国家机关和国家机关工作人员行使职权，有本法规定的侵犯公民、法人和其他组织合法权益的情形，造成损害的，受害人有依照本法取得国家赔偿的权利。”

的关键，但在实务中，两者的区分比较棘手。例如，警察下班后身穿便衣逛商场，遇歹徒抢劫他人，追赶并将其制服。此行为是行使职权的公务行为，还是普通公民见义勇为的个人行为？或者，警察下班回家，身穿制服，遇歹徒抢劫他人，其不闻不问。该行为是怠于履行职责的行为，还是普通公民的一种临危选择？

从法理上讲，行政机关工作人员代表国家行使权力所作出的行为，属于职务行为，反之，以普通公民身份作出的行为，则属于个人行为。但这只是一种判断思路，界定个案中行政机关工作人员所作行为的性质还需要借助一些判断标准。我国台湾地区学者提出了一种判断方案，认为依以行为外观为主、以行为目的为辅的标准进行判断有利于分清国家责任和公民个人责任："依客观标准判断公务员之行为是否在执行职务，对人民较为有利。然判断公务员之行为是否在执行职务，仍应注意执行职务行为与职务予以机会之行为应予明白区别，不能仅以行为与职务间在外观上、时间上或处所上有关联者，即为足矣，更应注意及（以）行为目的与职务作用间之内部上有密切关联为必要。"①

所谓行为外观标准，即职务行为判断的客观说，强调行政机关工作人员从事的行为在外观上具有行使职权的特点，普通人只需要从其外观表现上进行判断，不必考察行为人的内心状态。上述事例二中，如果仅以行为外观判断，无疑是在警察执行公务期间发生的致害行为，属于职务行为。以客观维度作为判断基准是行为外观标准的优势，实务中操作起来比较容易，如果辅以行为目的标准，在事后可以查实警察的个人目的，但留下的疑问是对个人目的的判断仅仅是参考因素还是决定性因素呢。或许是因为增加了个人因素，在实务中往往会加大难度、出现困惑。所以，我们赞同单纯以客观说作为判断标准，定位于受害人的视角，更有利于实现他们的赔偿请求权。当然，在实践中有时也可以把握一个判断的原则：行政机关工作人员行为时，如果个人目的需要事后才能认定，现场表现并不明显，则可以认定其行为为职务行为；行政机关工作人员行为时，未以执行公务为名，且个人目的明显表露，则应视其行为为个人行为。故对上述事例一需要具体分析。

（2）公民、法人和其他组织自己的行为致使损害发生的。

由于2010年《国家赔偿法》遵循"谁损害，谁赔偿"的原则，所以当行政相对人因为自身原因造成损害，与行政机关及其工作人员的职务行为没有必然的因果关系时，尽管行政行为可能构成违法，行政机关也不承担赔偿责任。例如，甲违反治安管理，其同胞兄弟乙假冒甲去承担责任。由于两人相像，公安机关拘留了乙。这是违法的。但这是乙的故意行为所致，所以对于乙所受的损害，国家行政机关不承担赔偿责任。

这里提到的"必然因果关系"或"直接因果关系"的概念在实务中引发较大争议，因为：国家事务之间存在普遍的联系性，会导致某个损害后果产生的原因可能不止一个，一连串在时间上先后发生或同时发生的事实，都可能对损害后果造成影

① 我国台湾地区学者在讨论此类问题时，习惯用"执行职务行为"概念，类似于《国家赔偿法》中"行使职权"的概念。叶百修. 国家赔偿法//翁岳生. 行政法：下册. 北京：中国法制出版社，2002：1584.

响。从大陆法系侵权行为法的因果关系学说来看，在我国行政赔偿案件中关于认定因果关系存在三种学说。

第一，条件说。这个学说认为：不管是一个因素还是多个因素，只要引起损害的发生，都是造成损害结果的条件或原因。甚至当一个条件致使一个损害发生，该损害又成为另一个损害的条件，周而复始时，原始条件和其他迭次条件均被认定为最后造成损害的条件，从而形成因果关系。例如，某政府决定强制拆迁一对夫妇李某和王某的房屋，李某不愿房屋被拆，以自杀方式抗争，留下遗言，称要为其妻王某争得一居所。王某得知丈夫自杀的消息后，痛不欲生，也选择了自杀。依照条件说，政府的拆迁决定既是李某自杀的条件，也是王某自杀的条件。但在多数大陆法系国家，条件说已经不再成为通说。[①]

第二，相当因果关系说。这一学说认为，致害人必须对以其侵害行为为相当条件的损害负赔偿责任，对于超出这一范围的损害后果不负责任。[②] 关于相当条件的判断通常情况下是以一个普通人对行为结果的认知为标准：如果普通人已经认知或能够认知行为后果造成的损害，那么无论行为人是否有预见，均认为行为人的行为与结果之间存在因果关系。例如公安人员违法拘留张某，将其带至拘留所二楼。正在办理手续时，因看管不严，张某从二楼跳下，导致骨折。依据相当因果关系说，公安机关因违法拘留而应负行政赔偿责任，但张某的身体伤害已然超出违法拘留行为产生的后果，也并非一个普通人可以认知的条件，因此张某的身体伤害与公安机关的违法拘留之间不构成因果关系。

第三，法规目的说。虽然相当因果关系说在一定程度上避免了条件说漫无边际确立因果关系的诟病，但也存在难以克服的问题：在损害结果已经发生后，肯定此行为可能产生此结果，要比否定此行为通常不会产生此结果，更加容易。加上同情受害人的心理，也容易导致偏向肯定因果关系的存在。[③] 于是，学术界就提出了法规目的说，即行政机关的侵权行为是否引发行政赔偿责任，应依据相关法律、法规的目的来进行考量。例如市场监督管理机关工作人员在执行公务过程中遭遇张某的暴力阻挠，遂对张某实施限制人身自由的强制措施，并使用武器，造成张某身体受伤害。后张某不忍疼痛，选择自杀。本案中，根据法律规定，限制公民人身自由的行为只能由公安机关实施，市场监督管理机关无权实施，故构成非法拘禁；同时，违法使用武器，造成公民身体伤害，也应承担行政赔偿责任。根据法规目的说，市场监督管理机关的违法行为与张某的自杀不存在因果关系，因为法律旨在保护人身不受他人违法行为伤害，并不保护残害自己。

通过对上述学界观点的比较，我们认为，我国当前行政赔偿案件中，常常用到的“直接因果关系”“必然因果关系”等术语虽然不是十分准确，但在某种程度上体现了相当因果关系说的理念，也符合我国民事审判实践中的通说。

---

① 杨立新. 侵权行为法. 上海：复旦大学出版社，2007：106.

② 张新宝. 侵权责任法原理. 北京：中国人民大学出版社，2005：61.

③ 曾世雄. 损害赔偿法原理. 北京：中国政法大学出版社，2001：104－105.

（3）法律规定的其他情形。

作为2010年《国家赔偿法》的兜底规定，行政赔偿的其他例外情形只允许全国人大及其常委会通过法律文件的形式明确，其他任何形式的行政法渊源都无权规定。这里的“法律”是狭义的概念，本讲不再赘述。

2. 1993年《国家赔偿法（草案）说明》（以下简称《草案说明》）提出的例外

在《草案说明》中明确了几种国家不予赔偿的事项，这是基于当时行政赔偿制度选择了违法归责原则而确立的。随着2010年《国家赔偿法》的修正，多元归责原则被多数人所接受，本节尝试从多元归责原则的角度再次审视《草案说明》中的例外情形。

（1）军事损害赔偿。

在1995年《国家赔偿法》起草过程中，曾有“国家赔偿应当包括军事赔偿”“军事赔偿应当归入行政赔偿”“军事行为与行政行为不同，故而不应纳入行政赔偿”三种意见。[①] 但最终，《草案说明》并未采纳这三种意见，而是将军事损害赔偿排除在赔偿范围之外，认为“军队在演习、训练过程中，公民受到损失，需要采取适当方式予以补偿。由于这不是因违法行为造成的损害，不宜列入国家赔偿的范围”[②]。由此可见，军事机关的行为造成公民损失的，军事机关承担的是补偿责任。

但在当前《国家赔偿法》的多元归责原则下，我们认为，仅仅以违法性作为判断标准是不够的，把军事损害赔偿纳入行政赔偿的范围具有可行性。这是因为：首先从军队优良传统来看，我军在战争年代就有“三大纪律、八项注意”的规定，要求借东西要还、损坏东西要赔。在艰苦的战争年代尚且能做到赔偿，在《国家赔偿法》已实施的今天更加有必要将这一制度稳定下来。其次，从军事行为的性质来看，军事机关的行为虽不是典型的行政行为，但从军民关系的性质上可判断其属于特殊的行政关系。所以，对于军事行为导致的损害，公民可以参照《国家赔偿法》以军队为赔偿义务机关，就损失提出赔偿请求。

（2）公有公共设施致害赔偿。

《草案说明》将公有公共设施致害赔偿排除在行政赔偿范围之外，其理由也与当时的违法归责原则有关，因为公有公共设施的设置、管理问题，不属行政机关工作人员违法行使职权的问题。

在多元归责原则下，怠于行使行政权力即使不构成违法，也会给行政相对人的合法权益造成重大的损失。例如：2005年中央电视台《社会记录》曾报道，长沙市为缓解交通压力，对一个丁字路口进行改造。通车后的几个月内该路口接连发生38起相似情形的车祸，故该路口被当地媒体称为“公路百慕大”。为降低事故发生率，当地交警部门在该丁字路口附近设置了5种36处交通警示标志，但效果并不理想。在2006年年初，此地再次发生2起恶性交通事故，造成3人死亡。后专家在现场进

① 皮纯协，冯军. 国家赔偿法释论. 3版. 北京：中国法制出版社，2010：118－119.

② 1993年10月22日第八届全国人民代表大会常务委员会第四次会议讨论的《关于〈中华人民共和国国家赔偿法（草案）〉的说明》.

行了勘测，发现这里发生车祸几乎是必然的，主要原因在于这个丁字路口是“反超高”状况，即转弯的地方外低内高，与转弯时力学要求的设置相悖。那么本案提出的问题是：道路修建应属于公共设施，设计不合理的公共设施致损的赔偿责任是民事赔偿责任还是行政赔偿责任？很明显，公有公共设施致害赔偿被排除在现行《国家赔偿法》规定的行政赔偿范围之外。司法实践中对上述损害会参照《民法典》中的相关规定[①]予以赔偿。但我们认为：公有公共设施的设置存在管理上的风险，行政机关管理上的瑕疵导致行政相对人的损害是不可避免的，也就是说这种侵权行为具有了风险责任的属性。把公有公共设施致害赔偿纳入行政赔偿的范畴，必须遵循后果责任原则，即行政相对人的实际损害是公有公共设施设置上确有瑕疵而致。例如上述事例中，行政机关承担赔偿责任不能是因为公民驾驶车辆的时速超过限定车速，只能是“因国家在管理活动中直接造成的，因而就应当由国家来承受其预防、避免、消除等成本的风险”[②]。

3. 司法解释厘定的例外

最高人民法院《关于审理行政赔偿案件若干问题的规定》（法释〔2022〕10 号，以下简称《行政赔偿规定》）第 5 条规定：“公民、法人或者其他组织认为国防、外交等国家行为或者行政机关制定发布行政法规、规章或者具有普遍约束力的决定、命令侵犯其合法权益造成损害，向人民法院提起行政赔偿诉讼的，不属于人民法院行政赔偿诉讼的受案范围。”该规定厘定了司法实践中行政赔偿的两种例外情形：

一是国防、外交等国家行为。由于国家行为本质上具有非常强烈的政治性、主权性，不适宜由法院审判，所以《行政诉讼法》中首先明确规定这类行为不可诉。同时 2000 年《行政诉讼法司法解释》第 2 条，将“国家行为”解释为国务院、中央军事委员会、国防部、外交部等根据宪法和法律的授权，以国家的名义实施的有关国防和外交事务的行为，以及经宪法和法律授权的国家机关宣布紧急状态等行为。[③]为保持与法律的统一，《行政赔偿规定》再次通过司法解释将国家行为排除在行政赔偿诉讼受案范围之外。

二是抽象行政行为。在通常情况下，法律条文会将抽象行政行为表述为制定、发布规则或具有普遍约束力的决定、命令的行为。与国家行为的不可诉同理，抽象行政行为不直接针对特定的人或事，也被排除在行政赔偿诉讼的受案范围之外。由于法院的不受理，行政相对人也就丧失了赔偿请求权。

但在实践中，抽象行政行为侵犯行政相对人合法权益的现象也是存在的。例如行政机关通过制发文件的形式使乱收费、乱罚款、乱设许可项目、不正当干预等行为“合法化”，即通过抽象行政行为的形式实现行政权的扩张。这种抽象行政行为与具体行政行为在不法侵害上，并无区别。所以我们认为：将抽象行政行为纳入行政

---

① 《民法典》第 1256 条规定：“在公共道路上堆放、倾倒、遗撒妨碍通行的物品造成他人损害的，由行为人承担侵权责任。公共道路管理人不能证明已经尽到清理、防护、警示等义务的，应当承担相应的责任。”

② 高家伟. 论国家赔偿责任的性质. 法治论丛，2009（6）：28.

③ 2018 年《行政诉讼法司法解释》第 2 条第 1 款保留了这一规定。

赔偿范围可作区分。具体来讲，行政立法行为，即国务院（制定行政法规）；国务院各部委、中国人民银行、审计署、国务院直属机构（制定部门规章），省（自治区、直辖市）、设区的市（自治州政府）（制定地方政府规章）的立法活动，有法律的明确授权，当存在不法侵害时，国家可以不承担赔偿责任。这符合世界各国关于立法行为原则上不负赔偿责任的传统。抽象行政行为的另一种形式——发布具有普遍约束力的决定、命令应当被纳入行政赔偿的范围。理由有二：其一，这种法律规范层级、效力最低，具有可操作性，也最容易转换为具体行政行为，给行政相对人造成损害。为避免损害的发生，可以在将其向社会公布之时由行政相对人向行政机关提出行政赔偿请求。当然，这种赔偿的方式以消除影响、修改条文为主。其二，有些抽象行政行为虽以规范性文件形式出现，内容上却针对特定的对象，当致行政相对人受到侵害时，可与具体行政行为致害相同对待，行政相对人理应获得赔偿。例如，某县政府违法发布通告要求强制拆除位于街道两旁的居民楼。虽然行政机关以发布"决定"的方式作出行为，在表面上看属于抽象行政行为的范畴，但该"决定"的内容针对特定的对象，这种"决定"的特征与具体行政行为的特征保持一致，因此政府决定强拆所涉及的居民具有赔偿请求权。

此外，《行政诉讼法》第 53 条第 1 款中规定，"公民、法人或者其他组织认为行政行为所依据的国务院部门和地方人民政府及其部门制定的规范性文件不合法，在对行政行为提起诉讼时，可以一并请求对该规范性文件进行审查"。此即法院对规章以下抽象行政行为的附带审查制度。那么，在行政赔偿诉讼中能否引入附带赔偿的规定，值得学界和实务部门进一步探讨。

知识拓展

一、拓展阅读

1. 于安. 试论我国国家赔偿制度. 法学研究，1987（2）.
2. 曹竞辉. 国家赔偿立法与案例研究. 台北：三民书局，1988.
3. 马怀德. 国家赔偿法理论与实务. 北京：中国法制出版社，1994.
4. 江必新. 国家赔偿法原理. 北京：中国人民公安大学出版社，1994.
5. 肖峋. 论国家赔偿立法的几个基本观点. 中国法学，1994（4）.
6. 皮纯协，冯军. 国家赔偿法释论. 3 版. 北京：中国法制出版社，2010.
7. 马怀德，张泽宇. 规范行政赔偿案件审理推动国家赔偿制度发展. 法律适用，2022（4）.

二、类案练习

案情简介

原告福建省安溪正浩印刷有限公司诉称：2003 年 8 月 5 日，安溪县因受台风影响普降大雨，水位迅猛上升并直接威胁到原告的厂房，原告等受灾户马上打电话给被告和县领导及相关部门，请求从速开闸放水，但均未果。其后三小时内原告的厂房全部被洪水淹没，水位不断上升，最高达一米多，原告工厂的原料、货物及设备在水中浸泡将近三个小时，部分货物被冲走。其间原告继续向相关部门恳求开闸放水，直到下午4点左右，城东水闸桥才开始放水，仅仅十多分钟洪水就退掉。此次水灾给原告造成843 855元的直接经济损失，在保险公司赔偿了8 485.5元后，原告仍损失759 569.5元。请求确认两被告（安溪县政府、县水利局）行政不作为违法并赔偿原告经济损失759 569.5元。

被告安溪县政府等辩称：安溪县委、县政府高度重视防抗9号台风，安溪县防汛指挥部早在8月3日就开始部署防抗各项准备工作。8月4日开始，县领导即坐镇防汛指挥部指挥部署。8月5日上午，通知城东水库做好水库泄洪的准备工作，要求城东水闸桥控制在39米高程以下运行，并指派水政股干部到现场督查。下午4时06分，根据城区来水及降雨等情况，安溪县防汛指挥部又及时通知城东水闸桥加大泄流量，要求水闸桥蓄水位降至38米。以上事实说明被告作为地方人民政府及所属水行政主管部门，已经依法履行《中华人民共和国防洪法》及《福建省防洪条例》规定的义务。原告所在的茶都区域部分被淹没，主要是短时间降雨量特大引起内涝造成的，与作为不可抗力的自然灾害有直接的因果关系，况且原告对自己的主张缺乏合法有效的证据证明。因此，原告的诉讼请求依法不能成立，请求法院予以判决驳回。

福建省安溪县人民法院经公开审理查明：2003年8月3日，安溪县政府根据气象部门的通报开始部署防抗第9号热带风暴“莫拉克”的各项准备工作。2003年8月4日下午，安溪县防汛指挥部及时召开各成员单位参加的防抗第9号热带风暴的紧急会议，部署包括安溪县城东水库在内的全县防汛抗洪工作，组织相关人员建立24小时值班制度，通知县水文站在进入城区的水流量大时要及时通知城东水闸桥及防汛指挥部，同时派安溪县水利局水政股干部陈某到现场巡查。根据部署，于2003年8月5日凌晨4时20分进行洪水预泄，后随着上游来水剧增逐渐加大泄洪力度，始终将水位控制在39米高程的正常蓄水位以下（安溪县城东水闸桥按照法定程序经过设计批准建设，设计正常蓄水位定为39米）。从这一系列事实应当认定两被告积极实施了防汛抗洪行为。因此，原告诉称被告没有及时通知水闸桥开闸泄洪，缺乏事实依据。其请求判令两被告行政不作为违法，本院不予支持。原告请求被告赔偿财产损失759 569.5元，因原告起诉两被告行政不作为不能成立，且缺乏合法有效的财产损失证明，本院亦不予支持。

原告不服一审判决，提起上诉。

经福建省泉州市中级人民法院审理认为：上诉人（一审原告）起诉认为被上诉人（一审被告）没有及时通知水闸桥开闸泄洪，系不作为的违法行为缺乏事实依据。上诉人的厂房被淹系短时间降雨量特大引起的内涝造成的，与作为不可抗力的自然灾害具有直接的因果关系，上诉人要求被上诉人承担经济赔偿责任的理由不能成立。判决驳回上诉人的诉讼请求，维持原判。①

---

① 福建省安溪县人民法院（2004）安行初字第07号行政判决书，福建省泉州市中级人民法院（2004）泉行终字第99号行政判决书.

案例评析

本案是一起由自然灾害引起行政赔偿案件，核心问题在于面对自然灾害行政机关的“不作为”应如何理解。

一种意见是：本案两被告未全部完成作为义务。判断行政机关是否作为可以分三种情况：一是积极作为，即全部完成作为义务，履行全部法定职责；二是部分作为，未全部完成作为义务，属于不作为范畴；三是消极作为，未履行法定职责。实务中，有些行政机关认为只要开开会、发发文件、布置任务等形式完成，就是履行了法定职责。但其实如果所布置的任务没有真正落到实处，仍不能算履行法定职责。本案中，两被告虽然积极布置防洪任务，也按照相关法律规定进行了泄洪操作，但在原告多次恳求下，没有能考虑到实际情况，造成经济损失。可以说，被告未完全履行法定职责。

另一种意见是：台风所引发的自然灾害发生过程千变万化，简单的灾情预警下不可能制定出完善的抗洪措施。《中华人民共和国防洪法》及《福建省防洪条例》虽然规定了地方政府及所属水行政主管部门的法定职责，以及通过逐步加大流量来达到泄洪的目的，但行政事务的多样化导致在何种危急情况下采用何种措施并不明确，事实上也不可能穷尽，这是留给行政机关的自由裁量范畴。本案中，两被告在接到台风预警后，积极布置任务，履行了防汛抗洪的法定职责。至于如何调控水闸桥泄洪，属于控洪过程中的合理问题，应根据上游来水及下游防汛等情况综合考虑。对此法律无明文规定，不能因为发生不可抗力的损害而推定两被告存在不履行法定义务的行为。

思考

(1) 本案中法院采纳了狭义“行政不作为”。请结合《行政赔偿规定》中关于受案范围的规定分析上述两种意见你同意哪一种？为什么？

(2) 台风、洪水属于通常理解的不可抗力，但在具体案件中是否构成不可抗力，需根据实际情况而定。结合本案讨论行政赔偿案件中如何认定和判断不可抗力。

三、毕业论文选题指导

1. 行政不作为国家赔偿责任的认定
2. 行政追偿制度研究
3. 行政赔偿的归责原则
4. 行政、民事混合侵权的赔偿责任研究

第十讲　行政诉讼的功能定位与诉讼类型

内容提要

我国行政诉讼法的功能随着法律修正和行政审判实践的发展而变迁。行政诉讼法的目的和诉讼结构决定了行政诉讼的功能。行政诉讼的基本功能包括解决行政争议、提供行政救济、监督行政机关依法行使职权。基于立法中对基本功能的选择偏向，大陆法系国家的行政诉讼制度模式可以区分为主观公权利保护模式与客观法秩序维护模式两种类型。与之相对应，在诉讼结构上，前者以主观诉讼为核心，原告享有诉权以合法权益受到侵害为前提；后者以客观诉讼为核心，侧重于对行政的合法性进行监督和保护公共利益，对原告资格的要求相对较为宽松。根据我国行政诉讼法的构造和最高人民法院行政审判实践，我国目前的行政诉讼制度是一种主观公权利保护模式下的制度设计，主要是主观诉讼。但与此同时，新修正的《行政诉讼法》强化了行政诉讼解决行政争议的功能，同时也导入了具有客观诉讼属性的检察行政公益诉讼。我国的行政诉讼法已逐步走向以解决行政争议为出发点，以保护公民的合法权益为核心，兼具监督行政机关依法行使职权和维护公共利益的多元化功能模式。

我国现行《行政诉讼法》颁布于 1989 年，在 2014 年进行了系统性修正，此外，在 2017 年又进行了小幅度修正：仅在第 25 条增加了第 4 款，规定了检察行政公益诉讼。学理上通常将 2014 年修正后的《行政诉讼法》称为"新《行政诉讼法》"。本讲将结合 2014 年对《行政诉讼法》第 1 条及相关条文的修改，对行政诉讼的功能定位和变迁进行分析。严格来讲，行政诉讼法的功能并不能直接等同于行政诉讼的功能。例如，"保证人民法院公正、及时审理行政案件"，属于行政诉讼法的功能，但不属于行政诉讼的功能。本讲主要探讨的对象是 2014 年修正后的《行政诉讼法》所预设的行政诉讼功能。本讲主要关注以下几个问题：一是行政诉讼功能的基本理论问题，包括行政诉讼功能与行政诉讼目的等相关概念之间的关系、行政诉讼的基本功能、行政诉讼各种功能的位阶关系。二是行政诉讼的功能模式与主、客观诉讼。根据结构功能主义的基本原理，诉讼结构决定诉讼功能。作为行政诉讼的核心结构要素，行政诉讼类型对行政诉讼功能具有重要的影响。行政诉讼立法中对主观诉讼与客观诉讼的不同选择，产生了保护主观公权利的诉讼功能模式和维护客观法秩序的诉讼功能模式。三是我国行政诉讼的功能定位与要求。下文将以现行《行政诉讼法》第 1 条为出发点，结合具体的程序构造，并通过行政诉讼制度的实际运作，对我国行政诉讼的功能进行定位，并分析有效实现行政诉讼功能的具体要求。

第一节　学界关于行政诉讼功能的研究综述

一、行政诉讼的功能与关联概念

学理上采用不同的概念工具来分析和认识行政诉讼的本质，常用的基本概念包括行政诉讼性质、行政诉讼目的和行政诉讼功能。这几个概念之间既有区别，也存在内在的关联。

行政诉讼目的，就是以观念形式表达的国家进行行政诉讼所要期望达到的目标，是统治者按照自己的需要，基于对行政诉讼及其对象固有属性的认识而预设的关于行政诉讼结果的理想模式。① 行政诉讼目的与行政诉讼功能不同。行政诉讼目的是立法中预设的行政诉讼所要达到的结果或目标，而行政诉讼功能是行政诉讼实施的社会后果。② 也有观点认为，行政诉讼法的立法目的是立法者根据对行政诉讼性质的认识和客观的现实需要，在制定行政诉讼法时主观上期望该部法律在将来的实施中所起的作用。③ 行政诉讼法的立法目的中预设了行政诉讼的功能，这在一定程度上决定了行政诉讼的功能定位。在理论上，行政诉讼目的是分析和构建行政诉讼法基本理论的前提；在实务中，行政诉讼目的是诉讼实践中解释论和立法论的指导坐标，对司法实践具有积极的指导作用。在行政诉讼法学研究中，行政诉讼目的受到长期的关注和争论，主要观点可以概括为以下三类：（1）一元目的说，也被称为权利保护说。持一元目的论的学者认为，中国行政诉讼的唯一目的或核心目的是保护公民、法人和其他组织的合法权益。（2）二元目的论。持二元目的论的学者认为，行政诉讼目的包含两个相互依存的内容：1）保护公民、法人和其他组织的合法权益；2）监督行政机关依法行使职权。从行政诉讼制度的立法背景来看，根据《关于〈中华人民共和国行政诉讼法（草案）〉的说明》，行政诉讼法的立法目的主要包括两个方面：为公民的合法权利提供救济，维护和促进行政机关依法行政，亦即，我国行政诉讼制度，兼具保护公民权利与监督行政行为双重目的。④ （3）多元目的说。

---

① 马怀德. 行政诉讼原理. 北京：法律出版社，2003：67.

② 胡卫列. 行政诉讼目的论. 北京：中国政法大学，2003：29.

③ 林莉红，等. 行政诉讼法问题专论. 武汉：武汉大学出版社，2010：71.

④ 王汉斌. 关于《中华人民共和国行政诉讼法（草案）》的说明（1989 年 3 月 28 日，第七届全国人民代表大会第二次会议）.

多元目的说认为，行政诉讼内涵的多维性决定了行政诉讼目的的多元性。[①] 在多元目的说中最具代表性的是三元目的说。根据该观点，行政诉讼的目的包括三个方面：1）解决行政争议；2）保护公民、法人和其他组织的合法权益；3）监督行政机关依法行使职权。

行政诉讼性质是指行政诉讼这样一种客观存在的社会制度区别于其他事物的根本属性。它通过行政诉讼现象表现出来，具有稳定性、多元性和层次性的特征。有观点认为行政诉讼的性质包括三个方面：行政诉讼是运用司法权解决行政争议的诉讼程序制度，行政诉讼是司法权对行政权的法律监督制度，行政诉讼是司法权为行政相对人的权利提供的救济制度。[②] 也有观点认为行政诉讼是一身兼具三重身份特征的制度，其性质包括：解决行政争议的诉讼制度、对行政行为进行司法审查的行政法制监督制度、对合法权益受到侵犯的行政相对人进行救济的行政法律救济制度。[③]

二、行政诉讼的基本功能

行政诉讼功能的命题是多层面的，包括实际的功能、法定的功能和应然的功能。[④] 如有观点提出，从行政法律关系的角度考察，可以将行政诉讼功能概括为平衡功能、人权保障功能和提供社会公平正义的功能。[⑤] 本讲探讨的是，基于新《行政诉讼法》的立法目的和行政诉讼的程序结构，行政诉讼制度应有的功能。

在文献上，本部分内容以新《行政诉讼法》的法律释义和相关著作为主要参考对象。新《行政诉讼法》第 1 条规定："为保证人民法院公正、及时审理行政案件，解决行政争议，保护公民、法人和其他组织的合法权益，监督行政机关依法行使职权，根据宪法，制定本法。"[⑥] 相较于旧《行政诉讼法》，其立法目的条款中主要有两处实质性改动：其一，增加规定了"解决行政争议"；其二，删除了"维护和监督行政机关依法行使行政职权"中的"维护"。行政诉讼法立法目的的修改在一定程度上也反映了行政诉讼功能的变迁。新《行政诉讼法》的立法目的主要有四个方面，即保证人民法院公正、及时审理行政案件，解决行政争议，保护公民、法人和其他组织的合法权益，监督行政机关依法行使职权。因"保证人民法院公正、及时审理行政案件"是该法针对法院的程序保障功能，不同于行政诉讼制度的功能，因此，学理上讨论的行政诉讼功能一般限于其他三项功能。

（一）解决行政争议

基于维护客观法律秩序和公共利益之需要，公法领域一般禁止采用私力救济的

---

① 胡肖华. 行政诉讼目的论. 中国法学，2001（6）.

② 孔繁华. 行政诉讼性质研究. 武汉大学学报（哲学社会科学版），2009（1）.

③ 姜明安. 行政诉讼法. 4 版. 北京：法律出版社，2021：55.

④ 何海波. 行政诉讼法. 北京：法律出版社，2022：27.

⑤ 姜明安. 行政法与行政诉讼法. 7 版. 北京：北京大学出版社，高等教育出版社，2019：400－401.

⑥ 旧《行政诉讼法》第 1 条规定："为保证人民法院正确、及时审理行政案件，保护公民、法人和其他组织的合法权益，维护和监督行政机关依法行使行政职权，根据宪法制定本法。"

方式解决争议。行政诉讼是一种通过法律途径解决行政争议的机制。将“解决行政争议”列入新《行政诉讼法》的立法宗旨，不仅是对行政诉讼制度在实践中已有功能的立法肯定，同时也为将来行政诉讼功能的拓展提供了依据和指向。增加该规定的主要立法理由是：第一，行政争议是启动诉讼程序的动因，解决争议是人民法院的根本任务。增加“解决行政争议”的目的，可以准确体现行政诉讼的根本任务。第二，行政诉讼在很大程度上就是公民、法人和其他组织为保护自己的权益就所形成的争议而提起的诉讼。行政诉讼首先要解决行政争议，也正是通过解决行政争议，才能达到保护公民权利、监督行政机关依法行使职权的目的。第三，增加该规定能够更好地保障公民、法人或者其他组织的合法权益，有利于实质性解决行政争议，有利于解决程序空转问题。[①] 第四，增加该规定有利于化解行政诉讼中的民事争议，为构建诉讼类型制度留有充分的空间，有利于对经过行政复议案件的监督等。[②]

此外，对于该规定，在法律释义和学理上有不同的观点。有法律释义认为，从逻辑上讲，人民法院公正、及时审理了行政案件，保护了当事人的合法权益，监督了行政机关依法行使职权，自然就解决了行政争议。[③] 学理上也有观点认为，“人民法院公正、及时审理行政案件就是在解决行政争议，增加解决行政争议之表述有可能淡化行政诉讼监督行政和保护权利之立法目的”[④]。

(二) 保护公民、法人和其他组织的合法权益

行政诉讼作为对行政相对人进行司法救济的渠道，通过人民法院对被诉行政行为的合法性进行审查、监督，来保护行政相对人即公民、法人和其他组织的合法权益，使他们受损害的权益得到救济和恢复。这是行政诉讼法的主要立法目的。[⑤] 有观点指出：2014 年修改的《行政诉讼法》在第 1 条中增加了“解决行政争议”、删除了“维护”，只留下了监督行政机关依法行使行政职权的规定。这使行政诉讼围绕解决行政争议而展开一系列程序，目的是为行政相对人提供行政法律救济，维护公民、法人和其他组织的合法权益，监督行政机关依法行政，所以说行政诉讼既是行政救济，也是行政监督，但其首要目的或者说根本目的是保护公民、法人和其他组织的合法权益。[⑥]

(三) 监督行政机关依法行使职权

2014 年修改《行政诉讼法》时，删除了“维护”行政机关依法行使职权这一立法目的，只保留了监督行政机关依法行使职权。从行政诉讼功能的面向来看，主要有以下几点理由：其一，行政诉讼作为司法权力对行政权力的监督制度，不应具有

---

① 江必新，邵长茂，方颉林．行政诉讼法修改资料汇纂．北京：中国法制出版社，2015：1.

② 梁凤云．新行政诉讼法讲义．北京：人民法院出版社，2015：7.

③ 全国人大常委会法制工作委员会行政法室．《中华人民共和国行政诉讼法》解读与适用．北京：法律出版社，2015：5.

④ 林莉红．行政诉讼法．5 版．武汉：武汉大学出版社，2020：24.

⑤ 信春鹰．中华人民共和国行政诉讼法释义．北京：法律出版社，2014：5.

⑥ 马怀德．行政诉讼法的时代价值：行政诉讼三十年：回首与前行．中国法律评论，2019 (2).

“维护”行政机关行使职权的定位；其二，行政机关作出的行政行为本身具有公定力，不需要人民法院“维护”；其三，在实践中，“维护”行政机关依法行使职权的判决，会让普通民众产生“官官相护”的负面印象等。[①] 与此相对应，新《行政诉讼法》第69条用驳回诉讼请求判决代替了旧《行政诉讼法》第54条第1项规定的维持判决。从司法的审查内容来看，依据新《行政诉讼法》第6条，人民法院审理行政案件，对行政行为是否合法进行审查。行政诉讼的合法性审查原则要求行政审判中应当对行政行为的合法性进行全面审查。

三、行政诉讼各种功能的位阶关系

新《行政诉讼法》第1条虽然规定了上述三个行政诉讼的目的和追求的理想功能，但这三个目的和功能之间孰轻孰重，对行政诉讼制度的结构设计和司法适用具有重要的影响。学理上和实务中对该问题依然存在分歧，但存在的共识可以总结为以下几点：

其一，解决行政争议是行政诉讼的首要功能。从逻辑关系来看，行政诉讼“保护公民、法人和其他组织的合法权益”以及“监督行政机关依法行使职权”的目的都只有通过“解决行政争议”才能实现，因此，解决行政争议是行政诉讼的首要功能或者直接功能。[②] 用国家提供的诉讼代替自力救济解决行政争议，赋予了行政诉讼首要的和当然的任务。当行政行为对行政相对人而言不具有可接受性时，行政诉讼为其提供了化解行政争议的法律途径。此外，通过行政诉讼化解行政争议，也可以修复政府和公民之间受损的关系。

其二，保护公民、法人和其他组织的合法权益和监督行使职权机关依法行使职权是行政诉讼的两大基本功能。行政诉讼既是行政救济，也是行政监督，在提供救济途径保障公民、法人和其他组织权利和监督行政权力运作两个方面均不可或缺。[③] 这两个方面也是行政诉讼区别于民事诉讼和刑事诉讼的主要特征。保障公民、法人和其他组织的合法权利与监督行政权力是行政诉讼的两大主轴，两者之间存在一体两面之关系。

其三，保护公民、法人和其他组织的合法权益是行政诉讼的核心功能。理论上普遍认为，作为行政救济制度的行政诉讼，它的核心内容应该是救济公民、法人和其他组织受行政行为侵害的权利，即“保护权益”[④]。实务中有观点认为，新《行政诉讼法》第1条将保护公民、法人和其他组织的合法权益放在第三位，并不意味着这个目的不重要，实际上，这个目的不仅是新《行政诉讼法》最重要的目的，也是最根本的目的，处于核心地位。[⑤] 因此，通过行政诉讼的方式保障公民、法人和其

① 江必新，邵长茂，方颉林. 行政诉讼法修改资料汇纂. 北京：中国法制出版社，2015：2.

② 应松年.《中华人民共和国行政诉讼法》修改条文释义与点评. 北京：人民法院出版社，2015：5.

③ 马怀德. 行政诉讼法学. 5版. 北京：北京大学出版社，2019：5.

④ 章剑生. 现代行政法总论. 北京：法律出版社，2019：319.

⑤ 江必新，邵长茂. 新行政诉讼法修改条文理解与适用. 北京：中国法制出版社，2015：21.

他组织的合法权益，是新《行政诉讼法》的核心宗旨。[①] 督促行政机关作出合法的行政行为，最终目的是保护公民、法人和其他组织的合法权益。[②] 也有法律释义进一步指出，行政诉讼的根本目的是保障公民、法人和其他组织的合法权益，解决行政争议、监督行政机关依法行使职权以及保障法院公正、及时审理行政案件都应当服从于和服务于这一根本目的。2014 年《行政诉讼法》修正体现出我国的行政诉讼的根本目的是保护公民、法人和其他组织的合法权益。[③] 因此，在法律的框架内为公民、法人和其他组织的权利提供保护仍然是行政诉讼制度的核心功能。

第二节　行政诉讼功能模式与诉讼类型

行政诉讼的目的和结构决定了行政诉讼的功能。根据立法者在法律中预设的目的和具体的诉讼结构，行政诉讼制度的理想功能模式可以被区分为主观公权利保护模式和客观法秩序维护模式两种类型。这两种功能模式主要是围绕诉讼类型及相应的程序制度进行构建的。

一、主观公权利保护模式与客观法秩序维护模式

从比较法的视角来看，不同国家的宪法对行政诉讼制度的功能预设主要有两种不同的倾向：一种强调司法对公民权利的救济，另一种强调司法权对行政权的监督。与之相对应，根据立法中对这两类功能的选择，行政诉讼制度表现出两种不同的模式，即主观公权利保护模式与客观法秩序维护模式。[④]

主观公权利保护模式是指设立行政诉讼制度的核心功能在于保障公民的合法权利。德国行政诉讼制度是主观公权利保护模式的典型。在德国，直到第二次世界大战前行政诉讼制度一直存在“南德模式”与“普鲁士模式”的区分，其特征在于：“南德模式”将行政法院的权限限于对公民主观公权利的保护；“普鲁士模式”的目的在于保障行政机关在执行行政法过程中的客观法律秩序，而将主观权利保护置于次要地位。依据德国《基本法》第 19 条第 4 项，凡权利受公权力侵害者，均可提起法律救济。如未设有特别的管辖法院，可以向普通法院请求救济。可见，德国宪法最终采用了“南德模式”，确立了行政诉讼的功能定位，即行政诉讼的核心功能在于为公民提供有实效的权利保障。主观公权利保护模式要求行政诉讼制度为公民提供全面、有效和无漏洞的法律保护。

客观法秩序维护模式是指行政诉讼制度的核心功能在于监督行政权力依法行使，

---

① 江必新. 中华人民共和国行政诉讼法理解适用与实务指南. 北京：中国法制出版社，2015：2；梁凤云. 新行政诉讼法逐条注释. 北京：中国法制出版社，2017：5.

② 王学辉. 行政法与行政诉讼法. 北京：法律出版社，2015：319.

③ 马怀德. 中华人民共和国行政诉讼法释义. 北京：中国法制出版社，2014：5-7.

④ 邓刚宏. 论我国行政诉讼功能模式及其理论价值. 中国法学，2009 (5).

维护国家利益、公共利益，维持客观的行政法律秩序。法国的行政诉讼是客观法秩序维护模式的典型。这两类行政诉讼功能模式在具体的程序设计上主要存在以下区别。

（1）行政诉讼原告资格。在主观公权利保护模式下，行政诉讼仅限于传统诉讼法意义上的“被害者诉讼”，亦即只有权利或法律上的利益受到侵害的人才能获得原告资格，否则，无利益即无诉权。而在客观法秩序维护模式下，行政诉讼旨在监督行政行为的合法性，维护国家利益和公共利益，对原告资格的要求相对较为宽松。

（2）行政诉讼受案范围。在主观公权利保护模式下，行政诉讼的受案范围相对较窄，诉讼对象主要是具有外部效力的行政行为，一般排除针对内部行政行为、行政立法行为等提起诉讼。在客观法秩序维护模式下，行政诉讼的受案范围较为宽广，不限于行政机关的行政行为，行政立法行为、行政机关之间的权限争议等事项也可以成为司法审查的对象。

（3）程序推进模式。在主观公权利保护模式下，诉讼当事人对诉讼标的、诉讼的开始和结束享有处分的权利，法院只能依诉讼当事人的申请审判，不得超过诉讼请求作出判决。在此模式下，对于行政诉讼程序的开始、终止以及诉讼标的的确定，法院应受诉讼当事人之诉讼请求的拘束，不得依据职权确定。同时，对于作为裁判基础的案件事实，采用当事人提出主义，主要由当事人承担举证和证明责任。在客观法秩序维护模式下，基于依法行政原则和对公共利益的考量，同时为了防止行政机关滥用行政权力，规避司法审查，当事人对程序的控制权以及处分权通常受到一定的限制。

（4）行政诉讼标的。行政诉讼标的，是指根据原告的诉讼请求所确立的法院审理和判决的对象。[①] 宪法规范取向决定了诉讼当事人在行政诉讼程序中的主体性地位。基于不同的价值预设，行政诉讼标的会有所不同。在主观公权利保护模式下，宪法规范取向在于对公民权利的救济。根据处分权原则，原告有权根据自己的意志确定诉讼标的的范围。法院在审理时，除了审查行政行为的合法性，也要审查原告提出的诉讼请求和权利主张是否成立。而在客观法秩序维护模式下，行政诉讼的主要目的在于维护客观的法律秩序，监督行政权力合法运行，故行政诉讼标的是行政行为的合法性问题。

（5）判决的效力。在主观公权利保护模式下，行政诉讼判决之既判力的主观范围原则上限于当事人之间，以“对第三人的效力”为例外。其理论基础在于处分权主义和辩论主义。根据辩论主义，法院裁判是以当事人在言辞辩论时提出的主张为基础，案外人由于没有参加诉讼，从而实际上丧失了提出主张和攻击、防御的机会，因此，既判力仅于诉讼当事人之间发生作用。而在客观法秩序维护模式下，行政诉讼旨在审查行政行为的合法性，维护客观的法律秩序，故诉讼判决通常产生裁判外效力。例如，德国《行政法院法》第 47 条规定，高等法院认为法规不具有效性的，

---

① 马立群. 行政诉讼标的研究：以实体与程序连接为中心. 北京：中国政法大学出版社，2013：143 - 153.

应宣布法规无效；在此情况下，判决具有普遍约束力，并须由被申请人以颁布法规所要求的方式予以公布。根据该条的规定，德国高等法院宣布法规违法无效的判决具有对世效力。

二、行政诉讼功能与诉讼类型

诉讼结构决定了诉讼功能，行政诉讼类型是行政诉讼制度最核心的结构要素。行政诉讼脱胎于民事诉讼，其基本诉讼类型存在相似性，但在具体内容和设置上则存在重大差异。

（一）行政诉讼的基本类型

行政诉讼类型，也被称为行政诉讼种类、行政之诉等，是指对具有共同特征的诉进行归类而形成的诉的种类或诉讼形态。根据诉讼类型是否法定化，可以将行政诉讼类型区分为“明文规定模式”与“非明文规定模式”①。我国 2014 年《行政诉讼法》修改时并未明确规定法定的诉讼类型，目前仍然采用“非明文规定模式”。但是，我国新《行政诉讼法》通过对原告诉讼请求的具体化，以及对不同诉讼请求审理要件的归类，使行政诉讼制度在具体运作中依然遵循了诉讼类型的基本要求。②我国虽然没有明文规定具体的诉讼类型，但明确规定了行政诉讼的判决类型。根据诉判关系原理，可以从判决类型中逆向推导出行政诉讼类型。这些类型包括撤销诉讼、变更诉讼、履行诉讼、给付诉讼、确认违法诉讼、确认无效诉讼。

与我国的情况不同，德国、日本的行政诉讼法中均明文规定了具体的诉讼类型。德国《行政法院法》中规定的具体诉讼类型主要有撤销诉讼、课予义务诉讼、一般确认诉讼、无效确认诉讼、一般给付诉讼、抽象规范审查诉讼。日本《行政案件诉讼法》确立的诉讼类型包括抗告诉讼（对行政机关的处分和其他公权力的行使表示不服的诉讼。抗告诉讼又包括撤销诉讼、课予义务诉讼、停止作为诉讼、处分无效诉讼、不作为违法确认诉讼）、当事人诉讼（有关对等当事人间公法上权利义务关系之诉讼，如针对行政合同提起的以给付为主要内容的诉讼）、民众诉讼和机关诉讼：民众诉讼，是指请求纠正国家或公共团体机关的不合法行为的诉讼，不以选举人资格以及其他涉及个人利益的要素为条件。机关诉讼，是指关于国家或公共团体相互之间的权限存在与否及有关权限行使纷争的诉讼。在民事诉讼中，以原告的权利主张以及获得的判决效果为标准，可以将诉讼类型划分为给付诉讼、确认诉讼和形成诉讼三类。此即传统诉讼类型“三分说”。因这一分类方式与原告在诉讼上的请求密切相关，因此，这三类诉讼也被学理界认为是所有诉之基本类型，行政诉讼也不例外。上述德国和日本立法中规定的具体诉讼类型，均可归入这三种基本诉讼类型之中。在民事诉讼制度发展史上，给付诉讼是产生最早，亦是最为基本的诉讼类型。而行政诉讼与之不同，撤销诉讼是

---

① 刘飞．行政诉讼类型制度的功能．法学研究，2013（5）．

② 章志远．行政诉讼类型构造论．北京：法律出版社，2021：67－74．

行政诉讼中最“古典”的诉讼种类，是行政诉讼类型的基本形态。[①]

（二）主观诉讼与客观诉讼

除了上述根据立法进行的分类，与行政诉讼功能模式直接对应的分类是主观诉讼与客观诉讼。这种分类方式是根据不同诉讼种类的目的和性质进行的学理分类。主观诉讼与客观诉讼最早是由法国波尔多大学教授莱昂·狄骥创立，后经其他国家借鉴而在诉讼法学研究中被广泛使用。[②] 主观诉讼是指旨在保护行政相对人的权利和合法利益的诉讼，即只有权利和合法利益受到侵害的行政相对人才能提起的诉讼。原则上，这类诉讼属于传统的“被害者诉讼”。客观诉讼是指旨在保障行政行为的合法性和公共利益，从而维护客观的法律秩序的诉讼。客观诉讼不以原告的合法权益受到侵害为起诉条件，因此，在域外也被称为“全民诉讼”“公民诉讼”“民众诉讼”等。由于各国诉讼制度产生的历史背景和诉讼体制不同，主观诉讼与客观诉讼的制度设计及内涵有较大的差异。在大陆法系国家中，德国与日本的学理界是根据诉讼目的的不同来区分主观诉讼与客观诉讼的，就其制度设计而言，德国、日本的行政诉讼制度主要围绕主观诉讼设计，侧重于相对人权利的保护。而在法国，主观诉讼与客观诉讼是依诉讼标的性质的不同而划分的，行政诉讼制度以客观诉讼为核心建立，侧重于对客观法律秩序的维护。主、客观诉讼与基本的诉讼类型并不存在直接的对应关系。撤销诉讼、履行诉讼、确认诉讼作为基本的救济手段，在立法中通过对原告资格、审查密度、举证责任等进行规定，既可以是主观诉讼的具体手段，也可以是客观诉讼的具体手段。如撤销诉讼在法国是客观诉讼最核心的诉讼手段，而在德国和日本是主观诉讼最主要的手段。民众诉讼、团体诉讼属于客观诉讼，但原告提起这类诉讼时仍然需要通过撤销诉讼、履行诉讼、确认违法诉讼等来实现其诉讼目的。

从比较法的角度观察，客观诉讼主要有以下几种类型：

（1）规范审查诉讼。

规范审查诉讼通常包括独立于个案的抽象的审查诉讼和根据个别案件裁判而提起的具体的审查诉讼。抽象的规范审查，依德国《基本法》第 93 条第 1 款的规定，在联邦法律或各邦法律与基本法在形式上及实质上发生歧见或疑义时，经联邦政府、邦政府或联邦议会议员三分之一请求受理，由联邦宪法法院进行审判。具体的规范审查诉讼，如依德国《行政法院法》第 47 条的规定，任何自然人、法人因法规或其适用而遭受损害，或在可预见时间将遭受损害，可提起针对法规的审查申请，行政机关也可以提起该申请，高等行政法院在其审判管辖权范围内根据申请，对法规是否有效作出判决。在德国，无论是抽象的规范审查诉讼还是具体的规范审查诉讼，都属于客观诉讼，因为在这两类诉讼中，只审查被告是否适格以及法规的合法性，

① 弗里德赫尔穆·胡芬. 行政诉讼法. 莫光华，译. 刘飞，校. 北京：法律出版社，2003：211.

② 狄骥. 公法的变迁法律与国家. 郑戈，冷静，译. 沈阳：辽海出版社，春风文艺出版社，1999：151.

只要规范客观上是违法的，审查请求就具备理由，而无须检查主观上权利侵害存在与否。[①] 我国新《行政诉讼法》增加了规范性文件附带审查诉讼，但审查对象仅限于行政规范性文件，不包括规章及以上的法律规范。新《行政诉讼法》第 53 条第 1 款规定："公民、法人或者其他组织认为行政行为所依据的国务院部门和地方人民政府及其部门制定的规范性文件不合法，在对行政行为提起诉讼时，可以一并请求对该规范性文件进行审查。"第 2 款规定："前款规定的规范性文件不含规章。"根据该规定，原告提起附带审查诉讼，以依据被诉行政规范性文件作出的行政行为侵害其合法权益为前提。此外，对于行政规范性文件的合法性问题，法院只能在判决理由中指出并通过司法建议的方式纠错，不能在判决主文中直接确认文件。即便如此，对行政规范性文件的合法性审查，已在一定程度上使该类诉讼发挥了客观诉讼的功能。

（2）机关诉讼。

机关诉讼是指行政机关之间因权力的存在或行使而发生争议时，争议双方诉诸法院，由法院通过诉讼程序解决争议的诉讼类型。日本《行政诉讼案件法》明确规定了机关诉讼，而在德国的机关诉讼是通过判例予以认可确立的。日本《行政诉讼案件法》第 6 条规定，"机关诉讼是关于国家或者公共团体的机关相互间权限的存在与否或者其行使的纷争的诉讼"。日本现行立法中确立的机关诉讼有《地方自治法》上规定的关于机关委任事务的职务执行命令诉讼、地方公共团体机关的首长与议会之间的诉讼等。德国不同于日本，其《行政法院法》对于机关诉讼并无明文规定，但是德国学说和各邦判例均承认"机构之讼"，也称为"内部机构争议程序"[②]。目前，我国行政诉讼制度中没有机关诉讼，行政机关之间的管辖权争议主要通过行政机关协调监督机制处理。如 2021 年修订后的《行政处罚法》第 25 条第 2 款规定："对管辖发生争议的，应当协商解决，协商不成的，报请共同的上一级行政机关指定管辖；也可以直接由共同的上一级行政机关指定管辖。"

（3）民众诉讼。

民众诉讼，是指以选举人资格及其他与自己的法律上的利益无关的资格提起的，请求纠正国家或者公共团体机关的不适合法规范的行为的诉讼。[③] 民众诉讼是日本行政诉讼法所明确规定的诉讼类型，而德国及其各邦都没有承认民众诉讼。日本《行政诉讼案件法》第 5 条规定："本法所称的'民众诉讼'，是指请求纠正国家或公共团体机关的不合法行为的诉讼，以选举人资格或其他无关自己法律利益之资格为条件而提起的诉讼。"而根据日本《行政诉讼案件法》第 42 条的规定，民众诉讼及机关诉讼，限于在法律规定的情况下，法律有所规定者才能够提起。在日本，单行法律规定的民众诉讼并不多见，主要有《地方自治法》规定的住民诉讼（第 242 条之 2 第 1 款）、《公职选举法》规定的选举诉讼（第 203 条、第 204 条）等。

---

① 弗里德赫尔穆·胡芬. 行政诉讼法. 莫光华，译. 刘飞，校. 北京：法律出版社，2003：472.

② 刘飞. 德国公法权利救济制度. 北京：北京大学出版社，2009：80.

③ 南博方. 行政法. 杨建顺，译. 北京：商务印书馆，2020：192.

(4) 团体诉讼。

行政诉讼中的团体诉讼起源于德国，是为弥补行政诉讼以主观权利保护为基本原则的不足，而例外于特定法规范领域内所承认的诉讼形态。原则上仅公益团体为维护公益才能提起这类诉讼。在德国，学理界根据团体与诉讼对象之间的利害关系，将团体诉讼划分为利他之团体诉讼、利己之团体诉讼以及团体权益被侵害之团体诉讼。其中，利他之团体诉讼属于客观诉讼，而利己之团体诉讼以及团体权益被侵害之团体诉讼属于主观诉讼。德国学理界在行政诉讼法研究中使用的团体诉讼一词，通常是指作为客观诉讼的利他之团体诉讼。利他之团体诉讼是指团体并非为维护自己或他人之权利而进行的诉讼，而是指由于行政机关违反法规而行为、不行为，其为维护公益所进行的诉讼。团体诉讼所针对的是公共利益，而与个人利益无关，故团体诉讼具有监督行政合法性的功能。在德国，团体诉讼主要被规定在环保、核能安全、古迹维护等公法领域内。在公益保护方面，由于团体诉讼相较于孤立的个人提起的诉讼有更大的优势，无论是在大陆法系还是在英美法系，设立团体诉讼已经成为一种趋势。我国 2014 年修改的《行政诉讼法》没有规定团体诉讼，但在 2012 年《民事诉讼法》中已设置了类似的制度。2012 年修正的《民事诉讼法》第 55 条规定："对污染环境、侵害众多消费者合法权益等损害社会公共利益的行为，法律规定的机关和有关组织可以向人民法院提起诉讼。"以环境保护领域的团体诉讼为例，《环境保护法》第 58 条第 1 款规定了符合法定条件的社会组织可以向法院提起环境公益诉讼。但同时该条第 3 款明确规定，提起诉讼的社会组织不得通过诉讼牟取经济利益。[①] 这就进一步明确了社会团体提起的公益诉讼具有客观诉讼的属性。

(5) 行政公益诉讼。

行政公益诉讼，就其类型可以划分为两类：一是自益形式的行政公益诉讼，另一类是他益形式的行政公益诉讼。在自益形式的行政公益诉讼中，原告自己的权益受损，公益同时受损。在他益形式的行政公益诉讼中，公益受损，但无直接的受害人。[②] 行政公益诉讼的这一划分方式，是以原告与诉讼标的之间的关系为基础的。在自益形式的行政公益诉讼中，原告与诉讼标的之间存在法律上的利害关系，一般不存在起诉资格的障碍，究其本质依然属于主观诉讼。[③] 在刘某明诉张家港市人民政府再审案中，最高人民法院即采用了这种分类方式[④]，在该案的裁判文书中指出："即使在消费者权益保护、环境污染、公共服务等领域，部分原告提起的诉讼，客观上具备一定程度公益诉讼特点，呈现自益为形式而公益为目的的特征；但在原告主体资格上，一般仍然限于提起自益形式的行政公益诉讼，仍然坚持原告本人需要提

---

① 《环境保护法》第 58 条规定："对污染环境、破坏生态，损害社会公共利益的行为，符合下列条件的社会组织可以向人民法院提起诉讼：（一）依法在设区的市级以上人民政府民政部门登记；（二）专门从事环境保护公益活动连续五年以上且无违法记录。""符合前款规定的社会组织向人民法院提起诉讼，人民法院应当依法受理。""提起诉讼的社会组织不得通过诉讼牟取经济利益。"

② 林莉红. 公益诉讼的含义和范围. 法学研究，2006（6）.

③ 《行政诉讼法》第 25 条第 1 款规定："行政行为的相对人以及其他与行政行为有利害关系的公民、法人或者其他组织，有权提起诉讼。"

④ 最高人民法院（2017）最高法行申 169 号行政裁定书.

供证据证明其存在与普通公众不同的独特的权益，且该种权益受行政实体法律规范所保护，并存在为被诉行政行为侵害的可能性；法律明确规定其属于可以直接提起公益诉讼的主体除外。”而在他益形式的行政公益诉讼中，原告与诉讼标的之间不存在法律上的利害关系，因而，原告资格的享有需要立法上作特别规定。因此，严格来讲，只有他益形式的行政公益诉讼属于客观诉讼的类型。[①] 我国新《行政诉讼法》第 25 条第 4 款规定：“人民检察院在履行职责中发现生态环境和资源保护、食品药品安全、国有财产保护、国有土地使用权出让等领域负有监督管理职责的行政机关违法行使职权或者不作为，致使国家利益或者社会公共利益受到侵害的，应当向行政机关提出检察建议，督促其依法履行职责。行政机关不依法履行职责的，人民检察院依法向人民法院提起诉讼。”该规定确立了我国的行政公益诉讼制度。检察机关是提起行政公益诉讼的唯一适格主体，排除了公民和社会团体提起行政公益诉讼的权利。检察行政公益诉讼旨在通过行政诉讼监督相关行政机关纠正违法行为或不作为，保护国家利益和公共利益，故其性质属于一种客观诉讼。

第三节　我国行政诉讼功能的实践要求

一、实质性化解行政争议

解决行政争议是行政诉讼首要和最直接的目的与功能。作为定分止争的法律途径，行政诉讼解决行政争议的理想要求是“案结事了”，实质性化解行政争议。早在 2007 年，最高人民法院就已公布了强调“实质性解决行政争议”功能的相关文件。[②] 这一目标的实现受制于行政诉讼制度内在和外在的因素。内在的因素包括行政诉讼制度的受案范围、审查对象、审查标准、判决效力等；外在的因素主要是行政诉讼运作过程中现实的制约因素，包括当事人的意愿、法院自身的能力等。[③] 外在的因素与法律文化、政策导向、司法的权威等相关，在此处不展开讨论。内在的因素涉及行政诉讼制度自身设计的科学性与法律适用和解释的合理性，其中“诉—审—判”是影响解决行政争议的基本环节，与之对应的制度要求主要包括以下几个方面：

（1）行政诉讼请求具体明确与释明制度。行政诉讼请求包含了原告的权利主张和具体的法律保护方式。诉讼请求具有固定行政诉讼标的之作用，确定了法院审理行政争议的对象和范围。要达到实质性化解行政争议的目标，通过判决有效回应原告的诉求，必须要求原告的诉讼请求具体明确。依据新《行政诉讼法》第 49 条，原告提起行政诉讼，必须“有具体的诉讼请求和事实根据”。“有具体的诉讼请求”属于抽象性的规定，尚无法为行政审判实践提供统一的判断标准。2018 年《行政诉讼

① 林莉红，马立群. 作为客观诉讼的行政公益诉讼. 行政法学研究，2011（4）.

② 最高人民法院《关于为构建社会主义和谐社会提供司法保障的若干意见》（法发〔2007〕2 号），最高人民法院《关于加强和改进行政审判工作的意见》（法发〔2007〕19 号）.

③ 何海波. 行政诉讼法. 北京：法律出版社，2022：35 - 46.

法司法解释》第 68 条对此作出了执行性解释。根据该条第 1 款的规定，"'有具体的诉讼请求'是指：（一）请求判决撤销或者变更行政行为；（二）请求判决行政机关履行特定法定职责或者给付义务；（三）请求判决确认行政行为违法；（四）请求判决确认行政行为无效；（五）请求判决行政机关予以赔偿或者补偿；（六）请求解决行政协议争议；（七）请求一并审查规章以下规范性文件；（八）请求一并解决相关民事争议；（九）其他诉讼请求"。该条第 3 款规定："当事人未能正确表达诉讼请求的，人民法院应当要求其明确诉讼请求。"此外，该解释第 94 条 2 款[①]、第 95 条也规定了在诉讼过程中法官对原告变更诉讼请求的释明义务。[②] 由此可见，2018 年《行政诉讼法司法解释》不仅明确了具体诉讼请求的内容，并指明了原告可以实现权利救济的具体方式，如请求撤销行政行为、履行法定职责或者给付义务等。为了使原告能够提出恰当的诉讼请求，2018 年《行政诉讼法司法解释》规定了法院的释明制度。原告提出的诉讼请求不仅要具体，而且应符合法律的要求。由法院向当事人释明，有助于准确固定原告的权利主张，实现原告起诉的目标。此外，具体明确的诉讼请求有助于判断诉讼标的是否同一，如果存在多个诉讼标的，通过共同诉讼，可以将多个诉讼纳入同一诉讼程序中予以处理，从而"毕其功于一役"，一次性解决相同当事人之间的行政争议。

（2）行政诉讼的合法性审查与请求权基础判断。新《行政诉讼法》第 6 条规定："人民法院审理行政案件，对行政行为是否合法进行审查。"对行政行为的合法性进行审查是行政诉讼的基本审查原则。在实践中，行政诉讼的合法性审查标准与原告的权利救济功能存在一定的张力，从而存在诉判不一致的现象。在新《行政诉讼法》规定了行政协议诉讼，并增设了给付判决以后，依传统的合法性审查标准很难有效解决相应的行政争议。法院审理行政给付案件，需要寻找和确定请求权基础。法院审理的核心是原告的给付请求权是否成立，即原告请求给付的理由是否成立。[③] 在这一点上与民事诉讼中的给付之诉相似，不同的是，给付请求权的原因和基础主要来源于公法。最高人民法院在司某红诉黑龙江省鸡西市滴道区人民政府履行给付义务再审案中明确指出："给付请求权可以来自法律、法规或规章的规定，也可源自行政决定、行政协议及行政机关的承诺。"[④] 事实上，传统的履行判决的审查对象亦包括了行政机关不作为是否违法和原告的履行请求权是否成立两个方面。从新《行政诉讼法》的规定和行政审判现实可以发现，我国行政诉讼审查标准已由传统的"违

---

① 2018 年《行政诉讼法司法解释》第 94 条第 2 款规定："公民、法人或者其他组织起诉请求确认行政行为无效，人民法院审查认为行政行为不属于无效情形，经释明，原告请求撤销行政行为的，应当继续审理并依法作出相应判决；原告请求撤销行政行为但超过法定起诉期限的，裁定驳回起诉；原告拒绝变更诉讼请求的，判决驳回其诉讼请求。"

② 2018 年《行政诉讼法司法解释》第 95 条规定："人民法院经审理认为被诉行政行为违法或者无效，可能给原告造成损失，经释明，原告请求一并解决行政赔偿争议的，人民法院可以就赔偿事项进行调解；调解不成的，应当一并判决。人民法院也可以告知其就赔偿事项另行提起诉讼。"

③ 相关案例参见最高人民法院（2020）最高法行申 1145 号行政裁定书。

④ 最高人民法院（2018）最高法行申 7900 号行政裁定书，最高人民法院（2017）最高法行申 3461 号行政裁定书.

法性审查标准”单一形式转向“违法性审查标准”和“请求权基础审查标准”并存的二元模式。这两类审查标准有时是同时适用的，如在履行法定职责诉讼的情形下；有时也可以单独适用，如在检察行政公益诉讼领域。此外，在有些情形下也表现出强弱适用关系，如在给付诉讼中侧重请求权基础的审查，而合法性审查较弱。因此，法院在审理中必须结合诉讼请求和诉讼对象，明确适用的审查标准，这样才能确立诉辩焦点，有效回应原告的诉讼请求。

（3）行政诉讼判决类型的正确适用与判决效力的作用。实质性化解行政争议要求行政诉讼判决类型适用准确，行政诉讼判决效力指向明确。行政诉讼判决是法院受理行政案件后，依法定程序对原告的诉讼请求和行政行为的合法性进行审理后作出的实体性判断。每种行政判决都对应了不同的功能，如撤销判决可以消灭行政行为的公定力，履行判决旨在判定被告履行法定职责，给付判决旨在实现原告具体的给付请求权等。如果混淆了判决的适用关系，不仅无法有效回应原告的诉讼请求，同时也会削弱监督行政的功能，从而无法实现实质性化解行政争议的功能。例如，新《行政诉讼法》第 72 条规定的履行判决的功能在于要求被告履行法定职责，第 73 条规定的给付判决的功能在于要求被告履行给付义务。根据最高人民法院的观点，如果被告具有“自由裁量权”，人民法院应当尊重被告的专业判断，根据原告的诉讼请求判决其履行法定职责即可。如果被告没有“自由裁量权”，而且给付内容具体明确，人民法院在被告不履行时，可以直接判决其履行具体给付义务。[①] 如果给付义务明确，人民法院应根据新《行政诉讼法》第 73 条作出给付判决，但却依第 72 条作出履行判决时，就会导致产生一个仅具有抽象内容的判决，无法实质性化解行政争议。对此，最高人民法院在邓某召、王某峰与海南省万宁市农业农村局渔业行政给付再审案中指出：“人民法院查明被告负有给付义务的，应依法作出具有具体给付金额的判决，不得以履行判决替代给付判决。否则，违反行政诉讼法实质化解行政争议的立法目的，适用法律错误，判决方式不当。”[②] 除了判决类型适用正确，行政诉讼判决的既判力和执行力是实质性化解行政争议的制度保障。2018 年《行政诉讼法司法解释》第 106 条规定：“当事人就已经提起诉讼的事项在诉讼过程中或者裁判生效后再次起诉，同时具有下列情形的，构成重复起诉：（一）后诉与前诉的当事人相同；（二）后诉与前诉的诉讼标的相同；（三）后诉与前诉的诉讼请求相同，或者后诉的诉讼请求被前诉裁判所包含。”同时，依据该解释第 69 条的规定，诉讼标的已为生效裁判或者调解书所羁束，且已经立案的，应当裁定驳回起诉。该解释为行政诉讼判决的既判力提供了依据：行政诉讼判决的既判力产生了“一事不再理”的作用，禁止当事人就同一行政争议重复起诉，从而强制性地终结行政争议。行政诉讼判决的执行力是指人民法院可以通过强制执行的方式实现判决确定内容的效力。行政诉讼履行判决和给付判决具有执行力。行政诉讼判决的有效执行，可以最终实

① 最高人民法院（2019）最高法行申 14231 号行政裁定书.

② 最高人民法院（2019）最高法行申 1507 号行政裁定书，最高人民法院（2019）最高法行申 1509 号行政裁定书.

质性地实现判决的内容，解决行政争议。关于对行政诉讼判决执行问题的探讨，参见本书相关专章内容，在此不再展开论述。

最后，需要明确的是，实质性解决行政争议的目标是以有效实现权利保护和权力监督为前提的，不能本末倒置；通过诉讼外调解、和解、不当撤诉等一味地追求实质性解决纠纷，无疑会销蚀行政诉讼的核心功能。

二、主观诉讼的实效性保障

学理上对我国的行政诉讼功能模式存在很大的分歧。一种观点认为，我国的行政诉讼制度整体上是一种主观诉讼的架构。另一种观点认为：我国的行政诉讼制度基本是一个客观诉讼架构，人民法院不仅审查原告的诉讼请求是否适法，更为重要的是突破对原告诉讼请求的限制，进一步对被诉行政行为的合法性进行审查。[①] 因而，对我国的行政诉讼功能模式的定位应为客观法秩序维护模式。[②] 此外，也有观点认为，我国行政诉讼制度特别强调对个人权利的救济，但在诉讼构造上以行政行为的合法性审查为核心，偏重于客观诉讼，呈现出一种内错裂状态。[③] 但与学理上的争议形成鲜明对照的是，行政审判实务中对行政诉讼的性质和功能存在一致和清晰的界定。最高人民法院在多个裁判中明确指出，我国目前的行政诉讼除了作为特别规定的检察行政公益诉讼，属于主观诉讼。如在李某勤与郑州市二七区人民政府再审案中，最高人民法院指出：由《行政诉讼法》第 2 条第 1 款、第 25 条第 1 款可知，除法律明确规定的公益诉讼外，行政诉讼原则上属于主观诉讼。原告提起行政诉讼，必须是认为他自己的合法权益受到行政行为侵犯。换句话说，只有自己的合法权益受到侵犯，才具备利害关系，也才具有行政诉讼原告的资格。判断是否属于自己的合法权益，主要看一个法律规范的目的究竟是保护个别公民的利益，还是保护公共利益。如果法律规范的目的是保护个别公民的利益，或者不仅是保护公共利益，同时也保护个别公民的利益，就可以承认个人利益的存在。反之，如果法律规范的目的仅仅在于保护公共利益，则不能认可公民个人享有诉权。[④] 在刘某明诉张家港市人民政府再审案中，最高人民法院亦指出，现行《行政诉讼法》在确定原告主体资格问题上，总体坚持主观诉讼而非客观诉讼理念，行政诉讼首要以救济原告权利为目的，因此有权提起诉讼的原告，一般宜被限定为主张保护其主观公权利而非主张保护其反射性利益的当事人。[⑤] 如前文所述，保护公民、法人和其他组织的合法权益是行政诉讼的核心功能，监督行政机关依法行政与实质性解决行政争议必

---

① 江必新，梁凤云. 行政诉讼法理论与实务：下. 北京：法律出版社，2016：1713；成协中. 论我国行政诉讼的客观诉讼定位. 当代法学，2020（2）.

② 邓刚宏. 论我国行政诉讼功能模式及其理论价值. 中国法学，2009（5）.

③ 薛刚凌，杨欣. 论我国行政诉讼的构造："主观诉讼"抑或"客观诉讼"?. 行政法学研究，2013（4）；薛刚凌. 行政公益诉讼类型化发展研究：以主观诉讼和客观诉讼划分为视角. 国家检察官学院学报，2021（2）.

④ 最高人民法院（2018）最高法行申 2975 号行政裁定书.

⑤ 最高人民法院（2017）最高法行申 169 号行政裁定书. 相似的表述另见最高人民法院（2018）最高法行申 1127 号行政裁定书，最高人民法院（2016）最高法行申 2560 号行政裁定书。

须服务于这一功能。如果行政诉讼仅是借助原告的起诉而监督行政行为的合法性的话，无疑会背离的原告的起诉目的，偏离主观诉讼的基本原理。原告付出财力和时间提起行政诉讼，其合法权益无法获得有效救济时，将会逐渐丧失对行政诉讼制度的信赖，长此以往，无疑会导致行政诉讼制度被虚置。主观诉讼的实效性要求行政诉讼为公民、法人和其他组织，提供全面、有效和经济的制度保障。

（1）合法权益保护的全面性。根据目前普遍的观点，《行政诉讼法》中的“合法权益”既包括权利，也包含法律所保护的利益。行政诉讼所保护的权利具有多元性，既包括了行政实体法上的权利，也包括了行政机关不当介入所侵害的私法上的权利。同时，实体法上的权利和法律保护的利益随着社会的发展与立法的变迁不断变化。因此，基于全面保护合法权益的要求，行政诉讼的原告资格和受案范围必须保持相对开放的体系。法院在个案解释中，可以合理采用目的解释和体系解释，使行政诉讼能够回应实践中不断发展的权益保护需求。

（2）合法权益保护的有效性。合法权益保护的有效性要求，行政诉讼制度必须为行政相对人提供能够实现其权利救济的保护方式。在行政诉讼中，权利保护方式的核心是诉讼类型和判决类型。在采用诉讼类型法定化的国家和地区，每一种诉讼类型分别对应了不同的权利保护主张。我国的行政诉讼类型采用了“非明文规定模式”，主要通过诉讼请求和判决类型为行政相对人提供具体的保护形式。2018 年《行政诉讼法司法解释》第 68 条在解释“有具体的诉讼请求”时，在第 9 项采用兜底条款的形式，为原告提出列举范围之外的诉讼请求预留了空间。除此之外，合法权益保护的有效性也与法院的审查密度、证明责任分配、判决的执行等相关。对这些制度的具体讨论，参见本书其他章节。

（3）合法权益保护的经济性。行政诉讼是一项有成本的活动，诉讼经济要求行政诉讼为行政相对人提供及时、便利和有效益的权利保护。在行政诉讼制度的设置上，要求通过合理化配置程序，简便、迅速、高效地达到诉讼目的。为了实现上述目标，在行政诉讼法中需要合理设置程序期间，如起诉期间、举证及答辩期间、审理及裁判期间等；同时对个案中变更和延长诉讼期间的条件进行限制。诉讼经济要求一次性解决行政争议，对此，在行政诉讼法中，通过共同诉讼与第三人制度、诉讼请求的变更与合并、行政附带民诉等制度予以保障。

三、客观诉讼的具体化

《行政诉讼法》第 25 条第 4 款增加了与传统主观诉讼性质迥异的检察行政公益诉讼，但并未配套规定具体诉讼程序运作的规则。从《行政诉讼法》的立法思路来看，我国采用了两种截然不同的诉讼模式：对于侵害行政相对人合法权益的诉讼，采用利害关系人诉讼模式；对于侵害公共利益的诉讼，立法排除了公民和社会组织的诉权，由检察机关提起公益诉讼。《行政诉讼法》将行政公益诉讼的主体限于检察机关，“体现了我国公益诉讼‘国家化’的政策考虑与制度安排”①。学理上也将这

① 覃慧. 检察机关提起行政公益诉讼的实证考察. 行政法学研究，2019（3）.

种公益诉讼称为“原告资格的国家垄断模式”[①]。在程序结构上，学界普遍认为《行政诉讼法》规定的审理程序和裁判方式是按照主观诉讼的思路设计的，检察行政公益诉讼作为客观诉讼，需要配以符合其属性的程序制度。[②] 为了充分发挥客观诉讼的功能，需要对检察行政公益诉讼的程序制度进行具体化，并明确统一的适用标准。

（1）诉讼请求。《行政诉讼法》第 25 条第 4 款没有对诉讼请求作出规定。2021 年《人民检察院公益诉讼办案规则》第 83 条第 1 款规定：“人民检察院可以根据行政机关的不同违法情形，向人民法院提出确认行政行为违法或者无效、撤销或者部分撤销违法行政行为、依法履行法定职责、变更行政行为等诉讼请求。”该条明确了，检察行政公益诉讼是监督诉讼，不是追责诉讼和追偿诉讼：一方面，对检察行政公益诉讼中的“具体的诉讼请求”应以能够直接实现纠正行政机关“违法行使职权或者不作为”作为判断标准。检察机关在行政公益诉讼的诉前程序和诉讼程序中，行使职权的目的只能是监督相关行政机关依法行政，不能通过诉讼请求追求直接保护特定的公共利益。另一方面，检察行政公益诉讼的诉讼请求以确保法律的有效执行为目标，不能被还原为具体的受害人的个人权利诉求，否则，应由权利受侵害的行政相对人提起主观诉讼。

（2）案件范围。《行政诉讼法》第 25 条第 4 款将检察机关提起行政公益诉讼的范围限于“生态环境和资源保护、食品药品安全、国有财产保护、国有土地使用权出让等”领域。除了列举的四个领域，立法中采用不完全列举的方式为行政公益诉讼范围的拓展预留了空间。例如，2021 年实施的《个人信息保护法》第 70 条规定：“个人信息处理者违反本法规定处理个人信息，侵害众多个人的权益的，人民检察院、法律规定的消费者组织和由国家网信部门确定的组织可以依法向人民法院提起诉讼。”根据该规定，对于侵害公民个人信息损害社会公共利益的情形，检察机关可以通过提起行政公益诉讼来监督行政机关依法履职。[③]

（3）举证责任。2020 年新修正的最高人民法院、最高人民检察院《关于检察公益诉讼案件适用法律若干问题的解释》（法释〔2020〕20 号，以下简称“2020 年《检察公益诉讼解释》”）第 22 条规定了人民检察院提起行政公益诉讼时应提供相应的证明材料，包括：“被告违法行使职权或者不作为，致使国家利益或者社会公共利益受到侵害的证明材料；已经履行诉前程序，行政机关仍不依法履行职责或者纠正违法行为的证明材料。”该司法解释仅规定了检察机关在起诉阶段提供相应证据的责任，主要证明起诉符合《行政诉讼法》第 25 条第 4 款规定的条件。在诉讼的过程中，对于被诉行政行为的合法性以及依法履行职责的事实，仍应适用《行政诉讼法》第 34 条的规定，由被告承担举证责任。此外，根据《行政诉讼法》第 37 条，原告可以提供证明行政行为违法的证据。原告提供的证据不成立的，不

---

① 卢超. 从司法过程到组织激励：行政公益诉讼的中国试验. 法商研究，2018（5）：34.

② 刘艺. 构建行政公益诉讼的客观诉讼机制. 法学研究，2018（3）；高家伟. 检察行政公益诉讼的理论基础. 国家检察官学院学报，2017（2）.

③ 检察行政公益诉讼实践案例参见“检察机关个人信息保护公益诉讼典型案例”（最高人民检察院 2021 年4 月 22 日发布）。

免除被告的举证责任。但是，对于国家利益或者社会公共利益受到侵害的事实，最终由哪一方当事人承担举证责任，《行政诉讼法》和相关司法解释缺乏明确的依据，学理上有观点主张，除涉及行政机关“不作为”或者“不依法履行职责”外，检察行政公益诉讼中举证责任可以采用“谁主张、谁举证”原则。[①] 目前，检察行政公益诉讼中举证责任的分配规则依然处于学理讨论阶段，有待通过司法解释和指导性案例进一步明确。

（4）裁判方式。《行政诉讼法》第七章规定了行政诉讼判决的基本类型，但是这些判决类型并非在检察行政公益诉讼中都可以适用。2020 年《检察公益诉讼解释》中对检察行政公益诉讼的裁判方式进行了具体解释：根据该解释第 24 条、第 25 条的规定，检察行政公益诉讼中可以适用《行政诉讼法》中规定的撤销判决（包括撤销并责令重作判决，第 70 条）、确认违法判决（第 74 条）、确认无效判决（第 75 条）、履行判决（第 72 条）、变更判决（第 77 条）。此外，被诉行政行为证据确凿，适用法律、法规正确，符合法定程序，未超越职权，未滥用职权，无明显不当，或者人民检察院诉请被诉行政机关履行法定职责的理由不成立的，人民法院可以判决驳回诉讼请求（第 69 条）。该解释中并未规定检察行政公益诉讼可以适用《行政诉讼法》第 73 条规定的给付判决。这是因为：给付判决是专门针对行政给付行为设置的，其以公民、法人或其他组织具有公法上的给付请求权为前提。[②] 给付判决以财产给付为核心，与检察行政公益诉讼的性质并不相容。

知识拓展

一、拓展阅读

1. 章剑生. 行政诉讼原告资格中“利害关系”的判断结构. 中国法学，2019（4）.

2. 何海波. 论法院对规范性文件的附带审查. 中国法学，2021（3）.

3. 赵宏. 主观公权利、行政诉权与保护规范理论：基于实体法的思考. 行政法学研究，2020（2）.

4. 王贵松. 论行政诉讼的权利保护必要性. 法制与社会发展，2018（1）.

5. 林莉红. 检察机关提起民事公益诉讼之制度空间再探：兼与行政公益诉讼范围比较. 行政法学研究，2022（2）.

二、类案练习

金某与湖南省人民政府土地行政复议纠纷再审案[③]

案情

2018 年 6 月 4 日，湖南省娄底市公共资源交易中心发布国有建设用地使用权挂

---

① 章剑生. 论行政公益诉讼举证责任及其分配. 浙江社会科学，2020（1）.

② 全国人大常委会法制工作委员会行政法室.《中华人民共和国行政诉讼法》解读与适用. 北京：法律出版社，2015：162.

③ 最高人民法院（2020）最高法行申 6994 号行政裁定书.

牌出让公告（娄新国土出告字〔2018〕17 号、18 号），土地用途均为商服（加油站）。7 月 4 日，金某、张某某竞得上述两地块的国有建设用地使用权，并与娄底市公共资源交易中心签订了成交确认书。7 月 9 日，金某、张某某向娄底市新化县商务粮食局（以下简称“新化县商务粮食局”）提交新建竞得地块的加油站经营资格申请。7 月 11 日，新化县商务粮食局以曾某某、陶某某已于 2018 年 1 月 26 日分别向其提交该地段加油站项目、湖南省新建加油站（点）申报表，同年 2 月 5 日湖南省商务厅在该表上签署同意，且规划确认文件仍处于有效期为由，对金某、张某某的申请不予受理。金某、张某某为此向湖南省人民政府申请行政复议。湖南省人民政府认为，在金某、张某某向商务部门申请核发规划确认文件前，案外人已取得了该规划确认文件，且核发规划确认文件时，金某、张某某与案涉两宗地及拟建设项目并无法律上利害关系，不具有申请行政复议的资格，遂作出驳回行政复议申请决定。金某、张某某不服，向湖南省长沙市中级人民法院提起诉讼，请求判令撤销湖南省人民政府作出的行政复议决定。

思考

（1）该案中规划确认文件和预核准文件是否属于行政许可的范围？

（2）原告（金某、张某某）与被诉规划确认文件是否具有利害关系？

（3）本案选择何种裁判方式最有利于实质性解决行政争议？

三、毕业论文选题指导

1. 行政诉讼请求对法院的拘束力
2. 行政诉讼中利害关系的认定标准
3. 检察行政公益诉讼中公共利益受损的认定标准
4. 投诉举报人行政诉讼原告资格的司法认定标准

第十一讲　行政诉讼受案范围及其发展

内容提要

行政诉讼受案范围是行政诉讼法中的重要问题，为让学生全面掌握行政诉讼受案范围的相关规定，本讲主要从以下几个方面展开：我国现行法律及司法解释关于行政诉讼受案范围之规定的理解与运用，确定行政诉讼受案范围的标准，我国行政诉讼受案范围立法模式的未来发展。

行政法是兼具政治性与技术性的统一法，行政诉讼法作为行政法的重要组成部分，不仅体现着行政法整体水平的高低，同时由于其调整的法律关系的特殊性，也影响着社会的稳定和发展，因此党的十八届三中全会后修改的首部基本法即为《行政诉讼法》。在行政诉讼法中，受案范围地位特殊，具体是对公民、法人和其他组织的权利范围的一种界定，是公民、法人和其他组织的合法权益受司法保护和行政权得到司法豁免的临界点。[①] 行政诉讼受案范围的大小不仅决定着法院与其他国家机关之间权力的边界，更决定着权利救济司法程序的畅通。行政诉讼受案范围过窄，不利于对行政相对人权益的充分保障；范围过宽，又可能给法院带来困扰，不利于纠纷的实质性化解。因此，行政相对人"踏入法院大门"所需要具备的起诉条件中，受案范围是一个具有高度专业性的条件。

第一节　行政诉讼受案范围研究综述

行政诉讼受案范围的研究硕果累累，大致可以分为三类：其一是价值阐述，即表明应该如何理解受案范围。这类研究侧重法理层面的论述，因而多倾向于提出立法（或修法）建议，未必都是直接以实定的《行政诉讼法》为对象。其二是实证研究，即对《行政诉讼法》受案范围的实际适用情况以及相关原因进行调查分析。其三是规范分析，即严格立足于实定法展开法解释工作。就其研究对象看，主要有两类：一是对

① 章剑生．有关行政诉讼受案范围的几个理论问题探析．中国法学，1998（2）：36．

行政诉讼受案范围进行概括性分析，二是讨论某一具体类型行为的可诉性。

一、对行政诉讼受案范围的概括性分析

很多学者从我国现行法律规定出发，对行政诉讼受案范围进行研究。这类研究采取整体视角，不局限于某一类行为，而是对整个制度从不同的立场加以探讨。

（一）对现有法律规定的原因分析及未来发展建议

很多学者对我国采用“概括＋列举”方式规定行政诉讼受案范围的原因进行了分析，并指出其中存在的问题；同时根据理论和现实需求提出未来我国行政诉讼受案范围法律规定的发展趋势。

我国《行政诉讼法》及其司法解释采用“概括＋列举”的方式有其特殊的历史背景和现实要求。对此，有学者认为，认识局限的制约和国情实际、行政诉讼发展的需求是两大主要原因。① 但是社会现实已经发生了变化，随着法治国家、法治社会、法治政府建设的推进，“民告官”已经成为常态，原有的立法模式是否还能适应现代社会的需求，是讨论行政诉讼受案范围时不可回避的问题。如果现有立法模式需要修正，应当采用何种方式，遵循怎样的路径？对此不少学者提出了自己的建议。各个学者从不同的视角出发进行研究，如有的借助经济学原理分析行政诉讼受案范围扩大的问题，有的从诉权角度讨论行政诉讼受案范围扩大的问题，有的对行政诉讼受案范围和原告资格进行辨析，更多的是从标准入手考察行政诉讼受案范围的确定问题。②

（二）对否定性列举的研究

在行政诉讼受案范围列举规定中，否定性列举尤为重要。由于肯定性列举通常被认定为不完全列举，因此未被列入肯定性列举的事项是否必然被排除，除依赖对概括规定的理解外，更需要结合否定性列举加以判断；且从理论上讲，肯定性列举应当与否定性列举一起构成一个“闭环”，将所有涉及行政诉讼的纠纷全面列入其中，达到“非此即彼”的效果，即不在否定性列举之列的就应当在肯定性列举范围内，反之亦然。那么，现有法律及其解释是否达到了这样的标准，如果没有，又应当如何完善。这也成为研究行政诉讼受案范围的学者关注的热点。③

---

① 自正法. “民告官”受案范围扩大趋势探析. 理论探索. 2016 (1): 120.

② 相关的讨论可参见王学辉. 制度经济学视野下行政诉讼受案范围的扩大：兼论“案结事了”的经济学回应. 广东社会科学，2009 (4)；闫尔宝. 行政诉讼受案范围的发展与问题. 国家检察官学院学报，2015 (4)；邓刚宏. 行政诉讼受案范围的基本逻辑与制度构想：以行政诉讼功能模式为分析框架. 东方法学，2017 (5)；孙洪涛，鲍俊红. 法经济学考证下我国行政诉权改革发展的路径选择：兼论行政诉讼受案范围的扩大. 河北法学，2015 (2)；黄宇骁. 行政诉讼受案范围与原告资格关系之辨. 政治与法律，2021 (2)；罗冠男. 我国行政诉讼准入标准的变化与演进：从“法益”标准的角度. 中共中央党校（国家行政学院）学报，2021 (3)。

③ 这类讨论可参见谭炜杰. 行政诉讼受案范围否定性列举之反思. 行政法学研究，2015 (1)；王春业. 行政诉讼受案范围引入负面清单模式的思考. 重庆大学学报（社会科学版），2016 (3)；方世荣. 对行政诉讼受案范围中设定排除事项的反思. 法商研究，2014 (6)。

二、具体行为可诉性研究

2014年修正《行政诉讼法》时，受案范围部分，尤其是肯定性列举部分，有较大变化。2017年再次修正时增加行政公益诉讼制度，实际上也是受案范围的扩大。同时司法解释增加了若干不列入诉讼受案范围的事项。法律及其司法解释增加的列举事项为理论研究提出了新的问题。而现实中出现的，法律未明确加以规定的一些界限不清、带有一定行政色彩的纠纷，因出现频繁，社会关注度高，也成为学界研究的重点。对某一具体行为可诉性问题的专项讨论成为研究受案范围的新兴领域。[①]

第二节 行政诉讼受案范围规定之理解与适用

我国《行政诉讼法》在修改前后，均采用了“概括＋列举＋兜底”方式。旧《行政诉讼法》第2条为概括规定[②]；第11条第1款列举了七项可诉具体行政行为，第1款第8项和第2款为兜底条款；第12条列举了四项不属于行政诉讼受案范围的事项。其司法解释进行了否定列举。于2014年、2017年修改《行政诉讼法》同样以第2条作为概括规定；第12条第1款列举了十一项可诉具体行政行为，第1款第12项和第2款为兜底条款；第13条和新司法解释为否定性列举。对于行政诉讼受案范围，法律已经有较为明确的规定，但是有些问题仍然需要进一步明确。

一、行政诉讼受案范围法律规定的理解

对比1989年的和2017年的《行政诉讼法》，在规定行政诉讼受案范围，尤其是其概括和兜底条款上，文字表述均存有差异。这样的差异无论是“有意为之”，还是“无心插柳”，都将为未来调整行政诉讼受案范围留下了空间。[③]

（一）对概括性规定的理解

从概括性规定看，1989年《行政诉讼法》第2条表述为：公民、法人或者其他

---

① 这方面的研究成果颇多，可参见湛中乐，靳澜涛．我国教育行政争议及其解决的回顾与前瞻：以“推动教育法治进程十大行政争议案件”为例．华东师范大学学报（教育科学版），2020（2）；谭红，孔冰冰．对行政协议纠纷案件受案范围的理解与适用．法律适用，2019（8）；刘超．环境行政公益诉讼受案范围之实践考察与体系展开．政法论丛，2017（4）；金丽，陈雷．论我国给付诉讼受案范围的完善．法律适用，2017（19）；孙萍，邓小川．论我国行政指导的诉讼救济．辽宁大学学报（哲学社会科学版），2019（5）；李云波，王睿冰．行政训诫可诉性探讨．扬州大学学报（人文社会科学版），2022（1）。

② 虽然第2条的立法本意并不是确立受案范围，但是学界已有人将第2条认为是对“受案范围”的概括式规定，如杨小君．正确认识我国行政诉讼受案范围的基本模式．行政法学研究，1999（4）；杨坤．跨入21世纪的中国行政法学．北京：中国人事出版社，2000：564；甘文．行政诉讼法司法解释之评论：理由、观点与问题．北京：中国法制出版社，2000：8-9。

③ 对《行政诉讼法》及其司法解释中列举的每一行为的可诉性问题研究，可参见江必新，梁凤云．行政诉讼法理论与实务．3版．北京：法律出版社，2016；何海波．行政诉讼法．2版．北京：法律出版社，2016。

组织认为行政机关和行政机关工作人员的具体行政行为侵犯其合法权益，有权依法向人民法院提起诉讼。2017 年《行政诉讼法》第 2 条第 1 款与旧法的区别在于删除了“具体”二字，此外增加了第 2 款，将法律、法规、规章授权的组织作出的行政行为也纳入行政诉讼受案范围。新旧法的表述差异给受案范围带来的影响主要在于，将部分抽象行政行为即规范性文件纳入行政诉讼受案范围。对法律、法规授权的组织实施的行政行为，1991 年最高人民法院印发的《行政诉讼法意见（试行）》在对具体行政行为进行解释时已将其纳入范围，细微的差别之处是 2017 年《行政诉讼法》明确了“规章”授权的组织也具有行政主体资格。

（二）对肯定性兜底条款的理解

从肯定性兜底条款看，1989 年《行政诉讼法》第 11 条第 1 款第 8 项表述为：认为行政机关侵犯其他人身权、财产权的。其第 2 款规定：除第 1 款规定外，人民法院受理法律、法规规定可以提起诉讼的其他行政案件。2017 年《行政诉讼法》第 12 条第 1 款第 12 项的规定是，认为行政机关侵犯其他人身权、财产权等合法权益的。第 2 款表述与旧法的表述一致。

1. 对“人身权、财产权等合法权益”中“等”的理解

肯定性兜底条款的表述有较大差异。从文意上看，1989 年《行政诉讼法》确定的受案范围仅限于人身权、财产权受到侵害的案件，而 2017 年《行政诉讼法》规定的“人身权、财产权等合法权益”中的“等”字被理解为“等内等”还是“等外等”，将对受案范围带来较大影响。[①]

如果理解为“等内等”，将意味着第 12 项仅因无法完全列举所有侵害人身权、财产权的情形而进行兜底，但仍然限于该两种权利受损的情形，其他权益受到损害的情形不在受案范围之内。但如果解释为“等外等”，则意味着不仅前述 11 项以外的人身权、财产权受到侵害的情形可诉，而且该两项权益以外的其他合法权益受损的情形也可向诉。显然第二种理解将扩大行政诉讼受案范围，为法院预留裁量空间。

司法实践中对 2017 年《行政诉讼法》第 12 条第 1 款第 12 项是如何理解和适用的？田某诉北京科技大学拒绝颁发毕业证、学位证案[②]提供了思路。该案中明确了高等学校对违反校规、校纪的受教育者拒绝颁发学历证书、学位证书，受教育者不服的，可以依法提起行政诉讼。该案被纳入受案范围，需考虑三个影响因子：一是法律、法规、规章授权的组织所作行政行为，二是不作为可诉问题，三是不作为损害了原告何种权益。法律、法规、规章授权的组织作出的行政行为属于受案范围，在 2017 年《行政诉讼法》第 2 条已明确规定。对于不作为问题，在 2017 年《行政

---

① 对于人身、财产权益的范围，原《侵权责任法》第 2 条表述为：“本法所称民事权益，包括生命权、健康权、姓名权、名誉权、荣誉权、肖像权、隐私权、婚姻自主权、监护权、所有权、用益物权、担保物权、著作权、专利权、商标专用权、发现权、股权、继承权等人身、财产权益。”但其现在已经被《民法典》第 1164 条实质性修订，《民法典》第 1164 条规定：本编调整因侵害民事权益产生的民事关系。现行法律删除了对民事权益的列举。

② 最高人民法院第 38 号指导案例.

诉讼法》第 12 条第 1 款的列举中，第 3、6、10、11 项为对行政机关不作为可提起诉讼的情形，而本案中北京科技大学拒绝颁发学历证书、学位证书的行为不属于以上四项。[①] 由于 2017 年《行政诉讼法》第 12 条为不完全列举，因此不在列举范围之内的并不当然被排除在受案范围之外。而本案涉及的法律法规——《教育法》第 22 条、第 23 条和《学位条例》第 8 条并未规定对拒绝颁发两证的行为可提起行政诉讼，故不适用第 12 条第 2 款。法院将本纠纷认定在可提起诉讼之范围内，显然在适用第 12 项的规定：首先，“认为行政机关侵犯其他人身权、财产权等合法权益的”的情形包括行政机关作为及不作为侵犯权益情形；其次，高等学校拒绝颁发学位证书、学位证书的行为并未侵犯原告的人身、财产权益，而侵犯了其人身权、财产权以外的合法权益。因此从本案可以看出，在权益认定上不限于“人身权、财产权”，只要合法权益受到侵害，都可被列入受案范围，也就是说“人身权、财产权等合法权益”中的“等”在本案中被理解为“等外等”[②]。

2. 第 12 条第 1 款第 12 项与第 2 款之间的关系

还有一个兜底条款是 1989 年和 2017 年《行政诉讼法》均有的“除前款规定外，人民法院受理法律、法规规定可以提起诉讼的其他行政案件”。这里有一个应该不成问题的问题：2017 年《行政诉讼法》第 12 条第 2 款与第 1 款第 12 项“认为行政机关侵犯其人身权、财产权等合法权益的”之间的关系是什么？换言之，侵犯其他合法权益的案件能否被纳入受案范围是否需要受到第 2 款的限制？也就是说，其他合法权益受到侵害的案件是否可诉是否需要在其他法律、法规中有明确规定，否则将被排除在受案范围外？答案应当是否定的。

从文字表述看，两个规定之间并无互相限制的逻辑联系：如果第 12 条第 1 款第 12 项受第 2 款限制，其表述应当是“人民法院受理法律、法规规定的认为行政机关侵犯其他人身权、财产权等合法权益的行政案件”。显然现行法律并非如此。

此外，可结合《行政复议法》进行分析。《行政复议法》第 6 条第 11 规定：认为行政机关的其他具体行政行为侵犯其合法权益的，可提起复议。而这些合法权益包括集会书、游行示威书、结社书、言论书、出版书、信仰等政治权利，劳动、休息等权利。[③] 通说认为行政诉讼受案范围比行政复议受案范围窄，原因在于：诉讼案件一般开庭审理，裁判文书公开，社会影响较大。如果把受案范围扩大到侵害人身、财产权以外合法权益的行为且关于该合法权益法律、法规未明确提供司法救济渠道，如法院事实上不具备解决该类纠纷的能力，则允许行政相对人提起诉讼会使法院处于尴尬的境地，且会引发一些负面社会效应。但是行政复议不开庭，且书面

---

① 当然颁发学历证书、学位证书是否属于行政许可，存有争议。如果认为学历证书、学位证书的颁发属于行政许可，则可将其认定为第 3 项的情形。

② 将合法权益受到侵犯的案件都纳入诉讼受案范围已有观点支持，参见江必新，邵长茂. 新行政诉讼法修改条文理解与适用. 北京：中国法制出版社，2015：57。

③ 曹康泰. 中华人民共和国行政复议法释义. 北京：中国法制出版社，1999：25，41；全国人大常委会法制工作委员会研究室. 中华人民共和国行政复议法条文释义及实用指南. 北京：中国民主法制出版社，1999：58.

审，社会影响小，因此将所有合法权益受到侵害的案件纳入行政复议范围，不会导致前述后果，且能充分保护行政相对人的合法权益，降低对行政纠纷非法定方式解决的概率。但是如果行政诉讼受案范围仅限于人身、财产权受侵害的案件，会导致其他权益受损案件在进行复议后，因复议和诉讼受案范围的差异，而面临事实上的“复议终局”；而复议终局作为司法最终审查的例外应当有法律上的明确规定，否则将损害行政相对人的救济权。

2017 年《行政诉讼法》第 12 条第 1 款和第 2 款之间的内在联系是，由于第 12 条第 1 款为不完全列举，因此以第 2 款为兜底——不在第 1 款列举范围之内的，其他法律、法规规定可以起诉的，也被纳入受案范围。因此第 12 条第 2 款为第 1 款的“补充”，而非限制，并且第 2 款也不可能限制第 1 款中的任何一项。法院裁判的一些案例遵循了该理解：在潘某燕诉浙江省温岭市人事劳动社会保障局不予录用案中，原告潘某燕报考温岭市农村能源办公室（事业单位）工作人员，笔试成绩为所报单位参考人员第一名；被告温岭市人事劳动社会保障局以原告潘某燕在大学读书期间因考试作弊受过留校察看 1 年的处分为理由，口头通知原告潘某燕不予录用。审理该案的玉环县法院认为，原告潘某燕为实现自己的就业权利向法院起诉，符合《行政诉讼法》的规定。[①] 公民的劳动权在《宪法》《劳动法》《劳动合同法》《就业促进法》等法律、法规中被确定为公民的合法权益，但是就业权受侵犯是否可以向法院提起行政诉讼，法律、法规并无明确规定，因此法院将本案纳入受案范围，适用的是第 12 条第 1 款第 12 项的规定。

从以上分析可以看出，无论是从法律文意来解释行政复议和诉讼受案范围的衔接，还是从司法实践看，2017 年《行政诉讼法》第 12 条第 2 款都不构成对第 1 款第 12 项的限制，即行政相对人认为行政机关侵犯人身权、财产权以外的其他合法权益的，即可提起行政诉讼，无须在法律、法规中有规定。这一理解也符合行政诉讼法全面保护行政相对人合法权益的立法宗旨。[②]

（三）对否定性兜底条款的理解

否定性列举和兜底条款分别规定在 2017 年《行政诉讼法》第 13 条和 2018 年《行政诉讼法司法解释》第 1 条第 2 款。2017 年《行政诉讼法》第 13 条列举了四类不属于受案范围的行为，分别是国家行为、抽象行为、内部行为和行政最终裁决行

---

① 浙江省玉环县人民法院（2007）玉行初字第 20 号行政判决书；陈园．劳动就业权利应当属于法院行政案件受案范围．人民法院报，2009－03－16；何海波．行政诉讼法．2 版．北京：法律出版社，2016：183.

② 但是仍然存在一个逻辑上的问题：如果第 12 条第 2 款不构成对第 1 款第 12 项的限制，那么第 1 款第 12 项所指向的范围应当大于第 2 款所指向的范围。由于法律、法规规定的有限性，其规定可以提起诉讼的行为通常来讲会少于行政相对人“认为”侵害“合法权益”的行为，也就意味着第 12 条第 2 款的内容包含于第 1 款第 12 项。当然也有例外，如客观诉讼或公益诉讼，不属于行政相对人“认为”的范畴，但根据法律规定可以提起诉讼。此时，第 2 款作为第 1 款的补充兜底就存在逻辑上的问题，因此究竟“谁兜谁”需要厘清。根据以上分析，更为合理的方案应当为二者位置互换：第 1 款第 12 项为“人民法院受理法律、法规规定可以提起诉讼的其他行政案件”，第二款为“认为行政机关侵犯其他人身权、财产权等合法权益的行政案件”。

为。2018 年《行政诉讼法司法解释》第 1 条第 2 款增加了不列入受案范围的事项。[①]

2018 年《行政诉讼法司法解释》中的否定性列举：有的以行为为标准，如“调解行为以及法律规定的仲裁行为”；有的以效果为标准，如“行政机关作出的不产生外部法律效力的行为”；有的源于法律、法规的特别规定，如“公安、国家安全等机关依照刑事诉讼法的明确授权实施的行为”“行政机关针对信访事项作出的登记、受理……等行为”。列举事项在实践中可能会出现重叠，例如，第 8 项中的内部层级监督行为，第 6 项中的过程性行为，从其效果来看，也可以是第 5 项中的“不产生外部法律效力的行为”。

2017 年《行政诉讼法》和 2018 年《行政诉讼法司法解释》将以下一些事项予以排除：（1）非行政行为，如国家行为、刑事司法行为、仲裁行为等。（2）2017 年《行政诉讼法》和司法解释法定排除的事项，如抽象行政行为、内部行政行为等。（3）其他法律、法规法定排除的事项，如行政机关最终裁决行为、信访事项等。

除以上外，其余排除在受案范围外的事项有不产生外部法律效力的行为，过程性行为，内部层级监督行为等，排除的原因大致在于“对权利义务不产生实际影响”。因此 2018 年《行政诉讼法司法解释》中“对公民、法人或者其他组织权利义务不产生实际影响的行为”有兜底意味。“是否产生实际影响”是受案范围的界限，如何理解“实际影响”也成为确定受案范围的核心。那么“产生实际影响”是不是确定受案范围时首要考虑的问题？换言之，当面对纠纷时，法院是否应当首先考虑是否对行政相对人的权利义务产生实际影响？如果没有，则排除在受案范围之外。这涉及法定受案范围肯定列举条款、否定列举条款和兜底条款之间的适用顺序问题。

二、法条适用的逻辑顺序

《行政诉讼法》及其司法解释以“概括＋肯定列举＋否定列举＋兜底”的方式规定了受案范围，那么在司法实践中对于不同类型的规定应当遵循怎样的适用顺序？

罗某荣诉吉安市物价局物价行政处理案[②]为确定肯定列举和否定列举之间的适用顺序提供了思路。2012 年原告罗某荣在吉安市某电信营业厅办理手机号时，电信营业厅收取了他 20 元卡费。原告认为收取卡费违反了《集成电路卡应用和收费管理办法》中不得向用户单独收费的禁止性规定，便向被告吉安市物价局申诉举报，要求被告责令电信营业厅退还非法收取的手机卡卡费 20 元，依法查处并没收所有电信用户首次办理手机卡被收取的费用，依法奖励原告和书面答复原告相关处理结果。但是被告出具的书面答复中只写明被告在调查时发现一个文件及该文件的部分内容，并没有对原告申诉举报信中的请求事项作出处理。原告向法院起诉，要求确认被告

---

① 2018 年《行政诉讼法司法解释》事实上扩大了不受案范围，其列举事项并非对 2017 年《行政诉讼法》第 13 条的解释。受案范围是否属于《立法法》中绝对保留事项中的“诉讼”制度？如果答案是肯定的，那么可以将 2018 年《行政诉讼法司法解释》中的排除事项通过全国人大常委会修改法律的方式写入《行政诉讼法》，类似观点参见：周海涛.《行政诉讼法解释》对受案范围设定排除事项之质疑//徐泽宇. 中南法律评论：第二辑. 郑州：郑州大学出版社，2021。

② 最高人民法院第 77 号指导案例.

处理申诉举报事项中的行为违法，依法撤销被告答复，判令被告依法查处原告申诉举报信所涉及的违法行为。

关于本案是否属于2000年《行政诉讼法司法解释》中的“对公民、法人或者其他组织权利义务不产生实际影响的行为”的问题，法院认为，本案属于1989年《行政诉讼法》第11条第1款第5项规定的情形——“申请行政机关履行保护人身权、财产权的法定职责，行政机关拒绝履行或者不予答复的”。

从本案来看，在确定受案范围时，并非先看是否属于明确排除事项，也就是说即使吉安市物价局的答复不对相对人的权利义务产生实际影响，也不应首先适用“否定列举”条款，而应当先判定本案是否属于肯定列举范围。本案中吉安市物价局的答复明显属于“申请行政机关履行保护人身权、财产权的法定职责，行政机关拒绝履行或者不予答复的情形”，该事项被明确列举在受案范围中，故法院应当受理，此时无须再对“是否产生实际影响”进行判断。

因此，在确定争议事项是否属于行政诉讼受案范围时，应遵循这样的逻辑思路：首先判断其是否属于肯定列举范围，如果明确属于，则不应再依否定列举加以判断，如果不在肯定列举之列，则应当依据肯定列举兜底条款，即2017年《行政诉讼法》第12条第1款第12项和第2款进行判断，如果仍然无法确定，则适用2017年《行政诉讼法》和司法解释的否定列举予以排除，如也无法判定，可适用2018年《行政诉讼法司法解释》第1条第10项兜底条款。至于2017年《行政诉讼法》第2条的概括规定，除行政主体的扩大外，其可诉范围与第12条第1款第12项相同，它的运用已包括在前述内容中。

综上，虽然我国现行立法并非标准的“以受理为原则，以不受理为例外”的模式，但是在未对现行法律进行修改的情况下，肯定列举和兜底的优先适用，显然体现了原则上受理的理念，符合行政诉讼法的立法目的及现实需要。

第三节　行政诉讼受案范围的判断标准

尽管我国《行政诉讼法》及其司法解释对行政诉讼受案范围已经进行了较为详尽的规定，但是司法实践中仍然存在很多仅凭现有规定难以无异议认定的案件：一些案件既不在肯定列举之列，也不在否定范围内，而兜底和概括规定给予法院较大的裁量权。此时合法、合理确定行政诉讼受案范围需要依据实质性标准进行。

一、具体行政行为标准

从1989年《行政诉讼法》第2条的文意来看，其包含了两个规范内容：一是设定诉讼的利益要件为“其合法权益”，该法律设置涉及的行政诉讼属于主观诉讼；二是诉讼的对象为“具体行政行为”[①]。虽然第2条的立法本意并不是确定行政诉讼受案范

① 朱芒. 概括主义的行政诉讼“受案范围”：一种法解释路径的备忘录. 华东政法大学学报，2015（6）：68.

围，但是该条隐含了确定行政诉讼受案范围的标准，其中之一为“具体行政行为”。

能被列入行政诉讼受案范围的须为具体行政行为。例如，少年收容教养是否属于行政诉讼受案范围，核心在于其是否为具体行政行为。[①] 最高人民法院的答复中指出：“公安机关对公民作出的‘少年收容教养’决定是具体行政行为，属于《中华人民共和国行政诉讼法》第 11 条规定的受案范围，若当事人对公安机关作出的‘少年收容教养’决定不服向人民法院起诉的，人民法院应当受理。”[②]

二、实际影响标准

2017 年《行政诉讼法》第 2 条规定：公民、法人或者其他组织认为行政机关和行政机关工作人员的行政行为侵犯其合法权益，有权依法向人民法院提起诉讼。“侵犯其合法权益”成为行政诉讼的受案要件，注重的是权益侵害的一般效果。这就与 2018 年《行政诉讼法司法解释》第 1 条第 2 款第 10 项“对公民、法人或者其他组织权利义务不产生实际影响的行为”相呼应，从而确立了行政诉讼受案范围的另一个标准：实际影响标准。

行政诉讼受案范围的列举，尤其是肯定列举，对于法院来说意义不大。事实上，在 20 世纪末开始发生的一系列行政诉讼案件中，越是疑难案件，法院越是没有纠缠于被诉行政行为是否符合 1989 年《行政诉讼法》第 11 条（2017 年《行政诉讼法》第 12 条）所列具体事项，而是直接关注其一般效果。[③] 而在否定列举中，对相对人权利义务不产生实际影响的行为被排除在行政诉讼受案范围之外。法院认为这样的结构设置也将原本不能被纳入行政诉讼“受案范围”的一些行政活动，如行政奖励之类，归入行政诉讼受案范围。[④] 因此，无论是肯定列举还是否定列举都围绕着“实际影响”划定自己的范围，尤其在否定列举中，有的行为因对行政诉讼相对人的权益产生实际影响而进入行政诉讼受案范围。

（一）产生实际影响的内部行政行为和过程性行为

1. 内部行政行为

在魏某高、陈某志诉来安县人民政府收回土地使用权批复案中，法院认定内部行政行为在对相对人的权利义务产生实际影响时属于行政诉讼受案范围。[⑤] 该案的基本案情是来安县国土资源和房产管理局向来安县人民政府报送《关于收回国有土地使用权的请示》，请求收回该县永阳东路与塔山中路部分地块的土地使用权。来安县人民政府作出《关于同意收回永阳东路与塔山中路部分地块国有土地使用权的批复》。来安县国土资源和房产管理局收到批复后，没有制作并向原土地使用权人送达

---

① 最高人民法院《关于“少年收容教养”是否属于行政诉讼受案范围的答复》（〔1998〕行他字第 3 号）.

② 刘德权. 最高人民法院司法观点集成：行政、国家赔偿卷. 北京：人民法院出版社，2010：41.

③ 朱芒. 概括主义的行政诉讼“受案范围”：一种法解释路径的备忘录. 华东政法大学学报，2015（6）：67.

④ 蔡小雪. 行政审判与行政执法事务指引. 北京：人民法院出版社，2009：444－445.

⑤ 最高人民法院第 22 号指导案例.

收回土地使用权决定书，而是直接交由来安县土地储备中心付诸实施。原告的房屋位于被收回使用权的土地范围内，因此原告对来安县人民政府收回国有土地使用权的批复不服，申请行政复议。滁州市人民政府作出复议决定，维持原批复。原告不服，提起行政诉讼。滁州市中级人民法院裁定驳回起诉。原告提起上诉。安徽省高级人民法院裁定撤销一审法院的裁定，指令滁州市中级人民法院继续审理本案。

我们认为：人民政府的批复是内部行政行为，不向行政相对人送达，不对行政相对人的权利义务产生实际影响，故不属于行政诉讼受案范围。但是，来安县人民政府作出批复后，来安县国土资源和房产管理局没有依据《土地储备管理办法》和《安徽省国有土地储备办法》的规定向原土地使用权人送达对外发生法律效力的收回国有土地使用权通知，而是直接交由来安县土地储备中心根据该批复实施拆迁补偿安置行为，因此该批复对原土地使用权人的权利义务产生了实际影响。原土地使用权人已知晓该批复内容，因此该批复已外化并对外发生法律效力，对针对该批复提起的诉讼属于行政诉讼受案范围。

有关行政诉讼受案范围，本案有几个问题需要强调：首先，批复本身属于内部行政行为，因此一般不可诉。其次，本案内部行政行为外化的原因在于，行政机关本应根据批复作出一个外部行为，但因程序违法未作出该行为，于是内部行政行为被直接当作“外部行政行为”使用，实际影响了行政相对人的权益，因此可诉。但是本案仍然有值得商榷之处：在本案中行政复议机关尽管作出了维持批复的决定，但是已经受理本案，也就是说，行政复议机关并未以本案不属于行政诉讼受案范围为由裁定不予受理；而一审法院以不属于行政诉讼受案范围为由裁定驳回起诉，一审法院的这一裁定实际上否定了，行政复议机关受理的正确性。最后，批复虽然因外化而具有可诉性，但是如果从具体/抽象行政行为的角度看，批复更接近于抽象行政行为，原告可以在对具体行政行为提起诉讼时要求附带性审查抽象行政行为即批复。

2. 过程性行为

根据 2018 年《行政诉讼法司法解释》，过程性行为不具有可诉性，但是当满足一定条件时，过程性行为因对当事人的权利义务造成实质性影响具有可诉性。

在王某德诉乐山市人力资源和社会保障局工伤认定案[①]中，原告王某德是王某兵的父亲，王某兵因交通事故死亡。当地交管部门因无法查实事故原因，因此仅作出“道路交通事故证明”。王某兵生前所在单位四川嘉宝资产管理集团有限公司峨眉山分公司向被告乐山市人力资源和社会保障局就王某兵的死亡申请工伤认定。被告认为交管部门出具的不是“交通事故认定书”，而是“道路交通事故证明”，而根据《工伤保险条例》第 20 条第 3 款的规定，工伤认定需要司法机关或有关行政主管部门的结论，因此被告作出了“工伤认定时限中止通知书”。原告向被告提交了“恢复工伤认定申请书”，但被告未恢复工伤认定程序。原告向法院提起诉讼，请求撤销被告作出的“工伤认定时限中止通知书”。我们认为：被告作出中止决定属于过程性行为，依据司法解释，过程性行为不可诉。但在本案中，被告作出中止决定后重新启

① 最高人民法院第 69 号指导案例.

动程序的条件是司法机关或者有关行政主管部门作出结论。然而，除非出现新的事实或法定理由，交管部门不会就本案涉及的交通事故作出其他结论。这意味着“中止”事实上产生了“终止”的效果，因此被告作出的中止决定虽然是过程性行为，但是将导致原告受侵害的合法权益永久无法获得救济，从而对其权利义务产生了实际影响。

从本案出发可对过程性行为是否可诉归纳出这样的规律：如果该行为不会影响最后实质性行政行为的作出，那么产生实际影响的是后者，过程性行为不可诉，而仅可作为认定最后实质性行政行为合法与否的依据；但如果过程性行为产生了阻断最后实质性行政行为出现的效果，从而导致当事人无法就最后实质性行政行为提起诉讼，就已经对当事人的权利义务造成了实际影响，则法院应当受理。

（二）“实际影响”的范围应为合法权益

2017 年《行政诉讼法》第 2 条及第 12 条第 1 款第 12 项均规定，其合法权益受侵犯的公民、法人或其他组织可向人民法院提起诉讼，因此 2018 年《行政诉讼法司法解释》第 1 条第 2 款第 10 项中的权利义务应为不限于人身、财产权的合法权益。

仍以罗某荣诉吉安市物价局物价行政处理案为例[①]：被告吉安市物价局辩称，原告起诉不符合起诉条件，因为行政诉讼是指公民、法人或者其他组织对于行政机关的具体行政行为不服而提起的诉讼，被告的答复不是一种具体行政行为，不对原告的权利义务产生实际影响，故本案不属于行政诉讼受案范围。被告答复的具体内容是：“2021 年 5 月 31 日我局收到您反映吉安电信公司（向）新办手机卡用户收取 20 元手机卡卡费的申诉书后，我局非常重视，及时进行调查，经调查核实：江西省通管局和江西省发改委联合下发的《关于江西电信全业务套餐资费优化方案的批复》规定：UIM 卡收费上限标准：入网费 50 元/张，补卡、换卡 30 元/张。我局非常感谢您对物价工作的支持和帮助。”而原告申诉举报信中要求的是被告责令吉安电信公司退还非法收取的原告的手机卡卡费 20 元，依法查处并没收所有电信用户首次办理手机卡时被收取的卡费，依法奖励原告和书面答复原告相关处理结果。

从内容看，被告的答复没有回应原告的申诉举报事项，即使这是因为对申诉举报事项无法一一对应回应，从原告要求退还卡费和依法奖励的请求看，被告未回应或不予同意，影响了原告的财产权，故本案当然属于受案范围。同时，由于《信息公开条例》赋予了原告知情权，被告未书面答复原告相关处理结果，仅列明其查阅的文件及文件的部分内容，也实际影响了原告的知情权。因此，在确定行政诉讼受案范围时，实际影响的相对人权利不局限于其人身、财产权，而应当扩大到其所有合法权益。在本案中，即使被告答复不对原告的财产权造成实际影响，但其未作出载明处理结果的书面答复也实际影响了原告的知情权。

在司法实践中在对“实际影响”的认定上还需要注意区分实体法上的“实际影响”和诉讼法上的“实际影响”。

---

① 最高人民法院第 77 号指导案例.

2017 年《行政诉讼法》第 12 条第 2 款规定，人民法院受理法律、法规规定可以提起诉讼的其他行政案件。《政府信息公开条例》第 51 条规定：公民、法人或者其他组织认为行政机关在政府信息公开工作中侵犯其合法权益的，也可以依法申请行政复议或者提起行政诉讼。因此信息公开纠纷因有法规的明确规定属于行政诉讼受案范围。但应同时注意，2019 年修订的《政府信息公开条例》删除了原条例中规定的申请信息公开需基于“生产、生活、科研等特殊需要”，而改为“除……主动公开的信息外，公民、法人或者其他组织可以……申请获取相关政府信息”。当行政相对人申请信息公开并不需要与之“生产 、生活、科研”有关，仅因其具有知情权而申请时，就很难认定公开或不公开对其财产或人身的权利义务产生了实际影响。在朱某琛诉安阳县环境保护局履行环境保护及信息公开法定职责案[①]中，朱某琛通过生态环境部平台举报安阳县环境保护局辖区内某药业有限公司存在违法排放问题，生态环境部平台显示举报已受理，结论为经现场检查，未发现有环境违法问题。2018 年 9 月 7 日朱某琛书面申请要求公开前述举报案件相关环境信息等。9 月 20 日安阳县环境保护局作出答复，不予公开所申请信息。朱某琛提起行政诉讼，请求之一为要求被告依法公开相关信息。一审法院裁判认为以未提供自身生产、生活、科研等特殊需要为由，不予公开原告申请公开的信息，适用法律错误，遂判决支持原告申请公开相关环境信息等诉讼请求。本案中，朱某琛的合法权益受到保护，并不是因为安阳县环境保护局作出的答复对其财产、人身权益产生了实际影响，而是因为《政府信息公开条例》所赋予的“知情权”受到了影响，因此应当被纳入了受案范围。

以《政府信息公开条例》为例：行政相对人申请信息公开，由于不需要以其生产、生活、科研等特殊需要为由，降低了信息公开对行政相对人的“实际影响”程度；但是行政相对人有知情权，如果行政机关不予答复或答复不符合要求，则“实际影响”了知情权的行使。因此实体法与诉讼法中的实际影响不宜混同，不能以实体法中未造成实际影响而否定诉讼法中的实际影响，即本案中不能以行政机关的答复未对原告权利义务造成影响而否定诉讼中对原告法定知情权所带来的实际影响，从而否定其被纳入行政诉讼受案范围。

三、行政诉讼受案范围与其他概念

确定行政诉讼受案范围，除需要确定判断标准外，还需要厘清与几个相近概念之间的关系，以免在判定行政诉讼受案范围时受到干扰。

（一）行政诉讼受案范围与原告资格

原告资格是一个与行政诉讼受案范围关联度较高的概念。2000 年《行政诉讼法司法解释》第 12 条提出，原告需要具有“法律上利害关系”。对于何谓“法律上利

---

① 最高人民法院发布的“2019 年度人民法院环境资源行政典型案例”之二.

害关系”，有“实际影响说”“不利影响说”“因果关系说”“法律上权利义务说”①。在确定行政诉讼受案范围时，“是否具有实际影响”也是要考虑的核心因素之一。确定原告资格和确定行政诉讼受案范围都要考虑“实际影响”，二者是否具有内在统一性？在讨论行政诉讼受案范围时，很多学术论文都会涉及原告资格问题，但是原告资格和行政诉讼受案范围是两个不同的问题。行政诉讼受案范围是“事”，原告资格是“谁”，虽然二者有联系，但是也有很大的不同。《行政诉讼法》第49条规定了起诉条件，包括原告、被告、诉讼请求、事实根据、受案范围和管辖。原告资格和行政诉讼受案范围作为两个并列的起诉条件出现，因此在确定行政诉讼受案范围时，考虑的是起诉事项是否属于法定范围；而起诉者是否具有利害关系，是确定原告资格时应考虑的问题，二者不应混同，否则会出现分析方向的错误。

在刘某明诉张家港市人民政府再审案中，讨论的核心问题是原告资格问题。②其基本案情是：2015年11月24日，张家港市发展和改革委员会向江苏金沙洲旅游投资发展有限公司（以下简称“金沙洲公司”）作出《关于江苏金沙洲旅游投资发展有限公司金沙洲生态农业旅游观光项目备案的通知》（张发改许备〔2015〕823号，以下简称“823号通知”）。该通知的内容涉及项目名称、主要功能及建设内容、项目选址、项目总投资及资金筹措、有效期等五个方面。刘某明于2016年1月通过信息公开的方式取得了上述通知，认为该通知将其位于江苏省张家港市锦丰镇××村悦丰片一、二组拥有承包经营权的土地纳入其中，存在重大违法情形，遂向张家港市人民政府申请行政复议，要求确认违法并予以撤销。张家港市人民政府经审查认为，刘某明与823号通知不具有利害关系，遂于2016年3月21日作出（2016）张行复第2号驳回行政复议申请决定，并于2016年3月22日将该决定送达刘某明。刘某明不服，向一审法院提起行政诉讼。一审法院认为：根据《行政复议法实施条例》第28条第2项的规定，申请人提出行政复议申请，应当与具体行政行为有利害关系。《江苏省企业投资项目备案暂行办法》第17条规定，项目申报单位凭项目备案机关出具的项目备案通知书，依法办理土地、环保、规划等各方面的手续后方可开工建设。本案中，823号通知系对建设项目的备案行为，是职权机关就申请人申请备案的项目是否符合项目备案条件依法进行审查后作出的行政行为。该行为所产生实体影响的利害关系人是备案申请人金沙洲公司，该行为对其他人的合法权益并不产生直接影响。金沙洲公司仅凭该通知是不能实施开发建设的，还必须依法办理土地、环保、规划等各方面的手续后方可开工建设。故刘某明与823号通知并不具有利害关系，其提出的行政复议申请不符合《行政复议法实施条例》规定的受理条件。因此一审法院认定张家港市人民政府作出驳回行政复议申请决定符合法律规定，遂判决驳回刘某明的诉讼请求。二审法院以相同的事实和理由驳回了上诉。刘某明向最高人民法院申请再审。最高人民法院在再审行政裁定书中指出：《行政诉讼法》第25条规定，行政行为的相对人以及其他与行政行为有利害关系的公

① 王克稳. 论行政诉讼中利害关系人的原告资格：以两案为例. 行政法学研究，2012（1）：36.

② 关于对该案的讨论，参见章剑生. 行政诉讼原告资格中“利害关系”的判断结构. 中国法学，2019（4）。

民、法人或者其他组织，有权提起诉讼。上述法条规定的“有利害关系的公民、法人或者其他组织”，不能被扩大理解为所有直接或者间接受行政行为影响的公民、法人或者其他组织；所谓“利害关系”仍应限于法律上的利害关系，不宜包括反射性利益关系。同时，行政诉讼乃公法上之诉讼，上述法律上的利害关系一般也仅指公法上的利害关系，除特殊情形或法律另有规定外，一般不包括私法上的利害关系。[①]

我们认为：刘某明向法院起诉，要求审查的行为是行政复议决定，该案中关于受案范围不存在任何争议。争议的事项在于刘某明是否具有原告资格，判断的核心是如何认定“利害关系”。原告资格与行政诉讼受案范围有联系，但又有所不同。从法条看，既然原告资格和行政诉讼受案范围并列为起诉条件，那么在考虑当事人起诉是否符合《行政诉讼法》第 49 条的规定时，应当分开认定，避免混同。原告资格中的“利害关系”和行政诉讼受案范围中的“实际影响”往往具有牵连性，这种牵连性会导致在判断起诉条件时将原告资格与行政诉讼受案范围混同，从而偏离立法本意。

具体来说，《行政诉讼法》第 49 条列举了六个起诉条件，分别是原告、被告、诉讼请求、事实根据、受案范围和管辖。起诉条件决定着案件是否能够进入司法程序，由法院进行实体审查，是行政相对人在权益受侵害时寻求司法救济的第一个门槛，门槛过高或过低都不利于纠纷的解决。从第 49 条来看，原告资格与行政诉讼受案范围并列，意味着这是法院在审查起诉条件时应当分开考虑的条件。但二者容易混同的原因在于，在确定原告资格和行政诉讼受案范围时会考虑同一个问题——“实际影响”：具有原告资格需要具备利害关系，而利害关系的判断无法脱离“实际影响”；对于哪些争议属于行政诉讼受案范围，其中一个判断标准也是“实际影响”。于是“实际影响”勾连了原告资格和行政诉讼受案范围，但是二者需要区分。起诉条件对原告的要求是“与行政行为有利害关系的公民、法人或者其他组织”，行政诉讼受案范围的标准依据的是概括规定与列举规定，原告资格解决“谁可以告”，行政诉讼受案范围解决“可以告什么”。如果在分析中混淆了原告资格和行政诉讼受案范围，会给相对人带来不利影响，即如果在确定行政诉讼受案范围的时候就考虑了原本属于原告资格中的“利害关系”，而行政诉讼受案范围在第 49 条中并无裁量空间，那么只要认为不属于行政诉讼受案范围，在对起诉条件认定过程中，在受案范围处相对人的起诉权即被阻断。如果将原告资格认定与行政诉讼受案范围剥离，行政诉讼受案范围可以确定无异议，但是在认定原告资格时根据法条需考虑“利害关系”，但“利害关系”无司法解释，需要通过指导性案例进一步确定。也就是说行政相对人是否具有起诉权需要等待对“利害关系”的认定。

刘某明诉张家港市人民政府再审案主要从原告资格进行判定，但是在实践中和学理上存在行政诉讼受案范围和原告资格混同的问题。从对该案的反向论证可以看出，在确定起诉条件时行政诉讼受案范围和原告资格是一对有关联但需区分对待的条件。[②]

---

① 最高人民法院（2017）最高法行申 169 号行政裁定书.

② 关于原告资格和受案范围的区分，参见黄宇骁. 行政诉讼受案范围与原告资格关系之辨. 政治与法律，2021（2）。

（二）行政诉讼受案范围和审查范围

依据现行法律规定，行政复议对行政行为的合法性、合理性进行审查，而行政诉讼主要审查行政行为的合法性。这里所提到的合法性、合理性指的仅为审查范围，而不是受案范围，同样不宜混淆。

对于一个对行政效率和行政专业性比较强调的国家而言，行政诉讼制度倾向于将羁束性行政行为作为主要的审查对象；对于裁量性行政行为，更倾向于尊重行政机关的专业性判断和法律赋予的裁量权限。[①] 我国《行政诉讼法》对于合理性问题的审查采取的态度是，原则上对行政行为是否合法进行审查，对于行政行为是否适当基本不管。所谓基本不管是指，除非行政机关滥用自由裁量权和行政处罚显失公正，对于行政行为是否适当的问题，一般由行政机关通过行政复议解决。[②]

但是，受案范围解决的是“哪些事项”可诉，而审查范围涉及的是已经被纳入受案范围事项的“某些方面”。如果将受案范围和审查范围混同，则可能导致因该行为仅关涉合理性，而认为其不在受案范围之列。这一做法事实上以类似兜底的方式扩大了否定列举的事项。行政行为是否合法、合理属于实体性问题，显然不是起诉条件，因此法院不能以该纠纷涉及合理性为由将案件拒之门外，不能以实体性问题限制起诉。

类似的还有诸如在对行政不作为提起诉讼时，行政相对人申请行政机关履行的职权是否属于其权限范围也仅为审查范围而非起诉条件，等等。

四、行政诉讼受案范围的立法模式未来发展

我国现行法律及司法解释对行政诉讼受案范围进行了详尽的规定，既符合现实需要，也较好地平衡了司法权与其他权力之间的关系，最大限度地维护了相对人的合法权益。随着时代的发展，行政诉讼受案范围也将不断发展，行政诉讼受案范围的立法模式影响深远。

（一）采用现有立法模式的原因

关于行政诉讼受案范围采用现有立法模式的原因，王汉斌所作的《关于〈中华人民共和国行政诉讼法（草案）〉的说明》中有过明确表述：“考虑我国目前的实际情况，行政法还不完备，人民法院行政审判庭还不够健全，行政诉讼法规定‘民可以告官’，有观念更新问题，有不习惯、不适应的问题，也有承受力的问题，因此对受案范围现在还不宜规定太宽，而应逐步扩大，以利于行政诉讼制度的推行。”

在当初制定《行政诉讼法》时，在“受案范围”部分，明确仅能对具体行政行为提起诉讼。基于老百姓对行政诉讼比较陌生，对什么是行政行为，什么是具体行政行为不太了解，最高人民法院出台了相关解释。1991 年最高人民法院印发的《行

---

① 江必新，梁凤云. 行政诉讼法理论与实务. 3 版. 北京：法律出版社，2016：181.

② 江必新，梁凤云. 行政诉讼法理论与实务. 3 版. 北京：法律出版社，2016：188.

政诉讼法意见（试行）》中在“受案范围”部分对何谓具体行政行为进行了解释。2000 年实施的《行政诉讼法司法解释》以及 2018 年《行政诉讼法司法解释》，对“具有普遍约束力的决定、命令”即通常理解的抽象行政行为进行了解释。

但是对具体行政行为和抽象行政行为的解释带来了司法实践中的一些困惑。后来最高人民法院放弃了对具体行政行为和抽象行政行为的解释，而改用具体列举方式。这样的立法通俗易懂、指引明确，适应了当时老百姓对行政诉讼的认知水平。

（二）行政诉讼受案范围立法模式的发展

我国现有的行政诉讼受案范围采用“概括＋列举＋兜底”的立法模式，在行政诉讼发展历程中发挥了很大的作用：行政诉讼监督权力、救济私权的观念逐渐深入人心。随着时代的发展，扩大行政诉讼受案范围的呼声越来越强烈，那么现有立法模式的基础是否还存在？是否还需要进行肯定列举？今后应当采取怎样的立法模式？这些问题都将引领行政诉讼受案范围的未来趋势。

首先，随着法治国家、法治社会、法治政府建设的全面推进，社会大众的法律意识已逐渐增强，原来对“民告官”的不习惯、不适应已经成为过去时，所以逐步扩大行政诉讼受案范围已成趋势。现有的“概括＋肯定列举＋否定列举＋兜底”的立法模式难以确立受理原则，而“概括式规定＋否定式列举”在行政诉讼受案范围上能够明确传达“以受理为原则，以不受理为例外”的立法精神。

其次，公民、法人或其他组织是否知晓什么是行政行为、什么是具体行政行为已无必要。从 1989 年《行政诉讼法》颁布至今，公民、法人或其他组织可以对侵害其合法权益的行为提起诉讼已被全社会所接受和理解。当初肯定列举的初衷在于指引行政相对人了解什么是行政行为，而且其不完全列举无法避免“挂一漏万”的弊端，反而给司法机关留下太多裁量空间。

最后，需要明确受案范围指引的对象是谁，是行政相对人还是法院。答案是后者。对于行政相对人而言，只要他/它认为行政行为侵犯了他/它的合法权益，甚至不必是合法权益，都可以向法院起诉，其起诉权并不受行政诉讼受案范围等一系列起诉条件的限制，仅主观“认为”即可。而行政诉讼受案范围规范的是法院的行为，行政相对人不服行政行为都可起诉，但是否受理，则需要法院依据法定起诉条件进行判断。法院是法律适用的专门机关，其工作人员均具备专业法律知识，他们不需要法律通俗地告知其行政行为表现为何种形式，而更需要确切知道哪些行为不可诉，然后依据其专业知识运用概括规定判断纠纷事项是否属于行政诉讼受案范围。

知识拓展

一、拓展阅读

1. 江必新，梁凤云. 行政诉讼法理论与实务. 3 版. 北京：法律出版社，2016.
2. 何海波. 行政诉讼法. 2 版. 北京：法律出版社，2016.
3. 叶必丰. 行政行为原理. 北京：商务印书馆，2014.
4. 江必新. 新行政诉讼法专题讲座. 北京：中国法制出版社，2014.

5. 李洪雷. 行政法释义学：行政法学理的更新. 北京：中国人民大学出版社，2014.

6. 蔡小雪，甘文. 行政诉讼实务指引. 北京：人民法院出版社，2014.

7. 闫尔宝. 我国行政诉讼受案范围的再检讨. 行政法学研究，2000（3）.

8. 杨伟东. 新司法解释受案范围规定的思路、逻辑及未来发展. 行政法学研究，2018（5）.

9. 杨小军. 行政诉讼受案范围之反思. 法商研究，2009（4）.

10. 关保英. 论对行政相对人不产生实际影响的行政行为. 南京社会科学，2012（6）.

二、类案练习

张某建诉人事部拒绝公务员录用报名案

案情

2020 年 12 月 12 日，人事部发布了中央国家机关 2021 年考试录用公务员和机关工作人员的公告。张某建按照报名程序进行注册时，却收到这样的信息：对不起，您的年龄不符合要求，不允许报考。时年 36 周岁的张某建认为，人事部的规定侵犯了他的平等权和劳动权，对他构成了就业歧视，遂向法院提起行政诉讼。

思考

本案是否属于行政诉讼受案范围？理由是什么？

三、毕业论文选题指导

1. 行政诉讼受案范围的立法模式研究

2. 行政诉讼受案范围的确定标准

3. 如何认定行政诉讼受案范围中的“造成实际影响”

第十二讲　行政诉讼当事人资格及其判断标准

内容提要

行政诉讼案件至少应当有地位相互对立的原告和被告，在例外情况下，有行政诉讼第三人。除形式当事人外，正确的当事人，应当具有当事人能力并且适格。其中，原告的当事人能力应当根据权利主体原则确定；被告的当事人能力应当根据法定主体原则确定，并将行政主体资格作为确定法定主体的依据。除法定例外情形外，适格的原告和被告应当与行政行为有利害关系。对于其与行政行为的利害关系，有不同的判断标准。其中，判断原告与行政行为的利害关系，可以运用构成要件学说解释适格原告的资格要件，运用“保护规范理论”“诉的利益”解释“合法权益”的法保护范围。判断被告与行政行为的利害关系，应当根据行政作为与不作为确立不同的标准——与行政行为有利害关系的被告，是作出被诉行政行为以及没有应请求履行法定职责或者公法给付义务的公权力主体。第三人的地位与原告或者被告相当，但因其未提起诉讼或者原告不同意追加其为被告而参加他人诉讼。在例外情况下，仅与案件处理结果有利害关系的，亦可作为第三人。

行政诉讼当事人是最重要的行政诉讼法律关系主体。具体个案中至少应当有地位相互对立的原告和被告，例外情况下有第三人。除法定例外情形如提起行政公益诉讼的人民检察院，当事人必须与被诉行政行为有利害关系。在其他法域，破产管理人、遗嘱执行人、遗产管理人等无利害关系的第三人“为他人诉讼之诉讼担当”[①]，亦可成为适格当事人。在我国，根据 2018 年《行政诉讼法司法解释》第 18 条第 1 款的规定，业主委员会对涉及业主共有利益的行政行为不服的，具有原告资格。

① 诉讼担当，又称诉讼信托，系指第三人以自己名义，合法行使他人权利的情形。以第三人获得当事人资格的根据为划分标准，可以分为法定的诉讼信托和意定的诉讼信托。法定的诉讼信托是指第三人根据法律规定直接享有当事人资格的情形；意定的诉讼信托是指第三人依据法律规定，根据权利义务主体的授权而享有当事人资格的情形。刘宗德，赖恒盈．台湾地区行政诉讼：制度、立法与案例．杭州：浙江大学出版社，2011：94；陈清秀．行政诉讼法．北京：法律出版社，2016：242－243.

我国《行政诉讼法》采用概括式立法模式规定原告、被告、第三人的资格要件，其中的不确定法律概念需要进行解释，看似明确的法律概念也引发歧义。为此，最高人民法院制定若干司法解释对当事人的资格要件和具体情形作出解释，但仍无法完全应对纷繁复杂的生活现实和司法实践需要。为了对当事人的资格要件进行法解释，理论界和实务界作出了诸多努力，如在刘某明诉张家港市人民政府再审案[①]中，法院裁定认为，“所谓‘利害关系’仍应限于法律上的利害关系，不宜包括反射性利益受到影响的公民、法人或者其他组织。同时，行政诉讼乃公法上之诉讼，上述法律上的利害关系，一般也仅指公法上的利害关系；除特殊情形或法律另有规定，一般不包括私法上的利害关系”。该裁定引入保护规范理论来解释原告的资格要件中的“利害关系”，学界对此多持肯定态度。[②] 又如，在陈某某诉金寨县人民政府房屋征收补偿协议案[③]中，法院裁定认为，“行政诉讼中，确定适格被告的依据是所谓法定主体原则”，“法定主体原则具体包括这样两个要件：第一，谁行为，谁为被告；第二，行为者，能为处分”。该裁定引入行政主体、行为主体理论来解释被告的资格要件，却受到学界质疑。[④] 理论界和实务界的良好互动，使对当事人资格要件的认识愈来愈清晰，对当事人适格的认定标准愈来愈明确。

为了明确行政诉讼当事人的确立标准，本讲主要讨论如下几个问题：一是行政诉讼当事人能力及其判断，明确行政诉讼当事人一般资格的判断标准；二是行政诉讼原告的资格要件及其判断，明确行政诉讼原告资格的判断标准；三是行政诉讼被告的资格要件及其判断，明确行政诉讼被告资格的判断标准；四是行政诉讼第三人的资格要件及其判断，明确诉讼参加的法定要件。显然，有关行政诉讼当事人的法律制度不仅包括上述内容，还有诉讼代表人、诉讼代理人、共同诉讼人、标准诉讼[⑤]、行政公益诉讼等若干制度，但本讲对此不作进一步探讨，希望读者参阅其他相关著述。

第一节　行政诉讼当事人能力及其判断

一、行政诉讼当事人能力概述

行政诉讼当事人能力，又被称为行政诉讼权利能力，是指成为行政诉讼当事人

---

① 最高人民法院（2017）最高法行申 169 号行政裁定书.

② 赵宏. 原告资格从“不利影响”到“主观公权利”的转向与影响：刘广明诉张家港市人民政府行政复议案评析. 交大法学，2019（2）：179-192. 另参见章剑生. 行政诉讼原告资格中“利害关系”的判断结构. 中国法学，2019（4）：244-264。

③ 最高人民法院（2016）最高法行申 2719 号行政裁定书.

④ 王青斌. 行政诉讼被告认定标准的反思与重构. 法商研究，2018（5）：70-72.

⑤ 所谓标准诉讼，是指行政诉讼中，因同一行政行为或者同类行政行为的当事人一方人数众多，人民法院首先审理其中一个诉讼，在就该诉讼作出实体判决的情况下，如其他诉讼在主要事实认定和法律适用方面没有差别，人民法院可以参照《民事诉讼法》第 54 条第 4 款的规定，裁定其他诉讼适用该标准诉讼案件的判决结果。最高人民法院（2020）最高法行再 277 号行政裁定书.

并享有诉讼权利、承担诉讼义务、承受裁判效果所必须具有的一般资格。与当事人适格“就具体个案之法律关系，逐案判断”不同，当事人能力“系经由一般性标准先作抽象判断”[①]。基于当事人能力是实体法上的权利能力在诉讼法上的延伸，以及诉权的基本权利属性和人权属性[②]，是否有当事人能力，应当由法律规定，并不受他人限制或者剥夺。

从法律上讲，不仅原告应当具有当事人能力，“行政组织如具有单独法定地位，得行使公权力，作成行政处分时，自属行政机关，应有当事人能力”[③]。换言之，认定被诉人有无被告资格，不在于其是否应当具有当事人能力，而在于如何判断其是否具有当事人能力。

二、行政诉讼当事人能力与行政诉讼当事人适格的关系

行政诉讼当事人适格，又被称为行政诉讼正当当事人，是指具有当事人能力的人就具体个案以自己名义进行行政诉讼并承受裁判效果的法律资格。具体个案中，具备行政诉讼当事人适格的资格要件，为行政诉讼适格当事人，具有行政诉讼实施权，可以依法起诉或者应诉，进而进行其他诉讼活动。其中，适格原告，又被称正当原告，具有“主动的诉讼实施权”；适格被告，又被称为正当被告，具有“被动的诉讼实施权”。“在日本，正当当事人、当事人适格与诉讼实施权的内容几乎同义，只是说明的角度不同而已。”[④]

诉讼法学理论认为：当事人能力与当事人适格均以甄别和确定具体个案中的正当当事人为目的，并据此确定诉讼法上权利义务的归属主体。其中，当事人能力是介于形式当事人与实质当事人之间的法律概念。形式当事人是起诉状载明的起诉和被诉之人，其有无当事人能力及与个案诉讼标的的关系，在所不问。当事人能力是任何诉讼案件当事人应当具备的一般资格，有无当事人能力，不考虑其与个案诉讼标的在实体法上的利益关系。实质当事人，又称适格当事人，通常为系争权利或法律关系的主体，“法律关系主体以外的人也可以充当正当当事人，这是对实体法上的利害关系人的范畴予以扩大解释的结果”[⑤]。亦有人认为，“当事人应是指对解决纠纷最恰当的程序法和实体法上的主体，即程序适格和实体适格”[⑥]。其中，程序适格是指具有当事人能力并以自己的名义进行诉讼的形式当事人，而实体适格是指对诉讼标的有利害关系的实质当事人。

我们认为：关于形式当事人，仅需起诉人在起诉状中明确表示谁是原告、谁是被告即可。但案件的实质审理和裁判，不但要求当事人明确，亦要求当事人正确，以保证诉讼合法，避免讼累。正确的行政诉讼当事人，不但应当具备成为任何行政

---

① 刘宗德，赖恒盈．台湾地区行政诉讼：制度、立法与案例．杭州：浙江大学出版社，2011：83.

② 吴英姿．论诉权的人权属性：以历史演进为视角．中国社会科学，2015（6）：112－130.

③ 陈清秀．行政诉讼法．北京：法律出版社，2016：325.

④ 段文波．论民事诉讼被告之“明确”．比较法研究，2020（5）：168.

⑤ 肖建华．正当当事人理论的现代阐释．比较法研究，2000（4）：347.

⑥ 肖建华．寻求独立的诉讼主体地位：当事人概念的再认识．现代法学，2000（2）：48.

诉讼案件当事人必须具备的当事人资格即当事人能力，亦应当具备成为本案正当当事人必须具备的当事人资格即当事人适格。在司法实务中，通常认定当事人能力为当事人的资格要件之一。如在淮阳县某厂诉淮阳县政府、淮阳县工业和信息化委员会房屋行政登记案[①]中，法院裁定认为："行政诉讼的当事人应当有参与行政诉讼的能力。这种参与能力，又称当事人能力或者诉讼权利能力，是指当事人在诉讼案件中取得作为原告或者被告法律地位的能力，与诉讼行为能力和当事人适格不同，这是一种对所有当事人普遍适用的抽象的资格要求。当事人能力又分为原告当事人能力与被告当事人能力。"

三、行政诉讼当事人能力的判断

通常而言，当事人能力由行政诉讼法规定，如德国《行政法院法》第 61 条。[②]我国《行政诉讼法》虽无明确规定，但对相关法律条文进行法教义学解释，仍可确定公民、法人和其他组织、行政机关以及其他公权力主体具有当事人能力。基于行政诉权的权利保障和权力监督功能，有无当事人能力，除诉讼法有特别规定的外，原则上以实体法上有无权利能力为准。换言之，实体法上有权利能力的人，具有诉讼法上的当事人能力。在例外情况下，实体法上没有权利能力者亦具有当事人能力，但应当以法律明文规定为限，如 2018 年《行政诉讼法司法解释》第 16 条第 3 款规定的，对注销、强令兼并等强制终止非国有企业的行政行为不服的企业法定代表人。

在行政诉讼中，基于当事人在实体法上的地位和诉讼目的不同，判断其当事人能力的标准亦有所不同，现分述如下。

1. 权利主体原则——公民、法人和其他组织的当事人能力

所谓权利主体原则，是指"有权利者，就有当事人能力"[③]，"凡具有实体法上权利能力者，均有行政诉讼法上之当事人能力"[④]。换言之，在实体法上没有权利能力，则无权利主体资格，自无诉讼法上的当事人能力，但法律有特别规定的除外，如前述非国有企业的法定代表人。基于权利救济和权力监督的行政诉讼法立法目的，公民、法人和其他组织作为权利主体，有寻求司法救济的权利，具有当事人能力，但仅具有作为原告而无作为被告的当事人能力。

权利主体资格的有无，除了法定例外情形，首先应当根据行政实体法规范加以判断。如根据《江苏省物业管理条例》第 27 条第 1 款[⑤]规定，在业主大会和业主委

---

① 最高人民法院（2017）最高法行申 6546 号行政裁定书.

② 德国《行政法院法》第 61 条规定，具有诉讼当事人能力的有：（1）公民和法人；（2）社团，但以其拥有权利为限；（3）行政机关，只要州法对此作出了规定。

③ 吴庚. 行政法之理论与适用. 北京：中国人民大学出版社，2005：416.

④ 刘宗德，赖恒盈. 台湾地区行政诉讼：制度、立法与案例. 杭州：浙江大学出版社，2011：85.

⑤《江苏省物业管理条例》第 27 条第 1 款规定：不具备成立业主大会条件，或者具备成立条件但未成立业主大会的住宅小区，经物业所在地的县（市、区）物业管理行政主管部门或者街道办事处（乡镇人民政府）指导后仍不能成立的，可以由街道办事处（乡镇人民政府）、社区居（村）民委员会、社区服务机构、建设单位、业主代表等组成所在物业管理区域内的物业管理委员会，代行业主大会和业主委员会职责。

员会成立之前成立的物业管理委员会，具有非法人组织的地位，具有当事人能力。如果行政实体法规范没有规定，原则上准用民法规定。如在某族委会诉重庆市綦江区国土资源和房屋管理局拆迁行政强制案[①]中，法院裁定认为："当事人能力取决于权利能力，虽然行政诉讼与民事诉讼分属不同的诉讼制度，但作为行政相对一方的公民、法人或者其他组织，其权利能力与其作为民事主体的权利能力并无不同，因此在认定标准上完全可以适用民事法律规定。"

在我国，《民法典》规定：公民的权利能力，始于出生、终于死亡；涉及胎儿利益保护的，胎儿视为具有权利能力。法人的权利能力，从法人成立时产生，到法人终止时消灭。据此，公民、法人具有当事人能力，自不待言。但是，非法人组织诸如法人分支机构、自治组织等是否具有当事人能力，仍需根据实体法上权利能力与诉讼法上当事人能力一致性的法理，依据行政实体法规范并参照民法规定予以确定。

在行政法律关系中，如果行政机关和法律、法规、规章授权的组织与法人或其他组织处于相同地位，其当事人能力的判断标准与法人或其他组织的判断标准相同，如行政机关的内设机构，在民法上没有机关法人或者非法人组织的权利主体资格，则不具有作为原告的当事人能力。

2. 法定主体原则——公权力主体的当事人能力

法定主体原则是域外行政诉讼法学上的概念，系指"正确的被告原则上就是能作出相应行为的行政机关的法定主体"[②]。结合我国对域外行政主体理论的本土化改造和行政法制度，此法定主体是指实体法上享有行政职权，代表国家行使职权、履行职责并承担行政法效果的行政组织。"行政主体理论不只是一个确定行政组织的诉讼后果及其诉讼代表人的描述性概念，更重要的是一套以职能实现、权力规范化为核心的具有制度建构功能的实体法理论。"[③] 换言之，行政主体资格是法律赋予行政组织以自己名义代表国家行使行政职权并承担法律后果的法律资格。具有行政主体资格，则具有实体法上的法定主体资格，延伸到诉讼程序中，则具有当事人能力，并可据此被认定为被诉行政行为或者不履行法定职责、给付义务的法定主体。司法实务中，审查被诉人是否有被告资格，人民法院应当查证其是否具有行政主体资格。如在王某某等诉义乌市国有土地上房屋征收管理办公室、义乌市政府等房屋征收补偿协议案[④]中，法院裁定认为：一般而言，判断行政诉讼的被告是否适格，既要审查该机关是不是行政行为的作出者，亦应审查行为者是否具有行政主体资格。

由于行政机关和法律、法规、规章授权的组织的职权来源不同，其行政主体资格的判断标准亦有所不同。

行政机关是依宪法、组织法设立，自成立之日起承担行政职能并享有法定职权的专门国家机关。换言之，行政机关自成立之日起具有行政主体资格。但没有行政

① 重庆市第五中级人民法院（2018）渝 05 行终 152 号行政裁定书.

② 弗里德赫尔穆·胡芬. 行政诉讼法：第 5 版. 莫光华，译. 北京：法律出版社，2003：200.

③ 喻少如，刘文凯. 党政机构合署合设与行政主体理论的发展. 南京社会科学，2019（6）：104.

④ 最高人民法院（2019）最高法行申 8788 号行政裁定书.

机关地位的行政机构，即便承担行政职能，亦不当然具有行政主体资格，如2018年《行政诉讼法司法解释》第20条第1款规定的“行政机关组建并赋予行政管理职能但不具有独立承担法律责任能力的机构”。根据我国《国务院组织法》《国务院行政机构设置和编制管理条例》《地方各级人民政府机构设置和编制管理条例》等相关规范，基于“机构编制刚性约束”①，地方政府设立行政机关，应当报上一级政府编制管理机关审核并经上一级政府批准。因此，未经上一级政府编制管理机关审核、上一级政府批准，地方政府及其工作部门设立并赋予行政职能的组织，应当被定性为行政机构，其除非依法享有法定职权，否则不具有行政主体资格，其行为的法律后果由设立该机构的行政机关承担。

法律、法规、规章授权的组织，包括行政机构、事业单位、社会团体等，如其依法承担行政职能并享有法律、法规、规章授予的行政职权，则其自获得法定授权之日起具有行政主体资格；没有法定授权依据，行政机关以其他行政规范性文件等方式赋予其行政职权的，应视为行政委托，其不具有行政主体资格。换言之，法律、法规、规章授权的组织的行政主体资格，来源于宪法、组织法以外其他行政法规范的授权。但此法定职权，是行政法规范授予其履行行政职能的行政手段和措施，而非行政事务管辖权或者裁量权等。如关于工会是否具有行政主体资格，在陶某某诉湖北省政府行政复议案②中，法院裁定认为：“工会具有一定的公法人属性，但《中华人民共和国工会法》及相关规定并未赋予工会行政管理职权”，“工会并非行政机关，也并非《中华人民共和国行政复议法》第十五条第三项规定的法律法规授权的组织，不属于适格的行政复议被申请人”。

四、对行政诉讼当事人资格的审查处理

有关行政诉讼当事人资格，“需首先确定具体个案中之当事人为何人，再判断该人是否具备当事人能力，再判断该当事人是否为适格之当事人，再判断该当事人有无诉讼能力或其诉讼是否经合法代理”③。

形式当事人属起诉（诉的成立）要件，欠缺形式当事人，诉不成立，人民法院应当责令补正，起诉人拒绝补正或者逾期不补正的，应依照2018年《行政诉讼法司法解释》第55条第2款的规定，“退回诉状并记录在册；坚持起诉的，裁定不予立案”。当事人能力和当事人适格，属诉讼（诉的合法）要件，欠缺当事人能力或者不适格，诉不合法，人民法院不得作出实体判决，并应当裁定不予立案或者驳回起诉。

在司法实务中，对于当事人是否明确，人民法院应当在立案阶段审查，并以其是否具体、可识别为标准。对于当事人是否正确，人民法院可以在诉讼终结前的任何阶段查证，而不以对方当事人提出抗辩为前提，并以形式当事人是否具有当事人

---

① 《中国共产党机构编制工作条例》第3条第3款规定的“坚持机构编制刚性约束”原则。

② 最高人民法院（2020）最高法行申668号行政裁定书.

③ 刘宗德，赖恒盈．台湾地区行政诉讼：制度、立法与案例．杭州：浙江大学出版社，2011：84．另参见《民事诉讼法学》编写组．民事诉讼法学．2版．北京：高等教育出版社，2018：100。

能力和是否适格为标准。

行政诉讼中，如发现当事人欠缺当事人能力或者不适格，人民法院可否通知予以补正或者更正？我国台湾地区学者借鉴民事诉讼实务做法，认为当事人能力之欠缺“于不影响‘当事人主体同一性’范围内，实务均晓谕当事人补正”。于当事人不适格，“则认为毋庸命其补正”[①]。根据《行政诉讼法》第 51 条第 3 款等的规定，立案前，如发现当事人欠缺当事人能力或者不适格，人民法院应当进行诉讼指导和释明，并一次性告知需要补正的全部内容；起诉人逾期不补正或者不能补正的，应当裁定不予立案。立案后，如当事人欠缺当事人能力或者不适格，人民法院是否可以通知补正或者更正？于原告而言，如原告欠缺当事人能力，如法人分支机构，在不违反“当事人主体同一性”的范围内，应当通知变更原告；如原告不适格，则不属于 2018 年《行政诉讼法司法解释》第 69 条第 2 款规定的“可以”补正或者更正的情形，以径行裁定驳回起诉为宜，但诉讼中公民死亡或者法人、其他组织终止后无适格的权利义务承受人或者权利义务承受人放弃诉讼的，应当裁定终结诉讼。于被告而言，如被告欠缺当事人能力或者不适格，人民法院应当依据 2018 年《行政诉讼法司法解释》第 26 条、第 27 条的规定，通知原告变更被告，原告不同意变更的，裁定驳回起诉。

五、行政诉讼当事人的诉讼能力

行政诉讼当事人的诉讼能力，又称行政诉讼行为能力，是指行政诉讼当事人以自己行为行使诉讼权利、履行诉讼义务的法律资格。不同于当事人能力、当事人适格解决诉讼法上权利义务的归属主体资格问题，诉讼能力解决正当当事人亲自实施诉讼的行为主体资格问题。与当事人能力一样，诉讼能力由法律规定，非由当事人个人意志决定，亦不受他人意志所左右。

行政诉讼当事人的诉讼能力，通常由行政诉讼法规定，如德国《行政法院法》第 62 条[②]，但我国行政诉讼法对此并未明文规定，故判断行政诉讼当事人的诉讼能力，除非行政法规范另有特别规定，原则上参照《德国民法典》的相关规定。由此可知，除非法律另有规定，18 周岁以上的成年人，或者已满 16 周岁未满 18 周岁但以自己的劳动收入为主要生活来源的未成年人，具有诉讼能力；其他未成年人和不能辨认自己行为的成年人，不具有诉讼能力，法人、非法人组织自成立之日起具有诉讼能力，行政机关自成立之日起具有诉讼能力；法律、法规、规章授权的组织自

---

① 翁岳生. 行政法：下册//刘宗德，彭凤至. 行政诉讼制度. 北京：中国法制出版社，2002：1377－1379.

② 德国《行政法院法》第 62 条规定：（1）具有程序行为能力的有：1）根据民法具有行为能力者；2）根据民法行为能力受到限制，但就诉讼标的而言，根据民法规定或公法中的规定视为有行为能力者。（2）如果诉讼标的涉及《德国民法典》第 1903 条规定的同意权保留，则有诉讼行为能力的受托人仅在《德国民法典》规定的不必取得委托人同意即可行为的范围内或根据公法中的规范视其为具有行政能力的范围内，具有诉讼行为能力。（3）社团以及行政机关由其法定代表人与董事［从事诉讼］行为。（4）适用《德国民事诉讼法》第 53 条至第58 条。

获得法定职权之日起具有诉讼能力。不过，法人、非法人组织以及公权力主体，应当由有代表权的诉讼代表人代为进行诉讼。

一般而言，判断诉讼能力采用两分法，即仅区分为有诉讼能力和无诉讼能力，而无部分（限制）诉讼能力之说。有当事人能力却无诉讼能力的，无权亲自进行诉讼，而应当由其法定代理人或者法定代理人委托的诉讼代理人代为诉讼。

诉讼能力是诉讼行为有效的必要条件，无诉讼能力者实施的诉讼行为无效，但可以由其法定代理人追认，或者其在取得诉讼能力后追认。

为了保证诉讼有效进行，当事人有无诉讼能力，人民法院应当依职权查证，并在合理怀疑时责令当事人举证：如发现起诉人没有诉讼能力，应当征求其法定代理人的意见；法定代理人不愿代为起诉的，应当裁定不予立案或者驳回起诉。诉讼中发现当事人丧失诉讼能力，人民法院应当通知其监护人作为法定代理人代为诉讼。如事先没有确定监护人，可以由有监护资格的人协商确定；协商不成或者互相推诿的，由人民法院从中指定代理。

第二节　行政诉讼原告

一、行政诉讼原告概述

行政诉讼原告，是指认为行政行为侵犯其合法权益，以自己的名义向人民法院提起行政诉讼的公民、法人或者其他组织。“无利益者，无诉权”，除了法定例外情形，行政诉讼是主观诉讼，原告须以维护自身合法权益为目的。如果认为行政行为侵犯他人合法权益，应当由其他权利主体起诉；如果认为行政行为仅侵犯国家和社会公共利益，可向人民检察院提供行政公益诉讼案件线索。

根据《行政诉讼法》第 25 条第 1 款、第 49 条第 1 项的规定，原告应当具有当事人能力并与被诉行政行为有利害关系。在法定例外情况下，与被诉行政行为没有利害关系，亦具有原告资格，如 2018 年《行政诉讼法司法解释》第 18 条第 1 款规定的为业主共有利益提起行政诉讼的业主委员会。

立法上，《行政诉讼法》虽经修改，但行政诉讼原告资格以“合法权益”为核心要件的规定延续至今。“合法权益”的外延，却经历了人身财产权、法律上利害关系、利害关系等三个阶段。(1) 1989 年制定的《行政诉讼法》第 41 条第 1 项规定：“原告是认为具体行政行为侵犯其合法权益的公民、法人或者其他组织。”在这一阶段，1989 年《行政诉讼法》以受案范围制度限定“合法权益”于“人身权、财产权”和其他“法律、法规规定”范围。(2) 2000 年 3 月 8 日公布的《行政诉讼法司法解释》第 12 条规定：“与具体行政行为有法律上利害关系的公民、法人或者其他组织对该行为不服的，可以依法提起行政诉讼。”在这一阶段，“法律上利害关系”扩张了“合法权益”范围，“合法权益”不再局限于人身权、财产权范围。(3) 2014 年修改的《行政诉讼法》第 25 条第 1 款规定：“行政行为的相对人以及其他与行政行为有利害关系的公民、法人或者其他组织，有权提起诉讼。”在这一阶段，“合法权益”范围进一步扩张，为将值得保护的法益纳入“合法权益”范围提供了解释可能性。

在理论上，学界较少关注与原告资格相关的当事人能力，但重视对原告适格的研究。随着立法演进，关于原告适格的学说，亦经历了从行政相对人到法律上的利害关系人、利害关系人的变迁。2014年《行政诉讼法》修改之前，学行政诉讼界采用构成要件学说对原告适格的资格要件进行学理解释，并形成了“二要件说”[①]、“三要件说”[②]、“四要件说”[③] 等学说。近年来，学界运用新理论工具如“保护规范理论”、“诉的利益”[④] 等学说解释“利害关系”并取得诸多成果[⑤]，但其主要在于解释“合法权益”的边界，不能据此认为原告可以不具备当事人能力，或者认为原告的“合法权益”与被诉行政行为不相关。我们认为，运用构成要件学说解释原告适格的资格要件，运用“保护规范理论”“诉的利益”等学说解释其中的“合法权益”的法保护范围，有助于准确判断行政争议当事人是否有原告资格。

在司法实务中，认定原告是否适格的依据也在发生变化：2014年《行政诉讼法》修改前，判例重在论证原告与被诉行政行为是否有法律上的利害关系。2014年《行政诉讼法》修改后，判例更关注法律保护的利益范围，如在某公司诉北京市东城区政府行政复议案[⑥]中，法院裁定认为：“在行政行为必然或者极有可能给当事人造成不利影响，减损当事人权益且无其他便捷渠道救济的情况下，可参酌整个行政实体法律规范体系、行政实体法的立法宗旨以及作出被诉行政行为的目的、内容和性质进行判断，以便将法律保护的利益扩大到值得法律保护且需要法律保护的利益，从而认可当事人与行政行为存在‘利害关系’，并承认其复议申请人资格和诉讼原告主体资格。”

二、行政诉讼原告的资格要件

根据《行政诉讼法》第25条第1款和2018年《行政诉讼法司法解释》第12条等的规定，除了法定例外情形，具有当事人能力并与被诉行政行为有利害关系的权

---

① 张树义. 寻求行政诉讼制度发展的良性循环. 北京：中国政法大学出版社，2000：81-89；李晨清. 行政诉讼原告资格的利害关系要件分析. 行政法学研究，2004（1）：103.

② 甘文. 主张、权利和因果关系：重新界定行政诉讼的原告资格. 人民司法，2004（12）：60-61；张旭勇. “法律上利害关系”新表述：利害关系人原告资格生成模式探析. 华东政法学院学报，2001（6）：41.

③ 章剑生. 现代行政法总论. 北京：法律出版社，2014：362.

④ 诉的利益有广义与狭义之分。广义的诉的利益包括：（1）诉讼标的是否适合作为审判对象，即诉讼对象；（2）当事人对其请求是否有正当利益，即当事人资格；（3）是否存在足以让法院对请求作出判断的具体实际利益，即权利保护必要性。狭义的诉的利益，仅指权利保护必要性，“是指原告请求法院以裁判的方式解决纠纷、保护其权利的必要性或者实效性，无司法救济即无法有效地实现原告的合法权益”。王贵松. 论行政诉讼的权利保护必要性. 法制与社会发展，2018（1）：131.

⑤ 近年来，国内学者借鉴德国公法学的保护规范理论、主观公权利等学说，对“利害关系”进行法解释，已取得诸多理论成果。章剑生. 行政诉讼原告资格中“利害关系”的判断结构. 中国法学，2019（4）：244-264；赵宏. 保护规范理论的误解澄清与本土适用. 中国法学，2020（4）：167-185.

⑥ 最高人民法院（2019）最高法行申293号行政裁定书.

利主体具有原告资格。据此，行政诉讼原告的资格要件如下。

1. 具有当事人能力

当事人能力是任何行政诉讼案件当事人必须具备的资格，原告也不例外。如在某村民小组诉化州市政府不予受理行政复议申请案[①]中，法院裁定认为：某村民小组"未经过法律法规规定的法定程序依法设立及批准"，"不是法定的农村集体经济组织或村民自治组织，无当事人能力，不具有申请复议或提起本案诉讼的主体资格"。

行政诉讼以权利救济和权力监督为目的，除了法定例外情形，只有公民、法人和其他组织具有行政诉讼原告的当事人能力。作出行政行为的行政主体，是行政诉讼的权力监督对象，不具有原告的当事人能力。

2. 与被诉行政行为有利害关系

与被诉行政行为有利害关系，是原告适格的资格要件。除法定例外情形，与行政行为没有利害关系，则没有原告资格。

如何认定原告与被诉行政行为的利害关系？可以借助构成要件学说解释"利害关系"的构成要件，即以权利主张、合法权益、行政行为、因果关系为认定权利主体是否与被诉行政行为有利害关系的法律要件，并运用"保护规范理论""诉的利益"解释其中的"合法权益"。由此，凡主张因被诉行政行为而遭受不利益的公民、法人或者其他组织，与被诉行政行为有利害关系，具有原告资格。根据"保护规范理论"，此权益指"法保护的权利和利益"[②]，通常是指法律上的权益而非事实上的权益，一般是指公法上的权益而非私法上的权益，是行政主体作出行政行为所依据的行政实体法规范要求行政主体应予"考虑、尊重和保护"的特定个体的主观公权利。[③]

三、对行政诉讼原告资格的判断

判断行政诉讼原告是否正确，首先应当判断起诉人有无当事人能力；如有当事人能力，则进一步判断其与被诉行政行为有无利害关系。

对利害关系的判断，可以借鉴前述构成要件学说，首先判断是否存在行政行为及其可诉性，再判断起诉人是否享有法律保护或者值得法律保护的权益，再根据因果关系学说判断起诉人寻求司法保护的权益是否必然或可能受到被诉行政行为的不利影响。如被诉行政行为具有可诉性，而主张因此遭受不利益的权利主体有法律保护或者值得法律保护的权益，则起诉人具有原告资格。

对利害关系的解释，固然有多种方法。其中，"保护规范理论"具有"有效发挥链接实体法与诉讼法的工具作用"[④]。根据"保护规范理论"，判断原告是否适格，取决于客观法是否具有私益保护目的，以及原告诉请保护的私益是否被纳入客观法

---

① 广东省高级人民法院（2020）粤行终 2323 号行政裁定书.

② 章剑生. 现代行政法总论. 2 版. 北京：法律出版社，2019：350.

③ 最高人民法院（2017）最高法行申 169 号行政裁定书.

④ 赵宏. 主观公权利、行政诉权与保护规范理论：基于实体法的思考. 行政法学研究，2020（2）：33.

的保护对象范围。判断客观法的私益保护目的，不仅在于探索立法者的主观意图，亦应顺应客观法的整体精神、发展趋势，借助基本权利、一般法律原则，经由法律解释，将法律保护以及值得法律保护的私益纳入司法保护范围。[①] 客观法要求公权力主体履行义务，不仅为实现公共利益，至少有私益保护目的，则个体根据客观法享有的“为自身利益而向国家要求为一定行为、不为一定行为或承担一定容忍义务的权能”[②]，即为主观公权利。实体法上的主观公权利，具有通过法律救济程序得到实现的权能。将主观公权利的存立系于客观法的私益保护性，即为“保护规范理论”或者称为“保护目的理论”。

对于具体行政行为而言，基于国家负担的消极义务，权利主体的主观公权利有免受行政行为违法侵害或者不利负担的自由。一般来说，主张因被诉行政行为遭受不利益的权利主体，均与被诉行政行为有利害关系，具有原告资格，无论其是否为被诉行政行为的相对人。如在常某某诉蒲县政府行政征收案[③]中，法院裁定认为：“确定原告主体资格时要考虑三个要素：一是是否存在一项权利，二是该权利是否属于原告的主观权利，三是该权利是否可能受到了被诉行政行为的侵害。”

如果同一具体行政行为有两名以上利害关系人，且其权益相互独立，则均有原告资格；如果两名以上利害关系人对被诉行政行为具有共同利益，依法必须数人共同行使权利、履行义务，则应为共同利害关系人。如未登记字号的个人合伙的全体合伙人、被没收财产的共有人、被驳回专利申请的共同申请人，应为必要共同诉讼的原告，对于其中未提起诉讼的共同利害关系人，人民法院应当依职权通知追加为共同原告，但其向人民法院声明放弃实体权利的除外。

对于行政不作为而言，基于国家负担的积极义务，主观公权利可以通过权利主体请求公权力主体履行职责或者给付义务得到实现，故此类案件的原告，系依法享有要求行政主体履行法定职责或者给付义务的主观公权利，并向行政主体提出权利请求的权利主体。判断权利主体与行政不作为的利害关系时，首先应当判断权利主体是否依法享有要求行政主体履行法定职责或者给付义务的主观公权利，再判断被请求的行政主体是否依法负有法定职责或者给付义务，再进一步判断权利主体的主观公权利是否可能或者必然受到行政主体消极行为的不利影响。如在郭某某诉浚县政府不履行法定职责案[④]中，法院裁定认为：“提起履行职责之诉，当事人应首先证明行政机关对于申请的拒绝，可能侵害的必须是属于申请人自己的主观权利，即申请人与行政机关不履行职责的行为具有利害关系。”

例外情况是：基于国家负担的积极义务，权利主体基于实体法规范享有的主观公权利，可通过向行政主体提出请求实现。如果权利主体消极不行使权利，行政主体为维护客观法秩序可主动作出行政行为，比如追究加害人的行政法责任，但其适

① 陈清秀. 行政诉讼法. 北京：法律出版社，2016：257－258.

② 赵宏. 原告资格从“不利影响”到“主观公权利”的转向与影响：刘广明诉张家港市人民政府行政复议案评析. 交大法学，2019（2）：184.

③ 最高人民法院（2020）最高法行申 2360 号行政裁定书.

④ 最高人民法院（2017）最高法行申 355 号行政裁定书.

用的客观法具有私益保护目的，此时行政第三人是否有原告资格？我们认为：基于权利的处分性和救济权的派生权属性，出于尊重行政机关首次判断权的考量，如行政程序中权利主体消极不行使权利，应以不认可其原告资格为宜，但可以作为与案件处理结果有利害关系的第三人。如权利主体在行政程序中积极行使权利，无论行政行为客观上是否造成其遭受不利益，均应认可其原告资格。

第三节 行政诉讼被告

一、行政诉讼被告概述

行政诉讼被告，是指原告起诉认为其作出的行政行为侵犯其合法权益，由人民法院通知应诉的行政机关和法律、法规、规章授权的组织。被告与原告的诉讼地位相对立，是行政诉讼合法进行的必要当事人。基于权利救济和权力监督的立法目的，行政行为是行政诉讼的审查对象，由作出行政行为的行政主体代表国家应诉并承受裁判效果，是依法行政、责任行政的要求，也是实体法上的行政主体资格延伸到救济法的必然结果。

根据《行政诉讼法》第 26 条的规定，被告是具有行政主体资格并作出被诉行政行为或者不履行法定职责、给付义务的行政主体。但是，作出行政行为或者不履行法定职责、给付义务的行政机关被撤销或者职权变更的，由继续行使其职权的行政机关为被告。

在立法上，《行政诉讼法》历经修改，除行政复议机关的被告资格有重大变化外，有关被告适格的规定基本没变。尽管最高人民法院《关于正确确定县级以上地方人民政府行政诉讼被告资格若干问题的规定》（法释〔2021〕5 号）有依“谁行为，谁被告”原则确定适格被告的倾向①，但仍并未实质性改变被告应当具有行政主体资格的法定主体原则，只不过更强调对行政主体资格的判断应当以行政职能为中心。

在理论上，学界的争论主要围绕被告是否应当具有行政主体资格展开。一部分学者认为，被告应当具有行政主体资格。有代表性的观点有：“被告在行政执法阶段具有行政主体资格。”② “不是所有机构都可成为行政诉讼的被告，必须是依法成立、具有行政主体资格的机构才能够成为被告。”③ “凡是行政主体都可以作为行政诉讼的被告；凡是行政诉讼的被告必须是行政主体。”④ 另一部分学者认为，应当依照“谁行为，谁被告”标准确定被告。有代表性的观点有：“应以行为主体为标准来认

---

① 人民法院新闻传媒总社. 最高法院相关负责人就《被告资格规定》与《申请再审规定》答记者问.(2021-03-26)[2022-04-18]. https://www.court.gov.cn/zixun-xiangqing-293061.html.

② 关保英. 行政法教科书之总论行政法. 北京：中国政法大学出版社，2005：693.

③ 何海波. 行政诉讼法. 北京：法律出版社，2016：205.

④ 章剑生. 现代行政法总论. 2 版. 北京：法律出版社，2019：110.

定行政诉讼被告的资格，谁实施行为，谁是被告。”① “需要重新审视行政主体在行政诉讼中的功能，剥离行政主体与行政诉讼和行政复议的关联性，建立‘谁行为谁被告（复议被申请人）’制度。”② 当然，亦有人主张，被告是行政主体、行为主体、责任主体的统一。③ 我们认为，根据《行政诉讼法》第 26 条、2018 年《行政诉讼法司法解释》第 20 条等的规定，起诉阶段的被告应当明确，但在实质审理阶段，被告应当正确，并以行政主体资格为被告的资格要件之一。

在司法实务中，判断被告是否正确，既审查被告是否有行政主体资格，也审查其是否作出被诉行政行为。如在王某某诉南昌市青山湖区政府房屋行政强制案④中，法院裁定认为：“判断行政诉讼的被告是否适格，既要审查该机关是不是行政行为的作出者，亦应审查行为者是否具有行政主体资格。”

二、行政诉讼被告的资格要件

根据《行政诉讼法》第 26 条及相关司法解释的规定，除法定例外情形外，具有行政主体资格并且作出被诉行政行为或者不履行法定职责、给付义务的行政主体，具有行政诉讼的被告资格。据此，行政诉讼被告的资格要件如下：

1. 具有行政主体资格

行政主体资格是行政组织代表国家行使行政职权并承担由此产生的法律后果的资格和能力，是实体法上行政行为法律效果归属主体的资格；延伸到诉讼程序中，则为被告的当事人能力，并据此确定有权代表国家应诉并承受裁判效果的法定主体。如在李某某诉丹凤县政府行政强制案⑤中，法院裁定认为：“能够成为行政诉讼被告的主体限于行政机关和非行政机关中法律、法规、规章授权行使行政管理职能的组织。此标准属于一般判断标准，不依赖于具体案件，仅从主体性质即能直接作出判断。”

2. 作出了被诉行政行为或者不履行法定职责、给付义务

任何人都必须对自己的行为负责，公权力主体也一样，负责方式既包括承受自己的行为（包括消极不作为）产生的实体法后果，也包括作为程序当事人参与诉讼并承受裁判效果。

结合我国行政法理论和制度，法定主体原则不仅要求被告具有行政主体资格，也要求其“作出了被诉行政行为，或者没有作出被申请的行政行为”⑥。如何认识“法定主体”与被告的关系？在朱某某等诉绍兴市越城区政府不履行拆迁安置法定职责案⑦中，法院裁定认为：“集体土地经有权机关批准征收后，市、县人民政府及其

① 杨小君. 我国行政诉讼被告资格认定标准之检讨. 法商研究，2007（1）：52.

② 王敬波. 面向整体政府的改革与行政主体理论的重构. 中国社会科学，2020（7）：120.

③ 江必新. 行政诉讼法及司法解释关联理解与适用. 北京：人民法院出版社，2018：201.

④ 最高人民法院（2020）最高法行申 2169 号行政裁定书.

⑤ 最高人民法院（2017）最高法行申 3130 号行政裁定书.

⑥ 弗里德赫尔穆·胡芬. 行政诉讼法：第 5 版. 莫光华，译. 北京：法律出版社，2003：200.

⑦ 最高人民法院（2019）最高法行再 199 号行政裁定书.

土地管理部门是负责实施具体征收与补偿工作的法定主体。实践中，考虑到土地征收与补偿工作的复杂性，市、县人民政府可以规范性文件或者征地公告方案的方式，委托乡（镇）人民政府、区（县）街道办、区（县）征地事务机构或公司等主体参与征收与补偿相关工作，人民法院通常应予尊重；但不能认为此类主体因此即成为了补偿安置的法定义务主体。”

三、对行政诉讼被告资格的判断

判断行政诉讼被告的当事人资格，应当首先判断有无被诉行政行为（包括消极不作为）。如果没有被诉行政行为或其不具有可诉性，因起诉不成立，无须进一步判断被告是否适格；如被诉行政行为具有可诉性，则应当判断谁是作出行政行为的行为主体，即所谓“谁行为，谁被告”。确定行为主体后，再行判断行为主体是否有行政主体资格，即所谓“行为者，能处分”。行为主体如具有行政主体资格，则是被诉行政行为的行政主体，具有被告资格。

对于行政机关而言，行政机关是职权行政主体，无论被诉行政行为是否在其职责权限范围内作出，行政机关均为适格被告。但是，如果行政机关受委托行使行政职权，受托行政机关仅为被诉行政行为的行为主体而非行政主体，应以委托行政机关为适格被告。如果上级行政机关基于组织权要求下级行政机关作出行政行为，应当以下级行政机关为适格被告。其中，上级行政机关的行为仅具间接法律效果。但是，上级行政机关的行为直接产生外部法律效果并对权利主体的合法权益产生实际影响的，仍应当以上级行政机关为适格被告。在司法实务中，如下级行政机关没有相应职权，是按照上级行政机关的要求作出行政行为的，按照2018年《行政诉讼法司法解释》第19条的规定，似以“谁署名，谁被告”为宜。

法律、法规、规章授权的组织是授权行政主体，其在法律、法规、规章授权范围内作出被诉行政行为的，为被告。法律、法规、规章授权的组织超越职权的，应当根据其组织法地位判断其是否有被告资格。其中，行政机构在组织法上隶属于行政机关，其超越职权作出被诉行政行为的，行为效果归属于设立该机构的行政机关，以该行政机关为被告；行政机构以外的其他法律、法规、规章授权的组织超越职权的，除非受行政机关委托，否则，其行为不是行政行为，其不具有被告资格。法律、法规、规章授权的组织有法定职权但超越权限作出的具有行政法效果的行为的，其行为属于行政行为，法律、法规、规章授权的组织具有被告资格。

与前述以积极作为方式作出行政行为不同，对于不履行法定职责或者给付义务的消极行为，其被告是实体法上负有法定职责或者公法给付义务的公权力主体。但是，仅有法定职责或者公法给付义务，并不表明公权力主体实施了作为诉讼对象的消极行为。只有当权利主体提出了权利请求，不履行法定职责或者公法给付义务的消极行为才可能构成法律意义上的行政行为。换言之，公权力主体在实体法上负有法定职责或者公法给付义务，是其成为课以义务诉讼或者一般给付诉讼的适格被告的必要条件，当权利主体提出权利请求时，公权力主体具有成为课以义务诉讼或者一般给付诉讼的被告资格。至于其是否有消极行为以及消极行为是否构成不履行法定职责或者不履行给付义务，原则上属实体审查的范围，而非被告资格的审查范围。如原告请求履行的法定职责或者给付义务明显不属于公权力主体的职权范围，则消极行为不构成法律意义上的行政行为，因缺乏诉讼对象，人民法院应当根据2018年《行政诉讼法司法解释》第93条的规定，径行裁定驳回起诉。需要注意的是，不履行法定职责或者给付义务不等同于行政不作为。不履行法定职责，限于法律要求行政主体基于个别事件针对外部相对人作出具体、个别处理或者确认的消极行为；不履行给付义务，限于享有公法给付请求权的行政相对人提出给付请求后，负有公法给付义务的行政主体的消极行为。其他消极行为原则上不具有可诉性，无进一步讨论被告资格的余地。

四、对行政诉讼适格被告的推定

在司法实务中，执法人员或者其他组织实施的行为具有行政性并致受害人遭受不利益，但原告不能证明实施行为的行政主体的，为救济权利需要，有必要推定行政诉讼的被告。推定行政诉讼的适格被告，主要适用于行政检查、行政强制过程中有实施行为但原告不能证明实施行为的行政主体等情形。从外观上看，上述实施行为的行为人无追求行政法效果的目的，实施行为极易被误认为行政事实行为或者民事行为。但仔细观察，类似实施行为与民事行为、行政事实行为或者执法人员的个人行为明显不同：一方面，上述实施行为通常具有行政性、强制性、损益性，具体表现为其对权利主体的人身、财产或者场所实施强制，具备行政强制的属性，具有司法救济的必要性；另一方面，虽然原告难以证明实施行为的行政主体，或者原告不能证明实施行为是受行政机关委托实施，但实施行为客观上具有履行行政机关法定职责的法律效果，具有推定适格被告的可能性。在司法实务中，推定适格被告的做法并不鲜见，如在上海某公司诉上海市闵行区政府土地房屋行政强制案[①]中，法院裁定认为："不论是农村集体土地还是国有土地上的房屋征收、强制搬迁、收回国有土地使用权以及随后的土地出让金收取等，均为政府及其职能部门的法定职权，因此，对合法建筑的拆除首先应推定为行政强制行为。""现行《中华人民共和国土地管理法》和《国有土地上房屋征收与补偿条例》仅规定政府及其职能部门具有征收房屋、收回国有土地使用权及强制拆除合法建筑的职权，民事主体或基层群众自治组织并无实施强制拆除权力，因而闵行区政府如不能举证证明确系其他主体违法实施的强制拆除，将可能被推定为实施强制拆除的主体，并承担相应的赔偿责任。"

根据司法实务经验，结合被告资格理论和举证责任规则，我们认为，只要满足下列条件，应当推定负有法定职责的行政机关为适格被告：（1）实施行为具有行政性、强制性、损益性，即实施行为有行政权力作用并具有强制性，具有行使行政职权或者履行行政职责的行为表征，具备行政强制的属性。（2）实施行为具有职责相关性，即实施行为在客观上具有履行特定行政机关法定职责的法律效果。（3）原告

---

① 最高人民法院（2017）最高法行再102号行政裁定书.

承担初步证明责任，即原告不能确切证明实施行为的行政主体，但能够初步证明实施行为具有行政性、强制性、损益性、职责相关性。(4) 名义被告举证不能，即名义被告不能证明实施行为系其他主体自主实施，或者与本机关及其工作人员的行为无关。如果原告完成上述初步证明责任，举证责任转由名义被告承担，如果名义被告举证不能，则推定其为本案的适格被告。

第四节　行政诉讼第三人

一、行政诉讼第三人概述

行政诉讼第三人，是指与被诉行政行为有利害关系但没有提起行政诉讼，或者与案件处理结果有利害关系，参加他人提起的行政诉讼的权利主体或者公权力主体。第三人参加诉讼的方式有两种：一种是自己申请参加，但须经人民法院同意。另一种是人民法院依职权通知参加。

第三人可以被分为依法应当参加诉讼的第三人和可以参加诉讼的第三人。依法应当参加诉讼的第三人，应当于一审程序终结前参加诉讼，因不能归责于本人的事由未参加诉讼的，系发回重审或者提起再审的法定事由。合法权益受生效裁判不利影响的第三人，因不能归责于本人的事由未参加诉讼的，有权依法申请再审。

司法判决具有既判力，无论生效裁判是否判决第三人承担义务或者减损其权益，均可能对其合法权益产生实际影响。“当某一第三人之权利或者法律上利益受他人诉讼之影响而有使该第三人进入诉讼并使在一定程度上受裁判结果之拘束，以解决争议时，如该第三人无法纳入作为原告或被告，即有必要于诉讼制度上使该有利害关系之第三人能参与诉讼程序，以维护其权利或法律上利益，此即诉讼参加制度之存在基础。”① 一旦第三人地位确立，无论其是否实际参加诉讼，均受本案生效裁判拘束，并不得针对同一被诉行政行为重复起诉。

在立法上，2014 年修改的《行政诉讼法》对第三人制度进行了重大修改，增加了同被诉行政行为没有利害关系但与案件处理结果有利害关系的第三人。但第三人在与被诉行政行为或者案件处理结果的利害关系方面，显然与原告、被告有所不同，但其差异何在，法律、司法解释的规定并不清晰。

在理论上，学界围绕行政诉讼第三人制度相关问题开展多方面研究，主要涉及第三人参加诉讼的权利基础、参加资格、确立标准等。有人认为，判断第三人与被诉行政行为的“利害关系 ”，“应该与判断原告标准作同一解释”②。有人主张：“根据不同的‘利害关系’将诉讼第三人区分为‘必要参加诉讼第三人’和‘普通参加诉讼第三人’，并将《行政诉讼法》第 89 条中的‘遗漏当事人’修改为‘遗漏必要

① 刘宗德，赖恒盈. 台湾地区行政诉讼：制度、立法与案例. 杭州：浙江大学出版社，2011：124.

② 章剑生. 现代行政法总论. 2 版. 北京：法律出版社，2019：371.

（须）参加诉讼当事人’。”[①]“基于正当程序原则，只有那些可能受到法院裁判直接不利影响的第三人才有必要被确定为必要参加诉讼第三人。这些人若没有被通知参加诉讼，则将构成严重违反法定程序，成为当事人提起上诉、申请再审或二审发回重审的理由；其他仅受裁判影响的第三人没有被通知参加诉讼则不然。”[②] 我们认为，有必要完善我国的行政诉讼第三人制度，并借鉴域外行政诉讼法上的诉讼参加制度，建立必要参加、普通参加乃至辅助参加等第三人制度，并针对不同第三人规定不同的参加要件、参加程序和效果。

在司法实务中，对于第三人参加诉讼，不同判例中的做法大相径庭。如：对于治安案件的受害人，有的列为第三人，有的不列为第三人；对于复议机关不履行复议职责的，有的将作出原行政行为的行政机关列为第三人，有的不列为第三人。这些做法本源于对利害关系的不同理解，系人民法院行使司法裁量权的结果。如在胡某某诉沈阳市苏家屯区政府不履行行政复议职责案[③]中，法院裁定认为：“利害关系人是否作为第三人参加诉讼，属于人民法院的裁量权。只有必须参加诉讼的第三人未被通知参加诉讼活动的，违反程序正当原则，才会导致审判程序违法被发回重审。所谓必须参加诉讼的第三人，主要应当是指裁判结果直接减少第三人权益或者增加第三人义务的情形。”

二、行政诉讼第三人的资格要件

目前，主流学说并无第三人适格之说，但第三人参加他人诉讼仍须满足法定条件，这些有关第三人参加他人诉讼的法定条件，属于第三人参与资格的范畴。根据《行政诉讼法》第 29 条第 1 款和相关司法解释的规定，我们认为，具有当事人能力，并与被诉行政行为或者案件处理结果有利害关系的权利主体和公权力主体，没有作为本案原告或者被告的，为行政诉讼第三人。据此，第三人参加诉讼，应当符合下列条件。

1. 具有当事人能力

当事人能力是任何行政诉讼案件当事人必须具备的资格，第三人也不例外。第三人以权利主体身份参加诉讼的，应当根据权利主体原则确定其当事人能力；以公权力主体身份参加诉讼的，应当根据法定主体原则确定其当事人能力。换言之，没有权利主体资格或者行政主体资格，不能作为第三人。如在朱某某诉防城港市防城区政府土地征收补偿安置协议纠纷案[④]中，法院判决认为：“防城区高铁办作为钦防铁路扩能改造（防城段）征地拆迁工作领导小组下设的办公室，实际上是由防城区政府组建并赋予其行使一定行政管理职能的临时机构，其本身并不具有独立承担法

---

① 黄学贤. 行政诉讼中法院应当通知其参加诉讼的第三人. 辽宁大学学报（哲学社会科学版），2020（1）：120.

② 黄先雄. 我国行政诉讼中必要参加诉讼第三人制度之构建. 法商研究，2018（4）：113.

③ 最高人民法院（2017）最高法行申 2244 号行政裁定书.

④ 广西壮族自治区高级人民法院（2016）桂行终 509 号行政判决书.

律责任的能力。”“防城区高铁办无独立诉讼主体资格，依法不属于本案诉讼的第三人。”

2. 与被诉行政行为或者案件处理结果有利害关系

与被诉行政行为有利害关系的第三人的资格要件，与原告的资格要件基本相同，但其利害关系可能是有利关系，也可能是不利关系，并且不以其主张不利益为要件。它们通常具备原告的其他资格要件，但因没有起诉而应当参加他人诉讼。其中的被诉行政行为，应当是原告所诉的同一行政行为而非同类行政行为。因为与同一被诉行政行为有利害关系，案件处理结果直接影响第三人的合法权益，故该第三人属于应当参加本案诉讼的第三人，人民法院对其是否参加本案诉讼不享有司法裁量权。如果人民法院未依职权通知或者不同意其申请参加本案诉讼的，属于遗漏当事人的重大程序违法，系发回重审或者提起再审的法定事由。

与被诉行政行为有利害关系的公权力主体，是与被告共同作出被诉行政行为的行政主体，本应被追加为被告但原告不同意追加的，人民法院应当通知其作为第三人参加本案诉讼。对于依法应当作为共同被告的行政复议机关，即便原告不同意将其追加为共同被告，人民法院仍应当依职权追加其为被告而不能作为第三人。

与案件处理结果有利害关系，通常是指与被诉行政行为没有利害关系，但人民法院的生效裁判可能使第三人在其他法律关系中处于有利或者不利地位。因为该第三人与被诉行政行为没有利害关系，裁判结果通常不直接影响其合法权益或者其他行政行为的合法有效性，故其属于可以参加诉讼的第三人，人民法院对其是否参加本案诉讼有司法裁量权。人民法院未依职权通知或者不同意其申请参加本案诉讼的，原则上不构成程序违法；但是，裁判结果可能导致其承担义务、减损权益的，其应当作为第三人，否则构成重大程序违法。

三、行政诉讼第三人资格的判断

判断行政诉讼原告、被告以外的其他权利主体或者公权力主体是否有参加他人诉讼的行政诉讼第三人资格，应当以上述行政诉讼第三人的资格要件为依据。但是，第三人参加他人诉讼的情形不同，其利害关系的判断标准亦有所不同，具体如下。

1. 与被诉行政行为有利害关系但没有提起诉讼的第三人

被诉行政行为有两个以上利害关系人，部分利害关系人提起诉讼，其他没有提起诉讼的利害关系人，系与被诉行政行为有利害关系但没有提起诉讼的第三人。被诉行政行为的两个以上利害关系人，通常是利益相互独立的权利主体，如同一行政处罚决定的被处罚人或者要求追究加害人法律责任的受害人，为维护自身合法权益的投诉举报人或者被投诉举报人，行政许可的被许可人或者其他利害关系人，地位相互对立的行政裁决的纠纷当事人，等等。若其中部分利害关系人起诉，其他没有提起诉讼的利害关系人，应当作为第三人参加诉讼。

被诉行政行为的两个以上利害关系人具有共同的利益，且依实体法规范必须共同行使权利的，则为同一被诉行政行为的共同利害关系人。因为其权利义务需要合一确定，如部分利害关系人对行政行为不服起诉的，人民法院应当通知追加未起诉的利害关系人为共同原告；但其明确表示放弃实体权利的，根据处分原则，人民法院不宜强制追加其为原告。虽然如此，其仍与案件处理结果有利害关系，可以追加为第三人。

一般来说，与被诉行政行为有利害关系，必然与裁判结果有利害关系。与裁判结果有利害关系，绝不仅仅指向"人民法院判决第三人承担义务或者减损第三人权益"。如在某村民小组诉东方市政府土地行政征收案[①]中，法院裁定认为：东方市政府已认定被征地的另外三个权利人并决定发放补偿款。原告认为东方市政府的决定侵害其合法权益起诉，必然与另外三个权利人的权属产生冲突。一、二审法院未通知另外三个权利人参加诉讼，便直接对相关土地权属争议进行确认，认定原告为案涉土地的权利人并判决予以补偿（赔偿），可能侵犯案外人合法权益。因此认定"一、二审判决属于遗漏了必须参加诉讼的当事人的情形"。

例外情况是，行政复议机关改变原行政行为或者不履行复议职责的，作出原行政行为的行政主体是否作为第三人？我们认为：改变原行政行为的行政复议决定的合法性，涉及原行政行为的合法有效性，从而使作出原行政行为的行政主体与作为本案审查对象的行政复议决定有利害关系。为使原行政行为的行政主体受本案裁判拘束，作出原行政行为的行政主体应当作为第三人。行政复议机关不履行复议职责的，不涉及原行政行为的合法有效性，作出原行政行为的行政主体原则上不作为第三人。

2. 与案件处理结果有利害关系的第三人

与被诉行政行为虽然没有利害关系，但案件处理结果可能间接影响其合法权益的公民、法人或者其他组织或者与被诉行政行为有牵连关系的行政主体，可以申请或者由人民法院通知其作为第三人参加诉讼。这类第三人，或者与被诉行政行为有事实上的牵连关系，或者作出了与被诉行政行为有关联关系的行政行为，本不具有本案原告或者被告资格，但与本案的裁判结果有利害关系，有学者因此又称之为事实关系的第三人。人民法院对其是否参加诉讼享有自由裁量权，属于可以参加诉讼的第三人。

司法实务中，基于事实牵连关系的违法行为分别受到行政处罚的被处罚人，其法定职权被其他行政主体行使的行政机关，与反补贴、反倾销行政行为具有法律上利害关系的其他国务院主管部门，分别对同一相对人作出相互矛盾的行政行为的行政主体，与行政主体作出同一行政行为但不具有行政主体资格的其他组织，等等，可以作为参加他人诉讼的第三人。此外，有些行政行为看似为一个，实则为数个，如分别征收不同被征收人财产的一个行政征收决定、分别处罚多个被处罚人的一个行政处罚决定等，其中部分权利主体对行政行为不服起诉的，未起诉的其他权利主体则为可以参加本案诉讼的第三人。

---

① 最高人民法院（2020）最高法行再164号行政裁定书.

3. 原告不同意追加为被告的第三人

根据 2018 年《行政诉讼法司法解释》第 26 条第 2 款的规定，依法应当追加为被告的第三人，应当是与其他行政主体共同作出同一被诉行政行为的行政主体，具有本案的被告资格，但原告不以其为被告起诉，并且人民法院告知原告追加其为被告，原告仍然不同意追加的，基于尊重原告诉讼处分权的考量，人民法院不宜强制追加其为被告。但因其与被告共同作出了被诉行政行为，则与被诉行政行为有利害关系，应当追加为第三人。但是，行政复议机关维持原行政行为的，应当与作出原行政行为的行政主体为共同被告，并由人民法院依职权追加，而不得作为第三人。

知识拓展

一、拓展阅读

1. 陈清秀. 行政诉讼法. 北京：法律出版社，2016.

2. 吴英姿. 论诉权的人权属性：以历史演进为视角. 中国社会科学，2015 (6).

3. 赵宏. 保护规范理论的误解澄清与本土适用. 中国法学，2020 (4).

4. 赵宏. 原告资格从“不利影响”到“主观公权利”的转向与影响：刘广明诉张家港市人民政府行政复议案评析. 交大大学，2019 (2).

5. 喻少如，刘文凯. 党政机构合署合设与行政主体理论的发展. 南京社会科学，2019 (6).

二、类案练习

李某诉南宁市市场监督管理局行政处罚纠纷案[①]

案情

2018 年 8 月 21 日，李某在南宁市某购物广场购买了一些某食品公司（以下简称“食品公司”）生产的开心果和腰果。2018 年 8 月 22 日，李某通过广西食品药品监督管理局官方网站，投诉食品公司生产的开心果、腰果的包装物虚假标注脂肪含量，不符合《预包装食品营养标签通则》（GB 28050—2011）的相关规定，请求主管行政机关受理其举报，并依法对食品公司进行行政处罚并奖励举报人，案件办结后书面邮寄告知处理结果。经南宁市高新技术产业开发区食品药品监督管理局调查取证，南宁高新技术产业开发区管理委员会（以下简称“高新区管委会”）于 2019 年 10 月 25 日作出（2019）5 号行政处罚决定书，决定对食品公司处没收违法所得 932.80 元、罚款 6000 元，并于同日送达食品公司。李某通过政府信息公开获知案涉处罚决定后，向人民法院提起行政诉讼。

一审诉讼中，因机构改革，高新区管委会的食品药品监督管理职责划归南宁市市场监督管理局高新技术产业开发区分局承担，一审法院变更南宁市市场监督管理局为本案被告。

---

① 南宁铁路运输中级法院（2021）桂 71 行终 29 号行政裁定书，南宁铁路运输法院（2020）桂 7102 行初 341 号行政裁定书.

法院另查明：2016年以来，李某以其购买的食品不符合食品安全国家标准为由，曾提起若干民事诉讼和行政诉讼。其中，对于因本案案涉食品提起的民事诉讼，人民法院已判决食品公司退款并支付货值10倍的赔偿金。

思考

（1）李某主张其获得食品药品违法行为举报奖励的权利受损，其是否有本案原告的资格？

（2）李某主张其作为消费者的民事权益受损，其是否有本案原告资格？

（3）一审法院变更南宁市市场监督管理局为本案被告是否正确？

（4）如果南宁市高新技术产业开发区食品药品监督管理局作出案涉处罚决定，是否应当变更南宁市市场监督管理局高新技术产业开发区分局为被告？

（5）一审法院变更南宁市市场监督管理局为本案被告，高新区管委会是否应当作为本案第三人？

三、毕业论文选题指导

1. 行政复议机关被告资格制度的反思与重构
2. 论行政诉讼适格被告的推定
3. 行政公益诉讼第三人研究
4. 行政诉讼第三人制度的反思与重构

第十三讲　行政机关负责人出庭应诉制度

内容提要

行政机关负责人出庭应诉制度是一项极具中国本土性的诉讼制度。这一制度肇始于地方实践，并在经历了长期地方实践后逐步成型。在中央层面，行政机关负责人出庭应诉制度逐步从“行政机关出庭应诉”中独立出来而成为一项单独的制度构设，并与我国法治建设同频共振。2014 年《行政诉讼法》修订时这一制度真正得以在法律层面确立，随后的司法解释和大量地方规范丰富了这一制度的内容。从其规范内涵来看，“行政机关负责人”包括正职、副职负责人以及参与分管被诉行政行为实施工作的副职级别的负责人以及其他参与分管的负责人；“应当”应当被定位为一种“被软化的强制性规范”；“出庭应诉”则要求行政机关负责人实质性参与庭审活动。行政机关负责人出庭应诉制度主要具备三重功能：微观上有利于促进行政争议的实质性化解，中观上有利于改善行政审判的外部环境，宏观上则能助推整体的法治政府建设。

第一节　行政机关负责人出庭应诉制度的历史变迁

从地方实践探索来看，最早建立独立于行政机关出庭应诉的行政机关负责人出庭应诉制度的做法已难以确切考察。我国于 1989 年制定的《行政诉讼法》并未规定行政机关负责人应当出庭应诉。据学者考察，较早以规范性文件建立起首长应诉制度的实践可追溯至陕西省合阳县：在 1998 年 6 月，陕西省合阳县人民法院向中共合阳县委、合阳县人民政府提出行政首长出庭应诉的司法建议，得到了中共合阳县委、合阳县人大和合阳县人民政府的认可，行政首长出庭应诉制度被列入“加强依法治县工作的决议”和“依法治县三年规划”之中。1999 年 8 月，合阳县人民政府和合阳县人民法院联合下发《关于“贯彻行政首长出庭应诉制度”的实施意见》，在全国范围内率先实施行政首长出庭应诉制度。经过多年实践，在合阳县，“行政诉讼中的行政部门经历了由原来的抵触对抗、消极对待直到现在的积极应诉，由原来的不出庭或出庭时盛气凌人、不屑一顾，直到现在认真参加诉讼。这一过程的转变，正是行政执法部门转变法治理念的体现，也是合阳县法院和其他行政部门出台行政首长应诉制度实施意见的意义之所在”①。

在地方实践中，不少地方党委和政府日益认识到行政机关负责人出庭应诉制度的价值，部分地区以规范性文件的形式对这一制度作了明确规定。2004 年，作为该制度实施典型样本的江苏省海安县，将行政机关负责人出庭应诉作为业绩考核的重要内容写入《法治海安建设实施纲要》之中。截至 2012 年年底，海安县 3 任县长及 200 多位行政机关负责人在行政诉讼中出庭应诉，应诉率在 7 年里保持 100%。② 2012 年 12 月，海安县人民政府申报的“行政机关负责人行政诉讼出庭应诉制度”项目成功入选“第二届中国法治政府奖”。此项举措经由民间评奖活动进一步获得了广泛的社会关注。2011 年 1 月，首部专门规范行政机关负责人出庭应诉制度的省级政府规章——《重庆市行政机关行政应诉办法》正式发布。2008 年甘肃省政府与省法院建立了联席会议制度，甘肃省政府下发了《关于完善行政复议应诉和行政审判工作联系制度的意见》，提出“建立健全行政首长出庭应诉制度”；2012 年 11 月，甘肃省政府和省法院在第四次联席会议上共同下发了《关于预防和化解行政与司法协调机制的意见》，在该意见中进一步明确“推进行政机关负责人出庭应诉制度建设”；等等。

从党中央与国务院的文件来观察，行政机关负责人出庭应诉制度是随着我国法治政府建设的不断深化而逐步确立的。2004 年国务院纲要第 28 条第二句规定：“对人民法院受理的行政案件，行政机关应当积极出庭应诉、答辩。”此时，行政机关负责人出庭应诉并不是一项独立的制度设计。2008 年国务院《关于加强市县政府依法行政的决定》第 22 条要求：“……要认真做好行政应诉工作，鼓励、倡导行政机关负责人出庭应诉……”这是首次在中央文件层面明确行政机关负责人出庭应诉，但限于“鼓励、倡导”。2010 年国务院《关于加强法治政府建设的意见》第 25 条再次明确提出：“……对重大行政诉讼案件，行政机关负责人要出庭应诉……”这里已经对在重大行政诉讼案件中行政机关负责人出庭应诉提出了硬性要求。2014 年 10 月 23 日，中国共产党第十八届中央委员会第四次全体会议通过《中共中央关于全面推进依法治国若干重大问题的决定》。这是在党的历史上第一次以中央全会的高规格形式对法治建设进行研究和部署，开启了全面依法治国的新篇章。恰是在此“东风”下，《行政诉讼法》在 2014 年修订时正式确立了行政机关负责人出庭应诉制度。

从最高人民法院的角度考察，作为最高审判机关，其对推动行政机关负责人出庭应诉极具热情。2007 年最高人民法院《关于加强和改进行政审判工作的意见》（法发〔2007〕19 号）首次以较大篇幅对行政首长出庭应诉制度进行了规定，要求人民法院肯定并支持行政领导出庭应诉；认为地方政府和行政部门领导出庭，是对行政审判工作的重视、支持和尊重，对国家法治水平提升、提高审判质量与效力、

---

① 朱云峰. 行政首长出庭制度 14 年之调查. 人民法院报，2012-08-20（5）.

② 何海波，晏翀，严驰恒. 法治的脚步声：中国行政法大事记（1978—2014）. 北京：中国政法大学出版社，2015：214.

妥善解决行政争议、提高执法水平等，都有重要意义。2009 年最高人民法院在《关于当前形势下做好行政审判工作的若干意见》中要求，“……通过推动行政机关法定代表人出庭应诉制度，为协调、和解提供有效的沟通平台……”，即注重行政、审判协调，建立健全司法与行政的良性互动机制。[①]“作为一项并非由法律强制规定而是在我国行政诉讼实践中应运而生的制度，首长应诉之生成颇值寻思。相较于我国多项行政诉讼制度即便是在法律有明确规定的情形下尚难逃被架空之命运（如‘行政诉讼不得调解’制度），首长应诉的生成至少体现了一种强大的现实需求”[②]。

2014 年《行政诉讼法》修改时，正式将这一制度作为行政诉讼的基本制度确立下来。2014 年《行政诉讼法》第 3 条第 3 款明确规定，“被诉行政机关负责人应当出庭应诉。不能出庭的，应当委托行政机关相应的工作人员出庭”。在 2014 年《行政诉讼法》的修改过程中，草案一审稿只是在新增的第 3 条中，将“被诉行政机关应当依法应诉”规定在“行政机关不得干预、阻碍人民法院受理行政案件”之后并置于“总则”部分。据全国人民代表大会法律委员会于 2014 年 8 月 25 日所作的《全国人民代表大会法律委员会关于〈中华人民共和国行政诉讼法修正案（草案）〉修改情况的汇报》记载，“有些常委委员、地方、法院和社会公众提出，行政诉讼是‘民告官’的制度，应当对行政机关负责人出庭应诉提出要求”[③]。于是，全国人民代表大会法律委员会经研究，增加规定：“被诉行政机关负责人应当出庭应诉。不能出庭的，也可以委托相应的工作人员出庭。”而在 2014 年 10 月 31 日所作的报告中，全国人民代表大会法律委员会提道，“有些常委会组成人员、代表提出，应当进一步强化行政机关负责人出庭应诉制度”[④]。全国人民代表大会法律委员会于是建议将“也可以”修改为“应当”。从这一条文的修改过程可以看出，立法机关有意强化行政机关工作人员，尤其是行政机关负责人出庭应诉的责任，以“解决行政争议”，“增强行政机关负责人依法行政的意识”[⑤]。

第二节 对行政机关负责人出庭应诉制度的规范分析

作为一项被确立在《行政诉讼法》总则中的诉讼制度，对行政机关负责人出庭应诉制度的规范内涵的准确理解，有利于在法律实践过程中努力实现当初的立法目

---

① 最高人民法院行政审判庭. 最高人民法院行政诉讼法司法解释理解与适用：下. 北京：人民法院出版社，2018：591.

② 吕尚敏. 行政首长应当出庭应诉吗?：在司法的技术、权能与功能之间. 行政法学研究，2009（04）：98-99.

③ 全国人大常委会法制工作委员会行政法室. 行政诉讼法立法背景与观点全集. 北京：法律出版社，2015：12.

④ 全国人大常委会法制工作委员会行政法室. 行政诉讼法立法背景与观点全集. 北京：法律出版社，2015：19.

⑤ 全国人大常委会法制工作委员会行政法室. 行政诉讼法立法背景与观点全集. 北京：法律出版社，2015：12.

的，也能为将来的进一步改革提供认识上的基础。

一、对行政机关负责人出庭应诉制度的规范梳理

行政机关负责人出庭应诉制度被确定为一项诉讼制度，在《行政诉讼法》中主要体现为两个条款，即第3条第3款的原则性规定和第66条第2款的保障性规定。《行政诉讼法》第3条第3款规定："被诉行政机关负责人应当出庭应诉。不能出庭的，应当委托行政机关相应的工作人员出庭。"这是对行政机关负责人参与法院庭审活动在法律条文中的原则性规定。该法第66条第2款则规定："人民法院对被告经传票传唤无正当理由拒不到庭，或者未经法庭许可中途退庭的，可以将被告拒不到庭或者中途退庭的情况予以公告，并可以向监察机关或者被告的上一级行政机关提出依法给予其主要负责人或者直接责任人员处分的司法建议。"该条规定虽未直接赋予司法机关在行政机关负责人应当出庭而未出庭相应的司法建议权，但为了保障行政机关负责人出庭应诉制度的推进及有效落实，可适当参照该规定，承认司法机关对行政机关负责人无正当理由不出庭时的司法建议权，逐步形成行政诉讼参与的司法主导机制。

为了落实《行政诉讼法》关于行政机关负责人出庭应诉的规定，最高人民法院先后发布了多个司法解释，对出庭应诉的行政机关负责人的范围、参加行政诉讼案件的类型、程序以及不依法履行出庭义务的责任承担等，进行了较为细致的、具有可行性的规定。最高人民法院《关于适用〈中华人民共和国行政诉讼法〉若干问题的解释》（法释〔2015〕9号，以下简称"2015年《行政诉讼法司法解释》"）第5条规定：行政机关负责人包括行政机关的正职和副职负责人。这是对2014年《行政诉讼法》第3条第3款关于行政机关负责人范围的初步界定。为了解决行政审判实践中行政机关负责人出庭应诉过程中出现的现实问题，确保行政机关负责人依法履行出庭应诉职责，规范行政机关负责人出庭应诉行为，2016年最高人民法院下发《关于行政诉讼应诉若干问题的通知》（法〔2016〕260号，以下简称《应诉通知》），该通知的第3条对负责人的范围、委托其他工作人员出庭的要求、负责人应当出庭应诉的案件类型以及不出庭的责任承担进行了规定。2018年为了加强对各级法院行政审判工作的指导，最高人民法院发布《行政诉讼法司法解释》，进一步对行政机关负责人出庭应诉制度中负责人的范围及应当出庭应诉的案件类型、行政机关工作人员的定义、出庭人员身份证明手续、对违法履行出庭应诉职责行为的监督等制度细节进行了规定。2020年最高人民法院专门出台《关于行政机关负责人出庭应诉若干问题的规定》（法释〔2020〕3号，以下简称《负责人出庭应诉规定》）。该司法解释对行政机关负责人出庭应诉制度进行了系统性规范，成为目前行政审判中行政机关负责人出庭应诉的最重要的规范依据。

与此同时，作为积极推进法治政府建设的一种象征性表达，行政系统对行政机关负责人出庭应诉制度也不乏积极性，全国各个层级的行政机关或单独或与其他机关联合发布了海量的关于行政机关负责人出庭应诉的规章和规范性文件。从数量来看，在地方层面，已呈海量之势。在"北大法宝"上以"行政机关负责人出庭应诉"

为关键词[①]，共检索到地方政府规章 2 件、地方规范性文件 101 件、地方司法文件 7 件（其中人民法院单独印发的 1 件，人民法院与同级人民政府、政府工作部门联合印发的 6 件）；而以“行政应诉”为关键词，检索出地方政府规章 11 件，地方规范性文件则高达 330 件之多；以“行政首长出庭”为关键词，则能够检索出 22 件地方规范性文件。这些文件从法律规范的层级来看，包括了规章与规范性文件；从发布主体来看，则囊括了从省级到县级的所有层级。行政机关如此积极地发布规章和规范性文件规范行政应诉与行政机关负责人出庭应诉工作，主要得益于全面推进法治国家建设的时代大局。在这一时代大局之中，法治政府建设被要求重点突破，而党中央自上而下全面推进的法治建设，也使各个层面的行政机关都有了更多的动力和压力来推进行政应诉和行政机关负责人出庭应诉工作。然而，从内容来看，这些行政机关制定的规范则具有高度的同质性。在中央层面，为了使行政机关负责人出庭应诉制度真正贯彻落实，2016 年 6 月 27 日国务院办公厅发布了《关于加强和改进行政应诉工作的意见》从工作规范和责任追究等各个层面进行了规定。在“北大法宝”上以“行政应诉”为关键词，能够检索到的国务院部门规章高达 29 件，不可谓不多。

二、“行政机关负责人”“应当”“出庭应诉”的规范内涵

《负责人出庭应诉规定》对“行政机关负责人”的范围采用了“组织法＋行为法”共同界定的模式（第 2 条），有不当扩大《行政诉讼法》采用的“组织法”单一界定模式（第 3 条第 3 款）确定的范围的倾向，但也是一种必要之举。根据《负责人出庭应诉规定》第 2 条的规定，行政机关负责人包括行政机关的正职、副职负责人，参与分管被诉行政行为实施工作的副职级别的负责人以及其他参与分管的负责人。可以看出，这里的范围界定包括两个层面：首先必须是正职、副职负责人，或者是副职级别的负责人以及其他负责人。这主要是组织法层面的界定，即主要以行政级别作为标准。除此之外，还需要在行为层面进行界定，对于正职与副职负责人而言，基于首长负责制，其需要对行政机关的几乎所有行为负责；而对于副职级别的负责人和其他负责人而言，则必须满足“参与分管被诉行政行为实施工作”或者“参与分管”的行为要求。然而，对《行政诉讼法》第 3 条第 3 款中的“被诉行政机关负责人”，从立法目的出发进行理解时，主要指的是组织法意义上的行政机关负责人，从这个角度来看，应该仅限于正职与副职负责人。另外，《负责人出庭应诉规定》第 2 条第 2 款中明确：“被诉行政机关委托的组织或者下级行政机关的负责人，不能作为被诉行政机关负责人出庭”。这并没有对行政机关负责人作出界定，只是作一个提示性规定，因为行政机关委托的组织或者下级行政机关的负责人，已然超出了“行政机关负责人”的文义解释范围。然而，为了确保行政争议能够得到实质性解决，对出庭应诉的行政机关负责人的理解难以完全局限于被诉行政机关的正职与副职负责人，因此，不得不将行政机关负责人扩大解释为包括“参与分管被诉行政

① 检索时间为 2022 年 7 月 6 日，以“现行有效”为准。

行为实施工作的副职级别的负责人以及其他参与分管的负责人”。这些负责人一方面更为熟悉具体行政行为，另一方面具有一定程度的决断权，将其作为行政机关负责人，符合行政机关的工作实际，也便于行政机关负责人出庭应诉制度落到实处、产生实效。

“被诉行政机关负责人应当出庭应诉”本质上是一种“被软化的强制性规范”。对于此处规定的“应当”，学界存有两种不同的理解。一种理解是：“应当”一词清晰地表明了被诉行政机关负责人出庭应诉是被诉行政机关的法定义务，是强制性的规定。[①] 如果被诉行政机关负责人没有正当理由，有条件出庭而故意不出庭，就构成程序上的违法，将承担相应的法律责任。还有一种理解认为该款中的“应当”并非一种强制性术语，而是倡导性提法。[②] 在法理上，“应当”一般而言意味着必须。然而，对任何法律规范均应当于具体的语境和体系中进行解释。该条第二句明确规定：“不能出庭的，应当委托行政机关相应的工作人员出庭”。换言之，如果行政机关负责人不能出庭，则应当委托行政机关相应的工作人员出庭。正是第二句的规定“软化”了第二句中的“应当”。倘若将第一句中的“应当”解释为“必须”，则意味着该条只有一种解释，即“行政机关负责人必须出庭应诉”，此时，第二句的规定将会变得多余，并因此导致第二句的内涵被第一句中的“应当”彻底架空。因此，这款被定位为一种“被软化的强制性规范”，即原则上行政机关负责人必须出庭应诉，但有正当理由无法出庭应诉时，应当委托行政机关相应的工作人员出庭。

《负责人出庭应诉规定》第 4 条第 1 款规定：对于涉及食品药品安全、生态环境和资源保护、公共卫生安全等重大公共利益，社会高度关注或者可能引发群体性事件等的案件，人民法院应当通知行政机关负责人出庭应诉。这一规定似乎使前述类型的案件相比其他案件而言，行政机关负责人出庭应诉的强制性意味更强；至于其他类型的案件，行政机关负责人出庭应诉并非强制性要求，但要求有被诉行政机关相应的工作人员出庭应诉。这是对行政机关负责人出庭应诉制度能够实现功能最大化，并对应当出庭的案件作类型化处理的必要规范。因为“行政机关负责人出庭应诉制度的实施，既要考虑强化行政机关负责人的法制意识，促其总结经验教训，改进执法工作，又要兼顾行政机关负责人的工作实际”[③]，如果所有案件均要求行政机关负责人出庭应诉，则可能导致行政机关负责人无法充分履行其行政组织法上的职责，对于社会治理、行政效率的提高以及法治政府的建设可能会适得其反。而且，这种必要规范并没有导致“行政机关负责人应当出庭应诉”中的“应当”被架空，恰恰是前述这一应当规范“被软化”的表现。

“出庭应诉”指的是被诉行政机关负责人出庭并实质参与到诉讼中来。在实践中，行政机关负责人出庭应诉常常是“出庭不出声”，对行政争议的化解难以起到实

① 最高人民法院行政审判庭. 最高人民法院行政诉讼法司法解释理解与适用：下. 北京：人民法院出版社，2018：599.

② 章志远. 法治一体建设视域中的行政机关负责人出庭应诉. 浙江工商大学学报，2022 (03)：41.

③ 最高人民法院行政审判庭. 最高人民法院行政诉讼法司法解释理解与适用：下. 北京：人民法院出版社，2018：598.

质作用，因而被指为“走过场”、流于形式，使这一制度并未发挥其实际应有的功效。行政机关负责人出庭应诉制度，重在实质性化解行政争议、提升行政执法水平，因此，行政机关负责人的实质参与极为重要。若行政机关负责人“出庭不出声”“应诉不应答”，就会使庭审效果大打折扣，会使“官”民矛盾继续紧张，行政纠纷难以实质化解，行政机关负责人出庭应诉制度变成摆设。从立法目的来看，行政机关负责人出庭应诉制度就是要求行政机关负责人既要“出庭”，更要“出声”，积极实施诉讼行为。为了避免这一制度成为一种摆设，不流于形式，行政机关负责人出庭应诉应被确定为一种诉讼权利和诉讼义务。在庭审过程中，行政机关负责人应当依法行使诉讼权利，积极履行诉讼义务，遵守法庭规则，自觉维护诉讼秩序；并且在庭审过程中应当就案件情况进行陈述、答辩、辩论、最后陈述、提交证据，对所依据的规范性文件进行解释说明，就实质性解决行政争议发表意见——通过充分行使诉讼权利和履行诉讼义务，发挥行政机关负责人的决策作用，从而推动行政争议的实质性化解。行政机关负责人出庭应诉作为一项诉讼义务本应被履行，但是行政机关负责人有“正当理由”不能出庭的，应当委托行政机关相应的工作人员出庭。在实践中，行政机关出具的负责人不能出庭的理由多种多样，原告经常就此提出质疑。为了规范不能出庭的正当理由，《负责人出庭应诉规定》对此进行了严格的限定：“正当理由”必须是出现不可抗力、意外事件、需要履行他人不能代替的公务以及无法出庭的其他正当事由，并且行政机关要向人民法院提交证明材料并加盖行政机关印章或者由该机关主要负责人签字认可；法院还需对证明材料进行审查。这些限制性规定有利于避免部分行政机关负责人将普通的日常公务或者其他理由作为逃避出庭应诉的借口。

另外，行政机关负责人出庭应诉制度中还设置了委托制度，以确保在行政诉讼中始终有代表被诉行政机关出庭应诉的工作人员，杜绝在行政审判中继续出现“告官不见官”的不良现象。为此，行政机关负责人有确实不能出庭的特殊情况，应当委托行政机关相应的工作人员出庭应诉。对此处的相应工作人员应当如何理解？2018年《行政诉讼法司法解释》第130条对相应的工作人员进行了界定，包括该行政机关具有国家行政编制身份的工作人员以及其他依法履行公职的人员；同时规定，被诉行政行为是地方人民政府作出的，地方人民政府法制工作机构的工作人员，以及被诉行政行为具体承办机关工作人员，可以被视为被诉人民政府相应的工作人员。在行政机关负责人不能出庭的情况下，必须要委托相应工作人员作为代理人出庭。此时，应注意受委托对象的特定性：该工作人员需要是被诉行政机关内部正常履职的人员，不能由其他机关的人员充任，更不能由法律顾问等承担。

第三节　行政机关负责人出庭应诉制度的功能

与民事诉讼双方当事人地位平等所不同的是，行政诉讼因行政机关与行政相对人之间的纷争而引发，现实地位的悬殊使由何人代表行政机关出庭应诉具有强烈的符号价值和象征意义。在过去很长一段时间内，行政诉讼中“民众告官不见官”，使相对人的诉求无法直接传递给行政机关负责人，官民对立情绪无法纾解，政府公信力受损；“法官审案不见官”，被告的常态化缺席，使一些案情难以查清，再加上缺乏法官与行政机关进行有效的意见交涉，最终可能导致法院判决难以为行政机关所执行，行政争议无法得到实质性解决。法院的审判能力因而受到公众的质疑，公众逐渐丧失对司法公正的信任，宁愿选择信访也不选择诉讼。面对如此种种困境，有必要引入一种得力且可行的制度来打破僵局。将实践中探索已久的行政机关负责人出庭应诉制度通过法律升级为诉讼法律制度，恰好能够满足这些需求。这一制度对于实质化解行政纠纷、优化行政诉讼外部环境有着重要价值；同时，通过“府院互动”也可以推动行政机关严格规范公正文明执法，从而促进法治政府的整体建设。

一、微观功能：促进行政纠纷的实质性化解

2014年《行政诉讼法》修订时，“为了回应司法实践中程序空转问题”①，在第1条中增加了“解决行政争议”这一立法目的。“立法目的具有引导功能和解释功能。行政诉讼制度的展开，以及行政审判工作的开展，都应当体现和落实立法目的”②。2014年《行政诉讼法》为落实“解决行政争议”的立法目的，明确了行政调解制度及其适用范围③、行民交叉案件的处理规则等内容。从规范层面来看，行政机关负责人出庭应诉制度同样是为落实“解决行政争议”这一立法目的而出现的。不过，这一目的只能算是行政机关负责人出庭应诉制度的微观目的。更进一步来看，行政机关负责人出庭应诉制度在中观层面和宏观层面，分别具有重要的促进行政审判环境优化，以及助推法治政府建设的目的。

《行政诉讼法》中“解决行政行为”的立法目的，一般被理解为“实质性化解行政争议”。“行政争议的实质性解决，要求人民法院在办案过程中着眼于当事人的实质诉求，以践行能动司法为手段，以实现案结事了为目标，力求实质正义与形式正义的统一”④。有学者进一步将行政争议的实质性解决的理论内涵归结为三个方面：“第一，司法审查广度上的整体性，即不局限于审查被诉行政行为的合法性，对当事人真实的诉讼目的、对案件涉及的其他相关争议和被诉行政行为的合理性同样给予关注。第二，司法审查深度上的一揽式，即正视与行政争议相关的民事争议的存在

---

① 全国人大常委会法制工作委员会行政法室.《中华人民共和国行政诉讼法》解读与适用.北京：法律出版社，2015：4.

② 全国人大常委会法制工作委员会行政法室.《中华人民共和国行政诉讼法》解读与适用.北京：法律出版社，2015：5.

③ 1989年《行政诉讼法》第50条规定：“人民法院审理行政案件，不适用调解。”2014年修订《行政诉讼法》时，在第60条明确：“人民法院审理行政案件，不适用调解。但是，行政赔偿、补偿以及行政机关行使法律、法规规定的自由裁量权的案件可以调解。”“调解应当遵循自愿、合法原则，不得损害国家利益、社会公共利益和他人合法权益。”

④ 江必新.以推进三项重点工作为契机 努力破解行政案件申诉上访难题：在全国法院行政审判工作座谈会上的讲话//江必新，最高人民法院行政审判庭.行政执法与行政审判：2010年第3辑.北京：中国法制出版社，2010：8.

并对案件涉及的事实进行独立审查，才能为行政争议的实质性解决奠定基础。第三，司法审查厚度上的可接受性，即回归‘用户体验’，充分彰显当事人寻求司法救济的获得感，避免出现‘口惠实不至’的尴尬结果”[①]。总而言之，实质性化解行政争议要求人民法院在法律的框架内，以法治思维和法治方式实现“案结事了”，既不能简单以“维稳”压制行政相对人的诉求，更不能在法律之外寻求“解决问题”之道。

那么，在行政诉讼中，行政机关负责人出庭应诉制度何以能促进行政纠纷的实质性化解呢？

第一，对于行政诉讼原告而言，当其认为被告实施的行政行为侵犯其合法权益而提起诉讼时，在心理上首先需要的是一个与被告就案件争议进行平等对话的机会，并在这种对话中解决争议。在我国行政诉讼实践中，在过去很长一段时间内，被告只委派诉讼代理人出庭是行政诉讼的常态，被告既不出庭也不应诉的现象并不鲜见，行政机关负责人积极出庭应诉的情况则更少。社会公众的思维中存有“告官要见到官”的朴素认知，原本希望通过诉讼向被告表达自己的不满和诉求，通过庭审将自己的遭遇、诉求传达到行政机关负责人的知悉范围之内，并希望行政争议获得实质性解决，但却遭遇被告的不答辩、不出庭，“告官”没回应，行政纠纷也得不到实质性解决，原告会因此产生不满，很自然会认为这是行政机关对其权利，乃至对其作为法律主体的地位的轻慢和漠视。长此以往，民众与行政机关之间的裂痕就无法得到弥合，社会戾气极易扩散，从而影响社会的稳定。行政机关负责人出庭应诉对于原告来说，既让其感受到被尊重和重视，又让其看到了其合理诉求得到满足的希望，从而获得了一种心理上的平衡。就此而言，这一制度实质蕴含民本文化思想，它借用行政诉讼中“告官见官”的契机，以实现民意表达、共识凝聚与纠纷化解的任务。[②]

第二，从行政机关的角度来看，行政机关负责人在行政组织法中所享有的决断权，使其出庭相比于普通行政机关工作人员出庭，或者仅有诉讼代理人出庭而言，更可能实现行政纠纷的实质性化解。行政纠纷的实质性化解，一方面需要就被诉行政行为的合法性与合理性进行充分的理由说明；另一方面，更为重要的是，需要就案件的妥善化解提供明确的方案。前者或许并非行政机关负责人所擅长的，但却是诉讼代理人可以弥补的；而后者却是行政机关负责人所独有的优势，非普通行政机关工作人员或诉讼代理人能够弥补的。基于其所享有的决断权，行政机关负责人可以发挥在调解、和解工作中的独特优势：在庭审中及时向原告释疑解惑，缓和对立情绪；在协调阶段关于补偿、赔偿方案的权衡与拍板正是行政机关负责人行使决断权的最佳时机。[③] 而且，原告与行政机关负责人在法院主持下共同参与确定的解决方案，能够得到双方当事人的认可，能够在最大程度上避免裁判后的“执行难”问题。

---

① 章志远. 行政争议实质性解决的法理解读. 中国法学，2020（6）：126－127.

② 喻少如. 功能主义视阈下的行政机关负责人出庭应诉制度. 法学评论，2016（5）：39.

③ 喻少如. 功能主义视阈下的行政机关负责人出庭应诉制度. 法学评论，2016（5）：36.

二、中观功能：促进行政审判外部环境的优化

良好的司法环境，是行政诉讼工作顺利开展的必要条件和健康发展的基础条件。[①] 行政诉讼的司法环境可分为内部环境与外部环境：前者指的是司法机关自身内部的各种条件所组成的环境，如行政法官的素质、行政案件管理的质量等；后者指的是外在于司法机关的政治、社会等环境，如行政机关对待行政诉讼的态度、行政审判权在政治体制中的定位，以及社会公众对行政诉讼的认知和态度等。“行政审判需要经常与政府和行政机关打交道，能否得到行政机关的理解、信任和支持，对于开展行政审判工作、改善司法环境至关重要”。我国行政诉讼的司法环境一直备受诟病，尤其是良好的外部环境的欠缺，已经严重制约了行政诉讼的发展，严重影响了行政诉讼功能的有效发挥。

行政机关对待行政诉讼的态度是行政诉讼外部环境的重要内容，在首长负责制之下，行政机关的态度取决于行政机关负责人的态度。作为一种专门针对行政行为进行司法审查以维护公民合法权益的制度设计，行政诉讼无时无刻不面临着司法权与行政权之间的紧张关系，因此，“行政诉讼的存在及其运作无时不涉及权力的配置、冲突及协调……必须把行政诉讼置于宏观的权力结构图景中加以考察，又必须仔细入微地观察行政诉讼具体运作中的权力关系，否则难以实现对公民权利进行救济和（对）行政权力予以制约的目的”[②]。在过往的行政诉讼中，“法官审案不见官”，导致一些案件事实无法查明，司法机关监督行政机关依法行政的目的也无法达成，行政诉讼陷入僵局，司法权威受到严重的挑战。为此，法院只能“曲线救法”，在原告的诉求与被告的傲慢中寻求司法审查之生存空间，而行政机关负责人出庭应诉制度恰恰能在一定程度上满足法院的这种需求。[③]

行政机关负责人出庭应诉制度，通过对行政机关负责人与参与旁听庭审的其他行政机关工作人员的观念塑造，以及其所具有的象征意义，促进行政诉讼外部环境的改善。在实践运行中，行政机关负责人，尤其是级别较高的行政机关负责人出庭应诉，经常伴随着两个举措：一是法院与行政机关会组织其他行政机关工作人员旁听庭审；二是对相关案件进行特别的宣传报道。如在作为“最高人民法院发布行政机关负责人出庭应诉典型案例”之二的江苏中厦集团有限公司诉黑龙江省大庆市让胡路区人民政府住房和城乡建设局行政处罚案[④]中：大庆市市直机关及各县（区）的主管法治工作领导、法治部门负责人共计 50 余人旁听庭审。庭审过程中还启用了科技法庭智能庭审系统，运用即时视频、音频网络通信进行网络直播；黑龙江省电视台、大庆市电视台、《大庆日报》、《大庆晚报》、《都市生活报》等多家新闻媒体进

---

① 曹建明. 当前行政审判工作中的几个问题. 法律适用，2007（5）：2.

② 杨伟东. 权力结构中的行政诉讼. 北京：北京大学出版社，2008：202.

③ 吕尚敏. 行政首长应当出庭应诉吗?：在司法的技术、权能与功能之间. 行政法学研究，2009（4）：100.

④ “最高人民法院发布行政机关负责人出庭应诉典型案例”之二“江苏中厦集团有限公司诉黑龙江省大庆市让胡路区人民政府住房和城乡建设局行政处罚案”（发布日期：2021-07-29）.

行了宣传报道。2016 年时任贵州省人民政府副省长陈鸣明开创了省部级领导干部出庭应诉先例，更是引起社会的强烈反响。① 首先，行政机关负责人出庭参加诉讼活动，既是尊重司法权的表现，同时也在形式上提升了法院的地位。因为行政机关负责人作为诉讼参与人之一，在庭审中与其他诉讼参与人一样，要服从法官的指挥，而这一诉讼地位正是法院展示其司法形式性权威的最佳机会。其次，切身实践最能够彻底塑造个体的观念和认识。行政机关负责人出庭应诉更像是接受普法教育，即经由行政机关负责人带头接受教育，推动行政机关整体依法行政观念及能力的提升。② 不仅行政机关负责人，旁听庭审的行政执法人员或主管法治工作领导、法治部门负责人等人员同样能够在庭审过程中切实转变依法行政观念，提升依法行政能力。最后，行政机关负责人出庭应诉还具有“表达一种法治进步的象征意义”③。这种象征意义在地方政府负责人出庭应诉的案件中最为明显。如在前述贵州省副省长出庭应诉的案件中，出庭的时任贵州省副省长陈鸣明在应诉中表示，“我们要进一步推进法治政府建设，各级政府要依法行政、依法履职，依法出庭应诉，就是要证明贵州省建设法治政府的决心和具体行动”。

三、宏观功能：助推法治政府整体建设

法治政府属于广义的法治国家范畴。习近平总书记在不同的场合反复强调过，“全面依法治国是一个系统工程，要整体谋划，更加注重系统性、整体性、协同性。法治政府建设是重点任务和主体工程，要率先突破，用法治给行政权力定规矩、划界限”④。“从现代社会法治国家和法治政府的基本原理来看，法治政府也绝不仅仅意味着行政系统自身更加规范化，更意味着政府职能的积极履行，行政权受到有效监督和制约，人民权益得到切实的维护。我国绝非西方之权力分立与制衡，但权力分工以及相互之间的监督和制约，也是我国宪法的重要体现。因此，在法治政府建设研究中，有必要跳出政府系统自身规范化的单向度视角，从整体视角出发，从法治国家与法治政府的基本原理和我国宪法架构出发，以内外双重视角观察和审视法治政府建设”⑤。而以行政机关负责人出庭应诉制度为桥梁，以行政审判为平台，恰好能够将法治政府整体建设的内外双重视角统一、衔接起来。

行政机关负责人作为法治建设中的“关键少数”，提升其法治意识对于法治政府的整体建设具有重要意义。审视行政法治实践，除了制度存在不健全和不成熟的缘故，公务人员，尤其是领导成员不能自觉运用法治思维和法治方式办事、不具有较

---

① 闵捷. 副省长出庭应诉，贵州吃了第一只“螃蟹”.（2016-04-11）［2022-07-05］. http://www.gov.cn/xinwen/2016-04/11/content_5063062.htm.

② 高春燕. 行政首长出庭应诉：价值重估与技术改良：以浙江 66 个规范文本为基点的分析. 行政法学研究，2015（2）：102.

③ 卢超. 行政诉讼行政首长出庭应诉制度：司法政治学的视角. 北方法学，2015（4）：115.

④ 习近平. 论坚持全面依法治国. 北京：中央文献出版社，2020：4.

⑤ 王学辉. 法治政府建设不可忽视外部视角. 中国社会科学报，2021-10-12（008）.

强的法治观念是阻碍法治建设进程的重要因素。党的十八大报告明确提出，要“提高领导干部运用法治思维和法治方式深化改革、推动发展、化解矛盾、维护稳定能力”。法治意识和法治思维并非一朝一夕形成的，而需要长期的法制教育和法制实践的浸润。法制教育和法制实践两者相较，亲历法律问题处理的实践对于领导干部法治意识的树立以及法治思维的形成更为有效：首先，行政机关负责人亲自出庭应诉彰显规则意识，表明官与民一样要服从法律、遵守规则，从而树立行政机关以及执法人员的规则意识。其次，行政机关负责人出庭应诉，要与行政相对人在庭审中面对面交锋，就必须了解相关的法律，由被动接受法制教育变为主动学习法律。通过法制实践，其法治思维的形成更具有实效性。再次，通过庭审，行政机关负责人可以真正把握情况、了解问题，发现行政管理中存在的矛盾和真实问题，重新审视先前行政行为的合法性和合理性，及时纠正与法治要求相悖的行为。通过制度的强制性要求，把行政机关负责人“逼上”法庭，“亲力亲为”参加庭审，可以使其形成强烈的法治意识和稳定的守法习惯，促使其依法行政水平的提升。最后，有利于树立责任政府形象。作为被诉行政行为的知情者、行政争议预防的责任者以及行政资源的掌管者，行政机关负责人以“放低身段”解决问题的态度，为行政争议的实质性化解提供了前提条件，也能够更好地树立责任政府的形象。

行政审判作为行政执法过程中的问题“曝光台”，以行政机关负责人出庭应诉作为衔接机制，能够有效加强“府院互动”①，从而整体促进法治政府建设。对于现代国家治理中“连接着公法与私权、政府与社会、司法与行政”的行政诉讼制度而言，“府院互动”已成为行政诉讼制度变迁中的重要现象。② 有学者在考察我国实践中的“府院互动”后，将其分为“个案处理型”和“法治促进型”两种类型。“以审判为中心和实质性化解行政争议观念引领下的个案处理型府院互动，旨在实现纠纷解决的司法目标。合法性底线论和行政过程论观念引领下的法治促进型府院互动，旨在实现政策实施的司法目标”③。“个案处理型府院互动”主要在微观和中观层面以个案为契机，推进行政执法的改善，强化行政执法人员以及行政机关负责人的法治理念，从而促进行政执法的整体进步。而“法治促进型府院互动”在更加宏观的层面上，通过对行政审判实践的系统总结，推动法治政府建设和国家治理现代化。

在作为行政复议机关的人民政府的副职负责人与作出原行政行为的行政机关的正职负责人，均以行政机关负责人身份出庭应诉的北京富宁经贸有限责任公司宁夏特产连锁超市诉北京市东城区市场监督管理局行政处罚决定及北京市东城区人民政

---

① “府院互动”并非规范意义上的法律概念，其意旨常以“司法与行政良性互动”“府院联动”为名，体现在各级法院和行政机关的文件、报告和媒体报道中。“府院互动”一词能简约生动地呈现出司法权与行政权的积极协作样态，同传统观念上的司法权与行政权相互制约形成对比。章志远. 中国行政诉讼中的府院互动. 法学研究，2020（3）：4.

② 廖希飞. 新时代的行政审判：当前的形势和任务//江必新，最高人民法院行政审判庭. 行政执法与行政审判：2010 年第 3 辑. 北京：中国法制出版社，2018：180.

③ 章志远. 中国行政诉讼中的府院互动. 法学研究，2020（3）：3.

府行政复议案[①]（以下简称“北京富宁公司案”）中，行政机关负责人出庭应诉制度的价值和功能得到充分、集中的体现和实现。该案的基本案情是：北京市东城区市场监督管理局（以下简称“东城市场监管局”）收到消费者投诉举报，反映其在北京富宁经贸有限责任公司宁夏特产连锁超市（以下简称“北京富宁公司”）购买的某品牌不同年份的两款葡萄酒标签上未标注生产商相关信息和警示语等。东城市场监管局经检查，认定北京富宁公司出售的预包装产品存在经营标签不符合《食品安全法》相关规定的违法行为，于 2019 年 6 月 10 日作出行政处罚决定，对北京富宁公司处以罚款和没收违法所得，共计 113 954 元。北京富宁公司认为处罚决定适用法律错误，处罚过重，遂向北京市东城区人民政府（以下简称“东城区政府”）申请行政复议。东城区政府经复议审查维持了处罚决定。北京富宁公司认为产品标签存在的问题非经销商过错，不应作高限处罚，遂向北京市东城区人民法院（以下简称“东城区法院”）提起行政诉讼，请求撤销被诉行政处罚决定中关于对其因销售的“巴格斯酒庄特级赤霞珠葡萄酒”（2011 年）、“巴格斯酒庄特级赤霞珠葡萄酒”（2016 年）不符合标签规定作出的处罚部分及被诉行政复议决定。

因案涉食品安全且罚没金额较大，处罚定性和幅度准确与否对原告的正常经营产生影响，对民族地方特色食品的规范化生产经营也将带来示范效应，于是东城区法院建议被告负责人以实质解决争议为目标出庭应诉，同时积极促成生产商参加诉讼。在东城区法院提出建议后，东城区政府副区长、东城市场监管局局长作为行政机关负责人出庭应诉。东城区法院将本案庭审确立为年度庭审公开示范庭，由分管副院长担任审判长，东城区属行政机关法制部门负责人及区市场监管局执法人员共 90 余人旁听了庭审。在庭审过程中，东城区政府副区长在最后陈述中表示：“感谢当事人选择行政复议作为救济途径，本人作为行政机关负责人出庭应诉，既是以实际行动落实法律义务，也体现了区政府努力优化营商环境的决心。东城区政府将秉持法治就是最好的营商环境的理念，不断提高行政机关执法水平，推动构建保护公平竞争的市场秩序，畅通市场主体的利益表达渠道，努力营造首都功能核心区良好的法治化营商环境。”东城市场监管局局长则表示：“此次公开庭审是一次难得而生动的法制教育课，对规范食品行政执法起到了积极的引领作用，今后要避免机械执法，主动结合生产实际，确保罚责相当。”在庭审结束后，两位行政机关负责人专门与第三人生产厂商法定代表人就市场监管工作中的相关问题进行了深入交流。经过庭中和庭后充分交换意见，各方当事人对案件争议问题的解决达成共识，原告申请撤诉。

最高人民法院认为，该案最终案结事了，充分展示了行政机关负责人出庭应诉制度的效能：一是沟通效能。东城区法院以当事人之间充分沟通为目标，努力让利益相关方全部参加诉讼并实际出庭，面对面交流，消除了隔阂和认识误区，达成了

---

① “最高人民法院发布十五起行政机关负责人出庭应诉典型案例”之一“北京富宁经贸有限责任公司宁夏特产连锁超市诉北京市东城区市场监督管理局行政处罚决定及北京市东城区人民政府行政复议案”（发布日期：2021－07－29）.

争议解决的共识；同时，加强了行政机关和行政相对人对人民法院审理工作的理解和信任。二是示范效能。东城区法院提前建议行政机关负责人出庭就实质性解决争议发表意见，打破以往行政机关被动应诉的藩篱，促使行政机关在庭前应诉准备中更加深入审视行政行为的合法性，从自身工作不足中寻求争议化解的契合点，从而促进其执法工作水平的提升；同时带动行政机关负责人转变理念，主动出庭、出好庭。三是教育效能。该案同时作为行政执法人员的法制公开课，市场监管局局长的出庭、发言，对于规范食品行政执法起到了积极引领作用。政府副区长的出庭、应诉，对于政府职能部门深入推进依法行政、加强法治政府建设发挥了良好示范作用。沟通效能实现了“实质性化解行政争议”的目的，示范效能和教育效能则有效促进了行政诉讼外部环境的改善以及法治政府的整体建设。

知识拓展

一、拓展阅读

1. 吕尚敏. 行政首长应当出庭吗?：在司法的技术、权能与功能之间. 行政法学研究，2009（4）.

2. 章志远. 行政机关负责人出庭应诉制度的法治意义解读. 中国法律评论，2014（4）.

3. 卢超. 行政诉讼行政首长出庭应诉制度：司法政治学的视角. 北方法学，2015（4）.

4. 高春燕. 行政首长出庭应诉：价值重估与技术改良：以浙江66个规范文本为基点的分析. 行政法学研究，2015（2）.

5. 喻少如. 功能主义视阈下的行政机关负责人出庭应诉制度. 法学评论，2016（5）.

二、类案练习

蔡某某诉山东省泗水县人民政府土地征收案①

案情

蔡某某系山东省泗水县村民，在该村承包土地用于种植果树。在2018年年初，因鲁南高铁项目施工，蔡某某承包土地上的果树在未签订征地补偿协议的情况下被强制清除。蔡某某认为其合法权益受到侵害，遂提起行政诉讼。经审理，山东省济宁市中级人民法院一审判决确认山东省泗水县人民政府（以下简称“泗水县政府”）征占蔡某某承包地的行政行为违法。泗水县政府不服，向山东省高级人民法院（以下简称“山东高院”）提起上诉。

山东高院公开开庭审理了该案，泗水县政府的负责人到庭参加诉讼。在庭审过程中，负责人认真倾听蔡某某的意见，并积极“出声”，表示已经了解了行政争议的

---

① “最高人民法院发布十五起行政机关负责人出庭应诉典型案例”之五“蔡某某诉山东省泗水县人民政府土地征收案”（发布日期：2021-07-29）.

根源所在，将与蔡某某积极沟通协商，采取有效措施妥善解决争议，申请撤回上诉。山东高院举行了山东省行政机关负责人庭审观摩活动：以视频会议的形式进行，在山东高院设主会场，在各中级人民法院、基层人民法院设分会场。山东省、市、县三级万名行政机关工作人员共同旁听该案庭审。庭审结束后，参加观摩活动的山东省副省长、省委政法委副书记、公安厅厅长对山东省全省行政机关工作人员强调：做好行政应诉工作是行政机关的法定义务，要严格落实行政机关负责人出庭应诉制度，做到“出庭又出声”。

思考

请分析行政机关负责人出庭应诉制度程式化，对个案审理、行政诉讼环境以及法治政府建设的正面影响以及可能的负面影响。

三、毕业论文选题指导

1. 对行政机关负责人出庭应诉制度的法文化分析
2. 行政机关负责人出庭应诉制度的功能定位及实现路径
3. 权力结构不平衡背景下行政机关负责人出庭应诉制度的功能限度

第十四讲　行政协议制度

内容提要

行政协议是行政机关进行行政管理的一种工具。通过引入“合意”机制，公民、法人或其他组织不再只是被管理的对象，而成为行政管理的“合作者”。行政协议与民事合同的根本区别在于约定的内容主要为行政法上的权利义务。行政协议的无效判定应当并列适用行政法和民法的相关规定，并在考察和权衡个案中各方诉求和利益。协议相对人对行政协议的撤销权是一种形成权，仅在行政协议存在胁迫、欺诈、重大误解、显失公平等情形时才能行使，但在当前的行政诉讼制度下失去了大部分意义。单方变更解除权的行使受到严格的条件约束，并且只有当在合同框架内无法解决问题时才能使用。民法上的不可抗力和情势变更不兼容于行政协议制度。应当完善行政协议的变更、解除制度，满足行政机关变更、解除行政协议的正当需求。

在具体案件中对特定公民、法人或其他组织作出单方处理，是行政机关进行行政管理活动的经典模式。但是，行政机关亦可选择另一种模式，即通过协商与公民、法人或其他组织签订协议，约定行政法上的权利义务。目前，我国立法对行政协议的规范供给严重不足，对行政协议的定义、实施程序、行政优益权的行使、违约责任等问题都采取了较为回避的态度。2014 年修改的《行政诉讼法》虽然将“政府特许经营协议、土地房屋征收补偿协议等协议”争议纳入行政诉讼的受案范围，但在整个诉讼制度的构建上并未针对行政协议争议的审理作出足够的调整。2015 年《行政诉讼法司法解释》在行政协议的定义、争议管辖、起诉期限和诉讼时效、法律适用、判决方式等方面作出了有限的补充。与此相对应的是，实践中行政协议的应用以及相关纠纷呈现井喷的态势，行政协议纠纷与传统的由单方行政行为引起的纠纷表现出较大区别，《行政诉讼法》及其司法解释的规定远远无法满足审判的实际需求。2019 年最高人民法院又发布了专门针对行政协议的《关于审理行政协议案件若干问题的规定》（法释〔2019〕17 号，以下简称《行政协议若干规定》），在 2015 年《行政诉讼法司法解释》的基础上进行了一些修改、增补和细化。但是，《行政协议若干规定》仍存在内容简略、指引不清等问题，且受限于司法解释的定位以及现有的制度框架，对于行政协议的方方面面都所引发的问题并不能给出令人满意的答案。学界对行政协议的识别标准、效力标准、司法审查的对象界定、诉讼模式、起诉期限、举证规则、判决方式等都有诸多讨论，既有立法论层面的探讨，也有解释论层面的探讨。囿于篇幅，本讲仅以《行政协议若干规定》的内容为基础，结合当前司法实践，对有关行政协议的几个主要问题作一简述。

第一节　行政协议的定位与适用范围

行政协议是19世纪末产生的概念，随后便在理论上和实务中得到扩张。这一现象有其特殊的时代背景：国家对市民社会的干预加强，并开始扩展到市民生活的方方面面，行政管理的方式由传统的“干预行政”向“给付行政”转变，国家承担公共服务的任务越来越多。为了完成公共服务的任务，实现积极的行政管理目标，国家开始采用与私营部门缔结合同的方式来进行行政管理。这种做法的好处显而易见：一方面，国家可以缓解由于政府职能扩张带来的财政和人力上的压力；另一方面，通过引入私营部门参与行政管理，可以提高公民等对公共事务的参与程度，对于促进行政公开和民主监督也具有十分积极的作用。此外，取代传统的“高权行政”，国家采用与公民“平等协商”的方式履行职能，这一现象本身也是现代国家与公民等之间的关系发生转变的体现。

自我国引入行政协议的概念以来，关于行政协议存在的必要性、行政协议与民事合同的区别、识别行政协议的标准、个别合同的性质归属等都存在诸多争议。究其原因，恰好是行政协议的出现对传统的国家与公民之间的关系、行政管理模式以及公、私法二分的结构造成了冲击。行政协议具有一种高度混合的特质，既追求公共利益，也不排斥私营部门的合作者通过协议获取正当利润。既强调行政机关为维护公共利益享有“特权”，又强调双方应当平等协商、精诚合作。应当如何在制度上实现这些相互“矛盾”的要求，既能够保证行政管理目的实现，又能够满足私营部门的合作者对协议的正当期待，使行政协议不失其协议的特质、行政协议的公众参与和公众监督等功能能够实现，是立法和司法需要解决的问题。

长久以来，民法学者对行政协议往往持一种排斥的态度。有民法学者认为：若行政机关欲与民事主体签订合同就应当签订民事合同。即使行政协议存在，也只能存在于较为有限的领域。[①] 公法学者对行政协议的价值定位的认识也不完全相同：有的学者认为行政协议以实现公共利益为根本目标，强调行政机关在协议订立和履行过程中的主导作用；有的学者则从协商和合作的角度出发，更加注重对这种主导作用的控制。究其本源，行政协议是行政机关为了履行行政管理职能所使用的一种

① 崔建远. 行政合同族的边界及其确定根据. 环球法律评论，2017 (4)：24-28.

工具。民事合同以实现意思自治为目的，意思自治本身即是民事合同的核心价值所在；行政协议的目的则在于调动个人和社会力量服务公共利益，意思自治更多体现为实现目的的手段。[①] 在某种意义上，行政协议是作为传统的“高权行政”的“替代物”出现的，以弥补后者缺乏弹性、适用场景狭窄、易引起相对人抵触等缺点。[②] 相较于传统的单方行政行为来说，行政协议引入了“合意”机制，行政相对人不再只是被管理的对象，在行政程序中的主体地位得到了提升。

从理论来说，协议治理与依法治理之间存在一定张力。与私法以意思自治为基础构建不同，行政法以行政受到法律约束为基本理念。长久以来，行政法制体系的建设也致力于进行越来越细致的规定，以达到规范行政权的行使、缩小行政机关的裁量空间、提高行政决定的可预期性的目的。基于行政权的根本属性，即使采用协议的方式来进行治理，仍然必须遵守依法行政[③]、诚实信用等行政法基本原则以及法律的强行性规定。只有在法律预留有裁量空间且不违反裁量规则的情况下，才能够通过协议约定双方行政法上的权利义务。在满足这些条件的前提下，除非法律明确禁止，或者该项事务就其性质不得以协议的方式管理[④]，否则行政协议原则上可以适用于所有行政领域。

《行政诉讼法》第 12 条第 1 款第 11 项将“认为行政机关不依法履行、未按照约定履行或者违法变更、解除政府特许经营协议、土地房屋征收补偿协议等协议”引发的争议纳入行政诉讼的受案范围。一般认为，这条规定肯定了政府特许经营协议、土地房屋征收补偿协议的行政协议属性。在此基础上，《行政协议若干规定》第 2 条又列举了土地、房屋等征收征用补偿协议，国有自然资源使用权出让协议，政府投资的保障性住房的租赁、买卖等协议，政府与社会资本合作协议。[⑤] 实践中行政协议的类型更是多种多样，如国有土地收储协议[⑥]、自然资源开发协议[⑦]、息诉息访协议[⑧]、行政和解协议[⑨]、教育委托培养协议[⑩]、师范生免费教育协议[⑪]、招商引资协议[⑫]、行政强制执行协议[⑬]等。需要注意的是，要将这些协议定性为行政协议，必须

---

① 陈天昊. 行政协议中的平等原则：比较法视角下民法、行政法交叉透视研究. 中外法学，2019 (1)：250.

② 王学辉. 行政何以协议：一个概念的检讨与澄清. 求索，2018 (2)：120－121.

③ 一般认为，行政协议至少应当遵守法律优先原则。对于行政协议是否应当遵守法律保留原则存在争议。哈特穆特·毛雷尔. 行政法学总论. 高家伟，译. 北京：法律出版社，2000：362－363；梁凤云. 行政协议的界定标准：以行政协议司法解释第 1 条规定为参照. 行政法学研究，2020 (5)：5－6.

④ 冯莉. 论我国行政协议的容许性范围. 行政法学研究，2020 (1)：52－53.

⑤ 政府与社会资本合作协议（又称公私合作协议或 PPP 协议）是一个协议群，可能是行政协议，也可能是民事合同，需根据具体协议的特征来判断。

⑥ 最高人民法院（2016）最高法行申 947 号行政裁定书.

⑦ 最高人民法院（2016）最高法行申 367 号行政裁定书.

⑧ 最高人民法院（2016）最高法行申 2513 号行政裁定书.

⑨ 最高人民法院（2017）最高法行申 8386 号行政裁定书.

⑩ 最高人民法院（2016）最高法行申 5143 号行政裁定书.

⑪ 最高人民法院（2016）最高法行申 1991 号行政裁定书.

⑫ 最高人民法院（2017）最高法行再 99 号行政裁定书.

⑬ 最高人民法院（2017）最高法行申 4285 号行政裁定书.

以具体案件中的协议符合行政协议的构成要件为前提。

第二节　行政协议的识别标准

行政协议的识别以及其与民事合同的区别一直是民法学者与行政法学者的“主战场”之一。由于我国在立法层面并未明确行政协议的定义和界定标准，学界对此进行了大量的探讨，提出了主体说、目的说、标的说等各种学说。[①] 2015 年，最高人民法院综合相关学说在《行政诉讼法司法解释》中对行政协议作出了定义。[②]《行政协议若干规定》在原有定义的基础上进行了一些修改。根据《行政协议若干规定》第 1 条，行政协议是行政机关为了实现行政管理或者公共服务目标，与公民、法人或者其他组织协商订立的具有行政法上权利义务内容的协议。据此，行政协议应当具备主体要素（“行政机关与公民、法人或者其他组织”）、目的要素（“行政管理或者公共服务的目标”）、意思要素（“协商订立”）和内容要素（“行政法上权利义务”）。对行政协议的识别采用客观标准，原则上不考虑协议双方的主观意志。最高人民法院通过司法解释对行政协议的定义并未使相关争议平息。除意思要素之外，对于主体要素、目的要素和内容要素能否作为行政协议的识别标准均存在不同意见。相应地，诸如拆迁补偿安置协议、国有土地使用权出让协议、政府采购合同等协议的归属更是争议的焦点所在。以下分别就主体要素、目的要素和内容要素作为识别标准所存在的问题作一简述。

一、主体要素

行政协议要求订立协议的双方一方为行政机关，另一方为公民、法人或其他组织，行政机关之间因公务协助等事由订立的协议、行政机关与其工作人员订立的劳动人事协议被明确地排除在外。要求行政协议的缔约主体必有一方为行政机关是理所应当的，但有民法学者提出，行政机关以民事主体的身份进行民事活动时，如购买办公用品、修缮办公场所时，所订立的乃是民事合同，由此说明主体要素作为识别标准的不可靠性。[③] 反对意见则认为，行政机关购买办公用品时本就是以民事主体的身份活动，已不满足主体要素的要求，且主体并非识别行政协议的唯一要素，只有同时具备四个要素才能被认定为行政协议。[④] 两种观点看似不同，实则拥有共

① 江必新. 行政协议的司法审查. 人民司法，2016（34）：8－9.

② 该司法解释第 11 条第 1 款规定：“行政机关为实现公共利益或者行政管理目标，在法定职责范围内，与公民、法人或者其他组织协商订立的具有行政法上权利义务内容的协议，属于行政诉讼法第十二条第一款第十一项规定的行政协议。”

③ 王利明. 论行政协议的范围：兼评《关于审理行政协议案件若干问题的规定》第 1 条、第 2 条. 环球法律评论，2020（1）：7－8.

④ 梁凤云. 行政协议的界定标准：以行政协议司法解释第 1 条规定为参照. 行政法学研究，2020（5）：8－9.

同的认知基础，即身份由行为的性质决定，而非相反。任何人、任何组织在参与社会活动的时候都拥有多重身份，究竟以何种身份出现并非先定的，而是由其所处的场景、所参与的活动、所实施的行为等因素决定的。即使仅将主体要素作为识别标准之一，也会存在如下问题：若协议的内容具有行政性而主体不符合要求，是否应当径行将其定性为民事合同？与之相关的问题是，缔约主体的身份究竟属于识别标准还是效力标准？根据合同理论，当双方意思表示一致时合同即告成立；若合同订立过程中存在瑕疵，则可能导致合同的效力待定、可撤销或者无效。对于行政协议的效力体系，《行政协议若干规定》也采用了相同的构建，分为有效、效力待定、无效和可撤销。根据《行政协议若干规定》第12条，当缔约方不具备行政主体资格或明显超越法定职权时，法院应当以重大且明显违法为由确认协议无效。[①] 确认无效以肯定行政协议的属性为前提，与主体要素作为识别标准之间存在矛盾。这种矛盾也导致了司法实践中对主体要素的作用认识不一：当缔约方不具有行政主体资格或权限时，部分法院会得出案涉协议不属于行政协议的结论[②]；其他法院则会基于协议内容的行政性肯定行政协议的属性，然后根据主体或权限瑕疵作出确认协议无效或撤销协议的决定。[③]

二、目的要素

亦有学者认为，行政协议与民事合同的根本区别在于缔结行政协议是为了实现公共利益，不同于民事合同追求私益的目的。[④] 对于这种观点也存在一些疑问：首先，公共利益是一个不确定的法律概念，具有宽泛性和模糊性，对公共利益的理解高度依赖法律适用者在个案中结合具体情况作出的判断。以政府采购为例，通常认为行政机关在购买办公用品时签订的合同是民事合同，因这种行为并非直接指向公共利益，而是为了满足行政机关自身运行的需求。关于这一点无论在民法学界还是在行政法学界似乎都没有太大异议。但限额标准以上的办公用品的采购则必须遵守《政府采购法》中规定的严格的权限和程序要求，并需要向社会公开。这即是考虑到大额财政资金的使用对公共利益影响较大、受到民众的广泛关注、具有明显的“公共”属性。虽然政府采购合同的性质是一个饱含争议的问题，但法律对限额标准以上和以下办公用品采购的不同态度，已经显示出公共利益标准的模糊性。事实上，行政协议抑或民事合同只是行政机关在具体场景中所选择的工具，与行为所欲达到的目的之间并无必然关联。或者说，无论使用何种工具，行政机关只能追求公共利益，并无“私人利益”[⑤]。正是考虑到公共利益概念的模糊性和极易被泛化解释的危

① 最高人民法院行政审判庭．最高人民法院关于审理行政协议案件若干问题的规定理解与适用．北京：人民法院出版社，2020：182.

② 江苏省高级人民法院（2018）苏行申338号行政裁定书．

③ 贵州省六盘水市中级人民法院（2019）黔02行终240号行政判决书．

④ 王学辉．行政何以协议：一个概念的检讨与澄清．求索，2018（2）：124－125.

⑤ 张海鹏．论国有土地使用权出让合同的民事定性：兼评76号指导案例．求是学刊，2019（4）：106－107.

险，《行政协议若干规定》有意避开了“公共利益”的概念，代之以“行政管理或者公共服务目标”[①]，但这个表达的范围同样十分宽泛，其在模糊程度上与公共利益不相上下，在抽象层面同样无法作出有效的界定，在实践层面依然存在易被泛化解释的问题。其次，在现代民主国家，公共领域已非国家的“垄断”领域，私主体同样可以以公共利益为目的进行活动，传统的国家—公益、个人—私益的二元划分已不再符合国家理论和社会现实。从这个角度来说，将公共利益作为行政协议与民事合同的区别标准也欠缺说服力。

司法实践中，对于订立协议是否是为了“行政管理或者公共服务目标”，法官的判断也不尽相同。在沈阳沈抚新城管理委员会与北京华严文化投资有限责任公司合同纠纷案[②]中，最高人民法院民事审判庭认为华严文化投资有限责任公司与沈阳沈抚新城管理委员会签订的“总体合作协议”和“补充协议”都是双方“以平等地位签订”的民事合同，协议目的“也不是为实现公共利益或者行政管理目标，而是为通过大型实景演出促进棋盘山风景旅游开发区旅游业的发展”。而在华诺森（武汉）生物医药技术有限公司与武汉东湖新技术开发区管理委员会行政协议纠纷案[③]中，最高人民法院行政审判庭则认为华诺森（武汉）生物医药技术有限公司与武汉东湖新技术开发区管理委员会签订的促进生物产业发展的“入驻协议书”和“补充协议”是“基于行政管理目的”。对于同类情形的不同判断，虽然在某种程度上也可能是出于民事法官对行政协议的保守态度，但也应当认识到，这种情况反映出了“公共利益”或“行政管理或者公共服务目标”这一标准难于掌握的特性。

三、内容要素

通过以上分析可以发现，主体要素和目的要素都不能反映出行政协议与民事合同的根本区别。行政协议之所以归属于行政法范畴，根本原因在于它的内容。行政协议是行政管理的工具，目的是设立、变更、终止行政法律关系，约定行政法上的权利义务。诚然，如何界定“行政法律关系”和“行政法上的权利义务”亦非易事，但无法否认的是，这是行政协议与民事合同的本质区别所在。[④] 究其根源，行政协议与民事合同的区分是公法与私法二分的结果：民事合同是私法领域内的契约，行政协议是公法领域内的契约。在某种程度上，行政协议的界定困难即是公、私法互相渗透、互相融合的结果。私法中有了越来越多的行政法因素[⑤]，民法学者便认为许多所谓的“行政协议”不过是受到了行政法因素干扰的民事合同[⑥]；公法秩序的

---

① 梁凤云. 行政协议司法解释讲义. 北京：人民法院出版社，2020：11.

② 最高人民法院（2018）最高法民终 938 号民事判决书.

③ 最高人民法院（2019）最高法行申 857 号行政裁定书.

④ 李霞. 行政合同研究：以公私合作为背景. 北京：社会科学文献出版社，2015：72；韩宁. 行政协议判断标准之重构：以“行政法上权利义务”为核心. 华东政法大学学报，2017（1）：82－84.

⑤ 李永军. 民法典编纂中的行政法因素. 行政法学研究，2019（5）：3－19.

⑥ 王利明. 论行政协议的范围：兼评《关于审理行政协议案件若干问题的规定》第 1 条、第 2 条. 环球法律评论，2020（1）：16－17.

构建也越来越凸显公众参与、民主协商、公私合作、公平竞争等因素，行政法学者因而主张契约形式并非私法所独占，反对行政协议中的行政单边主义预设。[①]

公、私法融合的前景乃是一个宏大而复杂的话题，此处不予赘述。在当前公、私法二分的体系之下，对公法和私法规范的界定，通行的做法是采用除利益说、主从关系说、修正主体说等多种学说相结合的方式。[②] 当然，不得不承认的是，如美浓部达吉所说，"公法和私法的区别，不是根据单纯的理论的区别，是现实的国法上的区别，而现实的国法系由种种错杂的思想之结果所结集而成的……若只以某单一的标准而企图区别两者，无论其所用的是何种标准，结果都必归于失败"[③]。公、私法的区分不可避免地受到传统和惯例的影响。争议较多的拆迁补偿安置协议、国有土地使用权出让协议、政府采购合同等协议长期被作为民事合同处理，然而将其作为行政协议纳入行政诉讼的受案范围，必然会引起民法学界的反弹。但是，除开公、私法区分本身的困难、传统和惯例的影响不论，法院将上述协议作为民事合同进行审理时往往囿于民事合同的审查框架，将关注点局限于双方意思表示是否一致、是否存在瑕疵等情况，而忽略合同签订过程中行政权的作用，亦不能对行政机关的行为进行合法性监督。例如，国有土地使用权出让协议的签订往往与土地规划、土地使用权出让许可等行政活动密切关联，相关行为的合法性都可能影响出让协议的效力，采用行政诉讼的方式则可以实现对行政协议签订和履行的全过程审查，更有利于解决争议。

在大英县永佳纸业有限公司与四川省大英县人民政府行政协议纠纷案[④]的再审裁定书中，最高人民法院认为，对"行政法上的权利义务"可以从三个方面判断："一为是否行使行政职权、履行行政职责；二为是否为实现公共利益或者行政管理目标；三为在协议里或者法律上是否规定了行政机关的优益权……从所起的作用看，是否行使行政职权、履行行政职责为本质要素，只要符合该要素，所涉协议即为行政协议，而实现公共利益或者行政管理目标及行政机关的优益权这两个要素为判断是否行使行政职权的辅助要素。"对于这一意见，应当将其视为供司法裁判参考的"实用"标准，因为其并不一定具有理论上的周密性。首先，必须承认，"行政职权和行政职责"较为接近"行政法上权利义务"的内核。以职责或公务要素来界定行政协议亦为许多学者所主张。[⑤] 但是，不同于法定职权和法定职责，行政职权和行政职责是更为宽泛的概念，行政机关行使行政职权、履行行政职责的行为亦可能是超越职权的违法行为。由于超越职权仅影响行政协议的效力而非性质，因而从理论上来说，只要行政机关进行的是"行政活动"，即可认为其是在"行使行政职权、履行行政职责"。界定行政职权和行政职责即是在界定"行政"，用行政职权和行政职

① 于立深. 行政协议司法判断的核心标准：公权力的作用. 行政法学研究，2017（2）：42.

② 哈特穆特·毛雷尔. 行政法学总论. 高家伟，译. 北京：法律出版社，2000：40-43.

③ 美浓部达吉. 公法与私法. 黄冯明，译. 北京：中国政法大学出版社，2003：32-33.

④ 最高人民法院（2017）最高法行申195号行政裁定书.

⑤ 杨靖文. 行政协议的识别标准与类型研究：从公权到公务标准的渐进. 法律适用，2020（14）：124-126；王瑛. 行政协议认定标准探讨. 法商研究，2021（3）：169-174.

责去判断"行政法上的权利义务"可能会陷入循环论证的漩涡。其次，将行政优益权的存在作为判断"行政法上权利义务"的要素有倒果为因之嫌。行政法律关系是行政优益权存在的前提。只有在特定协议被认定为行政协议之后，行政机关才能够享有行政优益权；反之，在协议性质尚未确定的情况下，即使协议内容含有疑似优益权的条款，也不能将其解释为行政优益权。

此外，实践中对于协议内容中"行政法上权利义务"宜采用整体认定的方式。例如，招商引资协议通常由诸多条款组成，其中往往既包含民法上的权利义务，也包含行政法上的权利义务，此时应当根据协议内容的整体进行判断。在香港斯托尔实业（集团）有限公司与泰州市人民政府行政协议纠纷案[①]中，最高人民法院认为涉及土地招拍、土地使用、行政审批等内容的"项目招商合同书"及"补充协议书""虽有部分民事权利义务性质，但更多约定涉及地方政府不同职能部门的行政职权，分别受多部行政法律规范调整，具有明显的行政法上的权利义务特征"。而在新乡市新东实业有限公司与新乡市红旗区人民政府等合同纠纷案[②]中，新乡市红旗区人民政府和新乡市新东产业集聚区管理委员会辩称案涉"项目投资合同"及补充协议是行政协议，因为合同中权利义务的履行需要协调其他行政机关、经过相关行政管理部门审批，属于行使行政机关职权。但一审、二审和再审法院都认为含有免收、返还税费、贷款贴息、返租厂房等优惠政策的"项目投资合同"等协议不具有明确、充分的行政法上的权利义务，性质为民事合同。[③]

综上，我们认为，行政协议与民事合同的界定问题本质上是公法规范与私法规范的界定问题。换言之，这并非行政协议本身的问题。确定行政协议的关键在于判断通过协议所形成的是否为行政法律关系、协议约定的是否为行政法上的权利义务。主体要素和目的要素都可以被视为是从行政法律关系中所延伸出来的，反映的是行政法律关系的特征。由于公法规范与私法规范之间的界限并不总是十分清晰，界定行政协议也不必过于纠缠要素的归入，而应当更加关注协议的功能承载和应用场域。[④] 对于具有明显"公私混合"特质的协议，考虑到其与行政机关在协商、签约和履约过程中的其他管理行为之间往往具有密切关联，将其作为行政协议整体纳入行政诉讼的范畴更为合适。

第三节　行政协议的无效和可撤销

法院审理行政协议案件时，应当首先判断行政协议的效力。对于有效的行政协议，当事人应当继续履行协议义务、采取补救措施、承担违约责任等；对于无效的

---

① 最高人民法院（2017）最高法行再99号行政裁定书.

② 河南省新乡市中级人民法院（2017）豫07民初76号民事判决书，河南省高级人民法院（2018）豫民终811号民事判决书，最高人民法院（2019）最高法民申6492号民事裁定书.

③ 关于政府提供招商引资的优惠条件是否属于行使行政管理职权的行为也存在较大争议.

④ 徐键.功能主义视域下的行政协议.法学研究，2020（6）：100-103.

行政协议，在法院确认无效之后，当事人应当返还财产、折价补偿、赔偿损失等。行政协议的效力判定与行政协议的法律适用问题息息相关，故需要首先解决审理行政协议案件的法律适用问题。

一、审理行政协议案件的法律适用

通常认为，法院审理行政协议案件时在适用行政法规范的同时准用民法规范。《行政协议若干规定》第27条第2款亦明确规定，法院审理行政协议案件可以参照适用民事法律规范关于民事合同的相关规定。所谓“准用”即是参照适用的意思，是为了填补法律漏洞而设置的一种类推适用方式。① 审理行政协议案件准用民法规范的原因在于契约有其固有特性，以契约形式进行的活动有其共同的原理和逻辑。但是，这是否意味着在行政法规范和民法规范之间有适用上的先后之分？学界对此持不同意见，通说认为审理行政协议案件应当优先适用行政法规范，仅在行政法没有规定时才可适用民法规范。② 也有学者认为民法是审理行政协议案件的主要依据，行政法处于辅助地位。③ 还有学者主张区分行政协议中的公法约定和私法约定，分别适用行政法规范和民法规范。④

首先应当指出，从行政协议的特征出发，参考行政法和合同法理论制定专门的“行政协议法”，对行政协议的订立、履行、变更、解除、监督、救济等进行全面而细致的规定，是解决法律适用问题的最理想方式，能够为司法实践提供最为清晰的指引。但在当前行政协议的理论与实践积累尚浅，关于诸多问题还未达成共识的情况下，这一选择并不可行。那么，当前审理行政协议案件究竟应当如何适用法律？既然将行政协议争议纳入行政诉讼的受案范围，优先适用行政法似乎不言自明。但是细究起来，问题远没有这么简单。优先适用行政法的逻辑在于，对于某个特定的问题，行政法根据行政协议不同于民事合同的特点作出了明确的特别安排。然而，就立法和司法解释的现状而言，问题恰好是对于诸多问题，行政法上是否有特别安排并不明确。例如，行政机关主张因公共利益受到威胁而解除行政协议时，何种情况下构成民法上的情势变更，何种情况下属于行使行政优益权，在行政法上并不明确。在这种情况下强调优先适用行政法，结果可能是大量争议被不加区分地归入行政优益权争议的范围。

我们认为：对行政协议的司法审查，在法律适用上并无绝对意义上的先后之分。行政协议的法律适用时常被与行政协议的“本性”问题联系起来，法律适用也成为“本性”之争的一种体现。行政协议兼具行政性与协议性。尽管行政法学者多强调行政协议以“行政性”为本，但这并不代表对行政协议的司法审查必须以行政法规范

① 王春蕾. 行政协议准用民法的逻辑证成. 行政法学研究，2021（4）.

② 最高人民法院行政审判庭. 最高人民法院关于审理行政协议案件若干问题的规定理解与适用. 北京：人民法院出版社，2020：362；梁凤云. 行政协议案件的审理和判决规则. 国家检察官学院学报，2015（4）：35；李广宇. 审理行政协议案件对民事法律规范的适用，中国法律评论，2016（1）.

③ 崔建远. 行政合同族的边界及其确定根据. 环球法律评论，2017（4）.

④ 余凌云. 论行政协议的司法审查. 中国法学，2020（5）：75－76.

为“优先”。事实上，行政协议的行政性只能表示行政协议的发起是出于履行行政管理职能的目的，由此可进一步导出行政机关为了保障目的达成可以行使行政优益权、法院在司法审查的过程中必须进行合法性审查等内容；从制度架构的角度来说，亦可认为协议性是行政协议的本质特征，行政协议的底层架构是合同，离开了合同基本制度，行政协议也无从谈起。① 在当前公、私法仍分别承载不同的功能、远未实现真正融合的背景下，在对行政协议的司法审查中行政法规范和民法规范发挥的作用是不同的：前者主要用于对行政机关协议行为②的合法性审查，后者主要保护作为合同制度核心的意思合致等。③ 诚然，二者之间必然存在重合之处，例如，信赖保护是行政法和民法的共同目标，行政法保护的公共利益亦与民法维护的公序良俗紧密关联，但总体而言，二者的侧重点和价值偏向有所不同，所欲矫正的情形也有所不同，故不应存在绝对意义上的适用先后之说。最高人民法院在发布 2015 年《行政诉讼法司法解释》时即表达出了这种思路。最高人民法院在介绍审理行政协议案件的“两分法”时表示：“所谓两分法就是又照顾协议的性质，又照顾是行政行为的特性，比如对于履行协议问题，无论是在适用民事法律规范，包括适用合同法的一些具体规定来作出审查，作出判决等等，比较强调协议合同方面的特征。比如对于行政机关单方解除变更协议的，强调它跟传统的行政行为并没有太实质的区别，所以适用法律规范也就是适用行政法律规范，包括诉讼费用上，按照行政诉讼收费标准来执行等等，这些都体现了所谓的两分法。”④ 换言之，无论强调行政法“优先”还是强调民法“优先”，在具体的法律适用中都必须首先甄别所涉问题属于哪一个范畴。从这个角度来说，应当认为二者之间是“合作”而非“竞争”的关系；且在适用时都不能机械套用，而需要考虑到行政协议既不同于单方行政行为亦有别于民事合同的特征。这一点在行政协议的效力判定上即有所体现。

《行政协议若干规定》参照民事合同的效力体系，将行政协议的效力状态分为有效、无效、效力待定和可撤销。其中，效力待定是因欠缺其他要件而使协议效力未明的状态，之后其可能转化为有效、无效或可撤销状态；无效和可撤销都是因协议具有瑕疵而导致的效力状态。行政协议的瑕疵情形大致可以分为两类：一类由行政机关在订立、履行、变更、终止行政协议过程中的违法行为导致，此时的审查依据

① 杨科雄. 试论行政协议的识别标准. 中国法律评论，2017（1）：63-64；严益州. 论行政合同上的情势变更：基于控权论立场. 中外法学，2019（6）. 有学者认为行政协议就是行政机关一系列行政行为的组合，法院审理行政协议案件就是审查行政机关订立、履行、变更、解除协议等行为，行政协议的协议性仅体现为在签订协议时需要与相对人达成合意。此种意见可参见郭修江. 行政协议案件审理规则：对《行政诉讼法》及其适用解释关于行政协议案件规定的理解. 法律适用，2016（12）：46。这种从行政协议中剥离出片段以代替整体的思路实不足取，导致的结果是行政协议其他层面的内容无法被行政诉讼所容纳。

② 本讲中的“行政机关协议行为”是指行政机关围绕着行政协议所实施的协商、签订、履行、变更、解除等行为，不等于“行政协议行为”，后者是将“行政协议”本身作为一种行为。

③ 因此，将行政协议拆分为公法约定和私法约定，分别适用行政法规范和民法规范审查的意见也存在视域狭窄的问题。对行政协议的司法审查不仅包括协议内容的审查，还包括对行政机关协议行为的审查，审查方式应当是“立体”的而非局限于某个层面。

④ 最高人民法院发布行政诉讼法司法解释.（2015-04-28）[2022-06-16]. http://www.scio.gov.cn/xwfbh/qyxwfbh/Document/1432086/1432086.htm.

多为行政法规范；另一类由行政机关和协议相对人的意思表示瑕疵、缔约过失、履行障碍等导致，此时的审查依据多为民法规范。以下就行政协议的无效和可撤销情形予以分述。

二、对行政协议无效的认定

一般认为，对行政协议无效的认定涉及两个可以参照的制度：行政行为的无效和民事合同的无效。这一观点也在《行政协议若干规定》中得到了体现。根据《行政协议若干规定》第 12 条，行政协议存在《行政诉讼法》第 75 条规定的重大且明显违法情形的，法院应当确认行政协议无效；此外，法院可以适用民事法律规范确认行政协议无效。但是，这条规定并未明确认定行政协议无效的具体标准，由此产生的一系列问题包括：《行政诉讼法》第 75 条的无效标准能否直接套用于行政协议？在确认行政协议无效时，应当优先适用行政行为的无效标准还是民事合同的无效标准？

1. 《行政诉讼法》第 75 条的可适用性

对于《行政诉讼法》第 75 条能否适用于行政协议，学界多持肯定态度。不管出于何种原因，当行政机关的行为违法且达到“重大且明显”的程度，亦即违法程度严重到无法被法秩序所容忍；且能被一般理性人所识别时，应当否定其效力。但是，《行政诉讼法》第 75 条是否可以直接套用于行政协议的无效，或者说导致单方行政行为无效的情形是否一定会导致行政协议无效，则存在疑义。

首先，应当指出，《行政诉讼法》第 75 条是针对单方行政行为的制度设计。单方行政行为体现的是行政机关的单方意志，不涉及相对人的意愿，立法者的目的是规范行政机关的行为，故不需考虑后者。而“行政合同由于其合意性，其存续性（力）应当比单方面作出的国家行为强。其理由不在瑕疵或者瑕疵后果层面，而是在相应的处理层面；因为行政合同借助公民同意而成立，可以包含在单方法律行为、特别是行政行为方面不适法的处理内容。行政合同的法律界限和瑕疵感染性因此要小一些，这一点——反过来看——也赋予其较强的存续力”①。其次，单方行政行为往往是制式行为，已形成了较为成熟的操作模式，多运用于标准化场景；而行政协议具有较强的个性化特征，即便是同类行政协议在不同案件中也可能呈现较大差异，并且个案中的各方诉求与利益关系更加复杂，需要法院进行更加全面的考虑与权衡。例如在安丘市人民政府与潍坊讯驰置业发展有限公司行政协议纠纷案②中，安丘市人民政府（以下简称“安丘市政府”）与正泰公司签订“安丘市长安路改造及沿街房屋开发建设项目合同书”，以开展安丘市长安路改造及沿街房屋开发建设项目工作。合同约定：正泰公司在安丘注册成立房地产开发公司，负责长安路两侧沿街商铺和住宅的开发；安丘市政府则提供包括免收土地契税、土地增值税和土地使用税

① 哈特穆特·毛雷尔. 行政法学总论. 高家伟，译. 北京：法律出版社，2000：379.

② 山东省高级人民法院（2017）鲁行终 495 号行政判决书，最高人民法院（2017）最高法行申 7679 号行政裁定书.

在内的优惠政策用于道路建设补偿。此后，正泰公司在安丘注册成立了潍坊讯驰置业发展有限公司（以下简称“讯驰公司”）并完成了建设工程，但安丘市政府一直未返还已缴纳的税款。该案中，一审法院认为免收土地契税、土地增值税、土地使用税的约定超越了安丘市政府的法定权限，违反了《税收征收管理法》的强制性规定，应属无效。二审和再审法院则肯定了该约定的效力，特别是最高人民法院在再审裁定书中表示，“该约定是安丘市政府以税收优惠的形式为讯驰公司道路建设进行的补偿，具有合同对价性质，且意思表示真实”；又因为《国务院关于税收等优惠政策相关事项的通知》第 3 条规定，“各地与企业已签订合同中的优惠政策，继续有效；对已兑现的部分，不溯及既往”，故认定安丘市政府的税收优惠条款属有效约定。可以看出，最高人民法院并未采用简单的“违反强制性规定即无效”的审判思路，而是结合合同订立的背景、意思表示的真实性、合同内容的公平性等因素进行了综合的考量，最终维护了合同的效力。

此外，由于实体法对行政协议规范的缺失，在拆迁补偿、特许经营、招商引资等领域，行政机关在签订行政协议时常忽视主体资格与权限的问题，而采用“谁实施谁签约”的方式。如果将不具有法定职权、正式授权或委托的行政机关内设机构、派出机构或其他组织所签订的协议一概认定为无效，实质上是将越权的风险转嫁给协议相对人，不利于保护协议相对人的合法权益。[①] 部分司法实践也并不拘泥于单一的形式标准，而是会进一步探究具有资格和权限的行政机关在行政协议订立过程中所发挥的实质作用。如果行政协议是在有权主体的主导下订立的[②]，或者是由有权主体通过内部会议纪要、批示、批复等给予同意的[③]，或者是有权主体在事后予以追认的[④]，应当视为有效的行政协议。总之，“重大且明显违法”是一个开放性概念，不仅对单方行政行为与行政协议来说重大且明显违法的具体情形有所不同，在不同的行政领域重大且明显违法的情形也不相同。应当在加强行政协议类型化研究的基础上，构建针对不同类型协议的重大且明显违法的具体标准。

2. 民法规范的可适用性

与民事合同相同，行政协议也要通过要约和承诺才能达成，故民法中关于法律行为无效的规定原则上适用于行政协议。有学者提出，民法中各项导致合同无效的事由均可作为重大且明显违法的具体情形，以实现行政法与民法上无效标准的融通。[⑤] 但是，行政法规范与民法规范具有不同的价值偏向：民法以当事人意思自治为出发点，仅在意思自治损害第三人利益或公共利益、违反法律的强制性规定等情况下才予以限制。从这个角度来说，民法对合同的调整是克制的，非必要不介入，

---

① 余凌云. 论行政协议无效. 政治与法律，2020（11）：7；陈无风. 行政协议合法性审查对协议效力的影响：基于征收补偿协议的考察. 浙江社会科学，2022（5）：53.

② 最高人民法院（2017）最高法行申 2289 号行政裁定书.

③ 湖南省高级人民法院（2018）湘行终 310 号行政判决书.

④ 浙江省高级人民法院（2018）浙行终 13 号行政判决书，福建省高级人民法院（2018）闽行终 40 号行政判决书.

⑤ 王敬波. 司法认定无效行政协议的标准. 中国法学，2019（3）：67－68.

民法规范的内容是在复杂的利益关系中权衡各方的利益所得出的最优解。而行政法作为公法，虽然亦以维护公共利益同时保护个人权益为目标，但同时具有监督行政机关依法行使职权、维护行政法制秩序的独立价值，可以积极地介入和规范行政机关的行为。因此，即使将民法中的无效事由都归入“重大且明显违法”，在实际操作上仍要与行政法上的“重大且明显违法”分割，必须结合具体规定的立法目的和价值偏向进行判断，并不能实现实质上的统一。

于 2021 年 1 月 1 日生效的《民法典》中导致合同无效的事由主要包括无民事行为能力、虚假表示、违背公序良俗、恶意串通损害他人合法权益以及违反法律、行政法规的强制性规定。其中，无民事行为能力、虚假表示、违背公序良俗、恶意串通损害他人合法权益原则上可以导致行政协议无效，没有可履行的内容亦属当然无效的情形，至于违反法律、行政法规的强制性规定则需要加以说明。民法基于保护意思自治的目的，将因违法而无效的情形限定于违反法律、行政法规中的效力强制性规定。[①] 对于行政协议来说，出于依法行政的要求且约束行政机关的规范也往往具有维护公共利益的目的，故导致协议无效的情形不限于违反法律和行政法规。一般认为，内容违反地方性法规、行政规章乃至行政规范性文件都可能导致行政协议无效，并且无须区分违反的是效力性规定还是管理性规定。[②] 例如，在徐某勋与安丘市人民政府房屋补偿安置协议案[③]中，安丘市人民政府设立指挥部对徐某勋房屋所在的王五里村实施旧村改造，与徐某勋签订“产权调换补偿协议书”，约定后者可获得两套、面积共 200 平方米的安置房。之后，指挥部以协议内容超越了安丘市人民政府制定的安置补偿标准为由，仅向徐某勋交付了一套面积为 100 平方米的住房。徐某勋不服，提起行政诉讼。法院经审理认为案涉协议条款突破了安置补偿政策标准，应当视为没有依据，属于无效情形；同时签订案涉协议的目的是改善居民生活条件、实现社会公共利益，如果违反政策，再给予徐某勋面积为 100 平方米的安置房，“势必增加政府在旧村改造项目中的公共支出，侵犯整个片区的补偿安置秩序，损害社会公共利益”。值得注意的是，该案中法院并未将相对人的信赖利益纳入考量范围，而在类似案件中也有法院基于信赖保护而认可了超越安置补偿标准的协议内容的效力。[④]

虽然行政法与民法中认定合同无效的规定在事实要件上存在一定重合，如“违反法律、行政法规的强制性规定”和“重大且明显违法”之间的关系仍需进一步厘清，但行政法规范和民法规范的立法目的和价值偏向不同，因此仍有必要考察各规范的意旨，对二者同时、分别适用。司法实践也多采用这种“双重排除”的审查方

---

① 最高人民法院民法典贯彻实施工作领导小组. 中华人民共和国民法典总则编理解与适用：下. 北京：人民法院出版社，2020：754 - 759.

② 江必新. 行政协议的司法审查. 人民司法，2016（34）：11；余凌云. 论行政协议无效. 政治与法律，2020（11）：6 - 7；陈无风. 行政协议合法性审查对协议效力的影响：基于征收补偿协议的考察. 浙江社会科学，2022（05）：54 - 55.

③ 山东省潍坊市中级人民法院（2018）鲁 07 行初 92 号行政判决书.

④ 广西壮族自治区高级人民法院（2016）桂行终 509 号行政判决书.

式。例如，在吴某与太和县城关镇人民政府等行政协议纠纷案[①]中，安徽省高级人民法院认为，案件中“不存在重大且明显违法情形”，也“不存在受胁迫签订协议情况，故案涉补偿安置协议的签订应系吴某真实意思表示，且协议内容亦不违反法律、行政法规的强制性规定”。在陈某等与常州市天宁区建设局行政协议纠纷案[②]中，江苏省常州市中级人民法院指出：案涉行政协议“不仅应从行政法，还应从合同法的角度进行全面审查；如果该协议违反了行政法以及合同法任一之规定，符合协议无效之情形，即应判决确认无效”。这种做法在理论上可能不够周全，尚有值得商榷之处，但就实践来说具有较高的操作性。

综上，行政法上的无效事由与民法上的无效事由应存在具有并列关系，理论上不存在优先适用的问题。当然，从行政诉讼对行政机关的监督功能出发，法院必须对行政协议是否存在重大且明显违法的情形进行审查。[③] 此外，不管是在适用《行政诉讼法》第 75 条还是适用民法的无效规定时，法院都不能采用简单套用的方式，而需要考虑到行政协议既不同于单方行政行为也不同于民事合同的特征，在全面考察和衡量案件中的公共利益、协议相对人利益、第三人利益等的基础上作出决定。行政协议也含有意思自治的成分，法院应当在可能的情况下尽量维持其效力。

三、行政协议的可撤销与撤销行政协议

在民法中，合同的撤销是指拥有撤销权的当事人行使撤销权，使已生效的合同归于消灭。存在撤销事由的合同被称为可撤销的合同。“可撤销”是法律行为的一种特殊的效力状态，在被撤销之前，法律行为仍然有效；被撤销之后，法律行为归于无效。[④] 撤销权是一种形成权，由撤销权人根据自身的利益决定是否行使，因而可以保护当事人的意思自治并尽可能维持合同的存续。

由于实体法和行政诉讼法没有规定，行政协议是否可以被撤销长久以来一直处于不明确的状态。当协议相对人起诉，请求撤销行政协议时，法院往往要么以原告的诉讼请求不符合《行政诉讼法》和司法解释的规定为由驳回起诉[⑤]，要么依据《行政诉讼法》第 70 条撤销行政协议[⑥]；还有法院认为判断行政协议是否可撤销应当适用合同法的规定。[⑦] 2019 年发布的《行政协议若干规定》首次明确了可撤销行政协议的存在，其第 14 条规定：原告认为行政协议存在胁迫、欺诈、重大误解、显失公平等情形的，可以向法院请求撤销协议；法院经审理认为符合可撤销情形的，

---

① 安徽省高级人民法院（2016）皖行终 501 号行政判决书.

② 江苏省常州市中级人民法院（2018）苏 04 行终 353 号行政判决书.

③ 从这个角度或可主张行政法上无效事由的“优先”适用。

④ 关于民法上可撤销合同的效力，参见韩世远. 合同法总论. 4 版. 北京：法律出版社，2018：243－245。

⑤ 福建省福州市仓山区人民法院（2017）闽 0104 行初 273 号行政裁定书.

⑥ 贵州省高级人民法院（2019）黔行终 1453 号行政判决书.

⑦ 浙江省湖州市中级人民法院（2017）浙 05 行初 41 号行政判决书.

可以判决撤销。这一规定参照了民事合同的撤销事由，协议相对人被赋予了公法上的形成权[①]——在意思表示不真实或不自由的情况下可以根据自身的利益决定是否行使撤销权。《行政协议若干规定》确立的这项制度体现了对行政协议合意性的尊重，应当予以肯定。但是，这并不能解决当前的行政诉讼制度下撤销行政协议所存在的诸多问题。

首先需要解决的问题是《行政诉讼法》第 70 条是否可以适用于行政协议？虽然理由有所不同，但学界一般认为《行政诉讼法》第 70 条至少不能直接适用于行政协议。[②] 与第 75 条类似，《行政诉讼法》第 70 条也是立法者针对单方行政行为的制度设计，目的在于规范行政机关的行为，无须考虑相对人的意愿。[③] 当单方行政行为有违法情形，既非明显轻微，又未达到重大且明显的程度时，法院可以基于其对行政活动进行合法性监督的职能予以撤销。而行政协议包含了相对人的同意，在不存在重大且明显违法，也不存在民法中无效事由的情况下，行政协议是否还应当接受合法性审查，并可因违法而归于消灭？将单方行政行为的撤销套用在行政协议的撤销上有罔顾行政协议的合意性之嫌。有学者认为，违法行政协议的撤销制度可以弥补《行政协议若干规定》中无效事由范围过窄的缺陷，“法官就可在行政协议违法程度尚未达致重大且明显时，溯及既往地作出消灭违法协议效力的判决，避免违法协议产生于法不容的权利义务，缓解行政协议无效事由不备而引发的困境”[④]。这一意见似有一定的道理，在有效和无效之间增加可撤销的效力状态似乎确实可以为法官创造更多辗转腾挪的空间。但是，作出这一论断的前提是有效和无效二分的效力体系无法满足保护协议相对人的需求，否则增加一个效力层级反而会给法官带来新的困惑。[⑤] 前文已述，导致无效的“重大且明显违法”本就是一个开放性概念，而且在判断行政协议是否无效时，法院需要对个案中的各方诉求和利益进行全面的考察与权衡，并不存在机械且狭窄的无效事由范围。[⑥] 对于违法的行政协议，除确认无效和撤销之外，法院仍有确认违法但承认其效力、确认违法并责令行政机关赔偿或采取补救措施、确认无效并责令行政机关赔偿或采取补救措施、变更协议内容以消除违法状态等选项。[⑦] 总之，否定违法行政协议可撤销是否一定会产生监督和救济上的漏洞，还需要进一步的探讨。

即便承认了违法的行政协议可以被法院撤销，紧随而来的第二个问题是，协议

---

① 闫尔宝．论行政协议撤销案件的审理逻辑：以展鹏铸造厂诉安吉县政府搬迁案为视角．行政法学研究，2022（4）：123.

② 麻锦亮．纠缠在行政性与协议性之间的行政协议．中国法律评论，2017（1）：59－60；陈思融．论行政协议的法律效力状态．浙江学刊，2018（5）；张青波．可撤销行政协议的价值与认定．法商研究，2022（1）；陈无风．行政协议合法性审查对协议效力的影响：基于征收补偿协议的考察．浙江社会科学，2022（5）：54－55.

③ 仅从规定的内容来看，《行政诉讼法》第 70 条也不完全适用于行政协议。

④ 张青波．可撤销行政协议的价值与认定．法商研究，2022（1）：161.

⑤ 参考司法实践中对于同样的违法情形，有的法院判决撤销行政协议，有的法院判决确认行政协议无效。

⑥ 司法实践中，在引入利益衡量机制之后，行政协议的效力判定也呈现出越来越富有弹性的趋势。

⑦ 当前的《行政诉讼法》对行政协议争议的判决方式规定是否完备则是另外一个问题。

相对人是否可以以行政协议违法为由诉请法院撤销。《行政协议若干规定》第 14 条仅规定了协议相对人在意思表示不真实或不自由的情况下可以行使撤销权，并未明确表示其可以因行政协议“合法性欠缺”[①] 而行使撤销权。乍看之下对这个问题似乎无须讨论，单方行政行为可诉的条件是“认为行政行为侵犯其合法权益”，行政协议似乎也当同理。但这种看法忽略了行政协议是双方合意的结果。协议相对人是否能够在经由自身同意达成协议的情况下又以协议违法为由要求撤销？事实上，实践中协议相对人诉请撤销违法的行政协议，通常是因为其认为在协议签订的过程中受到了欺骗、胁迫，或者签订之后又认为协议内容不公平。[②] 因此，协议相对人提起撤销行政协议诉讼，与提起单方行政行为撤销之诉有较大区别，只能以类似于民事合同撤销之诉的方式进行。

按照《行政协议若干规定》的制度设计，协议相对人的撤销权是一种形成权，协议相对人拥有了通过法院决定行政协议命运的权利。这与行政诉讼的审查模式存在价值上的冲突。当前的行政诉讼制度形式上为主观诉讼，实质上却是客观诉讼。[③] 无论原告的诉讼请求为何，法院都必须依职权审查行政机关行为的合法性。“所判非所请”的问题在单方行政行为诉讼中已非罕见，在行政协议诉讼中只会更加凸显。[④] 无论协议相对人是否诉请撤销行政协议，法院都可以依职权进行合法性审查，作出撤销、确认无效或确认违法的判定，协议相对人的撤销权在很大程度上失去了意义。以安吉展鹏金属精密铸造厂与安吉县人民政府行政协议纠纷案[⑤]为例：2012 年，中共安吉县委办公室、安吉县人民政府办公室发文设立安吉临港经济区管理委员会（以下简称“临港管委会”）。2013 年，安吉县编制委员会撤销临港管委会。2015 年，湖州振新资产评估有限公司接受临港管委会委托对安吉展鹏金属精密铸造厂（以下简称“展鹏铸造厂”）进行资产评估，并出具“资产评估报告书”；评估目的是拆迁补偿。2016 年，临港管委会与展鹏铸造厂就企业搬迁安置签订“企业搬迁补偿协议书”，约定临港管委会按货币形式给予搬迁补偿。后双方均履行了约定义务。2017 年，展鹏铸造厂以安吉县人民政府为被告提起诉讼，请求判令被告作出的“企业搬迁补偿协议书”违法，应予以撤销，并责令被告依法与其重新签订拆迁补偿协议。该案中，一审法院以 1999 年《合同法》第 54 条的规定为依据，认为案涉协议是双方当事人的真实意思表示，内容也并未违反法律、法规的强制性规定，不存在可撤销的情形。二审法院确认了案涉协议不具有可撤销情形，但在此之外又对临港管委会的协议行为是否合法进行了审查，认为一审法院“在临港管委会签订涉案补偿协议行为违法的情况下，仅以指正方式处理，未在判决主文中对其合法性作出裁

---

① 江必新. 行政协议的司法审查. 人民司法，2016（34）：10.

② 浙江省高级人民法院（2018）浙行终 13 号行政判决书，甘肃省武威市中级人民法院（2017）甘 06 行初 113 号行政裁定书，浙江省金华市中级人民法院（2019）浙 07 行终 498 号行政判决书.

③ 余凌云. 论行政协议的司法审查. 中国法学，2020（5）：71.

④ 王学辉. 行政何以协议：一个概念的检讨与澄清. 求索，2018（2）：128.

⑤ 浙江省湖州市中级人民法院（2017）浙 05 行初 41 号行政判决书，浙江省高级人民法院（2018）浙行终 13 号行政判决书，最高人民法院（2019）最高法行申 3102 号行政裁定书.

判，未能有效监督行政机关依法行使职权”，最终改判确认临港管委会与展鹏铸造厂签订“企业搬迁补偿协议书”的行为违法。

第四节　行政协议的单方变更与解除

相较于民事合同，行政协议的一个重要的特征是行政机关在订立、履行行政协议的过程中往往享有一定的行政“特权”——行政优益权，主要包括三个方面的内容：对行政协议的履行进行指导和监督的权利，单方变更或解除行政协议的权利①，在协议相对人不按约定履行协议时强制执行或给予处罚的权利。② 行政优益权具有明显的单方性与权力性特征，与行政协议由双方协商达成一致的基本属性存在一定的背离，从而引发了学者对于行政机关滥用行政优益权破坏协议秩序、侵害协议相对人合法权益的担忧。一方面，应当承认，由于行政协议的目的是保护公共利益，为了保障公共利益的实现，使其不因协议相对人的逐利冲动而遭受损害，在制度上赋予行政机关一定的“特权”有其合理性。另一方面，行政协议以双方协商达成合意为基础，赋予一方以单方性权利可能会破坏协议的平衡性。例如，行政机关可以随意变更行政协议的内容，将导致协议的合意性形同虚设，也将协议相对人置于极大的不确定性中，同样不利于合作的开展与行政目的的实现。因此，应当采取控权论的立场，防止行政优益权无序扩张，致使行政协议重新“高权化”③。行政“优益权必须建立在法治观念和正当程序基础之上，行政合同制度才有存在的可能”④。

相较于行政机关享有的其他“特权”，单方变更、解除权因其对合意的根本性威胁，引起了学界的广泛关注。根据《行政协议若干规定》的制度设计，单方变更或解除协议的行为在性质上属于单方行政行为⑤，一经作出即发生法律效力，协议相对人只能通过提起行政诉讼来消除其效力。无论是民事合同还是行政协议，行政机关选择以契约的方式来达成行政管理目标就应当严守协议约定。以诚实信用为原则严格按照约定履行合同义务，非经双方合意不得改变协议内容，是合作伙伴的应有之义。因此，行政协议以严守约定为原则，这一点不应因其“行政性”而发生变化，通常认为，只有在国家法律政策和协议基础事实发生变化、继续履行协议会对公共

---

① 严格说来，行政机关单方变更或解除行政协议并不一定是在行使行政优益权，也可能是基于协议约定或合同法上的法定解除权以及情势变更解除权作出的行为。学界多将后两种情况也归入单方变更、解除协议的情形展开讨论。本节中单方变更、解除协议则仅指行政机关行使行政优益权的行为。

② 最高人民法院行政审判庭. 最高人民法院关于审理行政协议案件若干问题的规定理解与适用. 北京：人民法院出版社，2020：227.

③ 陈天昊. 行政协议变更、解除制度的整合与完善. 中国法学，2022（1）：159.

④ 于立深. 行政协议司法判断的核心标准：公权力的作用. 行政法学研究，2017（2）：41.

⑤ 这种制度设计是否合理仍存疑义。闫尔宝. 行政机关单方解约权的行使与救济检讨：以最高人民法院司法解释为分析对象. 行政法学研究，2020（5）.

利益造成重大损害的特定情形下，行政机关才能行使单方变更、解除权。[①] 并且，即使单方变更或解除行政协议的行为合法，行政主体仍应当对协议相对人由此遭受的损失给予补偿，以实现合同经济关系的再平衡。[②]

具体来说，行政机关行使单方变更、解除权主要有三种情况：一是基于法律的特别规定。例如，《基础设施和公用事业特许经营管理办法》第 36 条规定，因法律、行政法规修改，或者政策调整损害特许经营者预期利益，或者根据公共利益需要，要求特许经营者提供协议约定以外的产品或服务的，应当给予特许经营者相应补偿。《城市房地产管理法》第 26 条规定：以出让方式取得土地使用权进行房地产开发，但满 2 年未动工的，可以无偿收回土地使用权。这两条规定里就蕴含了对行政机关单方变更或解除行政协议的授权。二是基于双方约定，即行政机关与协议相对人事先就可以单方变更、解除协议的情形进行约定。当发生了约定的情形时，行政机关即可行使单方变更、解除权。三是既没有法律特别规定也没有事先约定，根据公共利益的需要单方变更或解除协议。当前在中央立法的层面并未赋予行政机关以一般性的单方变更、解除权，但有部分地方立法作出了规定。例如，《山东省行政程序规定》第 105 条第 2 款和《江苏省行政程序规定》第 82 条第 2 款都规定：若履行协议的过程中出现了严重损害国家利益或公共利益的情形，行政机关有权变更或解除行政协议。以上三种可据以单方变更、解除行政协议的情形之间存在着相当程度的交叉。若行政机关以法律特别规定或事先约定为依据单方变更、解除协议，属于协议相对人事先可以预期的情形，在正当性和可接受性上应不存在太大问题。较易引起争议的是行政机关在没有事先约定也没有法律特别规定的情况下单方变更或解除行政协议。

一、单方变更、解除权的行使条件

在既没有事先约定也没有法律特别规定的情况下，行政机关行使单方变更、解除权必须以客观情况发生变化、原协议的继续履行会严重损害公共利益为前提，否则这种权力性行为将失去正当性。一般来说，导致单方变更、解除协议的原因不能归咎于任何一方当事人。如果客观情况发生变化的原因在于行政机关[③]，或者行政机关在缔约时因主观过错而未预见到该情况的发生[④]，也将动摇其单方变更、解除行为的正当性基础。

前文已述，因公共利益为不确定的法律概念，对“公共利益”的界定向来是行政

---

① 最高人民法院（2017）最高法行申 7679 号行政裁定书，最高人民法院（2017）最高法行申 4595 号行政裁定书，最高人民法院（2018）最高法行申 9005 号行政裁定书，最高人民法院（2018）最高法行申 8980 号行政裁定书.

② 陈天昊. 行政协议变更、解除制度的整合与完善. 中国法学，2022（1）：168.

③ 亦有学者认为即使公共利益发生变化的原因在于行政机关，也不妨碍其行使单方变更、解除权。章程. 论行政协议变更解除权的性质与类型. 中外法学，2021（2）：472.

④ 张榆. 行政优益权的理论基础与行使规则探析. 法律适用，2022（3）：116－117；王敬波. 论政府行为作为行政协议诉讼中的不可抗力. 华东政法大学学报，2020（4）：108－109.

法理论上和实务中的难点之一。在部分情况下，立法者可以根据特定管理领域的需要将公共利益具体为特定的内容，如前述《城市房地产管理法》第26条的内容即可被视为公共利益在土地出让问题上的表现。但在更多时候，对公共利益法律适用者需要结合个案的具体情况进行衡量和判断。在不同的案件中，商业利益、企业利益、集团利益都可能转化为公共利益。[①] 一方面，由于公共利益复杂性、开放性与发展性，另一方面由于司法审查技术不完善，故实践中法院在对公共利益进行阐释时往往十分简单，甚至于一笔带过，也甚少进行个人利益与公共利益之间的权衡。[②] 特别是当行政机关以上级行政机关发布的政策或规划文件为依据时，法院通常会直接予以认可。[③] 这种说理上的不充分性，显然与公共利益作为行使单方变更、解除权之正当性基础的重要地位不相匹配，对公共利益解释的"忽视"将导致裁判结果缺乏可接受性。

值得注意的是，根据当前的司法实践，如果协议继续履行会造成或加重行政机关的财政负担，原则上不满足"对公共利益造成重大危害"的条件，与之相对的是法院会将由于行政机关单方变更、解除协议而损害政府公信力作为考量因素。特别是在招商引资、公私合作等领域，政府的"出尔反尔"不利于营商环境的维护和公私合作的持续稳定发展。因此，因保护公共利益而不得不变更或解除行政协议，应当在民众的合理预期之内，可被民众理解和接受。例如在四川省大英县人民政府与大英县永佳公司行政协议纠纷案[④]中，中共四川省遂宁市大英县委为实现节能减排目标，决定对永佳公司进行关停征收。大英县人民政府安排回马镇政府与永佳公司签订"资产转让协议书"，约定永佳公司关停，退出造纸行业，回马镇政府受让永佳公司资产并支付对价。后永佳公司依约定履行了大部分义务，回马镇政府接受了永佳公司的厂房等资产后却未充分履行付款义务。在再审程序中，大英县人民政府主张"若在永佳纸业并未清算注销，其所谓资产也不能合法转让的情况下，要求回马镇政府乃至大英县政府给付数以千万元的财政资金作价款，必将严重损害国家和广大人民群众的利益"。对此最高人民法院表示，其"不仅无视自己作为国家机关的承诺，更无视比案涉协议利益更值得保护的国家公信及民众对其之信赖利益"。

二、合同法上的法定解除权、情势变更解除权与基于优益权的单方解除权

根据《民法典》第533条和第563条，在不可抗力、预期违约、迟延履行等情况导致合同目的不能实现时，一方当事人可以解除合同；在情势变更使合同的继续履行将显失公平的情况下，受不利影响的当事人可以请求法院或仲裁机构变更或解除合同。因此，除可以行使行政优益权解除行政协议外，行政机关也可以行使合同

---

① 王利明．物权法草案中征收征用制度的完善．中国法学，2005（6）：59-61．

② 张鲁萍．行政协议优益权行使的司法审查：基于对部分司法判决书的实证分析．西南政法大学学报，2018（5）：6-7．

③ 最高人民法院（2017）最高法行申4595号行政裁定书．

④ 最高人民法院（2017）最高法行申195号行政裁定书．

法上的法定解除权和情势变更解除权。由此产生了基于行政优益权的单方解除权与基于合同法的解除权之间交叉和竞合的问题。行政机关主张公共利益受到威胁而单方面解除行政协议，应当视为是行使合同法权利还是行使行政优益权？由于法律依据不同，二者在权利性质、权利主体、行使程序、行使期限、行使效果等方面都存在差异。

在湖北草本工房饮料有限公司（以下简称“草本工房公司”）与荆州经济技术开发区管理委员会（以下简称“荆州开发区管委会”）等行政协议纠纷案[①]中，最高人民法院明确了相对人违约导致协议目的无法实现的，行政机关不能主张基于行政优益权的单方解除权。该案中，荆州开发区管委会与草本工房公司于2009年签订了“招商项目投资合同”和“补充合同”，约定由后者对国有土地进行开发。草本工房公司未按约定履行义务导致土地长期闲置，荆州开发区管委会向其送达了“合同自行终止通知书”。草本工房公司认为荆州开发区管委会应当继续履行合同，遂提起诉讼。在审理过程中，一审、二审法院都认为，“送达合同自行终止通知书”是荆州开发区管委会基于行政优益权作出的单方解除行政协议的行为。最高人民法院在再审过程中则表示，“行政优益权是行政机关在《合同法》的框架之外作出的单方处置，也就是说，行政协议本来能够依照约定继续履行，只是出于公共利益考虑才人为地予以变更或解除。如果是因为相对人违约致使合同目的不能实现，行政机关完全可以依照《合同法》的规定或者合同的约定采取相应的措施，尚无行使行政优益权的必要”。最高人民法院认定荆州开发区管委会作出的终止合同的决定并非基于行政优益权的单方行政行为，而是基于《合同法》向协议相对人发出的解除通知，并不产生单方行政行为的法律效力。这个案例对于规范行政机关的单方变更、解除行为具有重要的指导意义。最高人民法院确认了行政机关只能在必要的情况下行使突破协议框架的单方变更、解除权。这也契合了行政协议“以严守约定为原则、以突破约定为例外”的要求。即使在公共利益遭受严重威胁时，行政机关也应当首先在协议框架内寻求解决问题的办法，例如与协议相对人协商变更协议内容或解除协议；只有在这些手段都无法达到目的或者公共利益受到紧迫的威胁而要求行政机关迅速决断时，才能够行使“特权”。由于此时协议双方之间的法律关系又回到了“命令—服从”的轨道，行政机关在行使“特权”时应当遵守正当程序的要求，即在作出决定之前充分听取当事人意见，并履行说明理由的义务，尤其是对案涉公共利益及其受到严重威胁的情形予以阐释，给协议相对人造成损失的应当予以补偿。

相较于协议相对人违约导致协议解除，因不可抗力和情势变更解除协议与基于行政优益权单方解除协议之间的交叉则更为复杂。所谓不可抗力，是指不能预见、不能避免和不能克服的客观情况，一般包括自然灾害、社会异常事件和国家（政府）行为[②]；情势变更则强调当事人不可预见的情况导致合同的基础动摇或丧失，继续履行将对当事人一方明显不公平。不可抗力适用于合同不能履行的情形，而情势变

---

① 最高人民法院（2017）最高法行申3564号行政裁定书.

② 韩世远. 合同法总论. 4版. 北京：法律出版社，2018：478-485.

更适用于合同仍可履行，但按照合同履行将显失公平的情形。[①]

前文已述，通常认为行政机关行使单方解除权以不可归咎于协议当事人的客观情况变化、原协议的继续履行会严重损害公共利益为前提，“行政协议本来能够依照约定继续履行，只是出于公共利益考虑才人为地予以变更或解除”。从广义上来说，单方解除权的行使条件也可以算作情势变更的一种。但因其受到严格的限定，并不能完全满足行政机关解除协议的实际需求，故民法上的不可抗力和情势变更仍有适用的空间。有学者认为如果客观情况的变化与公共利益需求的变化无涉，则可以适用不可抗力和情势变更制度。[②] 还有学者认为当继续履行协议只是使协议目的不能实现，不会严重损害公共利益时，可以适用情势变更制度。[③] 不管学者们的构想如何，问题的根本在于行政协议的变更、解除制度不够完善，而民法上的不可抗力和情势变更制度缺乏面向公法问题的特别考虑，适用于行政协议时会产生一些体系上的冲突：首先，民法上的情势变更解除权只能向法院或仲裁机构主张，而行政机关不能成为行政诉讼的原告，在发生情势变更时要么以其他名义解除协议，要么以拒绝履行义务消极应对[④]，显得颇为被动。其次，民法中的不可抗力包括政府行为。而对于缔约主体一方为行政机关的行政协议来说，政府行为能否或者在何种程度上构成不可抗力，存在较大的疑问。[⑤] 最后，最高人民法院在湖北草本工房饮料有限公司与荆州经济技术开发区管理委员会等行政协议纠纷案中确立了合同法权利优先的原则[⑥]，认为体现当事人地位平等的《合同法》能够更好地保护协议相对人的权益。但是，民法上的不可抗力与情势变更因其不能归责于合同当事人，故原则上不产生赔偿的后果；而根据《行政协议若干规定》第 16 条第 1 款，行政机关行使基于行政优益权的单方解除权，给协议相对人造成损失的必须给予补偿。同样是不可归咎于行政机关的客观情况的变化，行政机关行使“特权”却产生了对协议相对人更加友好的结果。[⑦] 这表明民法上的不可抗力和情势变更制度与现行行政协议制度不兼容。这个问题应当通过完善针对行政协议的变更、解除制度来解决。

知识拓展

一、拓展阅读

1. 陈天昊. 行政协议变更、解除制度的整合与完善. 中国法学，2022（1）.
2. 崔建远. 行政合同族的边界及其确定根据. 环球法律评论，2017（4）.
3. 王敬波. 司法认定无效行政协议的标准. 中国法学，2019（3）.

---

① 韩世远. 合同法总论. 4 版. 北京：法律出版社，2018：498.

② 陈天昊. 行政协议变更、解除制度的整合与完善. 中国法学，2022（1）：170－171.

③ 张青波. 行政机关变更解除行政协议的司法审查. 财经法学，2021（6）：107.

④ 海南省高级人民法院（2016）琼行终 442 号行政判决书.

⑤ 王敬波. 论政府行为作为行政协议诉讼中的不可抗力. 华东政法大学学报，2020（4）.

⑥ 郭一君，宣建新. 合同权利在行政协议中的适用. 人民司法，2019（14）.

⑦ 这并非认为行政法为协议相对人提供的保护应当比合同法低，而是表示民法上的不可抗力和情势变更制度背后的机理与行政协议制度背后的机理不完全相容。

4. 王学辉. 行政何以协议：一个概念的检讨与澄清. 求索，2018（2）.
5. 徐键. 功能主义视域下的行政协议. 法学研究，2020（6）.
6. 闫尔宝. 论行政协议撤销案件的审理逻辑：以展鹏铸造厂诉安吉县政府搬迁案为视角. 行政法学研究，2022（4）.
7. 于立深. 行政协议司法判断的核心标准：公权力的作用. 行政法学研究，2017（2）.

二、类案练习

唐某某与贵州省关岭布依族苗族自治县人民政府房屋征收补偿纠纷案

案情

贵州省关岭布依族苗族自治县人民政府（以下简称“贵州省关岭县政府”）因实施棚户区改造项目作出《2017 年永宁镇东片区城市棚户区改造项目房屋征收决定》，并发布征收补偿安置方案，明确房屋征收实施单位为关岭县永宁镇人民政府（以下简称“永宁镇政府”）。唐某某的房屋在征收范围内，该房屋为砖混结构，一栋三层共 354.23 平方米；第二层 113.49 平方米与路面相平，用于经营便利店；第一层（负一层）113.49 平方米位于路面以下，用于堆放货物。2016 年 11 月，贵州黔峰源工程管理咨询有限公司（以下简称“黔峰源公司”）出具“房屋面积测绘报告”，载明唐某某房屋砖混结构三层面积共 354.23 平方米，负一层及第一层共 226.98 平方米为经营面积。2017 年 2 月 6 日，永宁镇政府根据上述测绘报告确定的面积，参照相关补偿标准，测算出唐某某房屋货币补偿款共计 3 411 681.30 元，并与唐某某签订房屋征收补偿协议。补偿款全额支付后，唐某某主动搬迁腾房交征收部门拆除。此后，永宁镇政府发现测绘报告误将唐某某房屋负一层面积认定为经营面积，导致补偿款多算，经与唐某某协商返还未果。2017 年 8 月 21 日，关岭县政府根据黔峰源公司对唐某某房屋重新作出的“房屋面积测绘报告”与“情况说明”，以及贵州安顺九鼎房地产估价有限公司作出的“唐某某户房屋征收评估分户报告”等，作出“关于对被征收人唐某某房屋征收补偿协议变更的行政决定书”，以征收部门永宁镇政府与唐某某签订的房屋征收补偿协议对房屋经营性面积认定错误，导致补偿款多算为由，责令唐某某退回多领金额 980 678.50 元。该决定书送达后，唐某某不服，向法院起诉。

思考

法院应当如何裁判？为什么？

三、毕业论文选题指导

1. 行政协议的识别标准
2. 行政协议效力体系的构建
3. 行政协议变更、解除制度的构建

第十五讲　行政诉讼证据及举证责任分配

内容提要

人民法院裁判行政案件，应当以经证据证明的案件事实为依据。证据裁判主义是包括行政诉讼在内的现代诉讼制度的基本原则。证据裁判主义是人类走出神明裁判的成果，同时也对现代诉讼制度的证据规定提出了若干规范性的要求：证据应当具备证据能力，不得使用非法证据，运用证据证明事实应当受到举证责任规则的调整，等等。因此，只有学习、理解行政诉讼证据制度，才能将行政诉讼中对个案正义的追求建立在理性追寻真相的基础上。

本讲第一节关注法定证据种类制度，研讨按照大陆法系的通行做法，将证据方法作为法定证据的分类标准，并在此基础上通过案例分析讲解在具体适用法定证据种类制度时禁止“证据替代品”原则的运用。本讲第二节关注举证责任分配制度，研讨按照“规范说”来建构我国行政诉讼举证责任分配的基本规则。以“规范说”为基础，结合行政实体法的特性，我们提出的基本规则是：主张行使行政职权的当事人，对职权形成要件事实承担举证责任；主张不行使行政职权的当事人，对职权妨碍要件事实、职权消灭要件事实、职权排除要件事实承担举证责任。该基本规则具有普适性、明确性和确定性，为行政诉讼举证责任分配提供了稳定的预期，并且填补了现行制度未规定若干行政相对人负举证责任情形的法律空白。

第一节　行政诉讼法定证据

一、行政诉讼法定证据种类的分类标准

《行政诉讼法》第33条规定了八种法定证据。这是行政诉讼证据制度的逻辑起点。因此，厘清八种法定证据是按照何种标准进行分类的，对于我们正确区分不同种类的证据，以及应对层出不穷的新证据载体，以正确适用相应的证据规则，具有

重要的法律意义。

根据大陆法系证据法的学理，对证据可以从证据资料与证据方法两个维度来理解：证据资料是指物品、文书、证人等包含能够证明案件事实的信息的载体。但证据资料中的信息内容并非自我呈现的——物证承载的信息需要通过勘验来获取，书证承载的信息需要通过阅读来获取，证人承载的信息需要通过询问来获取。而勘验、阅读、询问等获取证据资料中的信息内容的调查手段就是证据方法。

我国传统证据法理论认为法定证据是以证据资料形式的不同为标准所进行的分类：书证的载体是文书，物证的载体是物品，证人证言的载体是证人，这些载体因是不同的证据材料才会被分作不同的证据种类，而只有这些法律规定了的载体形式才能作为证据。故我国对法定证据种类的立法体例也被称为"封闭式的列举规定"。但这带来了一个问题，即封闭式列举规定的法定证据种类，必然落后于实践中层出不穷的新证据资料形式。例如，电子数据只有在法律修订后才能成为法定证据种类。再如：日益增多和重要的大数据证据，既包括作为基础的大量数据事实，也包括专业人员基于大数据作出的专业判断。这样复合形式的证据，按现行法无法被完全归类到任何单一的法定证据种类中，因此如何运用和认定这些证据就存在障碍。因此，将法定证据种类的分类标准理解为证据资料形式，存在阻碍新的证据资料进入诉讼的不足。

德国、日本等大陆法系国家的证据法一般以证据方法作为分类的标准。以德国为例：《德国刑事诉讼法》第48条规定了人证、鉴定、勘验、文书的法定证据方法，《德国民事诉讼法》第355条以下也有类似的规定，德国《行政法院法》也是如此规定，也即德国三大诉讼法并不区分证据材料的形式，而是区分证据方法。以证据方法作为证据法的逻辑起点，其法律意义在于：证据法的调整对象是调查手段，证据法不对受调查的证据资料本身处于何种形式作出限制。这就使所有承载着可能与待证事实直接或间接相关的信息的证据资料，不论其载体形式如何，都可以作为证据。这就弥补了我国对证据材料形式进行"封闭式的列举规定"会阻碍证据进入诉讼的不足。

因此，本节按照大陆法系的通行做法，将证据方法作为分类标准，来阐释我国行政诉讼法定证据种类的法律意义。现分述如下。

1. 书证

以证据方法作为分类标准，书证是指通过阅读文书记载的内容来获得的证据。书证的法律意义不在于证据资料形式是文书，而在于证据方法是阅读。例如，镌刻于物品之上的文字内容是书证。

2. 物证

以证据方法作为分类标准，物证是指通过展示、勘验来查明存在物本身的存在和状态来获得的证据。物证的法律意义不在于证据资料形式是物品，而在于通过展示、勘验存在物的客观状态来获取信息内容。例如，文书上残留的血迹是物证。

3. 证人证言

证人证言是指通过询问证人的亲身经历获得的证据。证人是指凭自己的亲身经历叙述其知道事实的人。证人证言的法律意义是，以观看询问证人的亲身经历为信息载体的证据资料之法定证据方法。

书证、物证、证人证言是三种基本的证据方法，都是以基于人类自身的感官直接体会到的证据资料来证明事实的。当事人陈述当然也属于证人证言。

4. 视听资料

视听资料是指通过观看其显像来获得的证据。视听资料在实质上与书证类似，属于广义的书证，只是视听资料所记载的内容是图像而非文字，故视听资料的法律意义是，以观看图像作为信息载体的证据资料之法定证据方法。

5. 电子数据

电子数据是指通过阅读电子数据来获得的证据。电子数据也与书证类似，同样属于广义的书证，只是电子数据所记载的内容是数字符号而非文字，故电子数据的法律意义是，以阅读数字符号作为信息载体的证据资料之法定证据方法。

6. 鉴定意见

鉴定意见本质上属于证人证言，是通过询问具有专门知识的人基于其专门知识作出的判断来获取的证据。因此，鉴定意见与证人证言类似，以询问鉴定人的专门知识和判断作为信息载体的证据资料之法定证据方法。这也是鉴定人签名的效力甚至大于鉴定机构的盖章之效力。鉴定意见的真实性保障来自鉴定人个体的专业判断。

按照证据方法来理解法定证据种类，就可使证据资料在进入诉讼时不受证据材料形式的限制。以前面提到的大数据证据为例：既然其是既包括基础数据也包括专业判断的复合型证据，那么应当对其适用多种证据方法，即对基础数据按照书证进行调查，对专业判断按照鉴定意见进行调查，从而使其进入诉讼，发挥证明案件事实的作用，而无须以将大数据证据归入何种法定证据为前提。至于法律明确规定的勘验笔录、现场笔录等笔录类证据究竟属于何种证据方法，则处理时需要根据不同笔录的内容来进行区别判断。

决定一个证据材料属于何种法定证据的，是采用何种证据方法获取的该证据材料，而不是该证据材料在形式上是文书还是物品。如果是以所展示文书的客观存在状态作为证据的，则该文书是物证；如果是以文书记载的内容本身作为证据的，则该文书是书证；如果物品上刻有文字，以该文字的内容为证据，则该物品是书证；如果以人本身，即人体的存在或状态作为证据，则人是物证而并非证人证言。

二、行政诉讼法定证据种类的适用

以证据方法作为分类标准，法定证据种类适用的法律意义是为不同形态的证据资料分配相应的证据方法，以有利于发现真实。为证据资料分配相应的证据方法需要注意这样一个非常重要的问题：既然书证、物证、证人证言等证据方法，都是以基于人类自身的感官直接体会到的证据资料来证明事实，那么针对一个证据资料选择证据方法时，应当选择最接近该证据材料真实情况的证据方法，而不得选择其他证据方法。此即大陆法系证据法上所称的“证据替代品”之禁止。我们可以通过一个案例来具体分析以证据方法作为分类标准，如何正确适用法定证据种类的问题。

在广东众生药业股份有限公司与国家知识产权局、扬州中惠制药有限公司发明专利无效纠纷案[①]中，扬州中惠制药有限公司（以下简称“中惠公司”）向国家知识产权局申请宣告名称为“一种复方血栓通中药制剂及其制备方法”的发明专利无效，该发明专利的专利权人为广东众生药业股份有限公司（以下简称“众生公司”）。国家知识产权局作出第32038号无效宣告决定，宣告涉案专利无效。众生公司不服，依法提起行政诉讼，请求撤销第32038号无效宣告决定。在一审过程中，国家知识产权局向法院提供了其作出无效宣告决定的证据，其中第7项证据（以下简称“证据7”）为：盖有“专利检索咨询中心检索专用章”的标准号为“WS-211(Z-030)-96”的复方血栓通胶囊的质量标准，复印件共2页。国家知识产权局称，证据7记载于“国家新药注册数据库（1985—2000年版）”光盘（以下简称“涉案光盘”），被诉无效宣告决定认定涉案专利相对于证据7不具有突出的实质性特点和显著进步，进而认定涉案专利不具有创造性。众生公司对于证据7的内容是否来源于涉案光盘表示异议，并要求对涉案光盘进行勘验。国家知识产权局称：证据7为专利检索咨询中心所出具，其无法通知专利检索咨询中心就勘验证据7到庭作证。据其向专利检索咨询中心了解，涉案光盘已经遗失。针对争议，一审法院认为：证据7为专利检索咨询中心出具的证人证言，专利检索咨询中心以加盖印章的形式证明证据7所载的技术方案和公开时间，但是该证人证言并未充分说明其认定依据，专利检索咨询中心也未到庭针对上述内容进行说明。在众生公司要求勘验的情况下，国家知识产权局明确表示无法出示涉案光盘。综合上述情况，被诉无效宣告决定关于证据7可以作为涉案专利的现有技术使用的认定不当。对此，予以纠正。遂判决撤销第32038号无效宣告决定。国家知识产权局不服，向最高人民法院上诉，称：证据7是以书面记载内容来证明相关事实的，应当被认定为书证，而非证人证言，不属于应当到庭说明情况的情形，其根据证据7作出第32038号无效宣告决定正确，请求最高人民法院撤销一审判决。中惠公司在二审过程中认为，证据7所载内容的最原始来源是涉案光盘在安装至一台电脑并运行生成的新药注册数据库，故证据7属于电子数据，应当勘验的是新药注册数据库，而非光盘。

从上述案情可以看出，本案的争议焦点是证据7属于哪种证据——是证人证言、书证，还是电子数据，以及专利检索咨询中心未到庭进行说明是否影响证据7的证据能力。针对该争议焦点，最高人民法院经审理认为：八种法定证据类型，是按照证据载体的形式和证据内容的来源进行的分类。证据7的内容来源于相关电子信息数据库，其应当被认定为电子数据。一审法院将被诉无效宣告决定中的证据7定性为证人证言，有所不当，予以纠正。对电子证据真实性的审查，应当考虑电子数据在生成、存储、传送、收集等多个环节中是否存在被篡改的可能性。如果电子数据是复制文件，或者是从另一电子文件安装而来的，当另一方当事人提出合理怀疑时，

---

① 最高人民法院（2019）最高法知行终143号行政判决书.

需要对电子数据的原始载体或者原始安装文件进行核验。本案中，国家知识产权局应提交证据7内容来源的原始载体或者原始安装文件以证明证据7内容的真实性，但国家知识产权局在二审庭审过程中明确表示光盘已遗失，无法提供光盘对证据7的内容进行核实。因此，在案证据无法证明证据7内容的真实性，证据7不能作为评价涉案专利创造性的对比文件。

我们从最高人民法院的二审判决中可以看出，本案正好涉及如何判断证据资料的法定证据种类，以及如何为证据资料选择正确的证据方法。本案中证据7是国家知识产权局向法院提交的案涉质量标准复印件2页，形式上是书证，但实质内容是涉案光盘所载数据库中的电子数据。国家知识产权局对电子数据没有按照电子数据的证明方法，即通过展示原始载体中的数据内容来进行调查，而是将电子数据打印成文书，通过展示文书的方式来进行调查。这就存在前文提到的“证据替代品”问题，即用书证来代替电子数据，明显不利于发现真实，因为展示原始载体中的电子数据内容这一证据方法，当然比打印后的书证更接近电子数据的真实状况。因此，国家知识产权局用证据7这一打印件来代替电子数据是不可取的。一审法院敏锐地察觉到证据7只是形式上是书证，实质上并非书证。其试图将证据7界定为证人证言，而对证据7适用证人证言的证据方法，即要求证人出庭接受询问。但这一分类脱离了证据7为电子数据的本质，故也是不可取的。最高人民法院基于证据7实质上为电子数据，对其适用电子数据的证据方法，认为证据7违反出示原始载体的规定，从而认定证据7不能作为评价涉案专利创造性的对比文件。这无疑是正确的。本案显示，最高人民法院在认定证据7的证据种类时，不是按照证据7表面上的书证形式，而是探究其实质，最终根据何种证据方法最有利于以最接近真实的方式调查该份证据，将证据7界定为电子数据，从而对其适用电子数据的证据规则。可见，按照本文的主张，将我国法定证据种类理解为法定证据方法而非证据资料形式的分类，具有正面意义。

综上所述，法定证据种类包含着正确判断证据资料的法定证据种类，以及为证据资料选择正确的证据方法之法律意义，故需要在理论上与实践中予以特别注意。

第二节 行政诉讼举证责任分配

一、《行政诉讼法》中“举证责任”的含义

（一）客观证明责任与主观证明责任的区分

大陆法系普遍采用客观证明责任与主观证明责任的学理区分。客观证明责任，是指在法官最终心证中争议事实处于真伪不明时，由一方当事人承担败诉后果。主观证明责任，是指当事人对特定待证事实负有提供相关证据加以证明的责任时，若不能提供证据，将在诉讼中承担不利的法律后果。客观证明责任的目的在于解决在

事实真伪不明时法官如何裁判的问题。大陆法系认为，法官依自由心证原则进行事实认定有三种结果：确信待证事实存在；确信待证事实不存在；待证事实是否存在真伪不明，即无法形成内心确信——既无法确信存在，也无法确信不存在。当事实真伪不明时，法官裁判由承担客观证明责任的一方来承担败诉的风险，从而摆脱真伪不明给法院带来的困境。主观证明责任的目的则在于解决哪方当事人被迫必须举证，否则承担败诉结果的问题。故主观证明责任也被称作行为责任，而客观证明责任被称作结果责任。

（二）《行政诉讼法》第 34 条规定的“举证责任”应当是客观证明责任

关于我国行政诉讼中“举证责任”的含义历来存在争议。我们认为：我国《行政诉讼法》第 34 条规定的“举证责任”应当是客观证明责任。因为客观证明责任是诉讼制度举证责任体系的根本，主观证明责任是由客观证明责任所决定的，也即提供证据的行为责任是由为了避免事实真伪不明的结果责任所引发和决定的。如果认为我国《行政诉讼法》中的“举证责任”只是作为行为责任的主观证明责任，则我国行政诉讼将无法解决事实真伪不明问题。值得注意的是，由于主观证明责任由客观证明责任所引发和决定，故在日常表达中，我们往往用主观证明责任来表达客观证明责任。我国《行政诉讼法》第 34 条第 1 款后半句规定，“应当提供作出该行政行为的证据和所依据的规范性文件”。虽然从文义上来看该规定将第 34 条的举证责任理解为提供证据的主观证明责任，但实质上是在用抽象的主观证明责任表达客观证明责任，因此该条款规定的“举证责任”仍应当是客观证明责任。故我国《行政诉讼法》中“举证责任”的含义是客观证明责任，本文使用“举证责任”时也意指客观证明责任。

二、我国行政诉讼举证责任分配的法律空白

我国行政诉讼关于举证责任分配的现行规定，并没有完备地解决客观证明责任分配问题。我国《行政诉讼法》第 34 条第 1 款规定，被告对作出的行政行为负有举证责任，应当提供作出该行政行为的证据。这一条款是对我国行政诉讼客观证明责任分配的原则性规定。按照对这一条款的传统理解，除法律明确规定由行政相对人承担客观证明责任的外，行政诉讼中其他待证事实由行政机关承担客观证明责任。但实践中存在这一条款无法圆满解决的客观证明责任分配争议，我们通过一个案例来说明。

在湖南省第六工程有限公司与新乡市卫滨区水利局行政处罚纠纷案[①]中，被告新乡市卫滨区水利局的执法人员到原告湖南省第六工程有限公司的建筑工地调查，发现原告湖南省第六工程有限公司“未经批准擅自取用地下水资源用于该单位建筑施工”。原告湖南省第六工程有限公司诉称没有被告新乡市卫滨区水利局认定的违法

① 河南省新乡市中级人民法院（2014）卫滨行初字第 1 号行政判决书.

事实，其取水工程师进行的地下工程疏干排水，是为保障地下工程施工安全和生产安全而必须进行的临时应急措施。《取水许可和水资源费征收管理条例》（以下简称《取水条例》）第4条第1款规定："下列情形不需要申请领取取水许可证：（一）农村集体经济组织及其成员使用本集体经济组织的水塘、水库中的水的；（二）家庭生活和零星散养、圈养畜禽饮用等少量取水的；（三）为保障矿井等地下工程施工安全和生产安全必须进行临时应急取（排）水的；（四）为消除对公共安全或者公共利益的危害临时应急取水的；（五）为农业抗旱和维护生态与环境必须临时应急取水的。"可见，应急排水的确不需要办理取水许可证。但该案中原告湖南省第六工程有限公司是否存在《取水条例》规定的"临时应急取（排）水"，应当由谁负客观证明责任？

如果按照对《行政诉讼法》第34条第1款的传统理解，应当由被告行政机关对原告湖南省第六工程有限公司是否存在"临时应急取（排）水"负客观证明责任，即当法官心证真伪不明时，法官应当判决被告行政机关败诉。但如此分配举证责任会产生这样的影响：在任何一起对未经许可取水进行处罚的案件中，行政机关在行政程序中均要对是否存在《取水条例》第4条规定的五种情形逐一调查取证，否则一旦行政相对人主张其存在第4条规定的任何一种情形，认为自己不应当受到处罚，行政机关将必然因在行政程序中未调查取证而败诉。这样的结果显然是不切实际的。我们认为，可以把《取水条例》第4条理解为行政相对人未经许可取水应受处罚的免责事由，免责事由应当由行政相对人承担客观证明责任。但问题是，我国《行政诉讼法》第34条第1款，或者我国行政诉讼客观证明责任分配规范体系中的任何一个条款，并没有区分且识别应当处罚的事项与免责事由，进而对两者进行不同的客观证明责任分配。更值得我们关注的是，当前关于行政诉讼客观证明责任分配的理论，也不能够支撑上述将免责事由之客观证明责任分配给行政相对人的观点。从经验上观察正确的客观证明责任分配，却找不到法律依据和理论支撑，揭示的恰是制度的缺陷和理论的不足。

三、我国传统举证责任分配标准的不足

我国行政法学界长期以来将多种标准共同作为行政诉讼客观证明责任分配的根据，主要有：有利于监督依法行政，有利于保障行政相对人合法权益，有利于发挥行政机关的举证优势。这些标准虽然在形式上符合基本规则一般、抽象的要求，但仍存在缺陷。

（一）我国传统举证责任分配标准不具有普适性

普适性是举证责任分配标准的必然特点，一项诉讼制度中除特殊的客观证明责任倒置外，举证责任分配标准应当能够解释所有的一般客观证明责任分配规定，这样才能证立该举证责任分配标准。而我国传统举证责任分配标准，与现行制度中对客观证明责任的分配并不完全相符。比如，有利于监督依法行政的分配标准与《行政诉讼法》第38条第1款不符：行政相对人是否提出申请由行政机关承担客观证明

责任显然更有利于监督依法行政，但现行制度并没有作这样的规定。这说明《行政诉讼法》第 38 条第 1 款并未将有利于监督依法行政作为其分配客观证明责任的根据。又如，有利于保护行政相对人合法权益的分配标准，同样与《行政诉讼法》第 38 条第 1 款不符，因为由行政机关对原告是否提出申请承担客观证明责任更有利于保护行政相对人的合法权益。

因此，有利于监督依法行政、有利于保障行政相对人合法权益等标准，不能解释《行政诉讼法》第 38 条第 1 款对客观证明责任的分配，即这些我国传统分配标准并非行政诉讼客观证明责任的基本规则，而仅能解释部分客观证明责任分配条款。基本规则需要具备普适性，才能具有规范性，即能够直接帮助法官进行判决，亦即具有法律效力，而不是拿这些所谓的原则来对现有的法定证明责任分配的立法目的进行解释。因此，有利于监督依法行政等传统标准无法作为我国行政诉讼客观证明责任分配的基本规则。

（二）我国传统举证责任分配标准存在缺陷的原因

我国传统举证责任分配标准存在缺陷的根本原因是，其试图从实质目的角度去抽象把握各个分配规定的共性。这是不能成功的，因为不同的客观证明责任分配规定必然包含不同的目的考量。行政诉讼案归属于不同行政领域和包含着不同类型的行政法律关系，故在分配客观证明责任时更需要有千差万别的利益考虑，由原告还是被告承担事实真伪不明的风险不可能有完全相同的目的考量。而我国传统分配标准从目的角度把握分配规则，试图将单一目的作为客观证明责任分配的基本规则，是其存在的固有缺陷。

四、以“规范说”作为行政诉讼举证责任分配的基本规则

（一）“规范说”的基本主张及其规范性来源

德国法学家罗森贝克（Rosenberg）提出了客观证明责任分配的“规范说”：“每一方当事人均必须主张和证明对自己有利的法规范（法律效力对自己有利的法规范）的条件。”当事人对自己有利的法规范的要件事实承担客观证明责任，是“规范说”对客观证明责任分配的基本主张。

“规范说”何以正确有效？其规范性来源于法律适用的基本方式：只有在法规范的要件事实在真实的事件中得到实现时，法规范才会适用于该事件而产生法律效果。故而，要想使有利于自己的法规范得到适用，要想使有利于自己的法律效果产生，当事人必须证明该对其有利的法规范之要件事实在真实的事件中得到实现，否则将因该法规范不能适用而承担不利的后果。这一不利后果的承担，不仅发生在要件事实被证明不存在时，也发生在要件事实真伪不明时。因此，当法规范要件事实真伪不明时，由主张适用该对其有利的法规范之当事人承担不利后果。可见，“规范说”的这一基本主张是法律适用基本方式的必然结果。故“规范说”基于法律适用的基本方式，对所有拟适用的法规范之要件事实的客观证明责任分

配具有规范性。

（二）“规范说”的民事诉讼表述及其规范性来源

“规范说”的基本主张能够用以规范具体案件的客观证明责任分配，还需要阐明何等法规范有利于原告、何等法规范有利于被告，从而形成具备足够明确性和确定性的基本规则。

罗森贝克提出：何等法规范对哪方当事人有利的界定，应当以法体系的普遍结构为基础。所有的法体系都以一个基本规范和与之相对的相对规范之间的对抗关系为基本结构。基本规范规定通常情况下的法律效果，相对规范则在通常情况的基础上规定若干的例外情况，并使这些例外情况的法律效果与基本规范的法律效果相对抗——要么不允许基本规范的法律效果产生，要么使基本规范的法律效果在持续一段时间后消灭，要么将基本规范的法律效果予以排除。

基于这一判断，罗森贝克为了进一步明确民事诉讼中的客观证明责任分配，提出了以权利形成规范作为基本规范，以权利妨碍规范、权利消灭规范与权利排除规范作为相对规范的分类，进而提出了“规范说”的民事诉讼表述：“原告必须对权利形成的事实加以证明，而被告必须对权利妨碍的事实、权利消灭的事实、权利排除的事实加以证明”。罗森贝克的这一表述被他的学生普维庭（Prütting）承继，发展成为“规范说”的经典表述：“如果法官认为一个权利形成要件的事实真伪不明，那么请求权人承担不利后果。如果法官认为一个权利妨碍要件、权利阻碍要件或者权利消灭要件的事实真伪不明，那么由请求权人的对方当事人承担不利后果。”

（三）“规范说”对行政诉讼的规范性

“规范说”基于法律适用的基本方式与法体系普遍的对抗结构而对客观证明责任所作的分配，在行政法领域同样具有规范性。行政法适用的基本方式与其他法适用的基本方式都是相同的，当行政法规范的要件事实真伪不明时，同样应当由要求适用该行政法规范的当事人承担不利后果。这是行政法适用基本方式的必然结果。因此，“规范说”提出的“对法规范要件事实的真伪不明，由主张该法规范对其有利的当事人承担不利后果”，也应当是行政法领域客观证明责任分配的基本规则。

我国行政法同样将基本规范与相对规范的对抗关系作为行政法体系的基本结构。在一个行政诉讼案件中，一项诉讼请求必定也是以一项行政法规范为依据的，我们可以把这个行政法规范等同于基本规范；而针对该诉讼请求的一项抗辩，必定也是以与该基本规范相对抗的另一项行政法规范作为依据的，我们可以把这个行政法规范等同于相对规范。故我们同样可以依据基本规范和相对规范的对抗关系，来分配行政诉讼的客观证明责任。因此，“规范说”对行政诉讼的客观证明责任分配同样具有规范性。

五、“规范说”的行政法重述：以行政职权为中心

“规范说”被应用于民事诉讼时，是依据民事实体法对抗结构的特性进行的民事

诉讼表述。因此，将“规范说”应用于行政诉讼时，应当根据行政法体系对抗结构的特性，重新进行何等行政法规范对哪方当事人有利的界定。

我们提出：应当以行政职权为中心对“规范说”进行重述。“规范说”的民事诉讼表述之所以以原告的民事权利为中心，是因为民事实体法将民事权利的形成、妨碍、消灭或排除作为其法律效果，并规定了产生这些法律效果的构成要件事实。但行政实体法并不以行政诉讼原告的权利为中心，稍加观察就会得出一个不争的结论：行政实体法将行政职权的形成、妨碍、消灭或者排除作为其法律效果，并规定了产生这些法律效果的构成要件事实。因此，将“规范说”应用于行政诉讼的客观证明责任分配时，应当以行政职权为中心，对“规范说”进行重述。

（一）“规范说”视角下行政法规范的分类

“规范说”的民事诉讼表述，是建立在对民事法规范的分类基础上的。罗森贝克在民事法领域将法规范分为基本规范与相对规范，将权利形成规范作为基本规范，并将相对规范与基本规范的对抗关系分作三种类型：妨碍、消灭与排除。所谓妨碍，是指从一开始就阻止权利形成规范的效力产生，以使权利形成规范根本不能发挥效力；所谓消灭，是指在权利形成规范生效后，使权利形成规范的效力归于消灭；所谓排除，是指虽然权利形成规范有效，但排除其效力。通过分析我们发现，在行政法领域，应当将行政职权的形成规范作为基本规范，而相对规范与基本规范的对抗关系，同样可以被分为妨碍、消灭与排除三种类型。

1. 职权形成规范

职权形成规范规定在何等条件下一项行政职权或行政法律关系应当产生。《治安管理处罚法》第 43 条与第 49 条即为典型的职权形成规范：当“殴打他人”或“故意损毁公私财物”的构成要件在真实事件中得到满足时，产生行政处罚职权。

2. 职权妨碍规范

职权妨碍规范的特征是其与将要形成的职权之法律效果相对抗，在职权形成之前，即妨碍其形成。前文举例的《取水条例》第 4 条即为典型的职权妨碍规范：行政机关依据《取水条例》第 2 条普遍行使的取水许可职权，因存在《取水条例》第 4 条规定的例外情形而被妨碍——取水许可职权不得行使。

3. 职权消灭规范

职权消灭规范以一项已经产生的职权为前提，产生将已经生效的职权予以消灭的法律效果。《行政许可法》第 8 条第 2 款关于“客观情况发生重大变化的，为了公共利益的需要，行政机关可以依法变更或者撤回已经生效的行政许可”的规定，就是典型的许可职权消灭规范。职权消灭规范以在职权行使后才对职权形成规范产生对抗效果为其特征。

4. 职权排除规范

职权排除规范赋予主张者形成权，以排除对他的职权行使。由于行政行为具有公定力，因此在行政法领域，只有少数法律规范属于职权排除规范，行政相对人可以据此拒绝对他的职权行使。典型的有《行政处罚法》第70条、《农业法》第67条第1款。

（二）“规范说”的行政法重述：行政诉讼客观证明责任分配基本规则的提出

基于应当以行政职权为中心对“规范说”进行重述的判断，以及前述“规范说”视角下对行政法规范的分类，我们提出将“规范说”的行政法重述作为行政诉讼客观证明责任分配的基本规则：主张行使行政职权的当事人，对职权形成要件事实承担客观证明责任；主张不行使行政职权的当事人，对职权妨碍要件事实、职权消灭要件事实、职权排除要件事实承担客观证明责任。

1. 以行政职权为中心，正确界定行政诉讼中法规范对哪方当事人有利

以行政职权为中心表述“规范说”，才能够正确地界定行政诉讼中法规范对哪方当事人有利。在民事诉讼中，由于只有权利形成规范对请求权人有利，所有相对规范都对请求权人不利，因此“规范说”的民事诉讼表述可以直接明确由请求权人对权利形成要件事实承担客观证明责任，由请求权人的对方当事人对权利妨碍、消灭、排除要件事实承担客观证明责任。但在行政法中，并非只有职权形成规范对行政机关有利，也并非只有相对规范对行政相对人有利。由于行政机关代表的是公共利益，故当行使行政职权对公共利益有利时，职权形成规范即对行政机关有利；而当不行使行政职权对公共利益有利时，职权形成规范就对行政机关不利，相对规范就对行政机关有利。因此，行政机关既可能主张职权形成要件规范存在，也可能否认职权形成要件事实的存在，例如主张不存在违法行为；行政机关还可能主张相对规范的要件事实存在，例如主张存在“主动消除或者减轻违法后果，并取得被侵害人谅解”情形。而行政相对人也可能主张职权形成要件事实存在，例如受害人起诉行政机关拒不履行处罚职权；行政相对人当然也可能否认职权形成要件事实存在，还可能主张相对规范的要件事实存在，绝大多数的撤销之诉即是例证。

因此，我们提出的基本规则并没有像民事诉讼基本规则那样，限定哪一方当事人对哪一类要件事实承担客观证明责任，只是明确由要件事实的主张者承担。但这并没有减弱基本规则的明确性和确定性，反而能够适应行政诉讼相较民事诉讼的特殊之处。

2. 以行政职权为中心，正确指引各种行政诉讼案件的客观证明责任分配

基本规则需要具有普适性，即能够正确指引各种行政诉讼案件的客观证明责任分配。

（1）当行政机关作出单方行为时，行政机关是职权形成要件的主张者，由行政机关对职权形成要件事实承担客观证明责任，由行政相对人对职权妨碍、消灭、排除要件事实承担客观证明责任。在此种情况下，区分依职权与依申请的行政行为对分配客观证明责任是没有实益的。以行政机关行使行政许可职权作出行政许可为例，此时利害关系人不服，起诉请求撤销行政许可决定的，行政机关是许可职权行使的主张者，由行政机关对许可职权形成要件事实负客观证明责任——与起诉请求撤销

依职权作出的行政处罚之客观证明责任分配是相同的。

（2）当行政机关拒绝作出单方行为时，如果行政机关的理由是职权形成要件事实不存在，而行政相对人认为职权形成要件事实存在的，则行政相对人是职权形成要件事实的主张者，由行政相对人对职权形成要件事实承担客观证明责任，典型的如行政机关以不符合许可条件为由作出不予许可决定。如果行政机关拒绝作出单方行为的理由是相对规范的要件事实存在，则行政机关是相对规范的主张者，由行政机关对相对规范要件事实负客观证明责任，典型的如行政机关以存在免予处罚的情形而决定不予处罚。

（3）当行政机关不作为时，行政相对人是职权形成要件的主张者，由行政相对人对职权形成要件事实承担客观证明责任。

上述基本规则能够明确分配单方行为引发的行政诉讼之客观证明责任，能够解决现行制度的法律空白造成的客观证明责任分配难题。

在前文所述湖南省第六工程有限公司与新乡市卫滨区水利局行政处罚纠纷案中，原告湖南省第六工程有限公司诉称没有被告新乡市卫滨区水利局认定的违法事实，其取水工程师进行的地下工程疏干排水，是为保障地下工程施工安全和生产安全而必须进行的临时应急措施。被告新乡市卫滨区水利局主张应当行使行政许可职权，而原告湖南省第六工程有限公司依据职权妨碍要件主张不应当行使行政许可职权，无须办理取水许可。原告湖南省第六工程有限公司的依据是《取水条例》第 4 条第 3 项，该条款就是取水许可职权行使的妨碍要件，故原告湖南省第六工程有限公司作为该职权妨碍要件的主张者，应当对是否存在该第 4 条第 3 项的情形承担客观证明责任；当证明结果真伪不明时，法院按该情形不存在作出判决。

六、现行制度与基本规则的关系

（一）《行政诉讼法》第 34 条第 1 款与基本规则的关系

我们提出的基本规则与《行政诉讼法》第 34 条第 1 款并无矛盾。按照我们提出的基本规则，行政机关本来就应当对其作出行政行为所依据的法规范之要件事实承担客观证明责任；当行政机关行使职权时，行政机关对职权形成要件事实负客观证明责任；当行政机关依据相对规范而不行使职权时，行政机关对相对规范的要件事实负客观证明责任。值得说明的是，《行政诉讼法》第 34 条第 1 款的规定并不属于举证责任倒置规范。“倒置必须有一个‘正置’的前提，只有知道‘正置’的举证责任分配，才能对其称为倒置。”我们提出的基本规则是行政诉讼客观证明责任一般分配的依据，也即“正置”规范。诚如前述，按照基本规则，行政机关本应就其作出行政行为所依据的法规范之要件事实承担客观证明责任，故《行政诉讼法》34 条第 1 款的规定属于客观证明责任的“正置”规范，不属于“倒置”规范。

除了与第 34 条第 1 款并无矛盾，我们提出的基本规则的进步意义在于，填补第 34 条第 1 款未规定若干行政相对人负客观证明责任情形的制度空白。根据前述分析，第一，当行政相对人依据相对规范主张行政机关不应当行使职权时，行政相对人对相对规范的要件事实负客观证明责任，前述湖南省第六工程有限公司与新乡市卫滨区水利局行政处罚纠纷案即是此种情形。第二，当行政相对人依据职权形成规范主张行政机关应当行使职权时，行政相对人对职权形成规范的要件事实负客观证明责任。例如，在行政相对人不服行政机关拒不作出行政许可的纠纷中，应当由行政相对人对职权形成要件事实负客观证明责任；而法定许可条件显然是许可职权行使的形成要件，故当行政相对人是否达到法定许可条件真伪不明时，应当由行政相对人承担败诉的结果。这一按照我们提出的基本规则所得出的客观证明责任分配结果，也是符合实体正义的，例如当药品是否具备有效性、安全性真伪不明时，显然应当由药品注册申请人承担不利后果，即法院应当按不具备有效性、安全性作出判决。

（二）《行政诉讼法》第38条第1款与基本规则的关系

《行政诉讼法》第38条第1款与我们提出的基本规则也是相符的。如前所述，在起诉被告不履行法定职责的案件中，原告本就是适用法规范的主张者，是职权形成要件的主张者，而原告向被告提出申请的事实属于职权形成要件事实，本就应当由原告负客观证明责任，故《行政诉讼法》第38条第1款也不属于客观证明责任倒置规范。

（三）《行政诉讼法》第38条第2款与基本规则的关系

需要特别指出的是，我们提出的“规范说”的行政诉讼表述，不能适用于《行政诉讼法》第38条第2款。第38条第2款规定了行政赔偿、补偿诉讼的客观证明责任分配。行政赔偿诉讼所依据的实体法是《国家赔偿法》，显见的是，《国家赔偿法》是以公民、法人和其他组织的赔偿请求权为中心的，《国家赔偿法》规定的法律效果是赔偿请求权的形成、妨碍与消灭。这与行政实体法以行政职权为中心，法律效果围绕行政职权设定存在明显不同。因此，就像“规范说”的民事诉讼表述不能适应于行政诉讼一样，我们提出的“规范说”的行政诉讼表述同样不能适用于行政赔偿诉讼。

与其说这显然是对“规范说”的行政诉讼表述普适性的反驳，毋宁说是对它的旁证。《行政诉讼法》第38条第2款的规定，同样是符合“规范说”的。以赔偿请求权为中心分配行政赔偿诉讼的客观证明责任，自然应当由请求权人对请求权形成要件事实负客观证明责任。存在损害以及侵害行为与损害间有因果关系，是主张赔偿请求权的形成要件。第38条第2款规定由原告对行政行为造成损害负客观证明责任，就是规定由赔偿请求权人对形成要件事实承担客观证明责任，是符合“规范说”的。可见，《行政诉讼法》第38条第2款再次说明了客观证明责任分配的基本规则应当与实体法对抗结构的特性相一致。由于《国家赔偿法》与行政实体法在对抗结构上存在差异，所以我们依据行政实体法提出的基本规则不能适用于《行政诉讼法》第38条第2款，而需要依据《国家赔偿法》提出“规范说”的行政赔偿诉讼表述。这实际上从旁证的角度证明了我们依据行政实体法的特性提出“规范说”的行政诉讼表述并将之作为基本规则是正确的。

知识拓展

一、拓展阅读

1. 江必新. 适用《关于行政诉讼证据若干问题的规定》应当注意的问题. 法律适用，2003（10）.

2. 江必新，徐庭祥. 行政诉讼客观证明责任分配的基本规则. 中外法学，2019（4）.

3. 马立群. 德国行政诉讼证据调查与客观证明责任的分配规则：兼评对我国的借鉴价值. 比较法研究，2020（5）.

4. 莱奥·罗森贝克. 证明责任论. 庄敬华，译. 北京：中国法制出版社，2018.

5. 普维庭. 现代证明责任问题. 吴越，译. 北京：法律出版社，2006.

6. 徐庭祥. 论建构我国行政诉讼的一般证明标准. 政治与法律，2019（12）.

7. 徐庭祥. “政府信息不存在”证明困境的解决路径. 法律适用，2020（22）.

二、类案练习

案情简介

最高人民法院指导案例 101 号裁判要旨：“在政府信息公开案件中，被告以政府信息不存在为由答复原告的，人民法院应审查被告是否已经尽到充分合理的查找、检索义务。原告提交了该政府信息系由被告制作或者保存的相关线索等初步证据后，若被告不能提供相反证据，并举证证明已尽到充分合理的查找、检索义务的，人民法院不予支持被告有关政府信息不存在的主张。”

案例分析

在政府信息公开诉讼中，针对“政府信息不存在”产生了大量的行政争议，准确认定事实对这类纠纷的解决至关重要。然而在这类纠纷中，普遍认为存在证明困境：一方面，被告难以举出直接证据来证明政府信息不存在这一消极事实；另一方面，原告也难以举出直接证据来证明由被告掌握的政府信息存在。不论是由被上诉人来证明一个事物的不存在，还是由上诉人来证明其不知道的事物的存在，都被认为是不可能实现的命题。指导案例 101 号将实践与理论已经普遍认可的被告检索义务引入证明困境的解决中，然而与这一做法相关的证据法疑义并未得到充分揭示：（1）该案发布前即广泛争论的举证责任分配问题并未得到指导案例的直接回应。（2）该案裁判要点中出现了新的规范意旨：1）要求法院先审查原告提交的证据，再审查被告是否能提供相反证据，这一证据审查顺序的法律依据是什么，背后的法理考量是什么，这一顺序是否能够颠倒？2）明确原告仅需提交“初步证据”，这一规定有什么法律依据，将产生什么法律效果？

思考

上述问题的存在，表明当前理论与实践仅注意到指导案例 101 号对被告科以检索义务，并未能充分认识和理解该案中的举证责任分配，以及约束法院证明活动的规范意旨及法理。对这些问题予以阐明，对于充分发挥指导案例101号的指导作用及正确参照适用具有重要意义。同学们可以尝试用本讲学到的知识，对上述问题进行分析回答。

三、毕业论文选题指导

1. 论行政诉讼中情况说明的证据种类与证据能力
2. 论行政诉讼客观证明责任分配的再完善
3. 论行政公益诉讼的举证责任分配

第十六讲　一并审理相关民事争议制度

内容提要

因行政争议与民事争议在处理结果上存在因果关系，或者虽不存在因果关系，但导致两种争议产生的法律事实之间存在相互联系和影响的交叉案件可称谓行民交叉案件。随着社会经济的快速发展、法治进程的逐渐完善、人民群众法律意识的日渐提高，在行政诉讼中越来越多的民事争议伴随着出现。2014 年修订的《行政诉讼法》及其司法解释为行政诉讼中一并审理民事争议设置了规则指引，对一并审理的申请时间、适用范围、管辖、适用法律、裁判方式和诉讼费用予以规定，在法律保障上提供了基本的适用和审理依据，但如何适用现有规则审理行民交叉案件，仍旧面临诸多问题，既有规范层面的遗缺与疏漏，也有实践层面的适用障碍与困境，具体体现在一并审理相关民事争议制度的启动、审查、裁判三阶段，需从源头上厘定行民交叉案件的内在逻辑结构，借助类型化分析，加以制度完善，以期真正发挥行政诉讼中一并审理相关民事争议制度的应有价值与功能。

第一节　一并审理相关民事争议制度的溯源和立法目的

行政与民事交织案件的审理，一直以来都是司法实践中的难题。比如，在轰动一时的高某善诉焦作市影视器材公司房产纠纷案[①]中，围绕着三间房屋的所有权，纠纷各方当事人分别进行了民事诉讼和行政诉讼，历时十余年，产生近二十份裁判文书，然而此案的纠纷并没有从根本上得到化解。围绕行民交叉难题的解决，理论界和实务界进行了大量探索，先后提出了“行政附带民事诉讼”“行政或民事诉讼一元化”“行政民事并行审理”“先行后民或先民后行”“行政诉讼一并解决民事争议”

---

① 何兵. 高永善诉焦作市影视器材公司房产纠纷案件评析：从程序法的角度//罗豪才. 行政法论丛：第 2 卷. 北京：法律出版社，1999：426.

等诸多方案。

一、一并审理相关民事争议制度的溯源

一并审理相关民事争议制度肇始于 2000 年《行政诉讼法司法解释》[①]，但限于案件类型单一及具体操作细则未制定，该制度实际运行效果不尽如人意。2009 年，最高人民法院将一并审理相关民事争议的范围从行政裁决案件扩展到“行政裁决、行政确权、行政处理、颁发权属证书等案件”[②]。2010 年最高人民法院又规定，“在行政许可案件中，当事人请求一并解决有关民事赔偿问题的，人民法院可以合并审理”[③]。其后最高人民法院在浙江省等地开展了一并审理相关民事争议案件的试点工作。2014 年《行政诉讼法》[④] 修订时，将行政诉讼中一并审理相关民事争议制度写入其中，从法律层面将这一制度固定下来。虽然仅有 1 条，但扩大了适用范围——将除行政裁决以外的行政许可、行政登记、征收、征用也纳入其中，但同样面临的是实施细则缺失问题。为解决这一适用难题，2015 年《行政诉讼法司法解释》第 17 条至第 19 条对一并审理相关民事争议制度的立、审、裁三大主要方面进行了初步规定，为司法实践提供了一套具有一定可操作性的程序性规则。2018 年 2 月 8 日起施行的《行政诉讼法司法解释》，则进一步对一并审理相关民事争议制度进行了更新、完善，用专节、共计 8 条的篇幅从申请提出、立案受理、管辖、审理、法律适用、审判、诉讼费用等方面进行较为全面的规定，力图将一并审理相关民事争议制度落到实处，提升审判效率，促进行政争议实质性化解。

二、一并审理相关民事争议制度的立法目的

最高人民法院之所以会在司法解释和司法政策中创造性地设立一并审理相关民事争议制度，主要原因在于：在过去没有一并审理相关民事争议制度时，各级人民法院对相关民事案件的审理规则非常混乱，做法不统一。大量行民交叉案件中，人民法院的民事审判和行政审判之间各行其是，或相互推诿，拒绝对各自领域之外的争议进行实质性审理，甚至对民事、行政案件均以等待对方裁判结果为由中止审理，造成当事人之间的纠纷长期得不到有效解决；或各自为战，民事、行政判决相互冲突对立、无法执行。为此，最高人民法院在借鉴刑事附带民事诉讼制度、总结地方法院探索经验的基础上，创设了一并审理相关民事争议制度。实践证明，这一制度确实能够有效解决人民法院内部纷争，对于实质性化解行政、民事争议有非常明显的效果。正因如此，2014 年《行政诉讼法》进行修改时，全国人大常委会将这一制度上升为法律。这一做法与 2014 年修法增加行政诉讼化解行政

---

① 2000 年《行政诉讼法司法解释》第 61 条规定：被告对平等主体之间民事争议所作的裁决违法，民事争议当事人要求人民法院一并解决相关民事争议的，人民法院可以一并审理相关民事争议。

② 最高人民法院《关于当前形势下做好行政审判工作的若干意见》（法发〔2009〕38 号）第 9 条.

③ 最高人民法院《关于审理行政许可案件若干问题的规定》（法释〔2009〕20 号）第 13 条第 2 款.

④ 2014 年《行政诉讼法》第 61 条.

争议的目的相契合。最高人民法院郭江修法官将这一制度设计的初衷解读为“提高审判效率，防止因民行两种不同诉讼程序可能带来的裁判冲突，及时、有效化解民行争议”[①]。最高人民法院认为，该制度强调的是“实质性化解纠纷，其法理依据是程序效益而带来的程序扩容”[②]。因此，该制度的立法目的是体现诉讼效益，确保法院裁判结果的权威性和统一性、实现司法公正与保护当事人权益的价值取向。在解读和落实一并审理相关民事争议制度及相关司法解释时，必须紧紧围绕实现这一立法目的而进行。

第二节 对一并审理相关民事争议制度的规范解读

以下根据 2017 年《行政诉讼法》第 61 条和 2018 年《行政诉讼法司法解释》第 137 条至第 144 条，对行政诉讼一并审理相关民事争议制度的相关规定作如下分析和解读。

一、一并审理相关民事争议制度的适用条件

(一) 行政案件符合规定且已被受理

首先，行政案件的类型必须符合 2017 年《行政诉讼法》第 61 条的规定，即行政许可、行政登记、征收、征用和行政裁决这五类行政诉讼案件。这里需要指明的是，该条的列举是明确且具体的，没有任何的扩展，在这一点上，最高人民法院《关于当前形势下做好行政审判工作的若干意见》(法发〔2009〕38 号) 的表述 (第 9 条) 有所不同。

其次，行政案件必须已经被受理。这是在行政诉讼中一并审理相关民事争议的前提，若行政案件被裁定不予受理，那么与之相关的民事争议也将被裁定不予受理，当事人只能另行提起民事诉讼。只有两者一并进入审理的实体程序，一并审理才能进行。例如，杨某全案[③]中杨某全因其所购得的水饺实收价与标价不一致，向青岛市消费者权益保护委员会（以下简称“青岛市消费者协会”）投诉。青岛市消费者协会作出“不予受理回函”，杨某全不服，提起诉讼。法院认为，消费者协会是社会组织而非行政机关，其受理投诉并进行调查和调解的行为属于履行公益性职责而非行政管理职责，不属于行政复议受案范围，也不属于行政诉讼受案范围，故法院驳回起诉。行政案件不成立，就不会有一并审理民事案件的存在，故杨某全提出的一并解决民事争议的诉求也不成立。

---

① 郭修江. 一并审理民行争议案件的审判规则：对修改后的《行政诉讼法》第六十一条的理解. 法律适用，2016 (1).

② 最高人民法院行政审判庭. 最高人民法院行政诉讼法司法解释理解与适用. 北京：人民法院出版社，2018：643，645，661.

③ 山东省高级人民法院 (2017) 鲁行终 2136 号行政裁定书.

(二) 行政案件与民事案件具有关联性

关联性是引起一并审理的原因，这也是该制度能够形成的最基本条件。最高人民法院认为，“关联性是一并审理民事争议制度的本质特征”①。但是关于关联性如何界定，截至目前并没有明确的尺度和标准。

民事案件与行政案件的关联性表现在以下几个方面：（1）诉讼主体之间相关，即行民案件的主体相互交叉，并不完全独立——行政诉讼的原告为民事诉讼的一方当事人，可能是原告，可能是被告。（2）两种争议之间权利义务相关。其主要体现在同一行政行为引起了两种性质的争议。只有当行政主体作出的行政行为侵犯了行政相对人或者与行政相对人相对应的民事合法权益时，才可一并审理民事案件。（3）诉讼请求之间相关。行政诉讼与民事诉讼中会分别有一个或者多个的诉讼请求，由于两者是针对同一客体所产生的，诉讼请求之间必然是具有相关性的，例如，请求赔偿、停止诉讼。（4）处理结果上相关，即对一类争议的处理结果是对另一类争议处理的前提，或者两者之间存在因果关系，具体表现为两种情形：一种是行政行为（民事行为）是处理民事争议（行政争议）的前提。另一种是一类争议是因另一类争议而产生的。

(三) 不存在不能一并审理的情形

2018 年《行政诉讼法司法解释》第 139 条规定了应当作出不予准许一并审理决定的四种情形②，前三种主要是行政诉讼的受案法院对民事争议没有管辖权的情形，最后一种为兜底情形。关于第三种情形中的约定仲裁或者已经提起民事诉讼的，需要注意以下两点：

一是 2015 年《行政诉讼法司法解释》第 17 条规定的是已经申请仲裁，而 2018 年《行政诉讼法司法解释》规定的是约定仲裁。也就是说，于《仲裁法》第 26 条第 2 款规定的情形能否适用一并审理相关民事争议制度，尚不明确。

二是如果民事争议的原告已经提起了民事诉讼，这说明民事争议的原告没有选择或者不知道可以选择在行政诉讼中一并提起民事诉讼。鉴于一并审理相关民事争议制度只是一个程序的扩容，是当事人可以选择的一种程序，最高人民法院认为，在这种情况下，只有提起民事诉讼的原告撤回起诉，各方同意一并审理相关民事争议的，人民法院才可以准许一并审理相关民事争议。③

此外，关于其他不宜一并审理这一兜底条款，最高人民法院认为：为避免该款

---

① 最高人民法院行政审判庭. 最高人民法院行政诉讼法司法解释理解与适用. 北京：人民法院出版社，2018：643，645，661.

② 应当作出不予准许一并审理决定的四种情形：（1）法律规定应当由行政机关先行处理的；（2）违反民事诉讼法专属管辖规定或者协议管辖约定的；（3）约定仲裁或者已经提起民事诉讼的；（4）其他不宜一并审理民事争议的情形。

③ 最高人民法院行政审判庭. 最高人民法院行政诉讼法司法解释理解与适用. 北京：人民法院出版社，2018：643，645，661.

成为个别法院推诿、不受理当事人一并解决民事争议诉请的依据，对此不宜作扩大解释，应当将该款明确限制在“如人民法院一并审理民事争议，将会违反法律规定这一情形下”[①]。

（四）受理行政案件的法院对拟一并审理的民事案件也有管辖权

目前，行政诉讼的管辖存在异地管辖、交叉管辖和集中管辖等情形，而民事诉讼的管辖确定的一般原则为“原告就被告”。由于行政诉讼的被告与民事诉讼的被告并非同一人，因此管辖上难免发生冲突。考虑到在行政诉讼中一并解决民事争议通常情况下行政诉讼为主诉讼、民事诉讼为次诉讼，行政诉讼管辖法院很有可能不是民事诉讼的管辖法院。根据 2018 年《行政诉讼法司法解释》第 138 条第 1 款和第 139 条，受理行政诉讼的法院，只要没有违反民事诉讼法专属管辖或者民事争议当事人约定的协议管辖和仲裁管辖，对相关民事争议亦有管辖权。也就是说，即使民事争议的地域管辖和级别管辖与行政诉讼的管辖不一致，只要没有 2018 年《行政诉讼法司法解释》第 139 条规定的情形，受理行政诉讼的法院对相关民事争议即具有管辖权。

（五）行政诉讼的原告或第三人主动提出一并审理民事争议

根据 2017 年《行政诉讼法》第 61 条和 2018 年《行政诉讼法司法解释》第 137 条，必须当事人提出一并解决相关民事争议的申请，法院才可以决定一并审理，也即法院不能主动决定一并审理。最高人民法院郭修江法官认为，“是否一并审理，归根到底是民事争议原告的选择权”[②]。也就是说，只有民事争议的原告才有权申请一并审理。最高人民法院认为申请一并审理民事争议的原告应当是行政诉讼的原告或者行政诉讼的第三人。[③] 倘若当事人没有提出一并审理民事争议的请求，则法院不可主动依职权对民事争议进行审理、裁判。但是，如果法院在受理行政诉讼过程中发现符合一并审理民事争议的其他条件，应当主动向当事人释明。当事人被赋予选择权，可以选择放弃该权利。例如，在王某孝诉房管局房屋行政登记案[④] 中，原告称案涉房屋为自己修建，应归自己所有，请求撤销房屋登记行为。房屋物权归属问题属于民事法律问题，法院按照最高人民法院《关于审理房屋登记案件若干问题的规定》（法释〔2010〕15 号）第 8 条的规定，中止审理并向原告释明：应单独提起民事诉讼，解决房屋的归属问题后再处理行政争议，如不提起民事诉讼解决基础民事法律关系有何的法律后果。在告知原告及其诉讼代理人后，原告明确表示不

---

① 最高人民法院行政审判庭. 最高人民法院行政诉讼法司法解释理解与适用. 北京：人民法院出版社，2018：643，645，661.

② 郭修江. 一并审理民行争议案件的审判规则：对修改后的《行政诉讼法》第六十一条的理解. 法律适用，2016（1）.

③ 最高人民法院行政审判庭. 最高人民法院行政诉讼法司法解释理解与适用. 北京：人民法院出版社，2018：643，645，661.

④ 重庆市石柱土家族自治县人民法院（2017）渝 0240 行初 52 号行政判决书.

提起民事诉讼，放弃了提出一并审理民事争议的权利，因此本案继续使用行政诉讼的程序审理。

（六）提出一并审理应在行政诉讼一审程序中

根据 2018 年《行政诉讼法司法解释》第 137 条，申请一并审理民事争议的，应当在一审开庭审理前提出；有正当理由的，也可以在法庭调查中提出。限定一并审理相关民事争议申请提出的时间，虽然考虑到了诉讼效率问题，没有如刑事附带民事诉讼申请那样须在第一审判决宣告前提出，但由于社会公众对法律认识不足，最高人民法院对正当理由作宽泛理解，比如将在行政诉讼法庭调查中才发现基础民事法律关系作为正当理由。若逾期提出一并审理的请求，则会另案处理民事争议。因为根据两审终审的原则，在二审还可以提出一并审理的请求，会导致附带部分的民事诉讼一审终审，当事人无法对民事部分进行上诉，最终损害当事人的合法权益，因此该请求只能在一审行政诉讼过程中提出。

二、一并审理相关民事争议案件的立案登记、法律适用和裁判形式

（一）立案登记

在一并审理相关民事争议的行政诉讼中，对当事人提起的民事诉讼，法院应当如何应对？是否需要审查？是否需要另行立案？2018 年《行政诉讼法司法解释》第 140 条对此作出解答：以单独立案为原则，以无须单独立案为例外。

2018 年《行政诉讼法司法解释》为何要求对民事争议原则上应当单独立案？主要是考虑以下几个因素：第一，当事人请求对民事争议一并审理的，起诉必须符合法定立案条件，即要对是否属于一并审理的民事争议实行立案审查制。单独立案正是为了对当事人的起诉是否符合法定条件进行审查认定。第二，提起民事诉讼需要另行缴纳诉讼费。如果起诉人不按期、足额缴纳诉讼费，又不符合缓、减交费条件的，法院同样不能一并审理民事争议。第三，对民事争议单独立案并给予案号，也便于法院内部流程管理。

应当注意的是，民事案件单独立案并不意味着单独审理和另行判决。民事争议被单独立案后，应当由审理行政争议案件的合议庭与行政案件一起并案审理、同时判决。一审法院如果先审理民事案件，中止对行政案件的审理，等待民事案件判决生效后，再恢复对行政案件的审理，就违背了 2014 年《行政诉讼法》设立一并审理民事争议制度的初衷，属于审判程序违法。对此，二审法院应当裁定撤销一审判决，发回重审，责令一审法院依法对民行争议一并审理，同时作出判决。

根据 2018 年《行政诉讼法司法解释》第 140 条第 2 款的规定，法院行政裁决案件对一并审理民事争议的，无须另行单独立案。主要原因在于，行政裁决案件中，被诉行政行为处理的就是民事争议当事人之间的民事纠纷，行政机关对民事争议处理是否合法公正，就是被诉行政行为合法公正与否的全部内容，两者完全重合。在此情形下，即便当事人不提起民事诉讼，根据 2017 年《行政诉讼法》关于全面审查

被诉行政行为合法性的原则，法院对民事争议应当如何处理才公正合法的问题也必须进行全面审查。因此，对一并提起的民事诉讼另行单独立案，完全没有必要。在实践中，法院审理行政裁决案件，当事人请求一并审理民事争议的，法院作出判决时，必须对民事争议部分作出实体判决，不得作出撤销被诉行政裁决行为、责令被告限期重新作出行政裁决行为的判决，否则，二审法院可以遗漏对民事诉讼请求的判决为由，撤销一审判决，发回重审。

（二）法律适用

一并审理相关民事争议，在实体审理中涉及实体法的选择适用问题。对于行政争议，人民法院当然是优先选择适用行政法律、法规的规定；在不与行政法律、法规基本原则相抵触的情形下，可以适用民事法律规范。但是，在一并审理相关民事争议时，应该如何适用法律呢？2018年《行政诉讼法司法解释》第141条第1款规定："人民法院一并审理相关民事争议，适用民事法律规范的相关规定，法律另有规定的除外。"这条规定实质上是明确了一并审理相关民事争议时应当适用民事法律规范的基本原则，只有这样才能保障对于同一民事争议，无论当事人选择另行提起民事诉讼，还是选择申请一并审理相关民事争议解决，其结果都应当是一致的。当然，也有例外情况：如果法律对相关民事争议的处理确有特别规定，根据特别法优于一般法的法律适用原则，应当适用特别法的规定。

关于人民法院在一并审理民事争议过程中，在诉讼程序方面如何适用法律，司法解释未作明确规定。我们认为：在一并审理民事争议中，因主诉是行政诉讼，整体上讼程序应当按照行政诉讼法规定的程序进行，但是，就民事争议部分而言，原则上适用民事诉讼法的规定。例如，关于当事人的答辩期限、举证责任的分配等民事诉讼法有特别规定的，优先适用民事诉讼法的规定。

（三）裁判形式

2018年《行政诉讼法司法解释》第142条规定：对行政争议和民事争议应当分别裁判。当事人仅对行政裁判或者民事裁判提出上诉的，未上诉的裁判在上诉期满后即发生法律效力。第一审人民法院应当将全部案卷一并移送第二审人民法院，由行政审判庭审理。第二审人民法院发现未上诉的生效裁判确有错误的，应当按照审判监督程序再审。该条明确了在一并审理相关民事争议案件中应当对行政争议和民事争议分别裁判。

如何理解"对行政争议和民事争议应当分别裁判"？分别裁判，是指人民法院对当事人分别提出的民事争议的诉讼请求和行政争议的诉讼请求，应当分别一一作出裁判，不得漏审、漏判。分别裁判并非指"分别审理、分别裁判"，更不是指"先民后行，分别审理"。至于审判实践中对于民事和行政案件是制作一份行政诉讼一并审理相关民事争议裁判文书，还是分别制作两份裁判文书？实践中存在较大争议，且事实上两种做法都大量存在。我们认为应当分别制作裁判文书，理由如下：第一，行政案件和相关民事争议已经分别立案，两种案件已经成为各自独立的案件，应当分别进行裁判并制作裁判文书。第二，行政案件和相关民事争议在当事人、审理对象、举证责任等几个方面都存在较大差别，如果在同一裁判文书中可能难以表述。例如，行政案件的当事人是行政相对人和行政机关，民事争议的当事人是行政相对人和民事争议对方当事人。在行政案件中，人民法院要对被诉行政行为的合法性进行审查；在民事争议中，人民法院要对原告的诉讼请求进行审查。如果放在同一裁判文书中，可能会引起表述上的混乱和不便。第三，分别裁判有利于民事争议的当事人行使上诉的权利，民事争议当事人对民事裁判不服的，可以单独就民事裁判提起上诉。第四，2018 年《行政诉讼法司法解释》第 142 条第 2 款关于“第二审人民法院发现未上诉的生效裁判确有错误的，应当按照审判监督程序再审”的规定，也确认了分别制作裁判文书的做法。当然，对无须单独立案的行政裁决一并审理民事争议案件，我们认为可以制作一份裁判文书。

第三节　一并审理相关民事争议制度存在的问题及完善建议

当行政机关作出具体的行政行为，侵害了行政相对人的合法权益时，行政相对人能够积极地利用法律武器，来捍卫自己的尊严和权利，“民告官”的现象早已司空见惯。2014 年《行政诉讼法》修改以来，行政诉讼一并审理相关民事争议制度的实施，是法治进程中具有历史性的一步。该制度的确立在一定程度上，有助于给审判组织的诉讼效率“加速”，有助于给当事人的诉讼压力“减负”，有助于给司法机关的司法资源“节能”。但是，该制度在初期的司法实践中，仍然有不少有待改进的地方。需要完善行政诉讼一并审理相关民事争议制度，使其能够更好地推进行民交叉案件的不断发展，从而为我国实现真正意义上的依法治国提供制度保障和环境支持。

一、一并审理相关民事争议制度的适用范围过窄，可适当扩大

2017 年《行政诉讼法》第 61 条以类型化方式仅列举了行政许可、行政登记、征收、征用和行政机关对民事争议所作的裁决这五种可以适用一并审理相关民事争议制度的行政诉讼案件。但这种闭合式的规定明显不能满足日益增多且越来越复杂的行民交叉案件的现实需要、解决司法实践当中的问题，也不符合该制度的立法目的。在浙江省和重庆市行民交叉案件一并审理的试点工作中[①]，行政处罚案件和工伤认定案件涉及民事纠纷，占据行民交叉案件的大多数，且司法实践大量提出一并审理请求，却被排除在一并审理“快车道”模式外，此外，行政给付、信息公开等案件中也存在大量行民交叉现象却被该制度拒之门外，背离了一并审理制度创设的初衷。行政诉讼一并审理相关民事争议制度的适用范围可以有条件地扩大：行政确

① 浙江的情况可参考张光宏，毕洪海．行政附带民事诉讼的理论与实践．北京：中国政法大学出版社，2014：187。重庆的情况可参考颜莎莎．论行政附带民事诉讼的边界．广西政法管理干部学院学报，2014（6）。

认、行政处罚、行政赔偿和行政强制、信息公开等案件，若涉及对当事人权利义务的实质性处分，为保障诉讼效率和诉讼结果的公正性，应当被纳入一并审理的范围中。但是，无限制地扩大一并审理的范围可能造成该项制度的滥用；扩大适用范围也不能一蹴而就，应在理论支撑完善后，结合实践经验进一步完善相关规定。从立法技术上看，该条文的表述也可采用“等”给扩展一并审理相关民事争议制度的适用范围预留了空间。

二、法官的自由裁量权过大，可适当限制

2017 年《行政诉讼法》第 61 条第 1 款规定，在行政诉讼中“可以”一并审理相关民事争议。注意是“可以”而非“应当”，这就赋予了法官在处理案件时较大的自由裁量权，导致部分案件审理过程的随意和无序。一并审理相关民事争议制度设计相对粗糙，关键程序和环节缺失，如一并审理何时提、向谁提、以什么形式提等问题以及人民法院在决定是否一并审理时的自由裁量权界限，均没有明确的规定和统一的尺度。此外，关于审判人员组成亦无明确规定，立案审查交由立案庭、民庭还是行政庭也无明确规定。制度设计相对粗糙，难免在实际运行过程中出现各种问题。“可以”二字意味着承办案件的法官可以根据个人的能力和意志将两种争议一并审理，当然也可以拒绝当事人的请求，告知其另行起诉。其实法官这样做并没有违背法律的规定，但是客观上很可能法官为了避免争议的复杂化，而将部分民事争议排除在外，驳回当事人的诉讼请求，导致案件回到了分别审理模式。

再者，受我国法院系统的影响，行政审判庭和民事审判庭的分工不同。行政审判庭的法官长期审理行政案件，若同时审理民事案件，在专业性上可能无法得到保障，所以在主观上就会拒绝一并审理，告知当事人另行提起民事诉讼。2018 年《行政诉讼法司法解释》中规定“对不予准许的决定可以申请复议一次”。法律虽然赋予当事人救济权利，但是这样的规定未必能保障当事人的合法权益，因为作出不予准许决定的法院和复议的法院是同一法院，可能会造成“自己做自己案件的法官”的局面，导致救济程序仅仅流于形式，丧失了存在的意义和价值。

因此，理论上要进一步研究一并审理民事争议的范围和条件，制度上要进一步细化、完善一并审理民事争议的具体情形、审查标准、审查主体、审查程序、配套素质培训、奖惩和法律责任追究等。

三、“跨行政区司法管辖行政案件制度”带来的阻碍与适当突破

2013 年，党的十八届三中全会审议通过的《中共中央关于全面深化改革若干重大问题的决定》指出：为了减少行政权对司法权的干预，提高审判效率，优化资源配置，节约诉讼成本，国家进行司法体制的改革，改革着眼于“建立跨行政区司法管辖制度”。2017 年修改后的《行政诉讼法》第 18 条第 2 款规定了经最高人民法院批准部分地区法院可以跨行政区管辖行政诉讼案件。关于行民交叉案件的审理方式，各地法院之间差异较大，且在“跨区域管辖行政案件”制度建立后，各法院在认识

哪些行民交叉的案件可以集中审理、哪些可以由异地法院审理、哪些由原行政区法院审理的问题上必然存在较大的差异，根据2018年《行政诉讼法司法解释》第139条第1款的规定，若违反民事诉讼法中有关专属管辖或协议管辖的情形，应当排除在“一并审理”范围之外，属“一并审理”的除外情况。在现阶段来看，我国行民交叉案件中不动产登记、土地确权案件占比极高，根据“跨区域管辖行政案件”制度，此类行政案件可以由跨区域调整后的法院管辖，但是民事案件属于专属管辖的范畴，应该由不动产所在地的法院专属管辖。因此，跨区域管辖制度的适用在一定程度上阻碍了一并审理相关民事争议制度的适用，使原本可以由行政审判庭一并审理相关民事争议须“另案处理”。建议条件成熟时对需一并审理的民事争议的管辖作特别规定，不受专属管辖限制，只要双方当事人共同申请或同意，都可以被纳入一并审理相关民事争议制度中解决。

四、一并审理相关民事争议过程中的调解、撤诉与反诉问题及其解决

2017年修改的《行政诉讼法》及2018年《行政诉讼法司法解释》都没有对一并审理民事争议过程中能否进行调解以及如何调解，能否撤诉以及撤诉后如何处理，能否反诉以及如何审理等问题作出明确规定。下面针对上述问题进行以下探讨。

（一）能否调解？如何调解？

调解作为我国的一项优良司法传统，在任何诉讼活动中均有实质性化解纠纷、解决矛盾的优势。然而，2017年《行政诉讼法》及其司法解释规定，人民法院审理行政案件，不适用调解，但是，行政赔偿、补偿以及行政机关行使法律、法规规定的自由裁量权的案件可以调解。而根据民事诉讼法律的规定，民事案件中都可以在法庭的主持下进行调解。那么，一并审理相关民事争议制度与调解制度有何冲突及如何解决呢？目前，对于行政诉讼中基本不适用调解、对附带民事诉讼部分可依法调解，是没有疑问的。但是，关于对一并审理相关民事争议时是全面调解还是有限调解，民事调解对行政诉讼有什么影响等问题，学界存在争议。有学者认为，一并审理相关民事争议案件有别于一般民事案件，对具体行政行为合法的关联民事争议可以调解，对具体行政行为不合法的关联民事争议不适用调解。我们认为：民事争议当事人作为平等的民事主体，对其民事权益依法享有自由处分的权利，依法在自愿、妥协、理解的基础上达成处分民事权利的共识，不能因为具体行政行为的合法性问题而被剥夺民事法定的处分权利。一并审理相关民事争议时应当依照行政诉讼法律与民事诉讼法律各自的规定适用调解。

至于如何调解，要根据不同的情况作不同处理。一是在“行政民事争议互不为因果关系”的一并审理相关民事争议案件中，对附带民事争议的事实认定对行政诉讼没有太大影响的，可以适用调解的方式处理民事纠纷。二是在“行因民果”的一并审理相关民事争议案件中，对附带民事争议可进行调解。法官可根据现有的证据对行政诉讼作出相应的判决。但如果就关联民事争议已达成调解，法院认为行政诉

讼判决结果对民事争议的处理已失去意义，行政诉讼继续进行只会增加诉累，可向行政诉讼原告释明情况，由行政诉讼原告提出撤诉申请，法院按撤诉处理。若原告不撤诉，法院可以作出确认或驳回诉讼请求判决。三是在“民因行果”的一并审理相关民事争议案件中，对附带民事争议可进行调解。当事人为了达成调解协议而认可事实的，法院不能将该事实作为行政诉讼部分对提供者不利的证据来使用。除非行政诉讼原告撤诉，否则，法院对在审的行政诉讼案件，仍然要对作为具体行政行为合法性判断基础的民事权利义务关系开展审查，被告的举证责任不能免除，原告对相应的民事法律关系的举证责任也不能免除，否则，均须承当举证不能的相应风险。

（二）可否撤诉？如何后续处理？

2017年《行政诉讼法》对撤诉的规定比《民事诉讼法》的规定更谨慎。按照2017年《行政诉讼法》第62条的规定，原告可以在法院裁判作出前自行申请撤诉，也可在行政机关变更具体行政行为后同意申请撤诉，但需经过法院同意与裁定。因为一并审理相关民事争议案件比一般的行政诉讼或民事诉讼案情更为复杂，法院在判断是否准予行政案件撤诉的时候，应该更多地考虑对行政相对人权益的保护以及撤诉的理由。如果就一并审理相关民事争议案件全案撤诉，行政诉讼与附带民事诉讼均已结束，互不产生影响。如果仅就行政诉讼部分撤诉，法院经审查后同意的，法院应该继续审理相关民事争议部分，只不过由行政庭还是转由民庭继续审理，值得研究和讨论。如果相关民事争议立案后又撤诉的，法院应按照行政诉讼法的规定继续审理行政争议。

（三）可否反诉？

在一并审理相关民事争议过程中，当事人提出反诉，如何处理？当然，根据行政诉讼法的规定，即使是在一并审理相关民事争议过程中，行政诉讼的被告也不能提起反诉。但一并审理的民事争议的对方当事人可以依法提出反诉，具体如何反诉，如何审理，直接依据民事诉讼法律的有关规定进行即可。

知识拓展

一、拓展阅读

1. 朱辉. 行政民事争议关联案件问题研究. 北京：中国政法大学出版社，2012.

2. 张光宏，毕洪海. 一并审理相关民事争议理论与实践. 北京：中国政法大学出版社，2014.

3. 郭修江. 一并审理民行争议案件的审判规则：对修订后的《行政诉讼法》第61条的理解. 法官说法，2016（1）.

4. 李涛. 行政诉讼中一并审理相关民事争议制度探析. 法制与社会，2020（11）.

5. 吴光荣. 论行政争议与民事争议相互交织的解决路径：评《行政诉讼法修正

案（草案）》第 63 条第 1 款. 政治与法律，2014（5）.

6. 张明军. 行政诉讼对关联民事争议的一并审理：对新行政诉讼法第六十一条的理解与适用. 人民司法（应用），2016（7）.

7. 北京市第二中级人民法院课题组. 行政诉讼一并审理民事争议研究. 中国应用法学，2019（1）.

8. 谭秋桂，陈雷. 行政民事交叉问题中基础法律关系特征论析. 湘潭大学学报（哲学社会科学版），2021（2）.

9. 刘欣然. 行政诉讼一并审理民事争议研究. 南阳理工学院学报，2022（3）.

二、类案练习

南京港机重工制造有限公司诉江苏知识产权局专利行政处理决定案

案情

海镭公司系"一种用激光扫描的集装箱吊运防撞装置"的实用新型专利的专利权人。2015 年 3 月 20 日，专利复审委员会作出第 25438 号无效宣告请求审查决定书，宣告该实用新型专利权部分无效，在专利权人于 2014 年 10 月 29 日提交的权利要求 1、2（权利要求 1："一种用激光扫描的集装箱吊运防撞装置，其特征在于，它包括：激光扫描测距仪、小车位置检测板、吊具高度检测板和控制箱，所述的激光扫描测距仪装在龙门起重机小车横梁上，所述的小车位置检测板装在龙门起重机两根大梁顶端的横梁上，所述的吊具高度检测板装在吊具顶面，所述的控制箱装在驾驶室内；所述的激光扫描测距仪安装在龙门起重机的小车横梁上，跟随小车移动，其扫描测距面垂直于场地堆放集装箱的纵向中心线，所述的小车位置检测板和吊具高度检测板装在激光扫描测距仪的扫描测距平面内。"权利要求 2："一种用激光扫描的集装箱吊运防撞装置，其特征在于，它包括：激光扫描测距仪、小车位置检测板、吊具高度检测板和控制箱，所述的激光扫描测距仪装在龙门起重机小车横梁上，所述的小车位置检测板装在龙门起重机两根大梁顶端的横梁上，所述的吊具高度检测板装在吊具顶面，所述的控制箱装在驾驶室内；所述的控制箱内包括：微处理器、通讯端口和电源。"）的基础上维持专利权继续有效。

海镭公司在江苏知识产权局行政处理程序中，确定以涉案专利权利要求 1、2 作为其主张的保护范围。在行政处理程序中，以该专利权利要求 1、2 与江苏知识产权局调查取证过程中在现场拍摄的 14 张被控侵权产品的照片进行比对，海镭公司认为被控侵权产品覆盖了涉案专利权利要求 1、2 的全部技术特征，落入涉案专利权的保护范围；港机公司（被控侵权产品的制造商）认为只有照片无法和产品关联，此照片的比对没有任何意义，侵权比对是以侵权产品与专利权利要求进行比对，而不是通过照片进行比对。

江苏知识产权局于 2017 年 3 月 28 日作出苏知法处字（2017）1 号专利纠纷处理决定（以下简称"被诉决定"），认为：港机公司生产的涉案被控侵权产品的技术特征完全覆盖了 ZL200720075309.2 号专利权利要求 1 或 2 的技术特征，落入了海镭公司专利权利要求 1 或权利要求 2 的保护范围。同时其依据《专利法》的相关规定责令港机公司立即停止对ZL200720075309.2号专利的侵权行为。

港机公司不服上述决定，以江苏知识产权局为被告向法院提起行政诉讼，请求：(1) 撤销江苏知识产权局作出的被诉决定；(2) 确认港机公司生产的轮式集装箱门式起重机未落入ZL200720075309.2号专利的保护范围，未侵犯海镭公司的专利权。海镭公司作为第三人参加行政诉讼。

一审法院认为：江苏知识产权局作出的被诉决定应予撤销。

海镭公司上诉，认为港机公司在一审中明确请求一审法院一并在本案行政诉讼中实质性解决民事争议，但一审法院未查明案涉事实，导致事实不清、程序违法。

对此，二审法院认为：本案系针对江苏知识产权局就专利侵权纠纷作出行政处理决定提出的行政诉讼，港机公司不仅诉请法院撤销被诉决定，同时要求根据《行政诉讼法》第61条第1款的规定，确认其生产的轮式集装箱门式起重机未落入涉案专利权的保护范围，未侵犯海镭公司的专利权。一审判决未支持港机公司要求确认其未侵犯专利权的诉讼请求，是否属于程序违法，关键在于本案能否适用《行政诉讼法》第61条第1款关于一并审理相关民事争议的规定。本案中，江苏知产局作出的被诉决定如上所述，因未能准确确定被控侵权产品的全部技术特征，从而无法进行专利侵权比对，其得出的侵权结论主要证据不足，缺乏事实和法律依据，应予撤销，故本案不宜一并审理民事争议。一审法院对港机公司要求确认被控侵权产品未侵犯海镭公司专利权的诉讼请求不予支持，但对本案不应适用《行政诉讼法》第61条第1款关于一并审理民事争议的规定未给予明确回应并作出不予准许的决定，在程序上存在不当之处，但不属于严重违反法定程序。因此，对海镭公司关于一审法院应当在本案中查清被控侵权产品技术特征等事实，实质性解决民事争议的主张，不予支持。其与港机公司之间有关专利侵权的争议，可以选择通过专利侵权纠纷民事诉讼或再次申请专利行政机关进行处理予以解决。二审法院最终驳回上诉，维持原判。

思考

(1) 行政机关处理的专利侵权纠纷是否属于对民事争议所作的行政裁决？

(2) 被控侵权人请求确认其行为未侵犯专利权与行政机关处理的专利侵权民事争议是否具有相关性？

(3) 本案是否属于一并审理相关民事争议的例外情形？

三、毕业论文选题指导

1. 一并审理相关民事争议的适用范围研究
2. 一并审理相关民事争议的程序问题研究
3. 一并审理相关民事争议的判决类型研究
4. 行民交叉案件的行民关系研究

第十七讲　行政规范性文件附带审查制度

内容提要

2014 年《行政诉讼法》增加了行政规范性文件附带审查制度。该制度具有特定的内涵和立法目的，我国现行法律及司法解释已经对行政规范性文件的附带审查进行了系统的规定。在司法实务中，附带审查的范围是行政规范性文件附带审查案件中最复杂的难点问题，它包括了附带审查的条件和附带审查的内容，具体而言，包括了以下几个方面：被诉行政行为是否属于行政诉讼的受案范围；附带审查的行政文件是不属于行政规范性文件；附带审查的行政规范性文件是不是被诉行政行为的依据；行政规范性文件是否与上位法抵触；行政规范性文件是否在没有上位法依据的情况下增加了民众义务或减损了民众权益；行政规范性文件是否超越权限制定或者违反法定程序制定。

第一节　行政规范性文件附带审查制度的基础

抽象行政行为是指行政主体针对不特定对象发布能够反复适用的规范的行为，它包括行政立法和行政规范性文件，行政规范性文件是行政机关为满足日常行政管理而创设的低层级命令。

在我国理论界和实务界，人们对规范性文件或者行政规范性文件的理解有较大的差异，可以分为广义和狭义的理解。广义的规范性文件包括行政法规、地方性法规、规章、自治条例与单行条例，以及地方各级人民代表大会及其常务委员会发布的规范和地方各级人民政府发布的决定或命令，还包括最高人民法院、最高人民检察院发布的司法解释。其既包括正式立法，也包括非正式的规范；既包括立法机关的规范，也包括行政机关和司法机关的规范。广义的行政规范性文件即行政主体制定和发布的一切规范，包括行政立法与各种行政决定和命令，其外延基本上与抽象行政行为等同。狭义的行政规范性文件是指除行政立法（行政法规和规章）之外的，由行政主体制定和发布的具有普遍约束力的决定或命令。其制定主体可能是国、省、市、县、乡五级政府，也可能是国、省、市、县四级政府的工作部门，还可能是具有行政主体资格的法律、法规、规章授权的组织。

我国行政规范性文件附带审查制度中的行政规范性文件指的是狭义的行政规范性文件，而且还要排除国务院制定和发布的决定或命令。国务院作为我国最高行政机关，制定和发布的决定或命令影响范围大，不属于附带审查的范围。

一、行政规范性文件附带审查制度的立法目的

（一）监督行政主体依法制定行政规范性文件

监督行政主体依法制定行政规范性文件是依法治国、依法行政的要求。行政规范性文件虽然位阶低，但数量庞大，经常成为行政机关实施具体行政行为的直接依据，在实践中发挥着巨大的作用。[①] 然而，行政规范性文件制定主体多元化，制定权限不明晰，制定程序不严格且数量庞杂[②]；与此同时，行政规范性文件质量良莠不齐，各类行政规范性文件在实践中出现的问题层出不穷，行政机关依据行政规范性文件执法而侵犯相对人合法权益的事件时有发生。这是理论界、实务界公认应该着力解决的问题。[③] 与具体行政行为不同的是，行政规范性文件是针对不特定对象发布的具有一般性、普遍性和强制约束力的行为规则，其属性和特征决定了它一旦被滥用，侵害的将是更多人的权利和利益，涉及面更广，对行政相对人造成的损失更具有普遍性、危害性更大。[④] 因此，监督和规制行政规范性文件合法制定和运用是法治建设高度关注的问题。

在我国，已经存在多种对行政规范性文件的监督方式，例如，行政系统的内部监督（如上级行政机关监督）和立法机关监督（如各级人大及其常委会监督）。下级行政机关制定的行政规范性文件不合法，上级行政机关有撤销和变更的实质监督权；同级人大及其常委会对行政机关制定的不合法的行政规范性文件有撤销的实质监督权。这些监督权是实质性的，本应当强而有力，但因为实践中有关机关主要通过备案审查方式对行政规范性文件进行合法性审查，数量庞大的行政规范性文件往往使备案审查机关应接不暇，这种方式很多时候演变为只备案而不审查，备案只起到了归档的作用，而且书面条文式的审查相对于个案审查而言难以发现问题，因此，备案审查对行政规范性文件的监督而言收效甚微。

虽然我们国家已有对行政规范性文件的立法机关监督和行政机关内部的层级监督，法院的司法审查只是一种附带审查，且法院没有撤销或变更的实质监督权，但法院的个案监督与前述两种监督方式大不相同，发挥的作用也迥然不同，多一种监督方式更有利于防止监督缺漏。

（二）从根源上保障行政利害关系人的合法权益

在我国，即使没有行政规范性文件附带审查制度，法院通过行政诉讼的个案审

---

① 黄学贤. 行政规范性文件司法审查的规则嬗变及其完善. 苏州大学学报（哲学社会科学版），2017（2）.

② 胡峻. 行政规范性文件绩效评估研究. 北京：中国政法大学出版社，2013：23.

③ 周汉华. 规范性文件在《行政诉讼法》修改中的定位. 法学，2014（8）.

④ 王春业. 法律文件审查的公民启动研究. 北京：法律出版社，2011：111.

查也能够保障行政利害关系人的合法权益，因为法院对具体行政行为进行个案审查时，必须进行法律适用：如果作为被告的行政主体作出具体行政行为时依据了行政规范性文件，法院也会依据上位法对相关行政规范性文件进行审查，从而决定其适用的法律、法规，并依此作出裁判。那么，我国行政诉讼法增加行政规范性文件附带审查制度对于保障行政利害关系人的合法权益还有没有价值呢？毫无疑问，行政规范性文件附带审查制度的价值是存在的，这种保障是一种根源上的保障。行政规范性文件附带审查制度给予了行政利害关系人开启司法监督的钥匙，拓宽了权利制约权力的路径。

(三) 弥补行政复议中的行政规范性文件附带审查制度的不足

2009 年《行政复议法》第 7 条规定了可附带审查的行政规范性文件的范围，第 26 条规定了行政规范性文件的审查机关和审查程序。其第 7 条规定：公民、法人或者其他组织认为行政机关的具体行政行为所依据的下列规定不合法，在对具体行政行为申请行政复议时，可以一并向行政复议机关提出对该规定的审查申请：(1) 国务院部门的规定；(2) 县级以上地方各级人民政府及其工作部门的规定；(3) 乡、镇人民政府的规定。前款所列规定不含国务院部、委员会规章和地方人民政府规章。规章的审查依照法律、行政法规办理。

与 2009 年《行政复议法》第 7 条的规定相比，2014 年《行政诉讼法》第 53 条新增的行政规范性文件附带审查制度虽然说不上一模一样，但也是大同小异。这种制度上的类同，说明了几个问题：第一，行政复议中的行政规范性文件附带审查制度仍然不足以扼制行政规范性文件的乱象，否则我们没有必要在行政诉讼中再增加类似的审查制度。行政复议中的行政规范性文件附带审查的不足可能是因为行政复议是一种行政机关内部的监督方式，审查者和被审查的行政规范性文件的制定者都是行政主体，其立场、处理问题的方式一致，在某些问题上，很难监督到位；另外，2009 年《行政复议法》对行政规范性文件附带审查的制度规定过于简陋。第二，行政规范性文件附带审查制度有继续实施的必要。在 2014 年《行政诉讼法》修改之前，行政复议中的行政规范性文件附带审查制度已经实施了十几年，积累了很多经验，也吸取了很多教训，其产生的积极作用让立法者认为有必要在 2014 年《行政诉讼法》中增加类似的制度，以便于进一步规范行政规范性文件的制定和运用。第三，行政诉讼中的行政规范性文件附带审查制度比行政复议中的更加完善。虽然行政诉讼中的行政规范性文件附带审查制度在审查对象（第 53 条）上和审查方式上与行政复议中的类同，但 2018 年《行政诉讼法司法解释》于第十一章对行政规范性文件附带审查制度进行了细化和完善，让这一制度更加规范化和更具有操作性。

二、现行立法关于行政规范性文件附带审查的具体规定

在 2014 年《行政诉讼法》修订之前，行政诉讼法中并不存在这一制度，人民法院对于抽象行政行为没有审查权。2014 年《行政诉讼法》增加了这一制度，其分别在第 53 条和第 64 条对行政规范性文件的附带审查及审查结果的处理作了简单的规定。

2017 年《行政诉讼法》对这两条规定未作修改。鉴于这两条规定过于简单和抽象，且实践中相关的案例需要操作性更强的依据，最高人民法院在 2018 年《行政诉讼法司法解释》的第十一章中对行政规范性文件的附带审查进行了系统而细致的规定。

（一）行政规范性文件附带审查的对象

我国 2014 年《行政诉讼法》第 53 条便对行政规范性文件附带审查的对象或范围进行了规定，即："公民、法人或者其他组织认为行政行为所依据的国务院部门和地方人民政府及其部门制定的规范性文件不合法，在对行政行为提起诉讼时，可以一并请求对该规范性文件进行审查"。"前款规定的规范性文件不含规章"。该条包括了几个方面的内容：第一，行政规范性文件附带审查的对象只能是行政规范性文件，而不能是行政法规和规章这样的正式立法。第二，国务院发布的行政规范性文件不属于行政规范性文件附带审查的范围。第三，法律、法规和规章授权的组织发布的行政规范性文件属于行政规范性文件附带审查的范围。关于这部分内容，第 53 条并没有规定，但我们可以从《行政诉讼法》的其他条款推理出来。2017 年《行政诉讼法》第 2 条规定：公民、法人或者其他组织认为行政机关和行政机关工作人员的行政行为侵犯其合法权益，有权依法向人民法院提起诉讼。前款所称行政行为，包括法律、法规、规章授权的组织作出的行政行为。既然法律、法规、规章授权的组织作出的行政行为也可被提起行政诉讼，如果其作出行政行为的依据就是法律、法规、规章授权的组织自己发布的行政规范性文件，则我们可以推出，法律、法规、规章授权的组织的行政规范性文件也可成为附带审查的对象。①

（二）行政规范性文件附带审查的程序

首先，行政规范性文件的附带审查由谁来发起？向哪个法院提出申请？发起程序有无时间限制？2018 年《行政诉讼法司法解释》第 145 条和第 146 条分别规定了原告请求对行政规范性文件附带审查的管辖法院和时间。管辖法院就是被诉具体行政行为的管辖法院。因为具体行政行为所依据的行政规范性文件不是一种独立的诉讼类型，所以其管辖法院必然与被诉具体行政行为的管辖法院同一。而提出附带审查的时间是第一审开庭审理前，有正当理由的，也可以在法庭调查中提出。其次，行政规范性文件的制定机关是否要参与到庭审当中来？如何参与？在行政诉讼中，行政规范性文件的制定机关经常不是被告，制定机关在很多情况下可能是被告的上级机关。法院在对行政规范性文件的审查过程中，如果发现行政规范性文件是合法的，则不需要告知行政规范性文件的制定机关，因为法院的处理结果不会对行政规范性文件的制定机关产生任何影响；但是，如果法院发现行政规范性文件可能不合法，则应当听取行政规范性文件制定机关的意见，因为随后法院的处理结果对制定

---

① 例如，田某诉北京科技大学拒绝颁发毕业证、学位证案：北京科技大学作为法律、法规授权的组织成为行政诉讼的被告，而其不予发放毕业证、学位证的行政行为所依据的校纪校规理应可以被要求附带审查。北京市海淀区人民法院（1998）海行初字第 142 号行政判决书.

机关的声誉等利益将造成影响。制定机关可以采用提出书面解释或者申请出庭陈述意见的方式进行答复。如果制定机关申请出庭陈述意见，法院也应当准许，因为制定机关出庭面对面地陈述意见、进行解释，更有利于各方了解行政规范性文件有关条款的立法目的，从而更有利于行政争议的解决。如果行政规范性文件的制定机关对法院的告知不予重视，未陈述意见或者未提供相关证明材料，则不能阻止法院对该行政规范性文件进行审查。

（三）行政规范性文件附带审查的内容

法院对行政规范性文件进行附带审查时，需要从哪些方面进行审查呢？2018 年《行政诉讼法司法解释》第 148 条进行了详细规定，即从行政规范性文件制定机关是否超越权限或者违反法定程序、行政规范性文件的相关条款的内容是否合法等方面进行审查。具体而言，有以下情形的，行政规范性文件都不合法：超越制定机关的法定职权或者超越法律、法规、规章的授权范围（超越权限制定）；未履行法定批准程序、公开发布程序，严重违反制定程序（违反法定程序制定）；与法律、法规、规章等上位法的规定相抵触，没有法律、法规、规章依据，违法增加公民、法人和其他组织的义务或者减损公民、法人和其他的组织的合法权益（内容违法）；其他违反法律、法规以及规章规定的情形。

（四）行政规范性文件附带审查的处理结果

2017 年《行政诉讼法》第 64 条规定了行政规范性文件附带审查的处理结果，即法院经审查认为行政规范性文件不合法的，不作为认定行政行为合法的依据，并向制定机关提出处理建议。2018 年《行政诉讼法司法解释》进一步细化了第 64 条的规定，其第 149 条第 1 款规定：法院经审查认为被诉具体行政行为所依据的规范性文件合法的，应当作为认定行政行为合法的依据；经审查认为规范性文件不合法的，不作为法院认定行政行为合法的依据，并在裁判理由中予以阐明。作出生效裁判的法院应当向规范性文件的制定机关提出处理建议，并可以抄送制定机关的同级人民政府、上一级行政机关、监察机关以及规范性文件的备案机关。同时，第 149 条还对司法建议提出的时间以及可以接收司法建议的国家机关进行了规定，对接收司法建议的行政机关的处理方式也进行了规范：如果法院经审查发现规范性文件不合法的，可以在裁判生效之日起 3 个月内，向规范性文件的制定机关提出修改或者废止该规范性文件的司法建议。如果规范性文件是由多个部门联合制定的，则法院可以向该规范性文件的主办机关或者共同上一级行政机关发送司法建议。接收司法建议的行政机关应当在收到司法建议之日起 60 日内予以书面答复。情况紧急时，法院可以建议制定机关或者其上一级行政机关立即停止执行该规范性文件。

（五）对行政规范性文件附带审查的监督

人民法院对行政规范性文件的附带审查也不是天衣无缝、毫无疏漏的，所以附带审查行为同样需要监督。在 2018 年《行政诉讼法司法解释》中，对附带审查主要通过备案的方式进行监督。其第 150 条规定：人民法院认为规范性文件不合法的，应当在裁判生效后将司法建议报送上一级人民法院进行备案。涉及国务院部门、省级行政机关制定的规范性文件的，还应当将司法建议分别层报最高人民法院、高级人民法院备案。从该条规定来看，这种备案监督是法院系统内部的一种监督。

当通过备案或者其他方式发现对行政规范性文件的合法性认定错误时，如何进行纠错呢？2018 年《行政诉讼法司法解释》第 151 条进行了规定：各级人民法院院长对本院已经发生法律效力的判决、裁定，发现对规范性文件的合法性认定错误，认为需要再审的，应当提交审判委员会讨论。最高人民法院对地方各级人民法院已经发生法律效力的判决、裁定，上级人民法院对下级人民法院已经发生法律效力的判决、裁定，发现对规范性文件的合法性认定错误的，有权提审或者指令下级人民法院再审。

对行政规范性文件附带审查的上述监督纠错方式和对具体行政行为被诉行政案件的监督纠错方式类似，都可以由本人民法院的审判委员会或者上级人民法院运用提审或指令下级人民法院再审的方式启动再审进行纠错。不过，对行政规范性文件附带审查的监督纠错在制度上主要限于法院系统内部的纠错，而对具体行政行为被诉行政案件不仅可以在法院系统内部纠错，还可以通过人民检察院的抗诉和检察建议进行纠错。

第二节　司法裁判中行政规范性文件附带审查的范围

行政规范性文件附带审查的范围，即当案件被诉至法院后，法院将从哪些方面审查案件中是否可以进行行政规范性文件的附带审查以及从哪些方面进行附带审查。它事实上包括了两个方面的问题，即附带审查的条件和附带审查的内容。附带审查的条件包括三个方面：第一，被诉行政行为是否属于行政诉讼的受案范围；第二，附带审查的行政文件是不属于行政规范性文件；第三，附带审查的行政规范性文件是不是被诉行政行为的依据。附带审查的内容也可概括为三个方面：第一，行政规范性文件是否与上位法抵触；第二，行政规范性文件是否在没有上位法依据的情况下增加民众的义务或减损民众的权益；第三，行政规范性文件的制定是否超越权限或者违反法定程序。以下将针对这几个要素进行论述和举例。

一、行政规范性文件附带审查的条件

（一）被诉行政行为是否属于行政诉讼的受案范围

法院对行政规范性文件的合法性审查具有附带性，如果被诉行政行为本身都不属于行政诉讼的受案范围，则法院无权对行政规范性文件进行合法性审查。行政规范性文件属于抽象行政行为，而单独的抽象行政行为一直以来都被排除在行政诉讼的受案范围之外。

《行政诉讼法》和 2018 年《行政诉讼法司法解释》对于行政诉讼的受案范围都进行了规定。《行政诉讼法》第 2 条和第 12 条第 2 款对受案范围进行了概括性规定。第 2 条规定：公民、法人或者其他组织认为行政机关和行政机关工作人员的行政行为侵犯其合法权益，有权依法向人民法院提起诉讼。前款所称行政行为，包括法律、法规、规章授权的组织作出的行政行为。第 12 条第 2 款规定：……人民法院受理法律、法规规定可以提起诉讼的其他行政案件。此外，《行政诉讼法》第 12 条第 1 款用列举的方式规定了可以提起行政诉讼的行为，包括行政强制、行政许可、行政确认、行政征收、行政征用、行政给付、行政协议、行政不作为等。在列举可诉的行为的同时，第 13 条也将不可诉的行为进行了列举。

在行政规范性文件附带审查的案件中，很多规范性文件都因为被诉行政行为不属于行政诉讼受案范围而被排除在司法审查之外。在最高人民法院发布的九个行政诉讼附带审查行政规范性文件的典型案例中，成都金牌天使医疗科技有限责任公司（以下简称“金牌天使公司”）诉四川省成都市科学技术局（以下简称“成都市科技局”）科技项目资助行政许可案就属于这种情形。在该案一审中，成都市高新技术产业开发区人民法院认为：金牌天使公司所诉的行政行为，是成都市科技局因金牌天使公司未完整提交申请所需材料而无法进入实质审查程序所作出的一项告知行为，可被视为一种程序性行政行为。本案行政程序尚未进入对金牌天使公司申请事项的实体认定阶段，成都市科技局作出的审核告知行为并未产生是否给予金牌天使公司项目资助的法律后果，该程序性告知行为不属于实体上的行政行为，没有直接影响金牌天使公司的实体权益。金牌天使公司所诉审核告知退回修改的程序性行政行为不属于行政诉讼的受案范围，故其提出的审查并确认成都市科技局制定的相关规范性文件违法的诉请也不属于行政诉讼的受案范围，遂裁定驳回金牌天使公司的起诉。[①] 在本案中，法院首先将被告作出的审核告知退回修改的行为认定为对公民、法人或者其他组织的权利义务不产生实际影响的行为，将之排除于行政诉讼的受案范围之外；然后将原告请求审查的《成都市应用技术研究与开发资金管理》《成都市科技项目管理有关规程》《成都市科技项目管理办法》等规范性文件认定为抽象行政行为，也排除在行政诉讼的受案范围之外。

（二）行政文件是否属于行政规范性文件

在理论上，我们认为，一个行政文件只要针对不特定对象发布且具有普遍性和反复适用性，只要不是规章以上的立法，就可以被定性为行政规范性文件。但是，在司法实务中，行政规范性文件的识别具有复杂性，在不少的案例中，附带审查的行政文件是不是行政规范性文件的问题易引发分歧，而在有些案例中，将行政文件排除在行政规范性文件的审查范围之外明显不利于监督行政规范性文件的制定。

在司法实务中，有两个方面的识别障碍：一是行政规范性文件与规章的区分障碍，二是行政规范性文件与上级复函、会议纪要、实施方案、对外通知、招聘简章、

① 四川省成都高新技术产业开发区人民法院（2015）高新行初字第 294 号行政裁定书.

裁量规定、党政双重领导机关的文件等其他行政文件的定性障碍。[①]

行政规范性文件与规章的区分障碍主要集中在有规章制定权的行政机关所制定的行政文件究竟是规章还是行政规范性文件的问题上。如果被认定为规章，则被排除在合法性审查的范围之外。但行政规范性文件与规章在文件命名、制定程序上没有统一的国家标准，而且各个地方的做法可谓百花齐放、莫衷一是：在有些地方行政规范性文件和规章的制定程序大同小异[②]，而在有些地方两者的制定程序合二为一。[③] 在郭某诉宜宾市社会保险局工伤保险待遇支付案中，甚至出现一审法院与二审法院对同一文件的定性截然相反的情况。在该案中，郭某请求依法对《四川省人民政府关于贯彻〈工伤保险条例〉的实施意见》（川府发〔2003〕42 号）进行合法性审查。一审法院将该文件定性为省人民政府制定的规章，因此驳回郭某要求一并审查该文件的合法性的诉讼请求。[④] 在二审中，二审法院虽然回避了对上述文件的明确定性，却进行了合法性审查，并在判决中进行了评价。[⑤] 二审法院实际上是将之认定为行政规范性文件。

行政规范性文件与其他行政文件的定性障碍主要集中在抽象行政行为与具体行政行为的区分上。抽象行政行为与具体行政行为是行政行为理论中最原始的分类方法之一，区分的核心意义在于判定某种行政行为是否属于行政复议或者行政诉讼的受案范围。抽象行政行为既不属于行政复议的受案范围，也不属于行政诉讼的受案范围，而具体行政行为属于两者的受案范围。虽然现在的行政诉讼法已经增加了行政规范性文件附带审查制度，但这只是意味着一部分的抽象行政行为能够被附带审查，其仍然不能单独或直接被司法审查。虽然现行行政诉讼法将“具体行政行为”改成了“行政行为”，希望淡化抽象行政行为和具体行政行为的区分，但无论在理论上还是在实践中，区分这两种行政行为的意义仍然客观存在。例如，上级复函、会议纪要、实施方案、对外通知等其他行政文件究竟能否被附带审查就看其是否为抽象行政行为：如果是抽象行政行为，则可以被附带审查；如果是具体行政行为，则只能被直接起诉而不能被附带审查。

我们以往区分抽象行政行为和具体行政行为主要依其针对的对象是否特定、能否被反复适用等特征：如果针对的对象是不特定的，且能被反复适用，则是抽象行政行为；反之，则不是抽象行政行为，不能被附带审查。这种判断标准在一般情况下是行之有效的，但在司法审判中，在形形色色、复杂多变的案例中，这种区分标准在不同法官的适用下，会产生我们看起来似乎完全矛盾的结果。例如：同样是上级复函，在尚某建诉湖州市吴兴区妙西镇人民政府乡镇行政强制案[⑥]中，法院认为其中的上级复函——吴政函（2016）23 号批复具有针对不特定的对象、能被反复适

① 王春业. 论附带审查中行政规范性文件的司法识别. 法治现代化研究，2019（2）.

② 例如《青岛市人民政府规范性文件制定程序规定》。

③ 例如《昆明市行政规章和规范性文件制定程序》。

④ 四川省宜宾市翠屏区人民法院（2016）川 1502 行初 52 号行政判决书.

⑤ 四川省宜宾市中级人民法院（2017）川 15 行终 18 号行政判决书.

⑥ 浙江省安吉县人民法院（2017）浙 0523 行初 21 号行政判决书.

用、有普遍约束力的特点，属规章以下规范性文件，故法院予以附带审查；而在江苏盐阜公路运输集团有限公司诉盐城市大丰区农业委员会林业行政处罚及盐城市林业局行政复议决定案[①]中，法院认为其中的上级复函——苏农便（2000）20号复函系原江苏省农林厅针对东台市林牧渔业局《关于在非法运输野生动物案件中如何确定省重点保护野生动物及其产品价值标准的请示》所作的内部函复，属于行政机关内部使用的非正式公文，并非原江苏省农林厅按照法定职权和规定程序制定的具有普遍约束力和可被反复适用的行政规范性文件，从而不予审查。又如：同样是会议纪要，在徐某元诉北京市房山区青龙湖镇人民政府案[②]中，法院认为其中两个会议纪要，即房山区政府第50期会议纪要和青龙湖镇政府会议纪要，都是行政规范性文件，并给予了合法性审查；而在黎某胜诉宿松县房地产管理局案[③]中，法院认为宿松县人民政府（2015）13号《会议纪要》不是具有普遍约束力的行政规范性文件，也不是针对不特定人或事作出的，故不属于行政诉讼中行政规范性文件附带审查的范围，从而没有支持原告的该项诉讼请求。

类似的案例还有很多，所以有学者认为：作为应对机制，首先应当建立一个规章与行政规范性文件的识别机制[④]，具体而言，可由最高人民法院与行政机关共同建立一个规章数据库，将全部规章（包括现行有效与已经失效的规章）纳入其中，法院一旦需要识别行政文件是不是行政规范性文件，就可以利用这个数据库；其次，在行政规范性文件附带审查时，对行政规范性文件的认定坚持宽松的标准，作广义解释或扩大性解释，尽可能多地对违法行政文件进行司法审查。[⑤]

（三）行政规范性文件是不是被诉行政行为的依据

原告就具体行政行为提起行政诉讼时，如果要求对行政规范性文件进行附带审查，那么法院进行审查时，不仅仅要求所附带的行政文件是行政规范性文件，而且要求行政规范性文件是具体行政行为作出时的依据，否则就会认为不符合附带审查的条件而不予审查。

从“中国裁判文书网”搜索的请求附带审查行政规范性文件的案例来看，有大约三分之一的案例中行政规范性文件因为没有依据关系而不能进入合法性审查程序。[⑥] 在最高人民法院发布的九个行政诉讼附带审查行政规范性文件的典型案例中，毛某梅、祝某兴诉浙江省江山市贺村镇人民政府行政强制及行政赔偿案[⑦]，就属于行政规范性文件没有依据关系不能进行附带审查的情形。该案原告起诉浙江省江山市贺村镇人民政府的行政强制行为时，请求一并审查江山市人民政府《关于深入推

---

① 江苏省盐城市中级人民法院（2016）苏09行初19号行政判决书.

② 北京市房山区人民法院（2015）房行初字第169号行政判决书.

③ 安徽省安庆市迎江区人民法院（2016）皖0802行初20号行政判决书.

④ 王春业. 从全国首案看现在规范性文件附带审查制度完善. 行政法学研究，2018（2）.

⑤ 王春业. 论附带审查中行政规范性文件的司法识别. 法治现代化研究，2019（2）：117.

⑥ 王春业. 论行政规范性文件附带审查中“依据”的司法认定. 行政法学研究，2019（3）：52.

⑦ 浙江省衢州市柯城区人民法院（2016）浙0802行初19号行政判决书.

进生猪养殖污染整治和规范管理的通知》（江政办发〔2014〕29 号）。被告则辩称：该文件是向各乡镇（街道）部署工作、明确职责和任务的内部指导性文件，不属于行政规范性文件，原告无权一并要求法院进行合法性审查。即便该通知属于行政规范性文件，法院也只能对具体条款的合法性进行审查，而不能对整个文件的合法性和合理性进行审查。原告在庭审中明确该文件第 3 条第 3 款不合法，一审法院认为，该条款的内容系关于生猪补助数量的计算及补助款的发放等内容的规定，非该案贺村镇人民政府实施强制拆除行为的法律依据，故决定不予审查。

上述案例表明，对于行政规范性文件是否为被诉行政行为的依据，不同的人看法不同。从理论上看，判断行政规范性文件是否为被诉行政行为的依据，似乎不是一个理论难题，但在纷繁复杂的现实案件中，当事人、代理人和法院经常出现判断困难，甚至对同一案件，不同审级的法院可能作出截然相反的判断。例如，在刘某东诉青岛市李沧区人民政府政府信息公开案中，一审法院认为，原告要求附带审查的《青岛市政府信息依申请公开工作办法（试行）》仅是被告作出告知书的格式依据，不属于一并审查的范围。[①] 但二审法院持不同意见，其认为，被上诉人依据该文件以非本机关政府信息告知书的形式作出答复，而该答复形式正当与否同样会影响到被诉行政行为的合法性，故上诉人的主张符合行政规范性文件一并审查的规定，应予准许。[②] 二审法院对依据作了扩大性解释，即对格式上的依据，也要进行合法性审查。又如，在镇江天空广告有限公司诉镇江市工商行政管理局行政复议案中，一、二审法院的判断正好相反。一审法院认为，原告要求附带审查的江苏省政府办公厅苏政办发〔2001〕161 号文件第 19 条的规定——“公民、法人或者其他组织不知道行政机关作出的行政行为内容的，其申请期限从公民、法人或者其他组织知道或应当知道该行政行为内容之日起计算，但从行政行为作出之日起最长不超过两年”，并不违反《行政复议法》等上位法的规定，故承认该行政规范性文件与行政行为之间存在依据关系。[③] 然而，二审法院否定了这种依据关系。二审法院认为，镇工商复字（2016）1 号不予受理行政复议申请决定并未引用江苏省政府办公厅苏政办发〔2001〕161 号文件的规定，该文件不属于附带审查的范围。[④]

鉴于实践中判断依据关系的复杂性，有学者认为：首先，法院在对行政规范性文件与被诉行政行为之间是否存在依据关系进行认定时，应当采取更为宽松的态度。具体而言，只要行政规范性文件对被诉行政行为有一定的影响，有一定的关联性，就应当认为存在依据关系；无论行政规范性文件是被诉行政行为的直接依据还是间接依据、是全面依据还是部分依据、是实体依据还是程序依据、是唯一依据还是几个依据之一、被告是作为依据提交的还是作为证据提交的，都可以作为附带审查的对象，而无须满足唯一性、全面性、直接性的要求。其次，在认定依据关系出现分歧时，法院应从保护原告的立场和有利于行政规范性文件校正的角度来认定。除非

① 山东省青岛市中级人民法院（2016）鲁 02 行初字第 234 号行政裁定书.

② 山东省高级人民法院（2017）鲁行终字第 891 号行政判决书.

③ 江苏省镇江市润州区人民法院（2016）苏 1111 行初字第 42 号行政判决书.

④ 江苏省镇江市中级人民法院（2017）苏 11 行终字第 29 号行政判决书.

明显不具有依据关系，否则按照有依据关系来对待，以便将更多的行政规范性文件纳入合法性审查范围，做到对公民、法人和其他组织权利的保护以及对行政权的监督。[①]

二、行政规范性文件附带审查的内容

（一）行政规范性文件是否与上位法抵触

下位法不得与上位法相抵触是《立法法》确立的一项立法审查原则和法律适用原则，《立法法》在第 80、81、82、98、107、108、110、112 条明确规定下位法不得与上位法相抵触。其第 107 条第 2 项规定：法律、行政法规、地方性法规、自治条例和单行条例、规章有下列情形之一的，由有关机关依照第 108 条规定的权限予以改变或者撤销：……（2）下位法违反上位法规定的……虽然该条主要是针对法律、行政法规、地方性法规、自治条例和单行条例、规章这些正式立法而言，但是行政规范性文件作为效力等级更低的非正式立法理应遵循其确立的法律适用原则。

此外，2004 年最高人民法院《关于审理行政案件适用法律规范问题的座谈会纪要》（以下简称《纪要》）具体规定了下位法不符合上位法的判断与适用。最高人民法院的这个文件为行政规范性文件应当符合上位法提供了直接依据。

1. 下位法的规定不符合上位法时的适用原则

《纪要》规定，如果下位法的规定不符合上位法的，法院原则上应当适用上位法。《纪要》规定法院“原则上”适用上位法而不是“必须”适用上位法，可能是基于实际案件中公平公正的需要：鉴于法条规定的滞后性、抽象性以及社会生活的复杂多变，需要法官在各种具体案件中发挥主观能动性，平衡各方利益，在保证个案公平正义的前提下，在不同层次的上位法中选择适用上位法或者上位法的基本原则。

许多具体行政行为是依据下位法作出的，并未援引和适用上位法。此时，在具体而清晰的下位法之外，可能还存在抽象而模糊但却可以作为具体行政行为支撑的上位法。在部分个案中，为了案件公平公正的需要，当事人、代理人，甚至是法官可能需要发挥主观能动性，在不同效力等级的规范或立法中寻找这样的上位法。法院在审查被诉具体行政行为的合法性时，应当对下位法是否符合上位法进行判断。经判断下位法与上位法相抵触的，应当依据抽象的上位法而非具体的下位法认定被诉具体行政行为的合法性。

2. 下位法不符合上位法的常见情形

一是缩小或扩大权利主体范围，即下位法缩小上位法规定的权利主体范围，或者违反上位法立法目的扩大上位法规定的权利主体范围；二是缩小或扩大权利范围，即下位法限制或者剥夺上位法规定的权利，或者违反上位法立法目的扩大上位法规定的权利范围；三是下位法扩大行政主体或其职权范围；四是下位法延长上位法规定的履行法定职责期限；五是下位法以参照、准用等方式扩大或者限缩上位法规定

① 王春业. 论行政规范性文件附带审查中“依据”的司法认定. 行政法学研究，2019（3）：62.

的义务或者义务主体的范围、性质或者条件；六是下位法增设或者限缩违反上位法规定的适用条件；七是下位法扩大或者限缩上位法规定的给予行政处罚的行为、种类和幅度的范围；八是下位法改变上位法已规定的违法行为的性质；九是下位法超出上位法规定的强制措施的适用范围、种类和方式，以及增设或者限缩其适用条件；十是法规、规章或者其他规范文件设定不符合行政许可法规定的行政许可，或者增设违反上位法的行政许可条件；十一是其他相抵触的情形。

3. 上位法修改或废止后实施性规定的适用方法

所谓实施性规定，即为贯彻实施上位法的规定而根据本区域的实际情况制定的规范。实施性规定针对上位法的规定而作出，但其内容比上位法更详细、更具体且更具有可操作性。例如，《立法法》规定，行政法规可以就下列事项作出规定：（1）为执行法律的规定需要制定行政法规的事项……[①]地方政府规章可以就下列事项作出规定：（1）为执行法律、行政法规、地方性法规的规定需要制定规章的事项……[②]

因为上位法需要更多的稳定性，所以很多规定只能是抽象而概括的。这就为下位法的实施性规定留下了存在的空间和价值。在立法实践中，有时会出现这样的情形：上位法已被修改或废止，但作为实施性规定的下位法仍然存在，那这样的实施性规定有无法律效力？如果有法律效力，如何进行适用？《纪要》对此也作出了详细的规定：在法律、行政法规或者地方性法规修改后，其实施性规定未被明文废止的，人民法院在适用时应当区分三种情况：一是抵触无效，即实施性规定与修改后的法律、行政法规或者地方性法规相抵触的，不予适用；二是因法律、行政法规或者地方性法规的修改，相应的实施性规定丧失依据而不能单独施行的，不予适用；三是不抵触有效，即实施性规定与修改后的法律、行政法规或者地方性法规不相抵触的，可以适用。

在司法实务中，行政规范性文件是否与上位法相抵触是法院附带审查行政规范性文件的审查内容之一。在每一个附带审查行政规范性文件的案件中（不符合附带审查条件的案件除外），法院无一例外都要对行政规范性文件是否与上位法相抵触进行审查，这是附带审查案件最基本的审查内容。在最高人民法院发布的九个行政诉讼附带审查行政规范性文件的典型案例中，除了不符合附带审查条件的两个典型案例，其他七个典型案例的审理法院都将行政规范性文件是否与上位法相抵触作为审查的内容之一。在这七个典型案例中，有三个案件的裁判确认了案涉行政规范性文件不合法，有两个案例的审理法院向行政规范性文件的制定机关发出了司法建议，建议制定机关对涉案行政规范性文件的相关条款予以修改。例如，在徐某英诉山东省五莲县社会医疗保险事业处不予报销医疗费用案中，山东省日照市中级人民法院二审认为，当事人要求附带审查的五莲县卫生局、五莲县财政局《2014 年五莲县新型农村合作医疗管理工作实施办法》（莲卫字〔2014〕2 号，以下简称《实施办法》）

---

① 《立法法》第 72 条.

② 《立法法》第 93 条.

第 5 条第 2 款关于“参合农民到市外就医，必须到政府举办的公立医疗机构”的规定，对行政相对人的权利作出了限缩性规定，不符合上位法规范性文件的相关规定，不能作为认定行政行为合法的依据，故不予报销医疗费用的行政处理决定书“五莲县社会医疗保险事业处关于对申请人徐某英合作医疗报销申请的书面答复”应予撤销。[①] 在本案中，法院依据行政规范性文件不得与上位法相抵触的规定对《实施办法》的合法性进行了附带审查。在袁某北诉江西省于都县人民政府物价行政征收案[②]中，江西省高级人民法院二审认为：根据法律、法规的规定，污水处理费征收的范围由征收对象和征收对象实施的行为确定。征收对象为城市污水集中处理规划区范围所有用水单位和个人，且征收对象需实施向城市排污管网和污水集中处理设施排放污水的行为。当事人要求附带审查的《于都县城城市污水处理费征收工作实施方案》所确定的污水处理费征收范围扩大至“于都县中心城区规划区范围内所有使用城市供水的企业、单位和个人”，违反法律、法规、规章及上级行政机关规范性文件的规定，故不能作为于都县人民政府征收袁某北污水处理费的合法性依据。此后，江西省高级人民法院向于都县人民政府发送司法建议，建议其对涉案行政规范性文件的相关条款予以修改。在郑某某诉浙江省温岭市人民政府土地行政批准案[③]中，浙江省台州市黄岩区人民法院一审认为，温岭市人民政府制定的两个涉案行政规范性文件《温岭市个人建房用地管理办法》与《温岭市工业城二期用地范围房屋迁建补偿安置办法》，将“应迁出未迁出的人口”及“已经出嫁的妇女及其子女”排除在申请个人建房用地和安置人口之外，显然与《中华人民共和国妇女权益保障法》等上位法规定的精神不符。其后，浙江省台州市黄岩区人民法院向温岭市人民政府发送司法建议，该市政府及时启动了相关的行政规范性文件的修订工作，并表示将加强对行政规范性文件制定的审查工作。

另外四个典型案例中的行政规范性文件虽然未被确认不合法，但法院都用行政规范性文件是否符合上位法、是否与上位法相抵触的标准进行了附带审查。例如，在方某女诉浙江省淳安县公安局治安管理行政处罚案中，浙江省淳安县人民法院在一审中认为，原告要求附带审查的浙江省公安厅制定的《浙江省居住出租房屋消防安全要求》第 7 条、第 14 条，《关于解决消防监督执法工作若干问题的批复》第 5 条以及杭州市公安局制定的《关于居住出租房屋消防安全整治中若干问题的法律适用意见（试行）》第 8 条有地方性法规和规章依据，属于合法的行政规范性文件。[④] 浙江省杭州市中级人民法院在二审中认为，上述行政规范性文件符合上位法的授权，内容合法，与上位法内容不相抵触。[⑤] 又如，在大昌三昶（上海）商贸有限公司诉北京市丰台区食品药品监督管理局（以下简称“丰台食药局”）行政处罚案中，北京市丰台区人民法院一审认为，案涉行政规范性文件《预包装食品营养标签通则》

---

① 山东省日照市中级人民法院（2016）鲁 11 行终 9 号行政判决书.

② 江西省高级人民法院（2016）赣行终 245 号行政判决书.

③ 浙江省台州市黄岩区人民法院（2015）台黄行初字第 9 号行政判决书.

④ 浙江省淳安县人民法院（2015）杭淳行初字第 18 号行政判决书.

⑤ 浙江省杭州市中级人民法院（2015）浙杭行终字第 254 号行政判决书.

的制定符合《食品安全法》保障公众身体健康的立法目的，并为现行有效的食品安全国家标准的内容之一，其3.2项与相关法律、法规、规章并不抵触，丰台食药局将之作为被诉处罚决定书的依据并无不妥。[①] 在原告上诉后，北京市第二中级人民法院经审理认为，《预包装食品营养标签通则》3.2项的规定与立法目的并不相悖，没有违反上位法的规定。再如，在上海苏华物业管理有限公司（以下简称"苏华公司"）诉上海市住房和城乡建设管理委员会物业服务资质行政许可案中，上海市黄浦区人民法院在一审中认为，原市房地局作为物业服务企业资质的主管机关，根据上位法规定制定《新设立物业资质通知》，对《物业服务企业资质管理办法》中专职人员的认定标准进行了解释和细化规定，与《行政许可法》《物业管理条例》等法律、法规的规定不相冲突，制定主体、制定目的、制定过程符合规范，并无明显违法情形。[②] 苏华公司不服上诉，二审法院认可了一审法院的主张，认为案涉行政规范性文件与上位法规定不相冲突，遂驳回了上诉。[③]

（二）行政规范性文件是否违法增加民众的义务或减损民众的权益

2018年《行政诉讼法司法解释》第148条第2款将行政规范性文件是否在没有法律、法规、规章依据的情况下，违法增加公民、法人和其他组织的义务或者减损公民、法人和其他组织的合法权益，作为判定行政规范性文件是否合法的内容之一。这条审查标准和下位法不得与上位法相抵触的标准略有不同：假设行政规范性文件违法，在这两种标准之下，虽然都是下位法违法，但前者的违法是消极的，其没有明确跟上位法冲突，上位法对相关的事项没有设定或规定，而作为下位法的行政规范性文件在这种情况下增加了民众的义务或者减损了民众的合法权益；而后者的违法是积极的，作为下位法的行政规范性文件实实在在地与上位法发生了矛盾和冲突。

在附带审查行政规范性文件的司法案例中，很多法院也会对行政规范性文件是否违法增加公民、法人和其他组织的义务或者减损公民、法人和其他组织的合法权益的内容进行审查，但是在裁判文书中，关于对此项内容的审查结果一般只是一笔带过。例如，在原告沅陵县黄壤坪乡蒋家溪一九八金矿与被告沅陵县人民政府确认行政处理决定违法及附带审查规范性文件纠纷案中，湖南省怀化市人民法院认为，原告要求附带审查的《沅陵县人民政府关于进一步对柳林汊金矿区资源整合的决定》（沅政函〔2011〕108号）系由沅陵县人民政府作出，从该行政规范性文件的内容来看，没有违法增加公民、法人和其他组织的义务或者减损公民、法人和其他组织的合法权益。[④] 从在"中国裁判文书网"所搜索到的案例中，至今没有一起案例中法院因为违法增加公民、法人和其他组织的义务或者减损公民、法人和其他组织的合法权益而认定行政规范性文件违法。

---

① 北京市丰台区人民法院（2015）丰行初字第443号行政判决书.

② 上海市黄浦区人民法院（2015）黄浦行初字第503号行政判决书.

③ 上海市第三中级人民法院（2016）沪03行终231号行政判决书.

④ 湖南省怀化市中级人民法院（2020）湘12行初66号行政判决书.

(三) 行政规范性文件的制定是否超越权限或者违反法定程序

行政规范性文件的制定权限和制定程序是否合法也关系到该文件整体的合法性问题。不过，在附带审查行政规范性文件的案例中，当事人请求法院审查行政规范性文件的制定权限和制定程序的案例不多。这可能是因为行政文件的制定权限和制定程序合法与否对当事人的权益没有直接影响，能够对当事人的权益造成影响的主要是被诉行政行为和行政规范性文件中的相关条款。即使当事人要求法院附带审查行政规范性文件的制定权限或制定程序，其也不会单独提出这样的请求，而必定同时要求法院附带审查行政规范性文件的相关条款的合法性，且以请求附带审查相关条款的合法性为主。而且，在最后的审查结果中，法院也很少认定行政规范性文件的制定权限或制定程序违法。

1. 对制定权限的审查

行政主体应当在自己所管辖事项的权限范围内制定行政规范性文件，不得超越权限。法院审查行政规范性文件的制定机关是否具有制定权限时，一般从两个方面进行判断：一是《宪法》和地方组织法等所规定的职权；二是宪法、组织法之外的法律、法规明确授权的角度。

例如，在张某军诉荆州市城乡规划局沙市分局行政确认案中，法院是依据组织法所规定的职权审查制定权限。法院认为，根据 2015 年地方组织法第 59 条的规定，沙市区政府作为县一级行政机关具有管理其行政区域内环境保护、城乡建设事业等的职权，所以沙市区政府有发布通告的制定权限。①

又如，在乌鲁木齐市米东区姚氏机动车驾驶员培训学校诉乌鲁木齐市米东区经济和发展改革委员会价格行政处罚案中，新疆维吾尔自治区高级人民法院依据非组织法的单行法审查制定权限。法院认为：依据《中华人民共和国价格法》第 20 条第 2 款的规定，省、自治区、直辖市人民政府价格主管部门和其他有关部门，应当按照地方定价目录规定的定价权限和具体适用范围制定在本地区执行的政府指导价、政府定价。根据《新疆维吾尔自治区定价目录》（新政发〔2002〕63 号）编 17 “部分重要的服务”中“其他收费”项目对定价部门的规定，自治区发改委有权制定相关的政府定价。②

在实践中，法院认定行政主体不具有行政规范性文件制定权限的情形很少发生。

2. 对制定程序的审查

如果当事人提出了附带审查制定程序的请求，法院一般要对行政规范性文件的制定程序进行合法性审查。不过，在裁判文书中，法院对制定程序的合法性只是简单评价，有些甚至是一笔带过，而且法院认定行政规范性文件制定程序违法的案例寥若晨星。例如，在闫某达诉龙口市烟草专卖局、烟台市人民政府行政许可、行政复议案中，法院对请求审查的行政规范性文件的制定程序进行了简单评价，认为龙

---

① 湖北省荆州市中级人民法院（2016）鄂 10 行终 66 号行政判决书.

② 新疆维吾尔自治区高级人民法院（2015）新行监字第 97 号行政裁定书.

口市烟草专卖局在2009年制定《龙口市烟草制品零售点合理布局规定》的过程中，依法履行了听证、备案、公示等法定程序，在2015年修改时也在网上进行了公示。[①]

然而，在极少量的案例中，法院甚至拒绝审查当事人提出的附带审查行政规范性文件的制定程序的要求。例如，在乌鲁木齐市米东区姚氏机动车驾驶员培训学校诉乌鲁木齐市米东区经济和发展改革委员会价格行政处罚案中，新疆维吾尔自治区高级人民法院认为，关于当事人请求附带审查《关于我区机动车驾驶员培训按学时制收费及有关问题的批复》（新发改收费〔2007〕302号），人民法院并非行政规范性文件的备案审查机关，不负有全面抽象审查的义务和职权，而只是对与案件有关的条款进行有限审查，且该行政规范性文件的制定机关并非案件的当事人，因此制定程序的合法性并不属于司法审查的范畴。[②] 该法院拒绝审查行政规范性文件的制定程序的做法在现在看来是不合法的，因为2018年《行政诉讼法司法解释》第148条已经对行政规范性文件附带审查制度进行了完善，明确规定了未履行法定批准程序、公开发布程序，严重违反制定程序的行政规范性文件不合法。上述案例因发生时间（2015年）较早，彼时2018年《行政诉讼法司法解释》还未出台，行政规范性文件附带审查制度刚刚制定，还未细化和完善，所以法院的做法并未违法。

综上所述，在行政规范性文件附带审查的案件中，法院需要从上述六个方面对案件进行审查。在被诉行政行为是否属于行政诉讼受案范围、行政文件是不是行政规范性文件、行政规范性文件是不是被诉行政行为的依据、行政规范性文件是否与上位法相抵触这四个方面经常会出现判断困难，我们认为，法院应从保护公民、法人或其他组织的合法权益以及有效监督行政主体依法制定、发布行政规范性文件的角度和目的出发，充分发挥主观能动性，进行选择判定。

知识拓展

一、拓展阅读

1. 最高人民法院研究室. 最高人民法院司法研究重大课题报告：行政审判卷. 北京：人民法院出版社，2019.

2. 王春业. 实证视角下规范性文件一并审查制度研究. 北京：中国政法大学出版社，2019.

3. 黄学贤，杨红. 行政法学热点问题探讨. 北京：当代世界出版社，2019.

4. 何海波. 论法院对规范性文件的附带审查. 中国法学，2021 (3).

5. 戴杕. 论规范性文件实体合法性的司法审查框架. 华东政法大学学报，2022 (1).

6. 卢超. 规范性文件附带审查的司法困境及其枢纽功能. 比较法研究，2020 (3).

7. 陈运生. 规范性文件附带审查的启动要件：基于1738份裁判文书样本的实证考察. 法学，2019 (11).

---

① 山东省烟台市中级人民法院（2016）鲁06行终443号行政判决书.

② 新疆维吾尔自治区高级人民法院（2015）新行监字第97号行政裁定书.

8. 王春业. 论行政规范性文件附带审查的后续处理. 法学论坛，2019（5）.
9. 袁勇. 规范性文件合法性审查的准确对象探析. 政治与法律，2019（7）.

二、类案练习

郑某某诉浙江省温岭市人民政府土地行政批准案

案情

郑某与其父母郑父、郑母同户，均系浙江省温岭市西城街道某村村民。1997年8月，郑父户在个人建设用地补办申请中将郑某列为在册人口。2019年6月，郑父因拆迁复建提交个人建房用地申请时，发现在册人口中无郑某。温岭市人民政府根据《温岭市个人建房用地管理办法》有关“申请个人建房用地的有效人口计算：（一）本户在册人口（不包括应迁出未迁出的人口）”之规定，以及《温岭市工业城二期用地范围房屋迁建补偿安置办法》有关“有下列情形不计入安置人口：（一）……已经出嫁的妇女及其子女（含粮户应迁未迁）只能在男方计算家庭人口”之规定，认为郑某虽系郑父之女，其户口登记在郑父名下，但业已出嫁，属于应迁未迁人口，遂于2020年7月确认郑父户有效人口为2人，并审批同意郑父的个人建房用地申请。郑某不服，诉至法院，请求：判令撤销温岭市人民政府的审批行为，并重新作出行政行为；附带审查上述两个规范性文件并确认不合法。

思考

（1）郑某请求法院附带审查《温岭市个人建房用地管理办法》以及《温岭市工业城二期用地范围房屋迁建补偿安置办法》，应当在什么期限内提出？应当向哪个法院提出？

（2）法院附带审查《温岭市个人建房用地管理办法》以及《温岭市工业城二期用地范围房屋迁建补偿安置办法》时，是应当对两个行政规范性文件进行整体审查，还是应当只对有关出嫁女是否计入安置人口的条款进行审查？法院应当从哪些方面进行审查？

（3）法院经审查发现两个行政规范性文件不合法时，应当如何处理？

（4）如果法院裁判行政规范性文件不合法，如何对其裁判进行监督？

三、毕业论文选题指导

1. 行政规范性文件附带审查实证研究
2. 论行政规范性文件附带审查的标准
3. 论行政规范性文件附带审查的处理结果

第十八讲　行政裁判的执行与改革

内容提要

在判决类型、执行力与给付内容的关系问题上，是给付内容决定裁判是否具有执行力，而不是相反；判决类型对执行力和给付内容具有重要影响但不具有决定意义，形成判决与确认判决也可能具有执行力和给付内容。在“给付内容明确”的判断问题上，不同于民事裁判执行中“给付内容明确”既包括明确性也包括具体性，行政裁判执行应当区分程序性裁判和实体性裁判，前者只需满足明确性，而后者既需要满足明确性也需要满足具体性。在行政机关拒不执行行政裁判的“执行难”问题上，司法体制的制约是“执行难”问题的根本原因。对“执行难”的解决应从长远和当下两个视角出发：从长远视角来看，应当逐渐赋予法院与同级其他国家机关大体相当的权威性资源；从当下视角出发，法院应继续寻求中央和地方党政部门的支持，将实践中行之有效的做法逐步制度化。

第一节　学界关于行政裁判的执行与改革的研究综述

行政裁判的执行，指的是对于已经生效且具有给付内容的行政裁判，当事人拒不履行义务的，由执行机构依法采取强制措施，实现行政裁判所确定的权利义务内容的过程。在1989年《行政诉讼法》颁布之前，行政诉讼主要适用1982年《民事诉讼法（试行）》中的相关规定①，行政裁判的执行亦不例外。因此，有研究指出，行政裁判执行应当与刑事、民事以及经济案件的裁判执行有所区别。② 彼时，对行政诉讼制度的认识比较有限，加之行政本位、官本位观念根深蒂固，使“人民法院是否拥有针对行政机关的强制执行权”成为一个需要讨论的问题。对此，学者多持

① 1982年《民事诉讼法（试行）》第3条第2款规定：法律规定由人民法院审理的行政案件，适用本法规定。

② 卓泽渊. 行政诉讼的特点. 政治与法律，1987（1）：20.

肯定态度。[①] 在1989年制定的《行政诉讼法》中，人民法院针对行政机关的强制执行权以及相关措施得到制度上的确立。但是，与此相关的行政裁判执行模式问题——其中涉及行政裁判执行权的归属——在后来的研究中以改革执行制度的面貌出现。此后，学界关于行政裁判的执行与改革问题的研究，大体可以概括性地分为三个面向：一是行政裁判执行模式及其选择；二是行政裁判执行的条件；三是以行政机关为执行对象的行政裁判"执行难"及其解决路径问题。

一、行政裁判执行模式及其选择

关于行政裁判执行模式的探讨，在1989年《行政诉讼法》制定之前便开始了，不过时至今日，依然以简要介绍各国执行模式为主，较少对其制度背景、法理逻辑、实践发展等问题进行深入挖掘和跟进研究。早在1987年，便有学者以国别和执行制度特征为标准将执行模式分为英国式、美国式和法国式。所谓英国式，是指司法机关可以向行政机关发布执行令，即可以强制政府履行它应该履行的义务；但是司法机关不能判决强制扣押政府的财产，仅能宣告政府应付金额的总数。美国式，是指强制执行不针对国家政府，而针对联邦官员。[②] 法国式是法国在20世纪80年代初期采用的模式。1980年7月16日对于行政机关迟延罚款和判决执行法，以及1981年5月12日关于执行前述法律的条例中规定了三种主要情形：第一，判决行政机关赔偿且金额已经确定，行政机关必须在4个月内签发支付命令。期限届满，会计员有义务根据判决书正本付款，不用支付命令。第二，判决行政机关赔偿，金额由行政机关和当事人协商确定时，或者在越权之诉中，撤销行政机关的决定时，行政机关不采取必要的措施，当事人可以向最高行政法院申诉，诉讼组组长、诉讼组、研究和报告组可以宣布延迟罚款，最高行政法院也可以依职权宣布延迟罚款。第三，对于引起延迟罚款的负责人，可以判处罚款，金额可以高达该公务员的全年薪俸。[③]

还有学者根据执行机关的不同，将执行模式区分为司法执行模式、行政执行模式以及行政与司法结合执行模式。司法执行模式是指以法院或法院内设机构为执行主体执行行政裁判的一系列制度所规范并体现的执行形式，可按执行机构的不同进一步分为法官执行型、法院执行官执行型、执行法院和执行官分工结合型与专门执行法院型。行政执行模式是指以行政机关或行政执行官为执行主体执行行政裁判的一系列制度所规范并体现的执行形式，可进一步分为执行官型和专门执行机构型两类。司法与行政结合执行模式是指以法院和行政机关为执行主体执行行政裁判并相对独立、自成体系的一系列制度所规范并体现的执行形式，在理论上可进一步分为

---

① 费宗祎，江必新. 建立我国行政诉讼制度的若干问题. 现代法学，1987（4）：8；皮纯协，刘永志. 略论行政审判权的构成. 法律学习与研究，1989（1）：38－39.

② 费宗祎，江必新. 建立我国行政诉讼制度的若干问题. 现代法学，1987（4）：7－8.

③ 王名扬. 法国行政法. 北京：北京大学出版社，2016：517－518；费宗祎，江必新. 建立我国行政诉讼制度的若干问题. 现代法学，1987（4）：8.

司法为主型与行政为主型两种。①

从我国的执行模式选择来看，主流观点认为应当采用我国《行政诉讼法》所确定的“司法与行政相结合，司法为主执行模式”。不过也有研究认为，“必须尊重执行权属性之于执行权归属的决定性作用，充分遵循司法权与行政权分工及制衡的权力运行规律，重树执行制度效率立法模式优先的价值理念，以既有执行制度为基础，重构我国行政裁判执行制度之模式，即‘司法与行政结合、行政为主执行模式’”②。然而，无论主张何种模式，几乎所有研究都主张人民法院应当拥有以行政机关为执行对象的行政裁判执行权。③ 其原因在于，“我国的法治观念还有待进一步加强，‘执行难’本来就是司法实践中一大障碍，行政机关干预司法或不执行司法机关的判决的情况时有发生，如果不赋予司法机关一定的强制执行权，人民法院的判决就可能会‘不算数’”④。

二、行政裁判执行的条件

1989 年《行政诉讼法》颁布不久便有研究将行政裁判执行的条件分为法律依据和事实依据。所谓法律依据即《行政诉讼法》的有关规定，而事实依据包括四个方面：第一，人民法院的判决、裁定已经发生法律效力；第二，人民法院的判决、裁定必须具有执行性，即人民法院作出的判决、裁定必须具有执行的内容；第三，当事人拒绝履行人民法院的判决或裁定；第四，行政裁判执行还必须有当事人的申请或者人民法院、行政机关依职权主动进行。⑤ 对此，虽然今天在学理上一般不作法律依据和事实依据的区分，但在行政裁判执行所需满足的条件上未发生多大变化，只是细化或增加了一些法定条件，如申请人应当在法定的申请期限内提出申请，人民法院对生效裁判的执行具有管辖权等。⑥ 这种理论上的稳定性在很大程度上可归因为《行政诉讼法》以及相关司法解释的规定并未发生实质变化。

在行政裁判执行的条件问题中，最核心的问题是行政裁判的可执行性（执行力）问题，与此相关联的是行政裁判是否具有给付内容的判断问题。通说认为，行政判决是否有给付内容，取决于其是否具有执行力，而行政判决是否具有执行力，取决于其判决类型；进而认为，只有给付判决具有执行力，而确认判决与形成判决不具有执行力，并因此没有给付内容。在行政诉讼中，确认判决通过对行政机关行政行为的合法性进行审查，来确认行政行为是合法、违法还是无效以及确认原告的诉讼请求是否成立，从而作出确认违法判决、确认无效判决或驳回原告诉讼请求判决。确

① 金川．行政裁判执行制度变革及其模式选择．法学杂志，2005（1）：72－73．

② 金川．行政裁判执行制度变革及其模式选择．法学杂志，2005（1）：73．

③ 费宗祎，江必新．建立我国行政诉讼制度的若干问题．现代法学，1987（4）：8．

④ 费宗祎，江必新．建立我国行政诉讼制度的若干问题．现代法学，1987（4）：8．

⑤ 安国江．试论行政裁判执行．贵州省政法管理干部学院学报，1989（2）：40．

⑥ 韩国章．论行政诉讼执行程序．行政论坛，1995（6）：35－36；《行政法与行政诉讼法学》编写组．行政法与行政诉讼法学．2 版．北京：高等教育出版社，2018：431－432；何海波．行政诉讼法．3 版．北京：法律出版社，2022：708－709．

认判决无须强制执行，其法律效果——行政行为合法性、有效性的确定——在法律文书确定时即已实现。而形成判决具有形成力，形成力于判决生效时发生，不需要强制执行就自动发生法律关系变动的效果。[①] 唯有给付判决包含给付内容，在当事人不履行给付义务的情况下，方需要以强制执行的方式实现判决内容。

通说观点将判决是否具有执行力建立在判决的法律属性之上，民事诉讼法学界有研究对此提出了质疑。如有研究提出：判决是否具有执行力并不取决于判决的法律属性，而是取决于判决的内容。也就是说，只要判决中存在给付内容，均可产生执行力，这与判决的法律属性应无直接关联。形成判决没有执行力，应仅限于具有形成效果的那部分判决内容，而非判决的全部内容。[②] 还有研究认为：对于“确权”判决和形成判决，应区分权利的原因基础关系，承认依附人身关系的确认、形成判决中对财产权属确认事项的执行力。诉的分类的依据应是纠纷所指向的原因法律关系，而“确权”是裁判结果，不是原因法律关系。[③] 实务领域也不乏近似的观点，最高人民法院执行局曾在其主编的书中指出，确认判决虽然在学理上被认为没有执行（给付）内容，但在执行实务中也不能一律不予强制执行。[④] 另外，也有少数法院承认确认判决具有给付内容，如在原告新时代公司与被告粤西公司、第三人嘉信公司股东出资纠纷案[⑤]中，法院认为，“新时代公司与粤西公司之间的股权增减变更，必须以一方给付并登记为前提和基础。故本案执行依据虽是确认判决，但并非纯粹的确认判决，而是具有给付内容的确认判决”。有法官进一步认为，具有执行内容的确认判决应当予以执行，这样能够防止讼累、节约司法资源。[⑥] 可见，确认判决和形成判决不可执行的观点在理论上和实务中均受到了不小的挑战，只是这些挑战并非来自行政法学研究。

对于确定判决与形成判决是否具有执行力或可执行性的问题，在域外有学者提出了广义执行力与狭义执行力的概念，并认为所有判决都具有广义执行力，而仅有给付判决具有狭义执行力。如德国学者弗里茨·鲍尔等人认为：狭义的可执行性（执行能力）仅指那些指向给付的执行名义。驳回诉讼或者确认性的裁判或者形成性的裁判无能力也不需要强制性地实施。不过，所有的判决都具有广义的可执行性。广义的可执行的效力在于裁判构成一系列国家行为的基础，比如，在公共簿册中登记等。[⑦] 日本民事诉讼法学者新堂幸司的观点与此类似。新堂幸司认为：执行力存在两种含义。就狭义而言，执行力是指为了实现裁判中所命令的给付内容而可以利用强制执行程序的裁判属性。这种执行力只产生于给付判决。所谓广义的执行力，是指判决如下

---

① 马立群. 论行政撤销诉讼的性质：基于传统诉讼类型“三分说”之思考. 当代法学，2013（1）：74.

② 房绍坤. 论共有物分割判决的形成效力. 法学，2016（11）：59，60.

③ 杨凯，李婷. 民事生效裁判文书可执行性争议化解机制的建构路径. 法治论坛，2018（3）：237.

④ 最高人民法院执行局. 法院执行理论与实务讲座. 北京：国家行政学院出版社，2010：297.

⑤ 广东省云浮市中级人民法院（2011）云中法执异字第1号执行裁定书，广东省高级人民法院（2011）粤高法执复字第82号执行裁定书.

⑥ 蒋先华，邵萌. 具有给付内容的确认判决符合执行案件受理条件. 人民司法·案例，2012（24）：55-58.

⑦ 弗里茨·鲍尔，霍尔夫·施蒂尔纳，亚历山大·布伦斯. 德国强制执行法：上册. 王洪亮，郝丽燕，李云琦，译. 北京：法律出版社，2019：238.

这种性质，即通过强制执行以外之方法，可以实现与判决内容相应之状态的性质，例如，基于确定判决可以申请户籍簿的记载或订正、登记的撤销或变更之效力。除给付判决外，确认判决、形成判决也被认可这种执行力。① 从前述学者的观点中可以发现，他们似乎假定广义执行力无须强制执行便一定可以实现，如相关的登记机关定然会按照法院裁判进行登记以实现裁判内容，因而无须给付诉讼中的强制执行。然而，这种观点毕竟过于理想，倘若登记机关拒绝按照法院裁判进行登记，狭义执行力中的强制执行就有存在的必要。

三、以行政机关为执行对象的行政裁判“执行难”及其解决路径

“执行难”并非一个规范概念，而是对一种特殊社会现象进行描述的社会学概念。“执行难”主要存在于民事与行政裁判的执行过程中。作为一种特殊的法律现象，“执行难可以被理解为一种功能相当有限的法律程序直接面对过于复杂的社会现实，不得不处理远超过其制度容量的问题时不堪重负而引起的制度扭曲或制度紧张”②。如果将被执行人欠缺履行能力的“执行不能”排除，“执行难可以被归纳为执行机关（法院）在执行活动过程中，因遇到主客观因素的阻碍，导致执行目的无法实现的现象”③。在行政裁判执行领域，“执行难”主要是指以行政机关为执行对象的行政裁判“执行难”。围绕行政裁判“执行难”的发生原因与解决对策，学术界曾进行了长期的讨论。

（一）行政裁判“执行难”的发生原因

对于行政裁判对于“执行难”的成因，有司法体制制约、强制执行措施不力以及法院自身消极对待等三个观点。

首先，主张成因为司法体制制约的观点认为，行政机关败诉案件“执行难”的原因，在于行政机关无视法院权威恣意妄为，在于我国现有司法权难以有效制约行政权。④ 有学者进一步将其归结为执行管辖制度存在问题，即原则上由第一审人民法院执行管辖导致执行法院缺乏足够的能力抵制当地党政部门的干预。⑤ 也有学者将其归结为现行司法体制导致了“司法地方化”，进而导致地方法院无力抵抗来自党政部门的干预。⑥

其次，认为《行政诉讼法》规定的强制性措施不力的观点则主张：在《行政诉

① 新堂幸司. 新民事诉讼法. 林剑锋，译. 北京：法律出版社，2008：508.

② 邹川宁. 民事强制执行基本问题研究. 北京：中国法制出版社，2004：45.

③ 江苏省高级人民法院编. 强制执行新实践. 北京：法律出版社，2018：4.

④ 马怀德. 行政诉讼原理. 2版. 北京：法律出版社，2009：306；肖萍，裴春光. 行政裁判执行制度研究：以对行政机关的强制执行为视角. 法学评论，2009（1）：150-151.

⑤ 江西省高级人民法院课题组. 行政诉讼法实施问题的实证分析与思考：兼论《中华人民共和国行政诉讼法》的修改. 法律适用，2004（5）：40.

⑥ 肖萍，裴春光. 行政裁判执行制度研究：以对行政机关的强制执行为视角. 法学评论，2009（1）：150-151.

讼法》规定的多种措施中，通知银行划拨时，银行不得不权衡人民法院和行政机关两方面的因素，往往不按人民法院的通知协助执行[①]；司法建议的法律地位不明确，接受司法建议的机关若对司法建议置之不理，相应责任如何承担，在法律上没有规定[②]；对行政机关直接负责的主管人员和其他直接责任人员予以拘留的规定，被称为最具“杀伤力”的条文，其实一直未被启用过，被戏称为“僵尸条款”[③]；追究刑事责任同样形同虚设。

最后，有观点认为，法院不按照《行政诉讼法》的规定采取及时有效的措施也是导致“执行难”的重要原因。有学者通过实证研究发现，法院在行政执行中采用的是一种典型的双重标准：“申请执行人是政府的时候，法院的执行是积极的、主动的、及时的、富有成效的；而一旦申请执行人是行政相对人的时候，法院的执行相对来说就要消极、被动、耗时、没有效率”[④]。虽然提出了此般批评，该研究还是进一步指出，“要实现公民和国家实质意义上平等的抗辩，中立的裁判者对于目前的中国法院来说似乎仍然是无法承受之重”[⑤]。

（二）行政裁判“执行难”的解决对策

行政裁判“执行难”的成因决定了解决问题的思路。解决行政裁判“执行难”，学者的基本思路根据是否主张“在现有司法体制之下”进行改革，可以分为彻底变革行政审判体制与在现有体制下强化强制执行措施两种。前一种思路认为，“在现行行政审判体制内的改良只能治标，不能治本。要真正实现司法权的统一，树立法院的绝对权威，改革的步子还应当更大一些，眼光应该更远一些。从远期目标来看，在全国建立统一的行政法院体系是一个重要的制度建议”[⑥]。后一种思路则提出，从我国的实际情况来看，目前还不具备设立专门的行政法院的条件[⑦]，因此，应当对强制执行措施进行改造。在1989年《行政诉讼法》制定之初，便有学者提出，应该“通报被诉人上级行政机关以行政处分手段或通报权力机关以罢免等处分措施求得解决，或对法定代表个人处以罚款等办法，最终达到执行判决的目的”[⑧]。其他建议主要包括直接执行国库财产、提高强制执行措施的强度[⑨]，以及追究行政机关负责人

① 向忠诚，罗永琳．行政机关与行政诉讼执行．广西社会科学，2006（10）：84．

② 江西省高级人民法院课题组．行政诉讼法实施问题的实证分析与思考：兼论《中华人民共和国行政诉讼法》的修改．法律适用，2004（5）：40．

③ 王学辉，程恰．构建中国特色行政判决强制执行制度．学习论坛，2020（1）：88-89．

④ 汪庆华．政治中的司法：中国行政诉讼的法律社会学考察．北京：清华大学出版社，2011：57．

⑤ 汪庆华．政治中的司法：中国行政诉讼的法律社会学考察．北京：清华大学出版社，2011：57．

⑥ 马怀德．行政诉讼原理．2版．北京：法律出版社，2009：309．其他主张建立行政法院的观点还可参见：包万超．行政诉讼法的实施状况与改革思考：基于《中国法律年鉴》（1999—2012）的分析．中国行政管理，2013（4）：54；辜胜阻，庄芹芹，方浪．破解行政诉讼顽疾关键在于体制改革．社会科学家，2014（3）：10-11。

⑦ 肖萍，裴春光．行政裁判执行制度研究：以对行政机关的强制执行为视角．法学评论，2009（1）：155-156．

⑧ 朱维究．行政诉讼判决必须依法执行．法学杂志，1989（2）：7．

⑨ 向忠诚，罗永琳．行政机关与行政诉讼执行．广西社会科学，2006（10）：84．

与相关工作人员的责任、提高某些案件的管辖法院级别等。还有学者提出，民事诉讼法规定的所有强制执行措施，可以无一例外地适用于行政机关。[①] 对此，有研究认为，《行政诉讼法》中应该规定类似《民事诉讼法》中的“执行标的有限原则”[②]，这样既能保障行政机关在履行法定职责、维护公共利益时具备相应的物质基础，又可以最大限度使行政相对人的利益得到保护。[③]

由于这些建议大多在 2014 年《行政诉讼法》修改以前提出，《行政诉讼法》于 2014 年修订时，将对行政机关的罚款修改为对行政机关负责人进行罚款，并增加了“将行政机关拒绝履行的情况予以公告”以及“社会影响恶劣的，可以对该行政机关直接负责的主管人员和其他责任人员予以拘留”等强制措施。与此同时，该次修法将“县级以上地方人民政府”作为被告的案件由基层人民法院管辖调整为中级人民法院管辖。可以说，学者们的建议大多得到了法律直接或间接确认。然而，从实施情况来看，除了“将行政机关拒绝履行的情况予以公告”这一措施在最极端的情况下偶尔被采取，其他措施基本从未被采取过，沦为具文。其根本原因还是在于司法机关欠缺有效实施法定强制措施的执政党权威资源，在此情况下，诉诸增加强制措施解决“执行难”似乎难以实现。有研究另辟蹊径，提出监察机关协助执行的可能：对行政机关不执行、落实行政裁判的行为，应当架构党纪、政纪、法纪三个维度的责任体系，建立纪检监察协助行政裁判执行的衔接机制。[④]

从当前的理论和实践发展来看，行政裁判的执行与改革主要集中在三个方面：一是行政裁判中给付内容与判决类型的关系。对于行政裁判的执行而言，首要的问题是行政裁判中是否具有给付内容，而是否具有给付内容的判断与判决类型紧密相关，对二者之间关系的确定，是判断一份行政裁判是否可以作为执行依据的关键所在。二是行政裁判执行中“给付内容明确”的判断。在确定一份行政裁判具有给付内容并因此可作为执行依据之后，需要明确给付内容是否明确，原因在于，“给付内容明确”乃是行政裁判具有可执行性的核心要件。根据 2020 年最高人民法院《关于人民法院执行工作若干问题的规定（试行）》（法释〔2020〕21 号，以下简称“2020 年《执行工作若干规定》”）第 16 条第 3 项的规定，“法律文书有给付内容”是行政裁判可执行的核心要素。同时，最高人民法院《关于适用〈中华人民共和国民事诉讼法〉的解释》（法释〔2022〕11 号，以下简称“2022 年《民事诉讼法司法解释》”）第 461 条第 1 款第 2 项则明确，当事人申请人民法院执行的生效法律文书应当“给付内容明确”。三是以行政机关为执行对象的行政裁判“执行难”。在行

---

① 杨小君．行政诉讼强制执行措施再思考．行政法学研究，2003（3）：2－5.

② 《民事诉讼法》第 250 条第 1 款规定：被执行人未按执行通知履行法律文书确定的义务，人民法院有权扣留、提取被执行人应当履行义务部分的收入。但应当保留被执行人及其所扶养家属的生活必需费用。第 251 条第 1 款规定：被执行人未按执行通知履行法律文书确定的义务，人民法院有权查封、扣押、冻结、拍卖、变卖被执行人应当履行义务部分的财产。但应当保留被执行人及其所扶养家属的生活必需品。

③ 肖萍，裴春光．行政裁判执行制度研究：以对行政机关的强制执行为视角．法学评论，2009（1）：155.

④ 付大峰．监察机关协助行政诉讼执行的逻辑理路：以行政机关拒不执行责任谱系建构为视角．司法改革论评，2020（1）：279.

政裁判执行领域，“执行难”问题将继续存在，如何解决“执行难”问题是行政裁判执行与改革的重要议题。下面将主要针对上述三个方面展开论述。

第二节　行政裁判中给付内容与判决类型的关系

强制执行以执行名义为基础，同时也以其确定的权利义务内容为边界。根据2020年《执行工作若干规定》第16条第3项的规定，“法律文书有给付内容”是行政裁判可作为执行名义的基本要求。正如前面提到的，通说认为，给付内容的有无取决于判决是否具有执行力，而判决是否具有执行力取决于判决类型。然而，我们通过对实践中的变更判决进行考察后发现：不是执行力决定给付内容，而是给付内容决定执行力；判决类型对给付内容具有重要影响，但不具有决定性影响。

一、判决类型与《行政诉讼法》中的判决种类

判决类型与诉讼类型相对应，因为法院的判决乃是针对原告在向法院提起的诉中所提出的诉讼请求作出的，而诉讼类型是根据诉讼请求的性质及内容划分的。在民事诉讼与行政诉讼中，传统诉讼类型“三分说”认为，以原告的权利主张为标准，所有诉讼均可被归为三种类型，即确认之诉、形成之诉与给付之诉。与此相应，以判决所产生的法律效果为标准，所有判决均可被归为确认判决、形成判决与给付判决。这种严格的三分法受到了一定的挑战，如日本学者高桥宏志认为，诉讼类型三分说“并不是一种‘依据这三种诉之类型就可以将所有诉之类型都涵盖在内’的分类，或者说，这种分类并不是一种达到‘除此之外的其他分类都不能成立’之程度的全括性分类”[①]。而且，关于一些诉讼的类型归属的确存在较大争议，如第三人异议之诉，日本学者三月章教授将其归属为三种类型之外的新的“救济之诉”[②]，我国亦有研究认为该诉属于“确认与形成之诉的合成之诉”[③]。虽然面临前述挑战，但前述三种诉讼类型和判决类型原则上是成立的，其在民事诉讼与行政诉讼中依然占据着支配地位。

由于我国行政诉讼的制度架构并未建立在法定诉讼类型化的基础上，因此，前述判决类型并非与《行政诉讼法》中确立的判决种类相对应。不过，《行政诉讼法》

---

① 高桥宏志. 民事诉讼法：制度与理论的深层分析. 潘剑锋，译. 北京：法律出版社，2003：68.

② 这里的救济之诉指的即是传统三分法中的诉讼法上的形成之诉，三月章教授抛弃了将形成之诉分为实体法上的形成之诉与诉讼法上的形成之诉的观点，主张将诉讼法上的形成之诉作为新的救济之诉来重新予以把握。而所谓实体法上的形成之诉与诉讼法上的形成之诉，前者指的是当事人通过诉讼要求法院变动实体法上的权利关系的诉讼，如离婚诉讼；后者指的是以变动诉讼法上的法律关系或地位为目的的诉讼，如请求变更确定判决之诉、第三人异议之诉等。三月章. 民事诉讼法研究：第7卷. 东京：有斐阁，1978：19及以下；高桥宏志. 民事诉讼法：制度与理论的深层分析. 潘剑锋，译. 北京：法律出版社，2003：61，67. 关于实体上的形成之诉和诉讼上的形成之诉，参见伊藤真. 民事诉讼法：第4版补订版. 曹云吉，译. 北京：北京大学出版社，2019：115。

③ 匡青松，肖述华. 第三人异议之诉性质的新思考. 法学杂志，2011（4）：129.

中确立的判决种类可以分别归于前述三种判决类型。对判决种类的法律属性的确定，有利于后续对相关案例的分析。

首先，形成判决指的是法院在判决中直接创设、变更或消灭当事人间权利义务关系的判决。由于行政诉讼自身的特性——针对行政机关的行政行为进行合法性审查，行政诉讼中的形成判决所变更或消灭的对象一般为（具体）行政行为。① 另外，在民事诉讼中，给付诉讼是自罗马法以来就存在（获得认可）的诉的本来形态②，也是最重要的诉讼形态。与此不同，在行政诉讼中，撤销诉讼是"最'古典'"的诉讼种类，是行政诉讼类型的基本形态③，甚至因此导致"撤销诉讼中心主义"而受到批评。④ 在我国《行政诉讼法》确立的判决种类中，属于形成判决的主要是撤销判决与变更判决。

其次，确认判决指的是法院作出的确认诉争行政行为的合法性或有效性以及原告的诉讼请求是否成立的判决，包括确认违法判决、确认无效判决以及驳回原告诉讼请求判决。这里需要指出的是，驳回原告诉讼请求判决之所以属于确认判决，原因在于，根据《行政诉讼法》第 69 条的规定，驳回原告诉讼请求的判决要么是确认了"行政行为合法"，即该条前半句所规定的行政行为证据确凿，适用法律、法规正确，符合法定程序；要么是确认了原告的诉讼请求不成立，即该条后半句所规定的原告申请被告履行法定职责或给付义务的理由不成立。

最后，给付判决指的是法院判令当事人为一定给付内容的判决。给付内容既可以是财产，也可以是行为——行为既包括作为，也包括不作为。它包括重作判决、履行判决、给付判决（狭义给付判决，一般认为是专门针对给付行政行为设置的判决）以及行政赔偿或补偿判决。⑤

另外，根据《行政诉讼法》第 94 条的规定，人民法院作出的发生法律效力的裁定和调解书也可以成为执行名义，关于其具体属性则应根据具体裁判中的内容进行判断。对于行政协议案件，同样需要根据《行政协议若干规定》第 9 条所规定的具体判决种类进行分别判断。⑥

---

① 需要说明的是，我国《行政诉讼法》已将行政协议纳入受案范围，行政协议与具体行政行为之间在性质、形态和诉讼特质上均有较大差异，理论上看应当架构与具体行政行为相区别的独特诉讼制度。由于《行政诉讼法》并未进行区分，最高人民法院制定了专门针对行政协议案件审理的《行政协议若干规定》。因此，这里所使用的行政行为概念不包括行政协议在内。

② 高桥宏志. 民事诉讼法：制度与理论的深层分析. 潘剑锋，译. 北京：法律出版社，2003：60.

③ 弗里德赫尔穆·胡芬. 行政诉讼法. 莫光华，译. 刘飞，校. 北京：法律出版社，2003：211.

④ 熊勇先. 论行政撤销诉讼中心主义及其缓和. 政治与法律，2013 (6)：70 - 77.

⑤ 全国人大常委会法制工作委员会行政法室.《中华人民共和国行政诉讼法》解读与适用. 北京：法律出版社，2015：162.

⑥ 《行政协议若干规定》第 9 条规定，在行政协议案件中，《行政诉讼法》第 49 条第 3 项规定的"有具体的诉讼请求"是指：(1) 请求判决撤销行政机关变更、解除行政协议的行政行为，或者确认该行政行为违法；(2) 请求判决行政机关依法履行或者按照行政协议约定履行义务；(3) 请求判决确认行政协议的效力；(4) 请求判决行政机关依法或者按照约定订立行政协议；(5) 请求判决撤销、解除行政协议；(6) 请求判决行政机关赔偿或者补偿；(7) 其他有关行政协议的订立、履行、变更、终止等诉讼请求。

二、判决类型、执行力与给付内容之间的关系

判决的执行力，是指判决生效后，在义务人没有履行义务时，权利人可以向法院申请强制执行，法院依法强制义务人履行其义务的作用。① 只要执行依据中确定了某种义务，执行依据便具有执行力。换言之，是给付内容决定执行力，而非执行力决定给付内容。这意味着，并非通过判决类型来判断判决是否具有执行力，进而以是否具有执行力得出是否具有给付内容的结果。只要判决具有给付内容，无论是何种属性的判决，均应具有一定的执行力，而并非只有给付判决才具有执行力。②

当然，这并不是彻底否认判决类型对执行力和给付内容判断的影响，判决类型对给付内容的判断始终具有极其重要的意义，只是判决类型对于执行力和给付内容并不具有决定性意义。形成判决与确认判决也可能具有执行力，这种执行力产生于其中包含的给付内容。无论是何种给付义务，只要相关主体不主动履行判决中确定的义务，均可能产生强制执行的问题。不过，形成判决与确认判决中的给付内容和给付判决中的给付内容有所区别：给付判决中的给付内容依附给付判决本身的法律性质；形成判决与确认判决中的给付内容并不依附形成判决和确认判决本身的法律性质，而是为了实现形成判决与确认判决的法律效果。换言之，在给付判决中，给付义务是判决的目的本身，而在形成判决与确认判决中，给付义务是实现判决目的的工具。正因如此，即便承认形成判决与确认判决可能具有给付义务并因此具有执行力，也并不意味着这些判决具有给付判决的法律属性。

在这种意义上，前述德国学者弗里茨·鲍尔等人与日本学者新堂幸司根据是否需要强制执行所作的广义执行力与狭义执行力的划分不仅不周延——因为在广义执行力的场合同样可能存在狭义执行力，而且失去了如此划分的法律意义，因为在形成判决与确认判决也可能具有狭义执行力的情况下，广义执行力便失去了存在的必要。当然，依“例外不破原则”，确认判决与形成判决原则上不具有执行力，只是在例外情况下，需要强制执行方能实现确认判决与形成判决之目的时，则相应的给付内容产生执行力。

另外，在判决是否具有执行力的判断上，还应当区分行政行为的法律效力与法律效果。以确认之诉为例，原告提起确认之诉，要求确认原、被告之间的实体法律关系是手段，确定原告的法律地位或者原、被告间的法律效果是终极目的。③ 形成判决与确认判决所变更或确认的法律事实，仅限于原、被告之间的法律关系本身，即仅在于行政行为的法律效力本身；但是，行政行为的法律效力在判决确定之前所产生的法律效果，并不会因为判决效力的产生而自动变更。因此，对于行政行为的法律效力而言，形成判决与确认判决均不具有执行力，这种法律效力在判决确定时即产生；然而，对于行政行为所产生的法律效果而言，则可能产生执行的问题，前面所提到的形成判决与确认判决所具有的执行力，也正是在法律效果的意义上产生

① 张卫平. 民事诉讼法. 5版. 北京：法律出版社，2019：440.

② 房绍坤. 论共有物分割判决的形成效力. 法学，2016（11）：60.

③ 王学棉. “具体”的诉讼请求. 国家检察官学院学报，2016（2）：143.

的，即通过执行实现形成判决和确认判决确定后所欲实现的法律效果，如在撤销错误的行政登记行为后，若行政机关不依照判决将行政登记变更至正确的状态，则法院可以通过强制执行实现正确登记的法律效果。对此，我国《民事诉讼法》第258条明确规定：在执行中，需要办理有关财产权证照转移手续的，人民法院可以向有关单位发出协助执行通知书，有关单位必须办理。当然，需要指出的是，这种执行必须被限制在依照判决主文可以明确确定的范围之内。

在行政诉讼中，变更判决最能体现形成判决所具有的执行力。在方某富炒货店诉杭州市西湖区市场监督管理局广告行政处罚案中，方某富炒货店因在经营场所内外及所销售产品的包装袋上使用“最好”“最优”“最香”“最特色”“最高端”等顶级词汇作为广告宣传用语，被杭州市西湖区市场监督管理局（以下简称“西湖区市场监管局”）认定为违反了2015年《广告法》第9条第3项关于“广告不得使用‘国家级’、‘最高级’、‘最佳’等用语”的规定，故西湖区市场监管局依据该法第57条第1项和《杭州市规范行政处罚自由裁量权的规定》第9条第3项、第4项的规定，对方某富炒货店作出“责令停止发布使用顶级词汇的广告”的行政处罚，并处以“罚款人民币贰拾万元”。法院认为，被诉行政处罚决定责令原告停止发布使用绝对化用语的广告，有相应的事实和法律依据。关于罚款数额，法院则提出，原告的案涉违法行为情节较为轻微，社会危害性较小，被告对其处以20万元罚款，在处罚数额的裁量上存在明显不当，因而根据2014年《行政诉讼法》第77条第1款的规定，判决“变更杭州市西湖区市场监督管理局于2016年3月22日作出的（杭西）市管罚处字［2015］534号行政处罚决定书中‘处以罚款20万元’为‘处以罚款10万元’”[①]。本案中，法院的变更判决直接形成了新的行政法律关系，即西湖区市场监管局对原告处以罚款10万元，并因此导致原来的罚款20万元的行政处罚法律关系消灭。首先，这一形成判决内含给付义务，即西湖区市场监管局负有返还原告10万元罚款的义务；如果原告尚未缴纳罚款，则原告负有给付10万元罚款的义务。无论何种情形，这一形成判决均具有给付内容。其次，倘若被告拒不履行判决，原告可以直接请求法院强制执行，而无须通过新的给付诉讼要求被告返还10万元罚款。这既是节约司法资源的需要，也是实质性化解行政争议的要求。其原因在于，该案中的变更判决，已经将行政机关的裁量权压缩至零，行政法律关系的权利义务内容因此变得明确具体，不应再要求原告以本案判决作为依据另行提起给付诉讼，获得一个给付判决方能要求被告返还。最后，从前面提到的法律效力与法律效果相区分的角度来看，法院的变更判决在判决确定时即产生法律效力，但是以10万元的罚款为内容的行政行为法律效果，尚需要后续的执行行为方能最终实现，而法律效果的实现即是该变更判决的执行力所在。

① 浙江省杭州市西湖区人民法院（2016）浙0106行初240号行政判决书，浙江省杭州市中级人民法院（2018）浙01行终511号行政判决书。

第三节　行政裁判中“给付内容明确”的判断

判决主文明确与否关系到权利能否通过执行程序顺利实现。[①] 根据2022年《民事诉讼法司法解释》第461条第1款的规定，当事人申请人民法院执行的生效法律文书应当具备权利义务主体明确与给付内容明确两个核心条件。[②] 在实践中最容易引发争议的是对“给付内容明确”的判断。对此，民事判决与行政判决差异甚大：民事判决以给付内容必须“明确且具体”为基本要求，而行政判决中的给付内容在多数情况下“明确但不具体”。产生这种差异的原因在于，行政诉讼中需要平衡好司法权与行政权的关系，司法权在很多情形中需尊让行政权，如尊重行政权的专业判断、行政裁量等，而对两种公权力的平衡以及司法权对行政权的尊让在民事诉讼中并不存在。这也就导致“给付内容明确”的判断标准在行政裁判执行权与民事裁判执行中存在根本区别。然而，目前相关的执行规范并未尊重这种区别，故需要进行制度上的革新。

一、“给付内容明确”在民事裁判执行中的具体性要求

从我国现行执行规范来看，“给付内容明确”不仅包括明确性，还包括具体性。在相关规范中，规定“给付内容明确”的相关法律规范主要包括：其一，2020年《执行工作若干规定》第16条第3项规定，申请执行的法律文书应当“执行标的和被执行人明确”；其二，2022年《民事诉讼法司法解释》第461条第1款第2项规定，当事人申请人民法院执行的生效法律文书应当“给付内容明确”。仅从这两个条文来看，似乎对给付内容的要求仅包括“明确性”这一项。然而，从相关司法文件来看，“给付内容明确”明确包含了具体性要件。《人民法院办理执行案件规范》第33条“申请执行的实质要件”中第4项规定，申请执行的法律文书应当具有给付内容且给付内容具体、明确。最高人民法院《关于人民法院立案、审判与执行工作协调运行的意见》（法发〔2018〕9号）同样提出，“法律文书主文应当明确具体”。这里需要特别指出的是，这些规范都一体适用于民事诉讼和行政诉讼，并没有作出区分，而这种一体适用正是目前的判断标准不符合行政诉讼特性的原因所在。在民事诉讼法学界，学者同样或明确或隐含地认为“给付内容明确”包含明确性和具体性两个层面。有学者认为，除了继续履行的判决，执行依据的明确性要求判决主文明确谁有权向谁于何时何地作出某行为或者给付若干财产，其中，“谁向谁”属于“主体明确”，“于何时何地作出给付”属于给付行为明确，“某行为或者若干财产”则属于执行标的明确，这种“主体明确”＋“行为明确”＋“执行标的明确”的模式属

---

① 曹云吉. 判决主文明确化：程序法理与权力分工. 法律科学（西北政法大学学报），2020（6）：42.

② 根据《行政诉讼法》第101条的规定，人民法院审理行政案件，关于执行问题，《行政诉讼法》没有规定的，可以适用《民事诉讼法》的相关规定。

于执行依据明确的标准。[1] 从前面的表述来看，具体化显然是执行依据明确性的内在要求。甚至，有学者在分析判决主文的明确性时几乎将具体性与明确性等而视之。其实，从正面界定"给付内容明确"的反而是少数，大多数研究均是从给付内容不明（或判决主文不明、执行依据不明）的角度展开。其原因在于，给付内容不明才是学术上需要予以解决的"问题"。有学者认为，执行依据主文不明，是指作为申请法院强制执行依据的判决书针对原告之诉讼请求的判项或调解书协议条款所确定的法律义务的指向、范围、数额等具体要素不明确。[2] 还有学者认为，对于给付内容不明，鉴于经验理性局限，难寻一种可穷尽的单一判断标准。该学者通过在"中国裁判文书网"上选取涉判项不明的执行裁定书 300 份，经总结分析，认为判项给付内容不明概念可总结为：金钱给付具体数额或计算方法不明，交付特定物不明确或无法确定，行为履行标准和对象范围不明，继续履行合同的标准、方式、期限不明等，从而导致判决缺乏执行力。[3] 可以体会到，无论从正面还是反面看，在民事诉讼中，具体性均被作为给付内容/执行依据/判决主文明确性的内在要求，甚至被直接等同于明确性。这种具体性可以总结为，给付内容的所有要素都是具体且确定的，即前述主体、行为、执行标的不仅是明确的，而且是具体的、确定的。

在民事诉讼实务中，给付内容的具体性也被认为是执行名义可执行性的内在要求。如在王某诉金某借款合同纠纷案中，内蒙古自治区鄂尔多斯市中级人民法院于 2011 年 9 月 22 日作出（2011）鄂中法民一初字 00014 号民事调解书，其中引起执行争议的第五项内容确定：选矿厂及采挖出的矿石归属于原告王某。对于执行依据中的这一判项是否明确的问题，最高人民法院认为：根据 2008 年《执行工作若干规定》第 18 条第 1 款以及 2015 年《民事诉讼法司法解释》第 463 条第 1 款的规定，据此向人民法院申请强制执行的生效法律文书必须符合给付内容明确的条件。对于交付特定物的案件，就要求法律文书应当载明特定物的名称、数量、规格等信息，以使该特定物区别于其他物。本案中，生效调解书第五项载明的是"选矿厂及采挖出的矿石"，没有指明该选矿厂及矿石的特定信息，双方当事人对执行依据指向的特定物也存在严重分歧，显属执行依据给付内容不明确。[4] 本案评议意见直接指出，生效法律文书产生执行力还要求文书界定权利义务的内容具体、明确，给付的范围明确。[5] 因此，在民事诉讼实务中，"给付内容明确"当然地包含了具体性要求。

---

① 隋璐明. 论执行依据不明的功能异化与矫正：以执行检察监督为切入点. 天府新论，2019（2）：115.

② 邱星美，董建中，谢恩品，付冬青. 执行依据主文不明的识别与救济配套机制. 人民法院报，2019-07-25（005）.

③ 陈斯，谢奕. 民事判项给付内容不明的理性思辨与路径构建：基于"审执衔接三元法"的分析. 法律适用，2020（19）：124.

④ 内蒙古自治区鄂尔多斯市中级人民法院（2011）鄂中法民一初字 00014 号民事调解书，最高人民法院（2015）执申字第 52 号执行裁定书.

⑤ 黄文俊，孟祥. 最高人民法院执行案例精选. 北京：人民法院出版社，2019：30-31. 相似案例，还可参见青海省西宁市中级人民法院（2017）青 01 执恢 160 号执行裁定书，江苏省高级人民法院（2017）苏执复 148 号执行裁定书，山东省临沂市兰山区人民法院（2017）鲁 1302 执异 122 号执行裁定书。

二、行政裁判执行领域“给付内容明确”问题的特殊性

在行政法学界，行政裁判执行中执行依据的“给付内容明确”的判断问题基本未受到关注，但有少数学者在论及相关问题时有所涉及。如有学者在提到如何解决“执行难”问题时提出，行政判决的方式应当在行政权与司法权保持相对分立的基础上，少用撤销重作判决，多用变更判决，固化执行依据，以便实质性地化解行政争议。[①] 其原因在于由于撤销重作判决的大量使用，行政机关常作出与原行政行为相同或相似的行政行为，不断产生循环诉讼现象。这一观点在主流观点看来或许会显得有些偏激，但在我国的实践背景下，也有其合理性乃至必要性，精神上也契合2014年对《行政诉讼法》进行修改时所追求的“实质性化解行政争议”。固化执行依据便意味着在行政裁判中明确给付义务，然而，仅此一点很难成为体系化改革判决体系以及重塑司法权与行政权在司法审查中关系的基础，但的确可以成为强化变更判决适用的理由。

与民事诉讼中司法权主要发挥裁断功能不同，行政诉讼中司法权除发挥裁断功能外，还扮演着监督制约行政权的角色。这种监督角色贯穿行政诉讼全过程、各方面。因此，几乎所有行政诉讼问题都可能与司法权与行政权之关系相关联，行政裁判的“给付内容明确”问题也不例外。一般认为，司法权对行政行为的司法审查有其界限，这种界限包括横向界限与纵向界限：前者指的是司法权可以审查多大范围的行政行为，即行政诉讼受案范围问题；后者指的是司法权在对行政行为的审查中，可以深入到什么程度，即司法审查的强度问题。强度问题是行政审判的关键，处理不好会危及当事人的合法权益，影响裁判的法律效力和社会效果。[②] 主流观点认为，法院不得代替行政机关作决定，只能判决行政机关重新作出行政行为，即一般只能作出程序性裁判。正因如此，行政裁判中的“给付内容明确”才与民事裁判中的“给付内容明确”表现出巨大的差异，因为给付内容的“明确具体”不仅不是行政裁判所要达到的基本要求，甚至与行政诉讼的基本结构和精神相龃龉。“给付内容明确”在行政裁判中，并不像在民事裁判中那样表现为所有裁判都要实现“具体化”以便能够执行，而是表现为在实体性裁判与程序性裁判的适用背景下究竟确定到何种程度。

在程序性裁判与实体性裁判的适用问题上，我国应当在坚持“程序性裁判为原则，实体性裁判为例外”基本原则的同时，不断探索和确定可能的实体性裁判情形，并逐步将这些情形通过制度确定下来。目前的立法也体现了这种思路：一方面，程序性裁判依然是主要的裁判形式。另一方面，变更判决以及2018年《行政诉讼法司法解释》第91条和第92条中规定的部分情形下的履行判决和给付判决，对程序性裁判已有突破。这为未来探索更多的实体性裁判的具体情形提供了思路。变更判决无疑是一种实体性裁判，因为其直接变更了行政行为的内容。而根据2018年《行政

① 王学辉，程怡. 构建中国特色行政判决强制执行制度. 学习论坛，2020（1）：92.

② 江必新. 司法审查强度问题研究. 法治研究，2012（10）：8.

诉讼法司法解释》第91条的规定，原告请求被告履行法定职责的理由成立，被告违法拒绝履行或者无正当理由逾期不予答复的，人民法院可直接判决被告在一定期限内依法履行原告请求的法定职责，即可以直接作出实体性裁判。同样，根据2018年《行政诉讼法司法解释》第92条之规定，原告申请被告依法履行支付抚恤金、最低生活保障待遇或者社会保险待遇等给付义务的理由成立，被告依法负有给付义务而拒绝或者拖延履行义务的，人民法院可以判决被告在一定期限内履行相应的给付义务。对此，最高人民法院行政审判庭进一步认为，“人民法院作出给付判决，应当明确具体给付的金钱数额或特定财物，不能简单判决行政机关限期履行给付义务”[①]。

综上，行政裁判中的“给付内容明确”与民事裁判中的“给付内容明确”存在本质区别，应该根据行政诉讼的特性，为行政裁判中的“给付内容明确”塑造符合其自身规律的判断标准。

三、行政裁判中“给付内容明确”的判断标准及制度革新

在“程序性裁判为原则，实体性裁判为例外”之基本原则的框架下，行政裁判中“给付内容明确”的判断标准应当被区分为两种：(1) 在程序性裁判中，“给付内容明确”仅要求明确性而无须具体性；(2) 在实体性裁判中，“给付内容明确”则既要求明确性，也要求具体性。以履行判决为例：在司法实践中，履行判决主要有三种做法：要求被告依法履行职责、要求被告依法履行职责且对履行职责的方式等提出原则要求、明确履行的具体内容。其中，“明确履行的具体内容”的判决属于实体性判决。此时，“给付内容明确”便要求“明确且具体”，与民事裁判中的要求相同。而仅要求被告依法履行职责的判决，或者仅对被告依法履行职责的方式提出原则性要求的判决，均属于程序性判决。此时，“给付内容明确”便只需要满足“明确性”即可，而无须符合具体性的要求，因为不能针对一个原则性判决要求给付内容具有具体性，这既与行政裁判的现实不符，也背离了行政诉讼的精神。

在行政诉讼实务中，对“给付内容明确”的判断也引发了不少争议，这种争议很好地说明了行政裁判中“给付内容明确”判断的特殊性。在长沙县春华镇金鼎山村留芳组与长沙县人民政府土地行政征收纠纷案（以下简称“留芳组案”）中，申请人申请执行所依据的（2018）湘行终1600号行政判决书中的第三个判项为：责令长沙县人民政府于本判决生效后采取补救措施。对于这一判项是否符合“给付内容明确”的要求，一审裁定认为，该判决对于长沙县人民政府采取补救措施的种类、内容、标准等没有明确，属于执行依据没有明确的执行内容[②]，遂据此根据2008年《执行工作若干规定》第18条与2015年《民事诉讼法司法解释》第463条的规定裁定驳回执行申请。而二审裁定指出：该判决虽未明确采取补救措施的种类、内容、标准等，结合该判决说理部分综合考量，如何采取补救措施属于长沙县人民政府对

---

① 最高人民法院行政审判庭．最高人民法院行政诉讼法司法解释理解与适用：上．北京：人民法院出版社，2018：428．

② 湖南省长沙市中级人民法院（2020）湘01执1751号执行裁定书．

行政事项的自由裁量权，但其负有采取补救措施的义务。原告如对其采取的补救措施不服，可另寻其他途径救济。[①] 二审法院据此根据 2008 年《执行工作若干规定》第 18 条与 2015 年《民事诉讼法司法解释》第 463 条的规定，撤销了一审法院的执行裁定。可以看出：对于程序性判决中给付内容是否明确的判断（同时也是对 2008 年《执行工作若干规定》第 18 条与 2015 年《民事诉讼法司法解释》第 463 条的理解），一审法院采用了与民事裁判中相同的判断标准，即认为应当将“采取补救措施的种类、内容、标准等”具体化，而二审法院采用了与民事裁判不同但也因此符合行政裁判特性的判断标准，即“采取补救措施”已经符合明确性要求，无须具体化。

不过，我国目前的相关规定采用的仍然是对民事裁判与行政裁判中给付内容的判断不作区分的做法。第一，《行政诉讼法》以及相关的司法解释并未为对行政裁判中给付内容的判断作出特殊规定；第二，2020 年《执行工作若干规定》第 16 条第 1 款第 3 项的规定统一适用于民事裁判与行政裁判；第三，根据《行政诉讼法》第 101 条的规定，2015 年《民事诉讼法司法解释》第 463 条的规定同样适用于行政裁判。这种不加区分的做法虽然可能在实践中以审判监督的方式得到一定的纠偏，但是这种纠偏在很大程度上取决于具体法院对这一问题的看法，无法彻底解决行政裁判中“给付内容明确”的判断问题。退一步讲，如果行政裁判中“给付内容明确”的判断标准符合其自身特性并得到确立，那么前述留芳组案中的二审裁定程序或许就能得到节约，因为一审法院不会作出与民事裁判中相同的理解。因此，应当在《行政诉讼法司法解释》中，根据前述区分程序性裁判与实体性裁判的理论方案，对行政裁判中“给付内容明确”的判断作出单独规定；或者至少应该在《执行工作若干规定》中作出特别规定，以此从制度层面为行政裁判执行中“给付内容明确”的判断提供符合其自身规律的标准。

第四节　以行政机关为执行对象的行政裁判“执行难”

在我国，由于行政机关拥有强大的行政权，只要是以行政机关作为执行对象的强制执行，无论是民事裁判还是行政裁判，均存在以公民等为对象的强制执行中可能出现的难以执行问题。正因如此，法院在开展“基本解决执行难”工作过程中，并没有将行政裁判“执行难”作为一种单独的类型，而是作为“涉党政机关执行”的一种情形。[②] 不过，由于行政诉讼毕竟与民事诉讼有着不同的诉讼构造、功能定

---

① 湖南省高级人民法院（2021）湘执复 11 号执行裁定书.

② 相关的司法文件以及人民法院工作报告中，均将“涉党政机关执行”作为一种特殊的案件类型。如最高人民法院《关于深化执行改革健全解决执行难长效机制的意见——人民法院执行工作纲要（2019—2023）》（法发〔2019〕16 号）第二部分第 21 项规定：“健全特殊案件执行工作机制。对涉党政机关、涉军、涉民生等特殊案件实行分类管理，形成常态化专项执行机制……完善涉党政机关执行案件沟通协调机制，通过定期与党委政法委联合通报、督办约谈，与发展改革委等部门开展联合信用惩戒，实行综治考核，将涉诉政府债务清偿纳入预算管理等方式，促进党政机关带头履行生效裁判……” 2018 年 10 月 24 日，在第十三届全国人民代表大会常务委员会第六次会议上，最高人民法院院长周强在《最高人民法院关于人民法院解决“执行难”工作情况的报告》中也将“涉党政机关执行清积专项行动”作为一种特殊类型。

位，相关法律在强制执行措施的设置上也有着很大区别；同时，因本讲的主旨限于行政诉讼领域，因此这里的探讨限于行政裁判的“执行难”问题。

一、行政裁判“执行难”的表现

行政裁判执行之难，并不是表现在数量上，而是体现在难度上。数量不多的原因主要在于：一方面，行政案件中原告的胜诉率一直不高，在原告败诉的情况下一般不存在“执行难”问题；另一方面，由于只有那种影响较大的“执行难”案件会以新闻报道的形式被公开，很多“执行难”的案件并未被公开。如果仅关注行政裁判“执行难”的案件数量，反而会掩盖事情的本来面目。

具体而言，行政裁判“执行难”表现为在行政机关“拒绝履行”行政裁判确定的义务之后司法机关的“强制不能”。我国《行政诉讼法》第 96 条规定：“行政机关拒绝履行判决、裁定、调解书的”，人民法院可以强制执行。对于这里的“拒绝履行”，不应当局限于“拒绝”的情形，而应当作广义上的理解，即包括所有未积极、完整履行行政裁判的情形，可以据此将“拒绝履行”的情形分为四种：明确表示的拒绝、采取与生效裁判确定的司法意旨相反的行动、拖延履行、怠于履行。[①] 行政机关拒绝履行的情形，可以概括为两种：其一，积极拒绝。这种情况表现为行政机关直接拒绝执行行政裁判，甚至通过违法干预、侵犯司法权的形式来拒绝执行行政裁判，公然以行政权对抗司法权，对法院采取的强制执行措施进行反抗。[②] 其二，消极履行。这种情况表现为行政机关虽然不拒绝，但是以各种理由拖延履行、不完全履行行政裁判所确定的义务，或者重新作出与原行政行为基本无异的行为。[③] 不过，行政机关“拒绝履行”并非行政裁判“执行难”的具体表现，就好像民事案件中当事人拒绝履行并不是“执行难”本身。真正的行政裁判“执行难”表现在行政机关“拒绝履行”之后，司法机关难以采取强制执行措施落实行政裁判所确定的权利义务内容。行政裁判“执行难”的表现可以概括为“强制不能”。所谓“强制不能”，即在行政机关具有履行能力的前提下，法院也无力通过实施《行政诉讼法》第 96 条所规定的强制措施来强制行政机关履行义务。这也是行政裁判“执行难”的本质所在。[④]

对于行政机关公然拒绝执行行政裁判，2010 年的“陕西省国土资源厅以协调会否决法院裁判事件”为此提供了最为极端的注脚。该事件比较复杂，这里所关注的主要是这一事件的发生过程所凸显的行政裁判“执行难”问题。在这一事件中，对于原告樊河村委会与被告陕西省国土厅之间因矿权登记产生的行政纠纷，榆林市中

---

① 江必新，梁凤云. 行政诉讼法理论与实务：下. 3 版. 北京：法律出版社，2016：1823－1824.

② 付大峰. 监察机关协助行政诉讼执行的逻辑理路：以行政机关拒不执行责任谱系建构为视角. 司法改革论评，2020（1）：283－285.

③ 江西省高级人民法院课题组. 行政诉讼法实施问题的实证分析与思考：兼论《中华人民共和国行政诉讼法》的修改. 法律适用，2004（5）：40.

④ 王学辉. 行政诉讼被告拒不执行生效裁判的“协作执行模式”刍议. 苏州大学学报（哲学社会科学版），2021（4）：84.

级人民法院在（2005）榆中行再终字第36号行政判决书中作出判决：被告给横山县波罗镇山东煤矿批准变更“采矿许可证”的行政行为，侵犯了原企业采矿权人的合法权益，属违反法定程序行为；李某擅自涂改采矿变更申请登记书，骗取被告颁发“采矿许可证”，显系违法行为，对所取得的采矿证应依法予以撤销，由被告作出具体行政行为。该判决书下发后，被告向陕西省高级人民法院申诉，陕西省高级人民法院以（2007）陕行监字第1号裁定书驳回申诉。然而，在陕西省高级人民法院裁定后两年多时间里，原告多次到被告处要求执行，但被告拒不纠正，生效的行政裁判形同废纸。2010年3月1日，陕西省国土厅举行了所谓的“山东煤矿采矿权属纠纷协调会”，并在该协调会上直接否定了法院的裁判。后来，该事件于2010年7月17日引发了群体性事件，因而受到社会普遍关注。①

这种极端的案例不在少数。在被称为“中国行政第一案”的陈某洪诉佛山市经委侵权赔偿案中，原告在胜诉13年后未获分文赔偿②；在另一个案件中，天津市公安局塘沽分局长达12年拒不执行湖南法院判决，甚至在中央政法委发函督办后仍不履行。③ 而且，这些仅仅是因影响较大被媒体公开报道的事例，绝大多数类似的事例可能根本未被公开。从在“基本解决执行难”过程中，法院对“涉党政机关执行”进行的专项清理情况来看④，有理由相信这样的事例在我国绝不在少数。在诸多行政机关拒不执行行政裁判的事例中，从行为性质来看，这些行为已经明显涉嫌违反拒不执行法院裁判罪。然而，即使在最极端的案例中，《行政诉讼法》第96条中规定的针对行政机关负责人或其他责任人员的罚款、拘留等措施从未为法院所采取，遑论最为严厉的刑事责任的追究。这与对公民的强制执行中的情形恰成鲜明对比。因此，行政裁判执行之难乃在于行政机关拒绝履行行政裁判之后，司法机关难以通过采取法定强制措施实现裁判内容。

二、行政裁判“执行难”的成因

司法体制制约是导致行政裁判“执行难”的真正和根本原因。司法权威构成执行权威的“元权威”，司法权威不足是造成执行权威不足的重要原因⑤，而司法权威不足正是司法体制制约的表征。虽然《行政诉讼法》规定的针对行政机关拒不履行

---

① 王文志，肖波．陕西国土厅否定法院判决事件调查．法制资讯，2010（8）：62－64；申欣旺．还原陕西“行政抗法”事件．中国新闻周刊，2010（32）：28－31；陈鸣．最高院很生气，国土厅很“淡定”．南方周末，2010－08－05（A04）．

② 杨大正．中国民告官第一案13年诉讼调查：原告未获分文赔偿．南方日报，2009－07－03．

③ 天津塘沽公安局被法院判赔500万12年拒不执行．南方都市报，2008－04－24．

④ 最高人民法院院长周强于2018年10月24日在第十三届全国人民代表大会常务委员会第六次会议上所作的《最高人民法院关于人民法院解决“执行难”工作情况的报告》中提道：在中央政法委领导下，集中开展涉党政机关执行清积专项行动，建立定期通报等长效机制，将涉党政机关案件清理情况纳入社会治安综合治理考核范围，促进党政机关带头履行生效判决。目前已执行到位金额480亿元，今年将实现涉党政机关执行案件90%实际执结、案款90%执行到位的目标。在中央军委政法委领导下，涉军队执行案件全部执结，在全国作出表率。

⑤ 于龙刚．基层法院的执行生态与非均衡执行．法学研究，2020（3）：121．

行政裁判确定的义务时所能采取的执行措施比较有限，但如果这些措施能够得到有效实施，那么“执行难”的问题便不会那么严峻。在现有措施尚且“强制不能”的情况下，增加再多的措施也于事无补。为解决“司法地方化”问题，我国也开展了一系列司法改革。2013 年 11 月 12 日中共中央发布的《中共中央关于全面深化改革若干重大问题的决定》中提出，要“改革司法管理体制，推动省以下地方法院、检察院人财物统一管理”。2019 年，全国大部分省份均已完成这一改革。“人财物省级统管在一定程度上有助于改善法院在地方权力体系中的弱势地位，但是‘强行政、弱司法’的格局并未得到根本上的改变”[①]。更为重要的是，执行是在具体场域中进行的，地方法院的诸多工作，尤其是执行工作的开展，需要地方党政部门的支持和协助。2014 年党中央提出“切实解决执行难”后，配合法院解决“执行难”便成为地方党政部门的重要政治任务。正是借助这一权威安排，法院才能够在“基本解决执行难”过程中争取地方党政部门的支持。最高人民法院在其发布的执行工作文件以及其他工作文件中都反复强调，要始终坚持和依靠党的领导，积极主动向党委汇报解决“执行难”的各项工作部署，积极争取党委领导和政府的各项支持，推进执行工作部门协作联动机制化。[②] 这就导致法院基本不会诉诸《行政诉讼法》规定的针对行政机关负责人或相关工作人员的强制执行措施。

三、解决行政裁判“执行难”的出路

行政裁判“执行难”问题的根源在于司法权威的缺乏。然而，司法权威的树立并非一朝一夕之事。因此，解决行政裁判“执行难”问题的出路应当是从长远和当下两个视角考虑。

从长远视角来看，解决行政裁判“执行难”问题，关键并不在于是否有行政法院，而在于如何确保法院能够拥有足够的司法权威。如果能够确保法院拥有足够的司法权威，即便依然采用在普通法院内部设置行政审判庭的形式，也能够确保“执行难”的解决；反之，如果没有足够的权威，即便建立了行政法院系统也无助于问题的解决。正如有学者通过对跨行政区域设置的铁路法院的判决书进行实证分析后指出的那样，“铁路基层法院相较同级普通法院能够更好地保护原告权益，铁路中级法院整体效果并不显著；在面对行政层级比自身更高的被告时，两者均未表现出相对于同级普通法院的优势。这一结果表明，改革法院管理体制可以在一定程度上改善行政审判状况，但改革效果仍然受制于法院在国家治理体系中所处的位置”[③]。

---

① 于龙刚. 基层法院的执行生态与非均衡执行. 法学研究，2020（3）：108.

② 最高人民法院《印发〈关于落实“用两到三年时间基本解决执行难问题”的工作纲要〉的通知》（法发〔2016〕10 号）、最高人民法院《关于深化执行改革健全解决执行难长效机制的意见——人民法院执行工作纲要（2019—2023）》（法发〔2019〕16 号）、最高人民法院《关于进一步推进行政争议多元化解工作的意见》（法发〔2021〕36 号）.

③ 马超，郑兆祐，何海波. 行政法院的中国试验：基于 24 万份判决书的研究. 清华法学，2021（5）：192.

从当下视角出发，则应该继续寻求中央和地方党政的支持，将实践中行之有效的做法逐渐形成制度化操作。近些年来，全国各地在实现“基本解决执行难”目标过程中，针对“涉党政机关执行”案件采取了诸多措施。[①] 从不同参与主体在执行中所处的地位及功能的角度，可以将实践中的执行分为以下几类：政府主导型协作执行，法院/党委政法委主导、政府支持型协作执行，法院与纪委监察委协作型协作执行以及多主体合力型协作执行。可以考虑对前述实践中行之有效的法院/党委政法委与政府支持型协作执行的模式进行适当调整，进而形成法院与政府协作执行（党委政法委协调）的执行模式，以推动行政裁判“执行难”的切实解决。但积极寻求党政支持仅是一种临时之举，对前述法院与政府协作执行、政法委协调进行制度化、规范化，或许是一种最佳选择。

对于争取地方党政支持与协作执行的成功经验，湖北省和山西省吕梁市在“基本解决执行难”过程中的做法提供了参考。在湖北省的实践中，湖北省高级人民法院（以下简称“湖北省高院”）在受到中央政法委和最高人民法院的通报后，在全省开展清理工作。其措施归结起来主要有三：一是通报各地，包案督办。湖北省高级人民法院院长作专门批示，并通报各地情况；对被中央政法委和最高人民法院通报的案件发文挂牌督办，明确责任人和承办人，对工作滞后的法院进行通报。二是争取党政的支持。湖北省高级人民法院通过借力全国综合治理“执行难”的大背景，要求各县（市、区）法院分别立即向同级党委、政法委汇报、协调案件，得到了党委、政府领导人员的支持，党委、政府领导人员督促涉案党政机关负责人积极履行义务。三是将执行情况纳入考核。湖北省高级人民法院对被通报的案件办理情况进行逐案督办，把案件完成情况纳入各级法院党组年度完成任务情况和年度综合治理考核内容。从执行效果来看，被通报的案件全部得到办结。[②] 在山西省吕梁市的实践中，党委、政法委建立执行联席会议制度，向各县（市、区）发督办函督促执行，并将执行纳入综合治理考核。同时，政府负责人专门作出批示，要求各部门、各县（市、区）予以配合，也是该市执行成功不可或缺的条件。[③]

对于法院与政府协作执行，还需要进行如下改造：首先，需要使法院与政府的协作能够从无序、暂时性运作转换为持续、规范性运作，从依靠上级通报、负责人批示进行转换为依靠规范性文件进行，甚至可以考虑将相关做法直接上升为法律。其次，在具体措施层面，需要对行之有效的协调、约谈、督促、通报以及联席会议等措施予以规范化。对于前述措施无法实现执行目的的，应当依靠法院与政府的联合权威，尽可能激活《行政诉讼法》所规定的针对行政机关负责人和

---

① 关于协作执行的内容，主要源于王学辉教授关于“协作执行模式”的论文。王学辉. 行政诉讼被告拒不执行生效裁判的“协作执行模式”刍议. 苏州大学学报（哲学社会科学版），2021（4）：83-93.

② 蒋泽稳，黄美泽，张薇. 湖北高院“五项举措”助推涉党政机关案件全部执结.（2019-01-08）[2022-05-18]. https://jszx.court.gov.cn/main/ExecuteExperience/231367.jhtml.

③ 张晓宇，刘也. 吕梁中院：市委政法委联合市中院向部分县委县政府发出涉党政机关执行案件督办函.（2018-12-14）[2022-05-18]. https://jszx.court.gov.cn/300/CityLayer/158849.jhtml；张晓宇，刘也. 吕梁中院：市委书记、市长对全市执行工作作出重要批示.（2018-12-13）[2022-03-13]. https://jszx.court.gov.cn/300/CityLayer/158105.jhtml.

相关工作人员的强制执行措施。最后，实践中的协作执行均是针对系列案件进行清理，但清理完之后，现实中需要执行的案件则是具体的、个别的，法律不能要求行政相对人等待下一次清理的到来，因此，需进一步完善针对个案的协作执行程序。

知识拓展

一、拓展阅读

1. 赖来焜. 强制执行法总论. 台北：元照出版有限公司，2007.
2. 王学辉. 行政诉讼被告拒不执行生效裁判的“协作执行模式”刍议. 苏州大学学报（哲学社会科学版），2021（4）.
3. 刘哲玮. 确认之诉的限缩及其路径. 法学研究，2018（1）.
4. 刘颖. 执行文的历史源流、制度模式与中国图景. 中外法学，2020（1）.
5. 于龙刚. 基层法院的执行生态与非均衡执行. 法学研究，2020（3）.

二、类案练习

涂某某与荆门市东宝区住房和城乡建设局、荆门市东宝区人民政府龙泉街道办事处房屋拆迁行政合同纠纷案

案情

在该案判决中，法院的判决主文中的判项第一项为：原告涂某某与荆门市东宝区房屋征收补偿中心签订的“荆门市东宝区千佛洞旧住宅区还建协议书”（第098号）及“补充协议”有效，被告荆门市东宝区住房和城乡建设局应当继续履行。涂某某向法院申请执行，法院认为，“根据法律规定，法律文书确定继续履行合同的，应当明确继续履行的具体的内容。该判决系确认判决，无明确、具体的执行内容”，因此，裁定驳回申请执行人涂某某的执行申请。涂某某对执行裁定不服，提出书面异议。法院坚持认为“该判决内容属于确认判决，并无具体、明确的执行内容”，因此驳回异议人的异议请求。

思考

（1）该案判决书中的第一项判项是否具有执行内容？

（2）法院驳回执行申请、驳回异议请求的行为是否合法？为什么？

三、毕业论文选题指导

1. 对判决类型、执行力与给付内容之间关系的厘清
2. 对行政裁判中“给付内容明确”的判断
3. 以行政机关为对象的强制“执行难”的成因与出路

图书在版编目（CIP）数据

行政法与行政诉讼法实务/王学辉主编. --北京：中国人民大学出版社，2023.6
法律硕士精品系列教材
ISBN 978-7-300-31722-9

Ⅰ.①行… Ⅱ.①王… Ⅲ.①行政法-中国-研究生-教材②行政诉讼法-中国-研究生-教材 Ⅳ.①D922.1②D925.3

中国国家版本馆 CIP 数据核字（2023）第 090204 号

法律硕士精品系列教材
行政法与行政诉讼法实务
主　编　王学辉
副主编　陆伟明
Xingzhengfa yu Xingzheng Susongfa Shiwu

出版发行	中国人民大学出版社		
社　　址	北京中关村大街 31 号	**邮政编码**	100080
电　　话	010－62511242（总编室）		010－62511770（质管部）
	010－82501766（邮购部）		010－62514148（门市部）
	010－62515195（发行公司）		010－62515275（盗版举报）
网　　址	http://www.crup.com.cn		
经　　销	新华书店		
印　　刷	天津鑫丰华印务有限公司		
开　　本	787 mm×1092 mm　1/16	**版　　次**	2023 年 6 月第 1 版
印　　张	21.75 插页 1	**印　　次**	2023 年 6 月第 1 次印刷
字　　数	465 000	**定　　价**	68.00 元

《　　　　　　　》※任课教师调查问卷

为了能更好地为您提供优秀的教材及良好的服务，也为了进一步提高我社法学教材出版的质量，希望您能协助我们完成本次小问卷，完成后您可以在我社网站中选择与您教学相关的1本教材作为今后的备选教材，我们会及时为您邮寄送达！如果您不方便邮寄，也可以申请加入我社的**法学教师QQ群：436438859（申请时请注明法学教师）**，然后下载本问卷填写，并发往我们指定的邮箱（cruplaw@163.com）。

邮寄地址：北京市海淀区中关村大街31号中国人民大学出版社806室收

邮　　编：100080

再次感谢您在百忙中抽出时间为我们填写这份调查问卷，您的举手之劳，将使我们获益匪浅！

基本信息及联系方式：※

姓名：＿＿＿＿＿＿＿ 性别：＿＿＿＿＿＿＿ 课程：＿＿＿＿＿＿＿＿＿＿

任教学校：＿＿＿＿＿＿＿＿＿＿＿＿＿＿ 院系（所）：＿＿＿＿＿＿＿＿

邮寄地址：＿＿＿＿＿＿＿＿＿＿＿＿＿＿ 邮编：＿＿＿＿＿＿＿＿＿＿

电话（办公）：＿＿＿＿＿＿＿ 手机：＿＿＿＿＿＿＿ 电子邮件：＿＿＿＿＿

调查问卷：※

1. 您认为图书的哪类特性对您选用教材最有影响力？（　　）（可多选，按重要性排序）

   A. 各级规划教材、获奖教材　　B. 知名作者教材

   C. 完善的配套资源　　D. 自编教材

   E. 行政命令

2. 在教材配套资源中，您最需要哪些？（　　）（可多选，按重要性排序）

   A. 电子教案　　B. 教学案例

   C. 教学视频　　D. 配套习题、模拟试卷

3. 您对于本书的评价如何？（　　）

   A. 该书目前仍符合教学要求，表现不错将继续采用

   B. 该书的配套资源需要改进，才会继续使用

   C. 该书需要在内容或实例更新再版后才能满足我的教学，才会继续使用

   D. 该书与同类教材差距很大，不准备继续采用了

4. 从您的教学出发，谈谈对本书的改进建议：＿＿＿＿＿＿＿＿＿＿＿＿

＿＿＿＿＿＿＿＿＿＿＿＿＿＿＿＿＿＿＿＿＿＿＿＿＿＿＿＿＿＿＿＿＿＿

＿＿＿＿＿＿＿＿＿＿＿＿＿＿＿＿＿＿＿＿＿＿＿＿＿＿＿＿＿＿＿＿＿＿

选题征集：如果您有好的选题或出版需求，欢迎您联系我们：

联系人：黄　强　联系电话：010-62515955

索取样书：书名：＿＿＿＿＿＿＿＿＿＿＿＿＿＿＿＿＿＿＿＿＿＿＿＿

书号：＿＿＿＿＿＿＿＿＿＿＿＿＿＿＿＿＿＿＿＿＿＿＿＿＿＿＿＿＿

备注：※ 为必填项。